CHRISTOPH JENTSCH (Hg.) • Städtetourismus Stuttgart

SÜDWESTDEUTSCHE SCHRIFTEN

Herausgeber: W. v. Hippel, Ch. Jentsch, K. Schönhoven, P. Spieß

18

Schriftleitung: S. Lentz

CHRISTOPH JENTSCH (Hg.)

Städtetourismus Stuttgart

Ergebnisse eines Forschungsprojekts
des Geographischen Instituts
der Universität Mannheim

Bearbeitung: MARTINA HERBER-DIETERLE und ANGELIKA VOMEND

Institut für Landeskunde und Regionalforschung der Universität Mannheim

1996

Jentsch, Christoph (Hg.)
Herber-Dieterle, Martina/Vomend, Angelika (Bearb.):

Städtetourismus Stuttgart. Ergebnisse eines Forschungsprojekts
des Geographischen Instituts der Universität Mannheim.

Südwestdeutsche Schriften Heft 18, 1996.

ISBN 3-923750-60-9

Umschlaggestaltung:	Marianne Mitlehner
Umschlagfoto:	Stuttgart: Schloßplatz, Pavillon + Siegessäule + Neues Schloß. Foto: W.H. Müller. Mit freundlicher Genehmigung der Stuttgart-Marketing GmbH.
Layout:	Martina Herber-Dieterle
Herstellung nach Satz:	Druckerei M. Gräbner, D-96146 Altendorf b. Bamberg

Bestellungen an:

SÜDWESTDEUTSCHE SCHRIFTEN
Institut für Landeskunde und Regionalforschung
der Universität Mannheim

68131 MANNHEIM

V

Vorwort

Die Untersuchungen zum Forschungspojekt "Städtetourismus Stuttgart" wurden von Mai 1991 bis Mai 1993 am Geographischen Institut der Universität Mannheim im Auftrag des ehemaligen Amtes für Touristik der Landeshauptstadt Stuttgart (heute: Stuttgart Marketing GmbH) unter meiner Leitung durchgeführt. Die Auswertung der Ergebnisse war im Frühjahr 1994 abgeschlossen. Nach Klärung der urheberrechtlichen Fragen konnte Ende 1994 mit der Drucklegung dieser Veröffentlichung begonnen werden.

Die Projektbearbeitung oblag vier Examenskandidaten: Angelika Vomend, Harald Wirtz, Martina Herber-Dieterle und Rainer Lukhaup, die im Rahmen des Forschungsprojektes ihre Abschlußarbeiten zu den Themen *Beherbergungswesen, Tagestourismus, Messewesen* sowie *Kur- und Bäderwesen* der Stadt Stuttgart anfertigten. Darüberhinaus wurden die wichtigen Teilbereiche *Akzeptanzanalyse, Imageanalyse* und *Expertenbefragung* von den Kandidaten in verschiedenen Arbeitsgruppen untersucht.

Die Durchführung der umfangreichen Befragungsaktionen wäre nicht möglich gewesen ohne die Hilfe zahlreicher Studentinnen und Studenten des Geographischen Instituts, die als Praktikanten des Amtes für Touristik und als Teilnehmer seminaristischer Veranstaltungen einen Großteil der Interviewarbeit und Datenerfassung übernommen haben. Stellvertretend für alle sei an dieser Stelle Alexandra von Klitzing, Jörg Schultze-Rhonhof, Heike Bauer, Anita Kreis, Gaby Bühler, Jens Ackermann und Stefan Schalk gedankt; außerdem Thomas Ott für seine Unterstützung bei der Lösung aller EDV-gebundenen Probleme.

Auch den Mitarbeitern und Mitarbeiterinnen des ehemaligen Amtes für Touristik der Landeshauptstadt Stuttgart, die unter der Leitung von Touristikdirektor Axel Grau und seines Stellvertreters, Herrn Launer, ihren Beitrag zum Gelingen unseres Projektes leisteten, möchte ich hiermit meinen Dank aussprechen.

Schließlich gilt mein Dank auch den Mitherausgebern der SÜDWESTDEUTSCHEN SCHRIFTEN im Institut für Landeskunde und Regionalforschung der Universität Mannheim für die Aufnahme dieses Ergebnisbandes in die Schriftenreihe.

Mannheim, im März 1996   Prof. Dr. Ch. Jentsch

Inhaltsverzeichnis

Anhang

Akzeptanzanalyse: Fragebogen für Telefoninterviews

Imageanalyse: Deutschlandfassung des Fragebogens

Verzeichnis der Abbildungen

XIII

Verzeichnis der Tabellen

Abkürzungsverzeichnis

AfT	Amt für Touristik (heute: Stuttgart Marketing GmbH)
AUMA	Ausstellungs- und Messe-Ausschuß der Deutschen Wirtschaft e.V.
DWIF	Deutsches wirtschaftswissenschaftliches Institut für Fremdenverkehr
DZT	Deutschen Zentrale für Tourismus
F.U.R.	Forschungsgemeinschaft Urlaub und Reisen
GCB	German Convention Bureau
IGA EXPO 93	Internationale Gartenbauausstellung mit Weltausstellungscharakter 1993
i-Punkt	Informations- und Touristik Zentrum des AfT Stuttgart
ITB	Internationale Tourismus-Börse, Berlin
KKL	Kultur- und Kongreßzentrum Liederhalle
KontiRA	Kontinuierliche Reiseanalyse des Studienkreises für Tourismus e.V. Starnberg
LFV	Landesfremdenverkehrsverband
RA	Reiseanalyse des Studienkreises für Tourismus e.V. Starnberg
SMK	Stuttgarter Messe- und Kongreßgesellschaft mbH
SSB	Stuttgarter Straßenbahnen
StfT	Studienkreis für Tourismus e.V. Starnberg
TIBS	Touristisches Informations- und Buchungssystem
VVS	Verkehrsverbund Stuttgart
WTM	World Travel Market, London

Kapitel I
EINFÜHRUNG

M. Herber-Dieterle - A. Vomend - H. Wirtz

1. Städtetourismus und Stadtmarketing: Begriffsklärung und Problemstellung

Der Fremdenverkehr wird von vielen Fachleuten als der Wirtschaftszweig mit der größten Entwicklungschance in der Zukunft gesehen. Dies lenkt gerade in Zeiten allgemeiner wirtschaftlicher Rezession große Aufmerksamkeit auf den Tourismus, zumal er als Hoffnungsträger des Dienstleistungssektors die notwendige Schwerpunktverlagerung von der Dominanz des sekundären zu der des tertiären Sektors fördert. Über seine gesamtwirtschaftliche Funktion hinaus wird zunehmend auch seine gesellschaftliche und kulturelle Wichtigkeit hervorgehoben. Diese Einsicht führte zur Entstehung zahlreicher wissenschaftlicher Veröffentlichungen zum Fremdenverkehr im allgemeinen. Im Gegensatz zum breiten Spektrum diesbezüglicher Literatur wird dem *Städtetourismus* eine wesentlich geringere Aufmerksamkeit zuteil, wie wiederholt festgestellt wurde ist "vor allem der Erholungsreiseverkehr Gegenstand staatlicher Planungs- und Förderungsmaßnahmen sowie wissenschaftlicher Forschungsarbeiten, während der Städtetourismus keine entsprechende Berücksichtigung findet" (SCHREIBER 1990, S. 13). Wie in diesem Zitat schon angedeutet, wird der Städtetourismus nicht nur von seiten der Wissenschaft vernachlässigt, sondern auch auf raumplanerischer und politischer Ebene. So sehen Landesentwicklungspläne gemeinhin nur Zielvorgaben für den Erholungs- und Landschaftstourismus vor. Dies erscheint vor dem Hintergrund der quantitativen Bedeutung des Städtetourismus unbegreiflich, denn über 30 % der Ankünfte in bundesdeutschen Übernachtungsbetrieben und ca. 18 % des gesamten Übernachtungsaufkommens entfallen allein auf Großstädte mit über 100.000 Einwohner (SCHREIBER 1990, S. 14). Zudem wird gerade der Städtetourismus durch bestimmte gesellschaftliche Entwicklungen wie flexiblere Arbeitszeiten, den Trend zu Kurzreisen zusätzlich zum Jahresurlaub und die gestiegenen Mobilität auch in Zukunft einen besonderen Aufschwung erfahren.

Neben der vergleichsweise geringen Zahl von Veröffentlichungen zum Städtetourismus ergibt eine Betrachtung der inhaltlichen Schwerpunkte diesbezüglicher wissenschaftlicher Beschäftigung eine Konzentration auf touristische Analysen von Kleinstädten oder die Untersuchung eines bestimmten Segments des Städtetourismus wie z.B. des Messe- und Kongreßwesens. Analysen, die sämtliche Erscheinungsformen des städtischen Fremdenverkehrs berücksichtigen, existieren derzeit für kaum eine bundesdeutsche Großstadt.

Welches sind nun die Merkmale des Städtetourismus? In Anlehnung an SCHREIBERs Definition von Großstadttourismus umfaßt Städtetourismus "die Gesamtheit der Beziehungen und Erscheinungen, die sich aus Reise und Aufenthalt von beruflich oder privat motivierten Personen ergeben, die für weniger oder mehr als 24 Stunden in Städte ... reisen, welche für sie weder Aufenthaltsorte im Sinne eines zentralörtlichen Bereichs noch hauptsächliche Arbeits- bzw. Wohnorte sind" (1990, S. 22).

In einer ersten Klassifizierung städtetouristischer Erscheinungsformen differenzierte EBER-HARD (1974, S. 6f) zwischen *Städtetourismus im engeren Sinn, Kongreß- und Konferenz-reiseverkehr, Geschäftsreiseverkehr, Tagesveranstaltungsverkehr, Einkaufsverkehr, Abend-besuchsverkehr* und *Verwandten- und Bekanntenbesuchen.* Bei dieser und allen folgenden Versuchen einer Gliederung des Städtetourismus gilt es zu beachten, ob der Autor eine Übernachtung als unabdingbare Voraussetzung städtetouristischer Aktivitäten ansieht oder nicht. So bezieht BLEILE (1983, S. 84) Tagestouristen in seine städtetouristischen Untersuchungen mit ein, während ADERHOLD (1976, S. 9) einen Mindestaufenthalt von 24 Stunden als Kriterium für die Abgrenzung des Städtetourismus zugrunde legt. Andere Autoren halten hingegen nicht die Übernachtung, sondern die Herkunft der Städtebesucher ausschlaggebend für ihre Klassifizierung als Städtetouristen. Somit könnten Bewohner aus dem Umland, die die Stadt fremdenverkehrlich nutzen, nicht zum städtetouristischen Aufkommen gezählt werden. Durchgängig findet sich bei allen Autoren jedoch die Gliederung des Städtetourismus nach Reisemotiven, grob die Differenzierung in privat und geschäftlich motivierten Fremdenverkehr mit dem Ziel Großstadt. In diesem Sinne ist auch die Gliederung KRIPPENDORFs zu verstehen, der dem "essential" den "semi-essential" und den "non-essential" Fremdenverkehr entgegenstellt, wobei er als "essential" den zwingenden, nicht freiwillig und nicht privat motivierten Fremdenverkehr bezeichnet.

Unter Berücksichtigung beider Kriterien - nämlich Aufenthaltsdauer und Reisemotiv - ergibt sich für die Erscheinungsformen des Städtetourismus die in Abbildung 1 dargestellte Gliederung.

In dieser Abbildung nicht genannt sind einerseits die *Kur- und Bäderreisen* als Sonderform des Gesundheitstourismus, da die Voraussetzungen dafür nicht in jeder Stadt gegeben sind. Andererseits bleiben als besondere Reiseart die *Incentive-Reisen* unberücksichtigt, die von Firmen und Institutionen als Belohnung an Mitarbeiter vergeben werden und denen für die Zukunft eine steigende Bedeutung zugesprochen wird. Da die Incentive-Reisenden als wichtige Multiplikatoren für den Tourismus einer Stadt angesehen werden, stellen sie in bezug auf Betreuung und Programmgestaltung außerordentlich hohe Anforderungen an die städtischen Tourismusplaner und die Anbieter touristischer Infrastruktur.

3

Abb. 1:   Erscheinungsformen des Städtetourismus

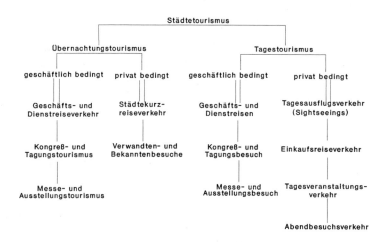

Erscheinungsformen des Städtetourismus
nach Bleile

Quelle: SCHREIBER 1990, S. 20 (nach BLEILE 1983)

Welches sind nun die Merkmale der städtetouristischen Klientel? Untersuchungen des Starnberger Studienkreises für Tourismus e.V. (StfT) zeigen, daß Städtereisen beliebt sind vor allem bei jungen Menschen und den über 50jährigen; bei Singles und Paaren; bei Menschen, die ihre Freizeit gerne "aktiv" gestalten; bei Personen mit höherem Bildungsgrad und bei Personen mit höherem Einkommen. Es zeichnet sich ab, daß die genannten Gruppen einen immer größeren Anteil an der Gesamtbevölkerung stellen. Familien mit Kindern haben eine vergleichsweise geringe Bedeutung im städtetouristischen Aufkommen. Die individuelle Gestaltung des Urlaubs in der Stadt wird allgemein festgeschriebenen Pauschalarrangements vorgezogen. Wie bei anderen Urlaubsreisen ist der Pkw mit über 50 % das bevorzugte Reisemittel bei Städtereisen, wenn auch der Anteil von Bus und Bahn mit 18 % bzw. 17 % im Vergleich zum Haupturlaub (jeweils ca. 10 %) höher, der Anteil von Flugreisen mit ca. 5 % statt 20 % deutlich niedriger liegt (LOHMANN 1989; STUDIENKREIS FÜR TOURISMUS 1990).

Die Reisemotive der Städtetouristen lassen sich nicht immer genau voneinander trennen, oft gibt es Überschneidungen. Und selbst wenn ein bestimmtes Motiv im Vordergrund steht, erlebt der Besucher die Stadt als Ganzes. Daher muß bei der Gestaltung der touristischen Infrastruktur immer das Gesamterscheinungsbild der Stadt berücksichtigt werden und nicht nur einzelne Teilbereiche. Man kann sich nicht mehr auf die Position zurückziehen, daß Stärken in einem Angebotsspektrum Schwächen in einem anderen kompensieren, sondern man muß ganzheitlich denken, denn: "Die Stärken oder Schwächen eines einzelnen Angebotsbestandteils wirken sich auf den Erfolg der anderen aus" (HÄNSSLER 1992, S. 56).

Das *touristische Potential* einer Stadt setzt sich aus unterschiedlichen Komponenten zusammen. Aus den genannten Erscheinungsformen und Zielgruppen des Städtetourismus lassen sich die Kriterien ableiten, die eine Stadt erfüllen muß, um städtetouristisch interessant zu sein. Zunächst ist neben der landschaftlichen Lage die Erreichbarkeit, also die Anbindung auf regionaler und überregionaler Ebene, sowie die innerörtliche Verkehrserschließung einer Stadt von Bedeutung. Die architektonische Stadtgestalt und ein ansprechendes Stadtbild, gehören ebenso zum Angebot im Städtetourismus wie die kulturelle und sportliche Infrastruktur, die Möglichkeiten zur Freizeitgestaltung und die Einkaufsmöglichkeiten. Die Stadt als Wirtschaftsstandort ist vor allem im Hinblick auf den Geschäfts-, Messe-, Kongreß- und Tagungstourismus von großer Bedeutung. Schließlich runden Hotellerie und Gastronomie als Kontaktpunkte zwischen Gast und gastgebender Stadt, der gebotene Service und ein eventuelles Betreuungsprogramm sowie die einheimische Bevölkerung als Gastgeber die Palette der tourismusrelevanten Faktoren ab.

Ohne hier jedoch detailliert auf die jeweiligen Erfordernisse der einzelnen städtetouristischen Erscheinungsformen einzugehen, wird deutlich, daß die touristische Attraktivität einer Stadt sich aus vielen Facetten zusammensetzt. Dennoch ist diese Attraktivität nur bedingt abhängig von den objektiv vorhandenen Qualitäten. Vielmehr bedarf es einer gezielten Vermarktung des "Gesamtproduktes Stadt", zumal sich in den letzten Jahren eine generelle Verschärfung des Wettbewerbs abzeichnet. Die Städte konkurrieren jedoch nicht nur um Geschäftsreisende und Freizeit-Touristen, die ihren Beitrag zur Bettenauslastung der Hotellerie leisten oder als Tagesbesucher für nicht unerhebliche Umsatzsteigerungen im öffentlichen und privaten Bereich sorgen, sondern auch um die Ansiedlung von Wirtschaftsunternehmen, um Einwohnerzahlen, das heißt auch um Steuergelder, um kulturelle Einrichtungen jeder Art, die zur Attraktivitätssteigerung beitragen könnten. Kritischeres Verbraucherverhalten, größere Mobilität und ein verändertes Wertebewußtsein führten zu einem Wandel vom Verkäufermarkt zum Käufermarkt. Während früher lediglich die Distribution einer Ware gesichert werden mußte, muß heute ihr Absatz überhaupt gesichert werden, denn das Angebot ist größer als die Nachfrage. Im gemeinsamen Markt des vereinten Europa und durch die immer noch anhaltende Konjunkturflaute verschärft sich diese Konkurrenz.

Um im Wettbewerb der Standorte zu bestehen, muß eine Stadt also durch aktive Marketing-politik ein profiliertes Erscheinungsbild entwickeln. Den weichen Standortfaktoren kommt dabei eine immer größere Bedeutung auch für die Wirtschaftsunternehmen zu, denn sie beein-flussen das Investitionsklima und z.b. auch die Bereitschaft von Führungskräften, beruflich in diese Stadt zu wechseln.

Eine bedeutende Rolle spielt hierbei das *Image*, also das Bild, das sowohl die auswärtige als auch die einheimische Bevölkerung von einer Stadt hat. Dieses Erscheinungsbild ist jedoch stark subjektiv und bei Fremden häufig mehr vom Hörensagen als durch objektives Wissen geprägt. Man unterscheidet zwischen dem *Ist-Image*, also dem aktuellen Erscheinungsbild der Stadt nach innen und außen, und dem *Soll-Image*, welches das erwünschte Erscheinungsbild der Stadt definiert. Zwischen Ist- und Soll-Image lassen sich häufig Diskrepanzen feststellen. Eine gezielte *Imagepolitik* ist daher unerläßlich, um diese Diskrepanzen auszugleichen und im Rahmen des Städtemarketing eine Annäherung an das angestrebte Soll-Image zu erreichen.

Als mögliches Konzept einer Imagepolitik bietet sich die Strategie des *Corporate Identity* an (vgl. OSTERMANN 1989). Nach den Vorgaben des Soll-Images konzentriert sich die Um-setzung des Konzeptes auf drei verschiedene Teilbereiche: das *Stadtdesign*, d.h. das unver-wechselbare Erscheinungsbild der Stadt; die *Stadtkommunikation*, also das Verhältnis der Stadt zu den Bürgern und den Touristen, z.B. in Form von Öffentlichkeitsarbeit, und die *Stadtkultur*, die sich u.a. in der Mentalität und dem Verhalten der Bewohner äußert. Ziel aller durchzuführenden Maßnahmen ist die Schaffung einer neuen *Stadtidentität*.

Bevor man Marketingpolitik oder imagebildende Maßnahmen durchführen kann, muß man jedoch das Ist-Image erfassen und das Soll-Image definieren. Der dadurch ermittelte Hand-lungsbedarf dient als Basis, um die erforderlichen Schritte zu unternehmen. Die Grundlage eines erfolgreichen Städtemarketing ist daher die Analyse des Ist-Zustandes, auf den sich die Konzeption und die Anwendung von Marketinginstrumenten bezieht. Eine *Marktanalyse* kann dem Tourismusplaner hierbei als Entscheidungshilfe dienen.

Auch neue Tendenzen im Fremdenverkehr machen es notwendig, die Interessenlage potenti-eller Gäste zu analysieren und mit dem spezifischen Angebot des Ortes in Einklang zu brin-gen bzw. dieses Angebot zielgruppengerecht zu vermarkten. Der Wandel im Freizeitver-ständnis äußert sich zum einen in geänderten Reisegewohnheiten: mehr Kurzurlaube mit indi-vidueller Freizeitgestaltung, die Intensivierung von Hobbies, aber auch persönlich betriebene oder motivierte Fort- und Weiterbildungen prägen zunehmend das Bild der (Städte-) reisenden. Zum anderen bedeuten die gestiegenen Ansprüche der Nachfrager und ihre zu-nehmende Erlebnis- und Genußorientierung, oft in Kombination mit wachsendem Umwelt-bewußtsein eine neue Art der Herausforderung an die Tourismusbranche. Die Anbieter touristischer Leistungen sind daher gefordert, den Wandel von Werthaltungen frühzeitig zu erkennen und das Angebot dementsprechend anzupassen oder ein an den Zukunftsbedürfnissen orientiertes Marketing zu betreiben.

Um die neuen Trends frühzeitig zu erkennen und daraus Fremdenverkehrsleitbilder, Entwicklungsstrategien oder Pläne ausarbeiten zu können, ist Marktforschung unerläßlich. Trotzdem wurde dem Städtetourismus in der Marktforschung bisher ein zu geringer Stellenwert eingeräumt.

2. Forschungsprojekt "Städtetourismus Stuttgart": Teilschritte der Untersuchung

Welche Anforderungen werden nun an eine städtetouristische Marktanalyse gestellt? Die Tourismusdaten sollten so erhoben werden, daß Trends, Veränderungen und Einstellungen erkennbar werden. Daher müssen sie so vollständig wie möglich sein, d.h. alle bekannten Arten (Anlässe) von Reisen abdecken sowie deren Auswirkungen auf das Reiseziel berücksichtigen und für die Belange der Politik, Verwaltung und v.a. der Fremdenverkehrsplaner relevant sein.

Dabei lassen sich bereits existierende Erhebungen statistischer Ämter, privater Marktforschungsinstitute und verschiedener Wissenschaftseinrichtungen sinnvoll verwerten, da sie einen Vergleich zu aktuellen Erhebungen bieten und auf ein umfassendes Fachwissen gegründet sind. Leider beschränken sich vorhandene Daten jedoch häufig auf die Quantifizierung von Übernachtungsgästen und lassen andere wichtige Zusammenhänge außer Acht. Eine umfassende Analyse der Einflußfaktoren bildet daher das Gerüst des Forschungsprojektes.

Zu dieser Analysephase muß gesagt werden, daß sie sich auf unterschiedliche Objekte beziehen kann. Entweder der Untersuchungsschwerpunkt besteht in den *Zielgruppen des Städtemarktings*, wobei die Sicht des potentiellen Kunden der Stadt (d.h. des Investors, des Besuchers, des zukünftigen Bürgers usw.) eingenommen wird. Dabei besteht entweder von Seiten der Stadt eine bestimmte Vorstellung über den künftigen Kunden, deren Plausibilität aber z.B. dadurch geprüft werden kann, daß die bestehenden Angebote auf ihre Eignung zur Befriedigung der Kundenanforderungen überprüft werden. Sind die bestehenden Angebote stark veränderbar, so können sie jedoch im Einklang mit den Anforderungen der Wunsch-Kunden gestaltet werden. In beiden Fällen bringt die Zielgruppenanalyse also eine Betrachtungsweise mit sich, die die Perspektive der erwünschten oder vorhandenen Zielgruppe im Verhältnis zu den bestehenden oder künftigen Angeboten betrachtet. "Wesentlich bei der Realisierung des Non Business-Marketing ist, daß es als ganzheitliches Führungs- und Entscheidungssystem verstanden und verwirklicht wird, das sich am 'Abnehmermarkt', d.h. an den Bedürfnissen des Einzelnen und der Gesellschaft orientiert" (BÜSCHER 1993, S. 10).

Die zweite Art der Analyse im Marketing ist die *Potentialanalyse*, die die Ausstattung des zu vermarktenden Raumes in den Vordergrund stellt. Hier werden Stärken und Schwächen hinsichtlich ausschlaggebender Faktoren wie Umwelt, Freizeitwert, kulturelles Angebot usw. analysiert, um die diesbezüglichen Entwicklungschancen, aber auch die Entwicklungshindernisse des untersuchten Raumes zu ermitteln. Diesem Untersuchungsschritt kann sich eine Betrachtung konkurrierender Räume und eine Einschätzung ihrer Potentialen anschließen.

Eine Besonderheit im Rahmen der Marktforschung stellen die *Imageanalysen* dar. Sie erfassen die Assoziationen, die der Kunde mit einem Produkt verbindet, bzw. die Erwartungen, die daran gestellt werden.

Letztlich ist das Ziel der Marketingmaßnahmen jedoch die sogenannte *strategische Positionierung* der Stadt. Dazu gehört in vielen Fällen die Erarbeitung eines *Alleinstellungsmerkmals*, das heißt es soll ein "unique selling point" herausgefunden werden, der die Abnahme des Produktes aufgrund seiner Einzigartigkeit garantiert, wobei die Idee eines Alleinstellungsmerkmals, das bei der Vermarktung hervorgehoben werden soll, jedoch umstritten ist. Darüber hinaus kommt das Städtemarketing jedoch nicht ohne einen breiten Konsens aller Betroffenen über das aus, was die Stadt darstellen und erreichen soll, denn das Produkt Stadt unterscheidet sich von anderen Produkten ja gerade durch die Tatsache, daß sie von den Menschen lebt und für die Menschen agieren soll. Daher müßten Marketingziele im Grunde die *Akzeptanz* der Bürger, der Unternehmer, der Einzelhändler, der Umweltschützer, der Kulturschaffenden usw. haben, was in der Praxis meist nicht realisierbar ist: "Stadtmarketing steht in einem Spannungsfeld zwischen verschiedenen Interessensgruppen: Einwohner, Touristen, Unternehmer, kommunale Stellen usw." (BRUHN 1993, S. 1). Trotzdem unterstreicht die Erkenntnis, daß eine Stadt ohne die Akzeptanz ihrer Bürger nicht auf Dauer erfolgreich vermarktet werden kann, die Notwendigkeit eines gemeinsamen Nenners hinsichtlich der Ziel- und Maßnahmendefinitionen. In diesem Zusammenhang sei auch auf die Diskussion um raumplanerische Leitbilder verwiesen, deren demokratische Orientierung auf die Basis der Bevölkerung und deren Betonung des Prozessualen versucht, diesem Bedürfnis Rechnung zu tragen. So soll auch das Stadtmarketing eine Konzeption sein, "die alle beteiligten Interessengruppen rechtzeitig in den Analyse- und Entscheidungsprozeß einbindet." (BRUHN 1993, S. 2)

In diesem Sinne äußerte sich auch Paul VOGELS, Geschäftsführer der Gesellschaft für Markt- und Absatzforschung mbH, Ludwigsburg, die City-Marketing-Projekte betreut: "Die Vorzüge einer Innenstadt müssen im Sinne eines inneren Marketing zu einer Identifizierung der Bewohner und Akteure[1] mit ihrer Stadt und im Sinne eines äußeren Marketing zu einer

---

[1] Anm. d. Verf.: *Akzeptanzanalyse* und *Expertenbefragung*

8

Identifizierung der Besucher und Nutzer mit dieser Stadt führen[2]" (VOGELS 1992, S. 30). VOGELS weist weiterhin auf den Bedarf eines ganzheitlichen Ansatzes hin.

Deshalb hat die Stadt Stuttgart sich zu recht für einen ganzheitlichen Untersuchungsansatz in der Fremdenverkehrsanalyse entschieden.

Solchen Untersuchungen wird zwar häufig der Vorwurf gemacht, daß sie nichts bahnbrechend Neues ergeben. Sie liefern jedoch Ergebnisse, die von unabhängigen, außenstehenden Personen erbracht wurden, was ihre Glaubwürdigkeit erhöht. Diese Ergebnisse sind quantifizierbar, mit denen von anderen Untersuchungen bzw. Städten vergleichbar. Dies bedeutet ein mögliches Instrument der Erfolgskontrolle. Eine weitere Möglichkeit des Controlling bietet sich dann nach dem Einleiten bestimmter Maßnahmen, indem man eine Untersuchung ein zweites Mal durchführen läßt.

Wie sehen gemessen an diesen Forderungen die hier dargestellten Untersuchungen aus? Untersuchungsgegenstand des Forschungsprojektes "Städtetourismus Stuttgart" ist die Stadt Stuttgart als Reiseziel aus der Sicht ihrer Einwohner und Besucher, nach der Einschätzung von Fachleuten und "Normalverbrauchern"; als Kern der nach ihr benannten Region und im Vergleich mit anderen deutschen Großstädten. Wie sehen die Stuttgarter selbst ihre Stadt in ihrer Eignung als Touristenstadt? Wie sehen sie den Tourismus bzw. die Touristen? Welche Vorteile, welche Gefahren sind ihnen bewußt? Wie sehen Außenstehende Stuttgart, auch im Vergleich zu anderen Städten Deutschlands? Wie läßt sich das Image der Stadt erfassen und mit dem anderer Städte vergleichen? Was sind die imagebildenden Faktoren der Stadt?

Um diese Fragen zu beantworten, umfaßte das Forschungsprojekt die folgenden Teiluntersuchungen:

In der **Akzeptanzanalyse** wurde die Akzeptanz der Stuttgarter gegenüber dem Städtetourismus erfaßt, und zwar im Hinblick darauf, daß eine wirksame kommunale Tourismuspolitik nur durchsetzbar ist, wenn sie den nötigen Rückhalt in der Bevölkerung findet. Touristische Maßnahmen stehen im direkten Zusammenhang mit der Wohnbevölkerung einer Stadt und können ihr schaden oder nutzen. Die Grenzen einer möglichen Entwicklung liegen auch im Tourismus dort, wo der Lebensraum der Einheimischen beeinträchtigt wird. Sozialverträglichkeit ist für einen Ausbau des vorhandenen Fremdenverkehrs ebenso wichtig wie die Beachtung des Faktors Umwelt.

"...für mich haben alle Maßnahmen, die nach außen gerichtet sind, nur dann Erfolg, wenn die Bürger ihre Stadt lebens- und liebenswert finden und auch ein bißchen stolz auf ihre Gemeinde sind." (HESS 1992, S. 52)

---

[2] Anm. d. Verf.: *Imageanalyse* sowie Analysen der *Teilbereiche des Städtetourismus*

Die Bürger Stuttgarts waren in der Akzeptanzanalyse auch deshalb Gegenstand der Befragung, weil sie als Gastgeber die Qualität des Produkts Stuttgart beeinflussen und weil sie gleichzeitig Verbraucher dieses Produkts sind. Zusätzlich betreiben sie als Multiplikatoren der Urteile über die Stadt indirekte Öffentlichkeitsarbeit, sie beeinflussen das Image Stuttgarts, und zwar sowohl das Eigenimage als auch das Fremdimage. Die Akzeptanzanalyse wurde 1991 als telefonische Befragung von 924 Stuttgarter Bürgern durchgeführt (vgl. Kap. II).

Die **Imageanalyse** als größter Teilbereich des Forschungsprojektes machte es sich zur Aufgabe, das Ist-Image der Landeshauptstadt Stuttgart auch im Vergleich der 15 größten Städte Deutschlands zu untersuchen. Der Einfluß eines positiven wie negativen Stadtimages als Auswahlkriterium bei der Entscheidung für oder gegen ein Reiseziel oder einen Standort ist unumstritten. "Wichtig ist jedoch, daß das Image einer Stadt bzw. der City Konsequenzen für die Marktchancen der einzelnen Leistungsanbieter hat" (HÄNSSLER 1992, S. 56). Für den Städtetourismus bedeutet dies: "Das positive Image fördert die touristische Nachfrage und signalisiert hohe Lebensqualität." (KROESEN 1992, S. 78)

Von Oktober 1991 bis Mai 1992 wurden für die Imageanalyse des Forschungsprojektes in einer bundesweiten schriftlichen Befragung insgesamt 1 072 Bürger in 37 deutschen Städten der alten und der neuen Bundesländer interviewt (vgl. Kap. III).

Im Rahmen der **Expertenbefragung**, einer qualitativen Analyse der Meinung kompetenter Stuttgarter Persönlichkeiten zum Thema Städtetourismus, wurde neben dem aktuellen Handlungsbedarf auch das Soll-Image der Landeshauptstadt erfaßt sowie Prognosen für die Zukunft erstellt.

Die Expertenanalyse wurde im Herbst 1992 anhand von persönlichen Interviews mit maßgeblichen Fachleuten aus den verschiedensten Bereichen des öffentlichen Lebens der Stadt durchgeführt (vgl. Kap. IV).

Um die wichtigsten Teilbereiche des Stuttgarter Städtetourismus zu erfassen wurden die folgenden Untersuchungsschritte durchgeführt:

Für eine Analyse des Stuttgarter **Tagestourismus** und Naherholungswesens, die sowohl die Angebots- als auch die Nachfragestruktur erfaßt, wurden von Oktober 1991 bis Dezember 1992 im Rahmen einer Zielgebietsanalyse insgesamt 1 117 Stuttgart-Besucher interviewt; der Einzugsbereich wurde zusätzlich durch Parkplatzzählungen ermittelt. Bei einer schriftlichen Befragung im Quellgebiet (Baden-Württemberg) konnten im Herbst 1992 insgesamt 241 beantwortete Fragebögen ausgewertet werden. Des weiteren wurden in einer Bus- und Reiseunternehmensanalyse 35 Anbieter von Ausflügen nach Stuttgart befragt (vgl. Kap. V).

Zur Analyse des **Beherbergungswesens** der Landeshauptstadt Stuttgart gehört sowohl eine Untersuchung der Angebots- als auch der Nachfragestruktur. Im Winter 1991/1992 wurde eine persönliche Befragung der Stuttgarter Hotelanbieter durchgeführt, eine schriftliche Gästebefragung folgte von Oktober 1992 bis Mai 1993 (vgl. Kap. VI).

Die Analyse des **Messetourismus** in Stuttgart umfaßt u.a. eine Untersuchung des Einzugsbereiches, der Besucherstruktur und möglicher Auswirkungen des Messewesens auf den Städtetourismus in Stuttgart. In der Zeit von Januar bis Oktober 1992 wurden bei verschiedenen Messen am Killesberg Besucherbefragungen durchgeführt und insgesamt ca. 1 400 Messebesucher mündlich interviewt; außerdem wurden Parkplatzzählungen im Bereich des Messegeländes durchgeführt (vgl. Kap. VII).

Im Rahmen einer Analyse des **Kur- und Bäderwesens** der Landeshauptstadt Stuttgart wurde anhand von schriftlichen und mündlichen Befragungen im Herbst 1992 eine Untersuchung der Angebots- und Nachfragestruktur im Stuttgarter Kur- und Bäderwesen durchgeführt (vgl. Kap. VIII).

3. Untersuchungsraum: Stadt Stuttgart

Stadtgebiet und Flächennutzung

Die am Neckar gelegene baden-württembergische Landeshauptstadt Stuttgart ist mit 581 306 Einwohnern (Stand 31.12.1991) und einer Bevölkerungsdichte von 2 758 Einwohner pro km^2 die einwohnerreichste Stadt Baden-Württembergs; unter den bundesdeutschen Großstädten nimmt Stuttgart diesbezüglich den neunten Platz ein. Die Stadt verfügt über eine Gebietsfläche von 20 733 Hektar, die größte Ausdehnung des Stadtgebietes beträgt in Nord-Süd-Richtung 19,4 km und in Ost-West Richtung 20,4 km (LANDESHAUPTSTADT STUTTGART, STATISTISCHES AMT 1991, S. 3).

Die heutige Aufteilung der Stadt in 23 Stadtbezirke, 56 Stadtteile und zwei Wohnplätze stammt aus dem Jahre 1956, wobei man zusätzlich das "Innere" (Stuttgart-Mitte, -Nord, -Ost, -West, -Süd) und das "Äußere" Stadtgebiet (übrige Stadtbezirke) unterscheidet (vgl. Abb. 2).

Wie aus Abbildung 3 ersichtlich ist, stehen den bebauten Flächen (28 %) umfangreiche land- und forstwirtschaftliche Flächen (50 %) sowie Park- und Grünanlagen (3 %) gegenüber. Diese Grünflächen sind als Naherholungsgebiete sowohl für die Großstadtbevölkerung als auch für Touristen von hohem Freizeitwert (LANDESHAUPTSTADT STUTTGART, STATISTISCHES AMT 1992, S. 1).

Abb. 2: Gliederung des Stuttgarter Stadtgebietes

Landeshauptstadt Stuttgart, Statistisches Amt
Kartengrundlage: Stadtmessungsamt Stuttgart

Quelle: LANDESHAUPTSTADT STUTTGART, STATISTISCHES AMT 1993, o.S.

Abb. 3:   Stadtgebietsfläche nach Kulturarten in Stuttgart 1991

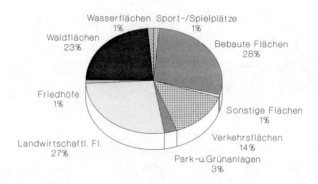

Quelle: LANDESHAUPTSTADT STUTTGART, STATISTISCHES AMT 1992, S. 1

Historische Entwicklung

Die Anfänge der Siedlung Stuttgart gehen wahrscheinlich auf Herzog Hermann I. von
Schwaben zurück, der zwischen 926 und 948 n. Ch. im Nesenbachtal einen Stuotgarten
(Pferdegestüt) mit Stuthaus errichtete (vgl. HAGEL 1985, S. 189). Der Ansiedlung dieses
Stuotgartens am heutigen Platz der Stiftskirche verdankt die Stadt Stuttgart ihre Namens-
gebung. Um 950 n. Ch. baute Herzog Luidolf von Schwaben unweit des Stuthauses auf einem
künstlich aufgeschütteten Hügel eine kleine Wasserburg, die um 1100 ausgebaut wurde. Die
Rechte einer Stadt erhielt Stuttgart 1219 (vgl. AMT FÜR TOURISTIK DER LANDES-
HAUPTSTADT STUTTGART 1992, S. 10). Die weitere Entwicklung der Stadt Stuttgart
wurde im wesentlichen dadurch geprägt, daß Graf Eberhard I. von Württemberg im
14. Jahrhundert seinen Regierungssitz vom Remstal nach Stuttgart verlegte und an der Stelle
der im Reichskrieg (1310-1316) zerstörten Wasserburg den Dürnitzflügel des Alten Schlosses
bauen ließ. Von 1495-1724 war Stuttgart Residenz- und Hauptstadt des im Jahre 1495 von
König Maximilian I. zum Herzogtum erhobenen Württembergs. Nachdem Herzog Eberhard
Ludwig die Residenz 1724 von Stuttgart nach Ludwigsburg verlegte, erhielt Stuttgart im
Jahre 1734 erneut den Rang einer Residenzstadt, den sie aber von 1764-1775 unter Herzog

Carl Eugen wieder verlor (vgl. HAGEL 1985, S. 196). Durch Herzog Carl Eugen erhielt Stuttgart entscheidende Impulse, wie z.b. mit dem Bau des Neuen Schlosses (1774) und dem Schloß Solitude (1760), die heutzutage wichtige Anziehungspunkte für Besichtigungsreisende sind.

Von 1803 bis 1805 war Stuttgart Sitz des Kurfürstentums Württemberg und von 1806 bis 1918 Residenzstadt des Königreichs Württemberg (vgl. KOPITZSCH 1992, S. 150). Unter den Königen Friedrich I. (1806-1816) und Wilhelm I. (1816-1864) wurde der Ausbau der Residenzstadt Stuttgart fortgesetzt. In dieser Zeit entstanden z.b. die Wilhelma (1839), das Wilhelmspalais (1834), die Staatsgalerie und der Königsbau. Im Königreich wurde Stuttgart zur Groß- und Industriestadt. Zur Zeit der Industrialisierung siedelten sich zahlreiche Unternehmen (z.b. Daimler, Bosch und Werner & Pfleiderer) an. Eine flächenmäßige Ausdehnung erfuhr Stuttgart zu Beginn des 20. Jahrhunderts durch die Eingemeindungen von Cannstadt, Untertürkheim und Wangen (1905), Gaisburg (1901) und Degerloch (1908). Im Jahre 1910 erreichte Stuttgart eine Einwohnerzahl von 286 000. Nachdem König Wilhelm II. im Jahre 1918 abdankte, wurde Württemberg freier Volksstaat und Stuttgart dessen Hauptstadt (vgl. AMT FÜR TOURISTIK DER LANDESHAUPTSTADT STUTTGART 1992, S. 10). Während der Weimarer Republik war Stuttgart nicht nur politisches und wirtschaftliches Zentrum, sondern auch ein Experimentierfeld moderner Kunst und Architektur (vgl. KOPITZSCH 1992, S. 151). So entstand z.b. im Jahre 1927 anläßlich einer Ausstellung des "Deutschen Werkbundes" zum Thema "Die Wohnung" die Weißenhofsiedlung, die später unter den Nationalsozialisten als "entartete Kunst" galt. Nach dem Ersten und während des Zweiten Weltkriegs folgten weitere Eingemeindungen wie z. B. Hedelfingen, Obertürkheim (1922), Hofen (1929), Münster (1931), Zuffenhausen (1932), Birkach, Möhringen, Stammheim, Vaihingen und Plieningen (1942) (vgl. HAGEL 1985, S. 214). Im Juli 1944 wurde die Stuttgarter Innenstadt durch Bombenangriffe zu 60 % zerstört. Am Ende des Zweiten Weltkrieges - die Stadt zählte gerade noch 266 000 Einwohner - wurde Stuttgart durch französische und amerikanische Truppen besetzt. Nordwürttemberg und Nordbaden wurden zur amerikanischen Besatzungszone und Stuttgart Hauptstadt des Landes Württemberg-Baden, kurz danach Hauptstadt des neugegründeten Bundeslandes Baden-Württemberg (vgl. KOPITZSCH 1992, S. 150). Bedingt durch den wirtschaftlichen Aufschwung in den 50er und 60er Jahren sowie durch die Entstehung mehrerer Mittelpunkte des kulturellen und politischen Lebens stieg die Einwohnerzahl bis zum Jahre 1962 auf 644 000 Personen (vgl. HAGEL 1985, S. 216). Trotz eines Rückgangs der Bevölkerungszahl auf 581 306 (Stand Dezember 1991) gehört Stuttgart heute zu den politischen, kulturellen und wirtschaftlichen Zentren der Bundesrepublik Deutschland (LANDESHAUPTSTADT STUTTGART, STATISTISCHES AMT 1992, S. 14).

Morphologie und Klima

Die Stadt Stuttgart liegt in einem Talkessel, in einer etwa 100 km² umfassenden Randbucht vor den Schichtstufen der Keuperhöhen, mit nur einem trichterförmigen Ausgang zum nordöstlich gelegenen Neckartal, das steilwandig in den darunter liegenden Muschelkalk eingeschnitten ist. Diese natürliche Kessellage wurde durch den Nesenbach und dessen Seitenbäche geschaffen. Das Keuperbergland ist auf den Höhen und an den Nordhängen meist bewaldet, an den südexponierten Hängen häufig mit Obstgärten und Weinbergen bewachsen. Mit ca. 400 ha Rebland gehört Stuttgart zu den größten Weinbaugemeinden der Bundesrepublik Deutschland (KULLEN 1989, S. 176). Nördlich des Keuperberglandes liegt eine Ebene, auf der überwiegend Ackerbau betrieben wird. Diese Gäuflächen des Strohgäus mit dem Schmidener Feld und dem Langener Feld sind mit sehr fruchtbaren Lößschichten bedeckt. Im Süden und Südosten der Stadt befindet sich die Filderebene. "Filder" ist eine alte Bezeichnung des Plurals von Feld. Wie bei den Gäuflächen bedingt auch hier der Löß und sein Verwitterungsprodukt (Lößlehm) die Fruchtbarkeit der Ackerflächen (REIFF/WURM 1985, S. 13f).

Im Stadtgebiet treten Höhenunterschiede bis zu 340 m auf, wobei die durch Bombenschutt des Zweiten Weltkrieges künstlich überhöhte Berhartshöhe nördlich des Autobahnkreuzes Stuttgart-Vaihingen mit 549 m NN heute die höchste Erhebung ist. Der tiefste Punkt liegt mit 207 m NN am Hofener Wehr in Mühlhausen (LANDESHAUPTSTADT STUTTGART, STATISTISCHES AMT 1991, S. 3).

Das Klima wird in erster Linie durch die Lage Baden-Württembergs zwischen dem Nordatlantik und den osteuropäischen Festlandmassen bestimmt. Hier wechseln ozeanische und kontinentale Klimaeinflüsse, wobei infolge der ganzjährigen Zugehörigkeit zur außertropischen Westwindzone die ozeanischen Komponenten den Witterungsablauf relativ stärker beeinflussen (KULLEN 1989, S. 73f).

Im Jahre 1990 betrug die Niederschlagsmenge 724,9 l/m² (gemessen an der Meßstelle "Am Schnarrenberg", 314 m NN), wobei die Monate Juni (98,5 l/m²), Februar (90,4 l/m²), November (84,7 l/m²), Mai (81,6 l/m²), und August (67,8 l/m²) die niederschlagsreichsten Monate waren. Für den langjährigen Mittelwert (1951-1980) ergibt sich eine Niederschlagsmenge von 641 l/m². Bei der insgesamt geringen mittleren Niederschlagsmenge ist zu beachten, daß mehr als zwei Drittel des Niederschlags während der Vegetationszeit fallen und damit das pflanzliche Wachstum fördern. (LANDESHAUPTSTADT STUTTGART, STATISTISCHES AMT 1991, S. 9).

Da das Klima zudem durch das Relief und die Höhenlage Stuttgarts geprägt wird, zieht der Frühling im Neckartal ein bis zwei Wochen früher ein als auf den Höhen Stuttgarts. Auf den

Höhen der Fildern fallen auch 40 bis 70 mm mehr Niederschläge als in den Ausläufern des Schmidenerfelds auf Cannstatter Gemarkung.

Infolge der nur geringen Höhenlage der Gäuflächen von ca. 200-350 m gehört Stuttgart zu den wärmebegünstigten Landschaftsräumen (vgl. BORCHERDT/KULINAT 1986, S. 258). Die durchschnittlichen monatlichen Wintertemperaturen liegen über dem Gefrierpunkt (Januar 1990: 2,5°C.; Dezember 1990: 1,2°C.). Die Mittelwerte der Sommermonate erreichen 16-20° Celsius (Mai 1990: 15,8°C.; August 1990: 20°C.). Die lange Sonnenscheindauer in Stuttgart begünstigt neben dem Wein- und Obstanbau u.a. auch das Ausflugspotential in Stuttgart (LANDESHAUPTSTADT STUTTGART, STATISTISCHES AMT 1991, S. 9).

Südwestdeutschland ist ein Gebiet großer Windarmut. Diese wird verstärkt durch einen Abschattungseffekt zwischen Schwarzwald und Schwäbischer Alb. Stuttgart hat daher einen Anteil von 42 % Schwachwindstunden, in denen die Windgeschwindigkeit unter 1,5 m/sec beträgt. Schwache Winde bedeuten eine geringe Abdrift der Schadstoffe und eine unzureichende Ventilation der bebauten Stadtgebiete (vgl. OECHßLER 1985, S. 95f). Durch die extreme Kessellage und die damit verbundene Neigung zur Bildung von Inversionsschichten mit häufiger Nebelbildung wird dieser Effekt noch verstärkt. Daher kommen dem Stuttgarter Wald mit seinem Waldinnenklima und den Park- und Grünanlagen zentrale Klimafunktionen zu. Mit ihren vielen Bäumen (insbesondere immergrüne Nadelbäume), Sträuchern und Bodenpflanzen wirken sie als Filter, die die Stadtluft von festen und flüssigen Schadstoffen reinigen.

Region "Mittlerer Neckar" und "Verdichtungsraum Stuttgart"

Die Region "Mittlerer Neckar" wurde im Zuge der baden-württembergischen Verwaltungs- und Gebietsreform am 1. Januar 1973 gebildet (vgl. KIRCHNER 1990, S. 189). Sie umfaßt neben der Kernstadt, dem Stadtkreis Stuttgart, die vier direkt benachbarten Landkreise Böblingen, Esslingen, Ludwigsburg und den Rems-Murr-Kreis sowie den Landkreis Göppingen im Osten (vgl. Abb. 4).

Mit ca. 3 700 km² hat dieses Gebiet zwar nur einen Anteil von 10 % an der Gesamtfläche Baden-Württembergs, umfaßt aber mehr als ein Viertel (ca. 2,4 Mio.) der Landesbevölkerung (vgl. KULLEN 1989, S. 175). Somit bildet die Region "Mittlerer Neckar" das engere Einzugsgebiet der Stadt Stuttgart. Als einer der bedeutendsten Wirtschaftsräume der Bundesrepublik hat der "Mittlere Neckarraum" mit ca. 650 Einwohner pro km² nach dem Ruhrgebiet die höchste Bevölkerungsdichte unter den industriellen Verdichtungsräumen Westdeutschlands (vgl. KIRCHNER 1990, S. 189).

16

Abb. 4:   Die Region Mittlerer Neckar in Baden-Württemberg

Kartographie: Thomas Ott

Quelle: STATISTISCHES LANDESAMT BADEN-WÜRTTEMBERG 1990, S. 1

Der "Verdichtungsraum Stuttgart" erstreckt sich bis an den Rand der Region im Osten (Geislingen a.d. Steige/Filstal) und überschreitet die Regionsgrenze im Norden (bis Heilbronn/Neckartal) und im Süden (bis Tübingen - Reutlingen/Neckartal). Er umfaßt eine Fläche von knapp zwei Dritteln der Region "Mittlerer Neckar" mit etwa ebenso vielen Einwohnern, wie die Region aufweist (vgl. Abb. 5).[3]

---

[3]   Zur Abgrenzung und Aufteilung von Verdichtungsräumen vgl. GAEBE 1987, S. 176ff.

Abb. 5: **Der Verdichtungsraum Stuttgart**

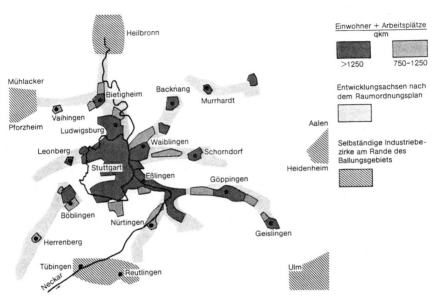

Quelle: KULLEN 1989, S. 177

Verkehrserschließung der Stadt

Die Attraktivität einer Fremdenverkehrsstadt wird maßgeblich durch ihre verkehrsmäßige Erreichbarkeit und Erschließung beeinflußt. Insbesondere im Großstadttourismus fördert eine gute Verkehrsanbindung den Kongreß-, Tagungs-, Messe- und Besichtigungsreiseverkehr, da deren Nachfrager ihre Standortwahl bzw. Reisezielentscheidung häufig von der Verkehrslage der jeweiligen Stadt abhängig machen. Die Stadt Stuttgart verfügt über gute Voraussetzungen für eine umfassende überregionale Verkehrsanbindung.

Was die *Autobahnanbindung* betrifft, so liegt Stuttgart an der A 8 (Ost-West-Verbindung der Autobahn München-Stuttgart-Karlsruhe) und der A 81 (Anbindung an die bedeutende Nord-Süd-Achse der Oberrheinischen Tiefebene durch die Autobahn Heidelberg-Heilbronn-Stuttgart). Auch die Verbindungen nach Norden (Würzburg) und Süden (Bodenseegebiet) haben dazu beigetragen, die Bedürfnisse Stuttgarts bezüglich des motorisierten Fernverkehrs zu befriedigen. Für den *Nahverkehr* ermöglichen mehrere Schnellstraßen, Stadtkerntangenten und Bundesstraßen eine gezielte Zufahrt zum Stadtzentrum und zu den Stadtteilen.

Bezüglich der *Eisenbahnanbindung* befindet sich Stuttgart im internationalen Eisenbahnnetz eher in einer Abseitslage. Verbessert wurde die Situation Stuttgarts dadurch, daß der Hauptbahnhof seit 1971 an das Intercity-Netz und seit 1991 an das Intercityexpress-Netz der Deutschen Bundesbahn angeschlossen ist. Das tägliche Zugaufkommen in Stuttgart ist mit ca. 1 200 Zügen (darunter 166 D-, E- und RSB-Züge, 46 IR-Züge, 37 IC- bzw. EC-Züge sowie 34 ICE-Züge im Jahre 1992), die etwa 28 000 Reisende befördern, beachtlich (ROEDER/ BREINERSDORFER 1989, S. 182; BUNDESBAHNDIREKTION STUTTGART, Fahrplan 1992).

Die bauliche Gestaltung des Hauptbahnhofs Stuttgart als Kopfbahnhof bedeutet jedoch einen Verlust an Reisezeit und ist somit als Nachteil anzusehen. Daher sind zur Zeit auch Überlegungen im Gange, den Bahnhof nach Bad Cannstatt zu verlegen oder die Innenstadt für den Zugverkehr zu untertunneln. Eine Machbarkeitsstudie Deutsche Bahn AG zur Verlegung des Stuttgarter Hauptbahnhofes unter die Erde wurde im Januar 1995 vorgestellt: Das Projekt "Stuttgart 21" sei "technisch machbar" und bringe "Vorteile für Städtebau und Verkehr", da außer einer verbesserten Anbindung des Zugverkehrs auch ca. 85 Hektar Bauland in bester Innenstadtlage durch freiwerdende Gleisanlagen zur Verfügung gestellt würden. (SPEYERER TAGESPOST, 17.01.95, S. SP 17)

Neben zahlreichen anderen überregionalen Verkehrsanschlüssen kommt dem *Stuttgarter Flughafen* eine besondere Bedeutung zu. Der Flughafen ist der einzige Verkehrsflughafen Baden-Württembergs mit einem internationalen Flugliniennetz und interkontinentalen Direktverbindungen. Seine günstige Lage zur Landeshauptstadt (in Leinfelden-Echterdingen; ca. 10 km von der City entfernt) unmittelbar an der Bundesautobahn, macht ihn zu einem wichtigen Wirtschaftsfaktor für die Region "Mittlerer Neckar" und die benachbarten Regionen. So lag das Fluggastaufkommen (An- und Abflüge) im Jahre 1989 bei 3,8 Mio. Passagieren. Im Vergleich zum Vorjahr konnte ein Zuwachs von 6,2 % verbucht werden (FLUGHAFEN STUTTGART GMBH 1989, S. 10). Die Verkehrsanbindung des Flughafens an die Innenstadt wird durch den Flughafenzubringerbus, Taxis sowie durch weitere Buslinien gewährleistet. Eine verbesserte Verkehrsanbindung des Flughafens an die Innenstadt ist durch die Aufnahme des S-Bahn-Verkehrs im Jahre 1993 erreicht worden. Dominierendes Zubringerverkehrsmittel war nach einer Fluggastbefragung von April 1987 bis April 1988 der private Pkw mit 62,2 %, während Taxi (16,8 %), Flughafenzubringerbus (8,2 %) und Mietwagen (6,2 %) nur eine geringe Bedeutung hatten (FLUGHAFEN STUTTGART GMBH 1989, S. 34f).

Durch den mangelhaften Ausbau des Neckars sind der *Schiffsverkehr* und der *Hafen* Stuttgarts von nur geringer Bedeutsamkeit. Die wirtschaftliche Bedeutung des Hafens ist seit einigen Jahren rückläufig. So ist der Güterumschlag um 20 % von 4 293 760 Tonnen (1980) auf 3 431 313 Tonnen (1990) gesunken (LANDESHAUPTSTADT STUTTGART, STATISTI-SCHES AMT 1991, S. 267). Die Neckarpersonenschiffahrt (NPS) bietet jedoch von April bis Oktober Ausflugsmöglichkeiten in die Neckarlandschaft mit regelmäßigen Kursfahrten ihrer voll bewirtschafteten Schiffe für 250-500 Personen sowie zweimal täglich Hafenrundfahrten und andere Kurzrundfahrten. Die Nachfrage nach Schiffsrundfahrten stieg von 149 000 beförderten Personen (1990) auf 151 000 (1991) Personen.

Aufgrund der für die *innerstädtische Verkehrserschließung* Stuttgarts ungünstigen topographischen Lage verfügt die baden-württembergische Landeshauptstadt nur über wenige Ein- und Ausfahrtsstraßen (B 10, 14, 27). Durch die ständig steigende Motorisierungsrate sind die innerstädischen Straßen dem heutigen Verkehrsaufkommen nicht mehr gewachsen. In Spitzenzeiten (z.B. Berufspendlerverkehr) kommt es deshalb zu beträchtlichen Verkehrsbehinderungen und zu einer starken Beeinflussung der Umwelt- und Lebensqualität. Bedingt durch die topographischen Verhältnisse sind die innerstädtischen Straßen oft eng und steil. Durch aufwendige Tunnelbauten wurde versucht, diesem verkehrstechnischen Problem entgegenzuwirken.

Neben der Lage einer Stadt und ihrer Verkehrserschließung ist der leistungsfähige innerstädtische *öffentliche Personennahverkehr* (ÖPNV) entscheidend für die Bedeutung des Städtetourismus. Stuttgart verfügt über ein gut erschlossenes, leistungsstarkes öffentliches Nahverkehrssystem. Der öffentliche Personennahverkehr wird von der Deutschen Bundesbahn (DB) und den Stuttgarter Straßenbahnen (SSB) im Verkehrsverbund Stuttgart (VVS) betrieben, der beispielsweise im Jahre 1990 ca. 208 Millionen Fahrgäste beförderte. Das Nahverkehrsnetz verfügt über 6 S-Bahn-, 7 Stadtbahn- und 4 Straßenbahnlinien und wird zusätzlich durch 49 Buslinien komplettiert. Darüber hinaus sind auch einige Städte der Region Stuttgart wie beispielsweise Bietigheim-Bissingen, Marbach oder Weil der Stadt in das Nahverkehrssystem integriert (VERKEHRS- und TARIFVERBUND STUTTGART GMBH 1994, o.S.). Für ein Park and Ride-Angebot standen bereits im Jahre 1990 ca. 7 500 P & R-Stellplätzen an über 50 Haltestellen des Verkehrsverbundes sowie ca. 800 Sonderparkplätze zur Verfügung (VERKEHRS- und TARIFVERBUND STUTTGART GMBH 1990, o.S.).

Fremdenverkehrssituation

Ohne die Fragestellungen und Ergebnisse der Einzeluntersuchungen vorwegzunehmen, soll hier kurz auf einige Merkmale Stuttgarts als Fremdenverkehrsstadt eingegangen werden. Vergleicht man die Übernachtungszahlen der westdeutschen Großstädte, so lag Stuttgart in den vergangenen Jahren mit ca. 1,2 Mio. Übernachtungen auf dem 8. Rang, rechnet man die neu hinzu gekommene ostdeutsche Konkurrenz (insbesondere Dresden) mit ein, auf dem 9. Rang (LANDESHAUPTSTADT STUTTGART, STATISTISCHES AMT 1990-1993). Nach Ergebnissen des STUDIENKREISES FÜR TOURISMUS e.v. lag Stuttgart unter den zehn häufigsten Inlands-Städtereisezielen mit ca. 2,5 % aller Städtereisen auf Rangplatz sieben. Hierbei ist jedoch zu bemerken, daß das Gros der erfaßten Reisen (fast die Hälfte aller Städtereisen) in "kleinere" Städte im Inland gemacht wurde. (LOHMANN 1989)

Bei den obengenannten Zahlen handelt es sich ausschließlich um Städtereisen mit mindestens einer Übernachtung. Tagesausflüge wurden nicht berücksichtigt. Einige Beispiele Stuttgarter Freizeit- und Touristen-Attraktionen seien daher an dieser Stelle genannt. An der Spitze der Besuchermagnete stand im Jahre 1990 das Cannstatter Volksfest (Wasen) mit 5,2 Mio. Besuchern, gefolgt vom Stuttgarter Weihnachtsmarkt (2,8 Mio.) und der Stuttgarter Messe auf dem Killesberg (2,7 Mio.). Von einem Millionenpublikum besucht wurden außerdem der Zoologisch-botanische Garten "Wilhelma" (1,7 Mio.), die städtischen Hallenbäder (1,14 Mio.) sowie das Stuttgarter Weindorf (1 Mio.); die Mineralbäder verfehlten die Millionengrenze mit 976 510 Besuchern nur knapp. Mehr als eine halbe Million Besucher hatten 1990 außerdem das Neckarstadion (700 000), die Freibäder (644 697), das Stuttgarter Frühlingsfest (599 100), die Hanns-Martin-Schleyer-Halle (556 000), das Konzerthaus Liederhalle (544 000) und das Staatstheater im Spieljahr 1989/90 (536 676) aufzuweisen. Hunderttausende besuchten den Fernsehturm (446 362), das Mercedes-Benz-Museum (400 311), die Staatsgalerie (400 000), das Württembergische Landesmuseum (321 247), das Naturkundemuseum (193 961), das Alte Schauspielhaus (107 073) und das Linden-Museum (105 181). (STUTTGARTER NACHRICHTEN vom 06.07.91 und STUTTGARTER ZEITUNG vom 10.07.91 nach Angaben des AMTES FÜR TOURISTIK DER LANDESHAUPTSTADT STUTTGART)

Neben dieser unvollständigen Liste der ständigen touristischen Einrichtungen sind für die jüngste Vergangenheit insbesondere drei Großereignisse zu nennen: die Rad-Weltmeisterschaft 1991 mit ca. 300 000 Besuchern alleine beim großen Straßenrennen de Profis (STUTTGARTER ZEITUNG Nr. 197, 26.08.91, S. 21), die 14tägige Leichtathletik-Weltmeisterschaft 1993 mit einem fast täglich ausverkauften Gottlieb-Daimler-Stadion sowie die Internationale Gartenbauausstellung IGA Expo 93 mit über 7 Mio. Besuchern (LANDESHAUPTSTADT STUTTGART, STATISTISCHES AMT 1994, S. 5). Die jüngste Besucherattraktion ist die Stuttgarter Musical Hall mit 1800 Plätzen, in der seit Dezember 1994 vor ständig ausverkauftem Haus der Musical-Welterfolg MISS SAIGON aufgeführt wird.

Kapitel II
AKZEPTANZANALYSE

M. Herber-Dieterle - A. Vomend - H. Wirtz - R. Lukhaup

1. Einleitung: Ziele und Methode

Als erster Schritt der Untersuchungen zum Forschungsprojekt "Städtetourismus Stuttgart" wurde im Juni/Juli 1991 eine telefonische Befragungsaktion durchgeführt, in der 924 zufällig ausgewählte Bürger aus allen Stuttgarter Stadtteilen zum Freizeitwert und zum Tourismus in ihrer Stadt befragt wurden. Zwar sind die Touristen in Stuttgart vergleichsweise nicht so zahlreich, daß sie das Leben der Bevölkerung in starkem Maße beeinflußen würden, und die Bewohner Stuttgarts sind sicherlich nicht der wichtigste Faktor für einen Besuch in der Stadt; dennoch wird die Einstellung der gastgebenden Bevölkerung für einen maßgeblichen Bestandteil des touristischen Angebots gehalten. Denn eine wirksame Tourismuspolitik ist nur dann durchsetzbar, wenn sie entsprechenden Rückhalt in der Bevölkerung findet.

Somit hat sich die Akzeptanzanalyse zum Ziel gesetzt, die Einstellung der Stuttgarter Bevölkerung zum Freizeitwert der Stadt zu erfassen und den Grad der Zufriedenheit der Bevölkerung mit Freizeiteinrichtungen und Veranstaltungen zu messen. Sie dokumentiert einerseits, welche Freizeiteinrichtungen die Stuttgarter Bürger selbst nutzen und zeigt andererseits die Defizite des Freizeitangebots auf. In der Hauptsache jedoch untersucht sie die Sichtweise der Bürger bezüglich der Vor- und Nachteilen des Tourismus und dokumentiert die Meinung der Bürger zu gemeinsamer Tourismuswerbung mit der Region. Sie ermittelt die Ansicht der Bürger zur touristischen Attraktivität der Stadt und analysiert die Akzeptanz der Stuttgarter Bevölkerung gegenüber verschiedenen Besuchergruppen.

Die Befragung wurde telefonisch durchgeführt, wobei die telefonische Befragung als Sonderform der mündlichen Befragung gegenüber letzterer den Vorteil hat, geringere Interviewereinflüsse mit sich zu bringen. Außerdem ist die telefonische Befragungsmethode schneller und preisgünstiger durchzuführen als die persönliche.

Um eine für Stuttgart repräsentative Stichprobe zu erhalten, waren ungefähr 1000 Interviews notwendig. Um diese Anzahl als tatsächlichen Rücklauf zu erhalten, wurden ca. 2.870 Telefonnummern nach einem Zufallsprinzip aus dem Stuttgarter Telefonbuch ausgewählt. Dies ist ein gängiges statistisches Auswahlverfahren, das aufgrund folgender Grundannahmen angewandt wurde: An das Telefonnetz sind über 98 % der Haushaltungen angeschlossen und im Telefonbuch verzeichnet. Damit ist es im Gegensatz zu Adressbüchern das einzige Verzeichnis, in dem so gut wie jeder Haushalt vertreten ist und somit jeder Haushalt die Chance hat, in die Stichprobenauswahl zu kommen. Außerdem kann man durch die alphabetisch orientierte Ordnung im Telefonbuch eine Gleichverteilung in Bezug auf soziodemographische Merkmale voraussetzen, die folglich auch in der Stichprobe gegeben ist. Da die Grundgesamtheit der Stuttgarter Bevölkerung jedoch nicht aus Haushaltungen, sondern aus einzelnen Personen besteht, wurde zusätzlich zu dieser zufallsgesteuerten Auswahl der Telefonnummer eine weitere Zufallsauswahl innerhalb des angerufenen Haushalts getroffen. In jedem Haushalt wurde die Person als Zielperson befragt, die als letztes Geburtstag hatte. Ohne dieses Verfahren erhöht sich bei Anrufen, die tagsüber durchgeführt werden, z.b. die Wahrscheinlichkeit, Hausfrauen oder Rentner zu befragen, überproportional. Außerdem durchbricht das nochmalige Auswahlverfahren bestimmte hierarchische Strukturen, die darin bestehen können, daß in vielen Haushalten stets die gleichen Familienmitglieder, eventuell die "Meinungsbildner", mit größerer Wahrscheinlichkeit ans Telefon gehen als andere. Befragt wurden aus inhaltlichen Gründen nur Zielpersonen, die mindestens sechzehn Jahre alt waren.

2.   Ergebnisse der Befragung

Im folgenden werden die wesentlichen Ergebnisse der Befragung erläutert. Als Basis für die Berechnung der Prozentwerte dient entweder die Zahl der Befragten (n=924) oder - im Falle von Mehrfachantworten - die Anzahl der Nennungen.

Abb. 6:   Erfolgsquoten der Befragung

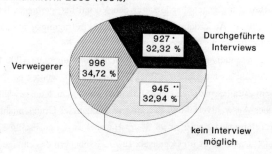

Akzeptanzanalyse
Erfolgsquoten der Befragung

Anzahl der ausgewählten
Telefonnummern: 2868 (100%)

927 •
32,32 %

Durchgeführte
Interviews

Verweigerer   996
34,72 %

945 ••
32,94 %

kein Interview
möglich

• Monatsspiegel zugeschickt 675 (• 72,8%)
•• ca. 70% mehr als 3x angerufen

Quelle: eigene Erhebungen

Abbildung 6 zeigt als Erfolgsquote der Befragung das Verhältnis zwischen den aus verschiedenen Gründen nicht zustandegekommenen und den tatsächlich durchgeführten Interviews. Aufgrund der 2.868 ausgewählten Telefonnummern im Stadtgebiet Stuttgart konnten insgesamt 924 Interviews durchgeführt werden, was einem Prozentsatz von 32,3 entspricht. Daneben gab es 996 Personen, die eine Teilnahme an der Befragung verweigerten. Damit erreicht die Verweigerungsrate mit 34,7 % Werte, die auch von anderen Instituten bei ähnlichen Befragungstechniken erzielt wurden. In ca. 70 % der Fälle waren mehr als drei Anrufe vonnöten, bis das Interview zustandekam. Schließlich war in 32,9 % aller Fälle kein Interview möglich, weil entweder gar kein Anschluß oder ein gewerblich genutzter Anschluß unter dieser Nummer bestand oder selbst nach mehreren Versuchen die Zielperson nicht erreicht werden konnte.

2.1 Bewertung des Stuttgarter Angebots an Freizeiteinrichtungen und Veranstaltungen für Bürger und Touristen

In der Befragung selbst sollten die Interviewpartner zunächst das Freizeitangebot in Stuttgart bewerten und Angaben zu ihrem eigenen Freizeitverhalten bzw. Informationsverhalten bezüglich bekannter Freizeitangebote machen (vgl. Fragebogen im Anhang, Fragen 1 bis 3). Anschließend wurden die Befragten um eine Bewertung des touristischen Angebotes gebeten (Frage 4 und 5), so daß in der Auswertung ein Vergleich zwischen den Freizeitangeboten und Veranstaltungen, die die Stuttgarter Bürger selbst nutzen, und denjenigen, die für Touristen wichtig sind, möglich wurde. Ziel dieser Fragenkombination war es, eventuelle Überschneidungen der Interessen von Bürgern und Gästen herauszufinden. Außerdem konnte dieser Vergleich ausdrücken, ob die Stuttgarter Bürger ihrer Stadt bei der Befriedigung der eigenen Bedürfnisse mehr zutrauen als bei der Erfüllung von Urlauber-Erwartungen. Die folgenden Fragen 6 und 7 zielten darauf ab, Mängel im Stuttgarter Freizeitangebot deutlich zu machen.

Den Grad der Zufriedenheit der Stuttgarter Bürger mit dem Freizeitangebot ihrer Stadt versuchte die erste Frage anhand von Schulnoten zwischen eins (sehr gut) und fünf (mangelhaft) zu ermitteln. Die Bewertung ergab eine Durchschnittsnote von 2,45 und spiegelt somit eine relative Zufriedenheiten der Bevölkerung mit dem Freizeitwert Stuttgarts wider. Nur 2,3 % der Befragten machten keine Angaben. Die Notenverteilung stellt sich wie folgt dar: 8,1 % der Interviewpartner vergaben die Note eins, 46,1 % die Note zwei, 35,5 % die Note drei, 6,3 % die Note vier und 1,6 % die Note fünf. Bedeutsam ist, daß die Noten eins und zwei zusammen bereits mehr als 50 % der Antworten stellen, mehr als 90 % der Befragten vergaben die eins, zwei oder drei. Die Eckwerte 1 oder 5, die grundsätzlich seltener vergeben werden, zeigen einen eindeutigen Überhang der eins, die fünfmal so oft genannt wurde wie die fünf (Abb. 7).

Abb. 7:   Bewertung des Stuttgarter Freizeitangebots

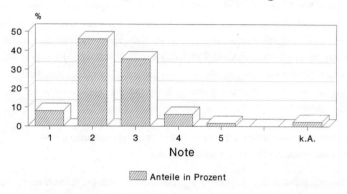

Akzeptanzanalyse
Bewertung des Freizeitangebots

Anteile in Prozent

Quelle: eigene Erhebungen 1991

F 1 (n=924)   Durchschnittsnote: 2,45

Abb. 8:   Bewertung des touristischen Angebots

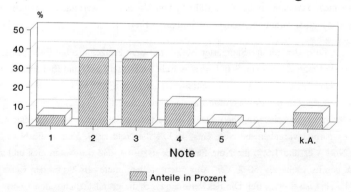

Akzeptanzanalyse
Bewertung des touristischen Angebots

Anteile in Prozent

Quelle: eigene Erhebungen 1991

F 4 (n=924)   Durchschnittsnote: 2,68

Die Frage zur Einschätzung des touristischen Angebots (Frage 4) erwies sich im Vergleich zur Beurteilung des eigenen Freizeitangebots als besonders interessant. Die Akzeptanz der Stuttgarter gegenüber dem von ihnen selbst genutzten Freizeitangebot stellt sich darin als merklich besser dar als die Zufriedenheit mit dem Angebot, das sich den Touristen bietet. Zwar ist die Durchschnittsnote, die dem touristischen Angebot gegeben wurde, mit 2,68 nur um einen viertel Prozentpunkt schlechter, als die dem eigenen Freizeitabgebot zugeordnete; die Verteilung der Noten unterscheidet sich jedoch signifikant (Abb. 8). Hier vergaben nur 41,3 % der Befragten die Note eins oder zwei (in Frage 1: 54,2 %), davon 5,4 % die Note eins (vgl. 8,1 %). Die Noten eins, zwei und drei machen zusammen nur noch 76,5 % aller Antworten aus (vgl. 89,7 %), die vier oder fünf wurde von 15,1 % der Interviewpartner vergeben (vgl. 7,9 %), davon von immerhin 3,0 % die fünf selbst (vgl. 1,6 %).

Abbildung 8 verdeutlicht noch einmal die Tendenz, das touristische Angebot stärker mit mittelmäßigen bis schlechten Noten zu bewerten, während das eigene Freizeitangebot mit guten bis mittelmäßigen Noten eingestuft wurde. Stärker vertreten bei ersterem also die vier und die fünf, bei letzterem die eins und die zwei.

Abb. 9:   Image-Bewertung

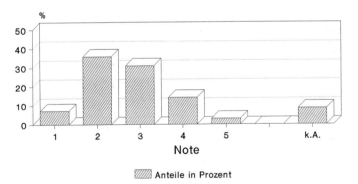

Akzeptanzanalyse
Image-Bewertung

Anteile in Prozent

Quelle: eigene Erhebungen 1991

F 18 (n=924)   Durchschnittsnote: 2,68

Eine dritte Bewertungsfrage der Akzeptanzanalyse (Frage 18) bezog sich auf das Image der Stadt Stuttgart, d.h. auf das Erscheinungsbild der Stadt nach außen, wie Stuttgart z.B. in den Medien dargestellt wird (Abb. 9). Die Durchschnittsnote erwies sich als identisch mit der, die die Stuttgarter dem touristischen Angebot ihrer Stadt gegeben haben, also 2,68. Dabei wurde die fünf in beiden Fragen gleich häufig vergeben, die eins jedoch in der Image-Frage von 7,2 % aller Interviewpartner (vgl. 5,4 %). Die mittleren Noten zwei und drei wurden in der Image-Frage etwas weniger häufig vergeben (67,0 %) als in der Bewertung des touristischen Angebots (71,1 %), dafür ist die vier in der Image-Frage mit 14,2 % stärker vertreten (vgl. 12,1 %). Es zeigt sich in der Image-Benotung also eine deutlichere Polarisierung.

Die offenen Fragen nach der Nutzung von Freizeitangeboten durch die Bürger und Touristen bzw. nach den Mängeln im Freizeitangebot und nach Verbesserungswünschen wurden in zwei Teilschritten ausgewertet. Einerseits wurde die Vielzahl der Antworten in Obergruppen zusammengefaßt, um eine bessere Vergleichbarkeit zu erreichen; andererseits wurden die jeweils häufigsten Einzelnennungen als "Top 10" separat aufgelistet.

Bei der Frage nach der Nutzung von Freizeiteinrichtungen und Veranstaltungen durch die Stuttgarter selbst (Frage 2) kristallisierte sich als Schwerpunkt die Antwortkategorie "Theater, Konzerte" (29,3 %) heraus, die an zweiter Stelle gefolgt wurde von der Rubrik "Schwimmbäder" mit 15,2 %. Die drittstärkste Antwortgruppe lautete "Parks, Grünanlagen" mit 10,2 % aller Nennungen, während "Landschaft, Umgebung" mit 7,6 % aller Nennungen an fünfter Stelle stand. Die viertstärkste Großgruppe war mit 9,9 % "Sport aktiv", wogegen die Kategorie "Sport passiv" mit 3,6 % aller Aussagen erst an neunter Stelle rangierte. Die Obergruppe "Museen, Ausstellungen" folgte mit 6,8 % aller Nennungen auf Platz sechs gleichrangig mit der Rubrik "Hotellerie, Gastronomie allgemein". "Veranstaltungen allgemein" machten 3,8 % aller Antworten aus. Den zehnten Platz nahm mit 3,1 % die Rubrik "Sehenswürdigkeiten, Denkmäler, Bauwerke" ein. Noch seltener als die Antwort "nutzt keine" (2,2 %) wurde mit 1,0 % "Stadtbild, Innenstadt allgemein" als Freizeiteinrichtung im weitesten Sinne genannt, die von den Stuttgarter Bürgern in Anspruch genommen wird (Abb. 10).

Auf die Frage, welche Freizeiteinrichtungen auch für Touristen wichtig sind (Frage 5), wurde hingegen am häufigsten die Rubrik "Bauwerke, Denkmäler" genannt (22,1 % aller Nennungen), dicht gefolgt von "Museen, Ausstellungen" (19,3 %) und "Parks, Grünanlagen" (18,0 %). "Theater" rangiert an vierter Stelle (12,2 %), aber auch "Veranstaltungen" (7,8 %), das "Stadtbild" (6,6 %) und die "Landschaft, Umgebung" (4,2 %) werden als für Touristen wichtig eingestuft. Der passive Besuch von Sportveranstaltungen (3,6 %) wird verständlicherweise in der Bedeutung für Touristen höher eingeschätzt als das aktive Sporttreiben mit

0,4 % aller Nennungen. Die "Schwimmbäder" (2,6 %), hierzu zählen auch die Mineralbäder, werden dagegen häufiger genannt als Einrichtungen von "Hotellerie und Gastronomie" mit 2,2 % (Abb. 11).

Nach der Analyse der meistgenannten Obergruppen läßt sich eine andere Hierarchie im Vergleich der häufigsten Einzelnennungen bilden. Auch bei den "Top 10" der von Stuttgartern genutzten Freizeitangebote führt die allgemeine Aussage "Theater, Konzerte" mit 8,1 %, gefolgt von der Antwort "Kino" (6,2 %) die Liste an. Mit 5,1 % sind die "Schwimmbäder", mit 4,1 % die "Sportvereine" vertreten. Die Einzelnennungen "Wilhelma" und "Klassische Konzerte, Sinfonien" teilen sich mit je 3,5 % den 5. Platz dieser "Top 10"-Liste. Platz sieben und acht nehmen mit je 3,4 % die "Spazierwege" und "Freibäder" ein, gefolgt von "Museen, Ausstellungen" mit 3,3 %. Das "Staatstheater" liegt mit 3,1 % auf Rang zehn (Abb. 12).

Die Rangliste der "Top 10" bei den für Touristen wichtigen Einrichtungen sieht ewas anders aus. An erster Stelle der Einzelnennungen rangiert die "Wilhelma" mit 10,0 %, gefolgt vom "Fernsehturm" mit 9,4 %. Die nächsten beiden Plätze der Rangliste nehmen die "Staatsgalerie" (7,9) sowie "Museen, Ausstellungen" (7,0 %) ein. Dicht beieinander liegen das "Schloß" (5,2 %), "Theater, Konzerte" (5,0 %) und der "Höhenpark Killesberg" mit 4,6 %. Die Plätze acht bis zehn werden von "Landschaft, Umgebung" (3,2 %), "Innenstadt" (3,0 %) und "Planetarium" (2,7 %) eingenommen (Abb. 13).

Bei insgesamt ca. einhundert verschiedenen Einzelbegriffen, die bei den Fragen zwei und fünf genannt wurden, zeigt sich die Überschneidung des Angebotes für Bewohner und Besucher Stuttgarts am deutlichsten bei "Theater, Konzerte", "Museen, Ausstellungen" und "Wilhelma", die in beiden Listen unter den "Top 10" zu finden sind.

Die Beantwortung der Frage "Was fehlt?" (Frage 6) zeigt - wie auch Frage 1 -, daß ein großer Teil der Befragten mit dem Freizeitangebot in Stuttgart durchaus zufrieden ist. Immerhin 31,5 % sagen deutlich "nichts fehlt"; 16,5 % können dazu keine konkreten Angaben machen. Die festgestellten quantitativen Mängel beziehen sich vor allem auf die Rubriken "Hotellerie, Gastronomie" (12,1 %) oder "Veranstaltungen" (10,3 %). Fehlende Freizeiteinrichtungen wurden außerdem in den Rubriken "Theater, Konzerte" (6,8 %), "Schwimmbäder" (6,6 %) und "Landschaft, Umgebung" (4,9 %) konstatiert. Weiterhin wurden mit weniger als 5 % der Nennungen die Rubriken "Sport aktiv", "Parks, Grünanlagen", "Sport passiv", "Museen, Ausstellungen", "Stadtbild, Innenstadt" und "Bauwerke, Denkmäler" angeführt (Abb. 14).

28

Abb. 10:   Nutzung der Freizeitangebote durch die Bürger

Akzeptanzanalyse

Welche Freizeiteinrichtungen und Veranstaltungen nutzen Sie?

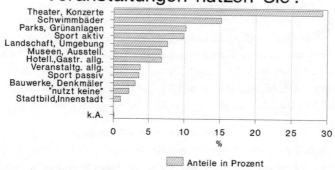

Anteile in Prozent

Quelle: eigene Erhebungen 1991

F 2 (n=2829)

Abb. 11:   Bedeutung der Freizeitangebote für die Touristen

Akzeptanzanalyse

Bedeutung von Veranstaltungen und Freizeiteinrichtungen für Touristen

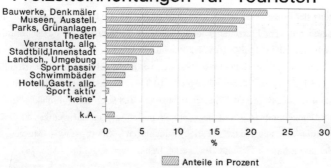

Anteile in Prozent

Quelle: eigene Erhebungen 1991

F 5 (n=3305)

Abb. 12:   "Top 10" der Freizeitnutzung durch die Bürger

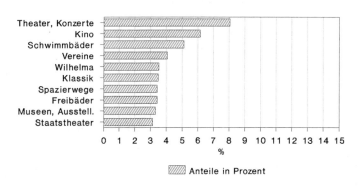

Akzeptanzanalyse
"Top 10" eigene Nutzung

Quelle: eigene Erhebungen 1991

F 2 (n•2829)

Abb. 13:   "Top 10" der touristischen Nutzung

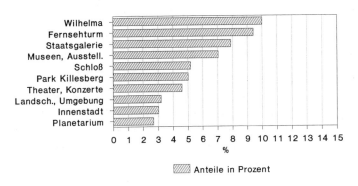

Akzeptanzanalyse
"Top 10" Bedeutung für Touristen

Quelle: eigene Erhebungen 1991

F 5 (n•3305)

Bei der Betrachtung der Einzelantworten auf die Frage "Was fehlt?" fällt vor allem die häufige Nennung der fehlenden "gruppenspezifischen Angebote" (7,9 %). Betrachtet man diesen Teilbereich näher, so zeigt sich, daß vor allem das Fehlen von "Angeboten für Kinder" bemängelt wurde. Aber auch "Angebote für Jugendliche" wurden häufig als fehlend erwähnt, seltener "Angebote für Senoiren". Jeweils im Rahmen von unter 2,5 % aller Nennungen sind in der "Top 10"-Liste weiterhin die Antworten "Kneipen", "Cafés" und "Nachtleben" aus der Rubrik "Hotellerie, Gastronomie", "Radwege" und "Wasserflächen" (Bereich "Landschaft, Umgebung") und "Sportveranstaltungen" sowie "Schwimmbäder", wobei hier häufig Freizeit- und Erlebnisbäder gemeint waren (Abb. 15).

Obwohl die Befragten relativ wenige Angebote als fehlend bezeichneten (Frage 6), wurde auf die Frage "Was sollte verbessert werden?" (Frage 7) ein breites Spektrum an Antworten gegeben. Am häufigsten (30,4 % aller Nennungen) wurden qualitative Verbesserungen der "Verkehrsinfrastruktur" gewünscht, gefolgt von "allgemeinen Verbesserungen", wie z.B. in bezug auf die "Verteilung von Informationen über Veranstaltungen", die "Sicherheit" in der Stadt und - korrespondierend zum "Angebot für Kinder" in Frage 6 - "Spielplätze" (Abb. 16). Fast gleichrangig mit den Wünschen nach qualitativen Verbesserungen im "Kulturangebot" (11,9 %) rangiert die Aussage, daß "nichts verbessert" werden müßte (11,4 %). 8,8 % der Nennungen beziehen sich auf die Verbesserung von "Stadtbild, Atmosphäre", wogegen nur 3,9 % der Wünsche "Hotellerie, Gastronomie und Einzelhandel" zum Gegenstand haben. Das "sportliche Angebot" wird nur in 1,9 % aller Nennungen als verbesserungswürdig dargestellt. Bei den Einzelnennungen der Verbesserungswünsche rangiert der ÖPNV (15,9 %) mit Abstand an erster Stelle. Den zweiten Platz nimmt die Antwort "nichts zu verbessern" (11,4 %) ein. Darauf folgen mit 5,7 % die "Verkehrsinfrastruktur" und mit 4,3 % "Radwege" (vgl. Frage 6), was die Verkehrsproblematik in Stuttgart deutlich macht. Als weitere Probleme wurden die "Verfügbarkeit von Eintrittskarten" (3,4 %) und fehlende "Spielplätze" (3,3 %) angesprochen. Außerdem wurde Kritik geübt am "Flair" (3,1 %), an den "Öffnungszeiten" (2,9 %), "Parkplätzen" (2,8 %) und mit 2,5 % an der "öffentlichen Sicherheit" (Abb. 17).

Die Frage nach den hauptsächlichen Informationsquellen der Stuttgarter Bürger in bezug auf Freizeiteinrichtungen und Veranstaltungen (Frage 3a) hat ihren Sinn darin, daß häufig Teilbereiche des Angebots als fehlend bezeichnet wurden, die in Stuttgart zwar vorhanden, aber offenbar nicht bekannt sind. Häufig wurde auch direkt die mangelnde Zugänglichkeit von Informationen über das Freizeitangebot beklagt, so daß Kenntnisse über das Informationsverhalten der Bürger unerläßlich sind. Im Rahmen eines erfolgreichen Tourismusmarketing ist eine Verbesserung der Informationen über vorhandene Attraktionen somit sicherlich der erste und wohl auch der preiswerteste Schritt zur allgemeinen Attraktivitätssteigerung.

31

Abb. 14: Fehlende Freizeitangebote

Akzeptanzanalyse
Welche Freizeiteinrichtungen und Veranstaltungen fehlen?

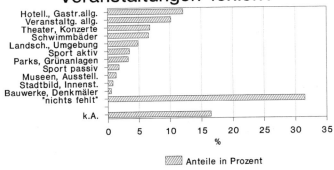

Anteile in Prozent

Quelle: eigene Erhebungen 1991

F 6 (n=1110)

Abb. 15: "Top 10" der fehlenden Freizeitangebote

Akzeptanzanalyse
"Top 10" Was fehlt?

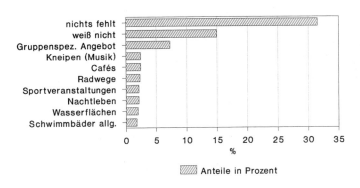

Anteile in Prozent

Quelle: eigene Erhebungen 1991

F 6 (n=1110)

Abb. 16:   Verbesserungswünsche

Akzeptanzanalyse
Verbesserungen

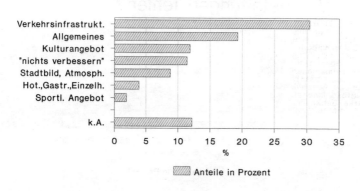

Verkehrsinfrastrukt.
Allgemeines
Kulturangebot
"nichts verbessern"
Stadtbild, Atmosph.
Hot.,Gastr.,Einzelh.
Sportl. Angebot

k.A.

0   5   10   15   20   25   30   35
%

▨ Anteile in Prozent

Quelle: eigene Erhebungen 1991

F 7 (n=1345)

Abb. 17:   "Top 10" der Verbesserungswünsche

Akzeptanzanalyse
"Top 10" Verbesserungen

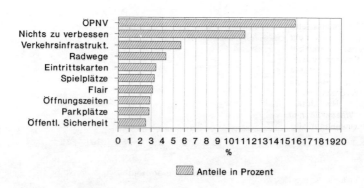

ÖPNV
Nichts zu verbessen
Verkehrsinfrastrukt.
Radwege
Eintrittskarten
Spielplätze
Flair
Öffnungszeiten
Parkplätze
Öffentl. Sicherheit

0 1 2 3 4 5 6 7 8 9 10 11 12 13 14 15 16 17 18 19 20
%

▨ Anteile in Prozent

Quelle: eigene Erhebungen 1991

F 7 (n=1345)

Abb. 18:   Informationsquellen

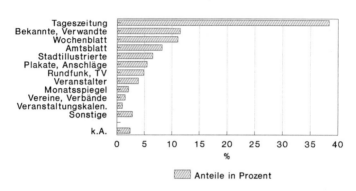

Akzeptanzanalyse
Informationsquellen

Quelle: eigene Erhebungen 1991

F 3A (n=1548)

Die Erhebungen ergaben, daß die mit Abstand am häufigsten genannte Informationsquelle die "Tageszeitung" darstellt (38,4 % der Nennungen), und zwar vor den Rubriken "Bekannte, Verwandte" (11,5 %) und "Wochenblatt" (11,1 %). Das "Amtsblatt" erhielt immerhin 8,2 % aller Antworten. Mehr als 5 % aller Nennungen entfallen jeweils auf die "Stadtillustrierten" (6,5 %) und "Plakate und Anschläge" (5,5 %). Unter 5 % liegen auch die Rubriken "Rundfunk, Fernsehen", "Veranstalter selbst", "Monatsspiegel", "Vereine, Verbände", "Veranstaltungskalender" und "Sonstige" (Abb. 18).

2.2   Akzeptanz der Stuttgart-Touristen bei den Stuttgarter Bürgern

In einem weiteren Fragenblock wurde zunächst gefragt, ob die Interviewpartner den Touristen in ihrer Stadt eher positiv oder eher negativ gegenüberstehen (Frage 8). Anschließend wurden die Befragten um eine Einschätzung gebeten, ob der Tourismus für Stuttgart ihrer Meinung nach eher Vorteile oder eher Nachteile bringt (Frage 9). Eine entsprechende Filterführung ermöglichte es, daß jeder Interviewpartner sowohl Vorteile als auch Nachteile des Städtetourismus nennen konnte (Frage 10 bis 15).

Abb. 19:   Einstellung gegenüber den Touristen

Akzeptanzanalyse
Einstellung gegenüber den Touristen

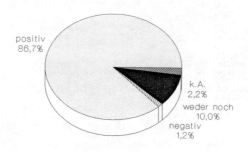

Quelle: eigene Erhebungen 1991

F 8 (n=924)

Abb. 20:   Vor- oder Nachteile des Tourismus

Akzeptanzanalyse
Vor- oder Nachteile durch Tourismus?

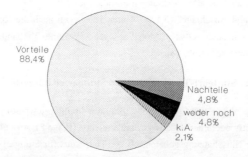

Quelle: eigene Erhebungen 1991

F 9 (n=924)

Abb. 21:   Vorteile des Tourismus

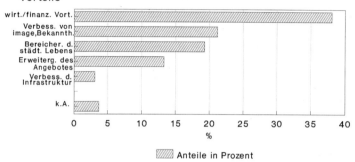

Akzeptanzanalyse

Vorteile des Tourismus

Vorteile

wirt./finanz. Vort.

Verbess. von image,Bekannth.

Bereicher. d. städt. Lebens

Erweiterg. des Angebotes

Verbess. d. Infrastruktur

k.A.

0   5   10   15   20   25   30   35   40
%

▨ Anteile in Prozent

Quelle: eigene Erhebungen 1991

F 10,13,14 (n=1338)

Abb. 22:   Nachteile des Tourismus

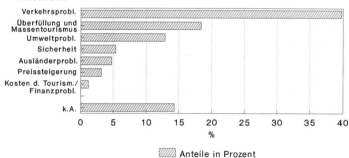

Akzeptanzanalyse

Nachteile des Tourismus

Nachteile

Verkehrsprobl.

Überfüllung und Massentourismus

Umweltprobl.

Sicherheit

Ausländerprobl.

Preissteigerung

Kosten d. Tourism./ Finanzprobl.

k.A.

0   5   10   15   20   25   30   35   40
%

▨ Anteile in Prozent

Quelle: eigene Erhebungen 1991

F 11,12,15 (n=645)

Die Akzeptanzanalyse erbrachte insbesondere das erfreuliche Ergebnis, daß von den 924 Befragten 86,7 % ihre persönliche Einstellung gegenüber den Touristen in ihrer Stadt als grundsätzlich positiv bezeichneten (Frage 8). Nur 1,2 % charakterisierten ihre Haltung als negativ, während 10,0 % sie als weder positiv noch negativ beschrieben (Abb. 19).

Auf die Frage, ob der Tourismus der Stadt Stuttgart eher Vor- oder eher Nachteile bringt (Frage 9), sahen 88,4 % der Befragten die Vorteile durch den Tourismus als bedeutsamer an. 4,8 % der Befragten gewichteten die Nachteile schwerer. Ebensoviele maßen weder den Vornoch den Nachteilen die größere Bedeutung bei oder konnten gar keine erkennen (Abb. 20).

Da fast neun Zehntel der Interviewpartner die Vorteile des Tourismus für größer halten als seine Nachteile, sollen zunächst die Vorteile, später jedoch auch die Nachteile genauer betrachtet werden.

Auf die Frage, welche Vorteile der Tourismus für Stuttgart denn bringe (Frage 10, 13, 14), wurden in 38,1 % der Antworten wirtschaftliche/finanzielle Aspekte genannt, gefolgt von ideellen Vorteilen wie der Verbesserung des Bekanntheitsgrades und des Images der Stadt (21,2 %). 19,3 % der Nennungen bezogen sich auf die durch den Tourismus forcierte Bereicherung des städtischen Lebens, z.B. den Austausch mit anderen Nationen und Kulturen. 13,3 % aller Antworten assoziierten mit Vorteilen durch den Tourismus eine verstärkte Nachfrage der verschiedensten Einrichtungen, die zu einer Bereicherung des Angebots auch für die Einheimischen führt. So werden z.B. für die Touristen bestimmte Einrichtungen neu geschaffen oder erhalten und ausgebaut, die auch den Einheimischen zur Verfügung stehen. Eine allgemeine Verbesserung der Infrastruktur wurde in 3,1 % aller Antworten mit den Vorteilen durch den Tourismus in Verbindung gebracht (Abb. 21).

Als vorrangiger Nachteil des Tourismus wurden in 39,8 % aller Antworten Verkehrsprobleme genannt (Frage 11, 12, 15). Weiterhin wurden in 18,4 % aller Nennungen die Gefahr der Überfüllung durch Massentourismus sowie Umweltprobleme (12,9 %) angesprochen. Außerdem wurde gemutmaßt, daß die Sicherheit (5,4 %) unter dem Tourismus in der Stadt zu leiden scheint. Auch wurde in 4,8 % der Nennungen die Befürchtung geäußert, daß sich die Ausländerproblematik durch den Tourismus verschärfen könnte. Zusätzlich wurden mögliche Preissteigerungen (3,2 %) durch den Tourismus als Nachteil genannt. Die unmittelbaren Kosten des Tourismus bzw. Finanzprobleme wurden mit nur 1,2 % als weniger bedeutsam erachtet (Abb. 22).

Im Hinblick auf die von den Bürgern gewünschte Tourismuspolitik wurde die Frage gestellt, ob der Tourismus in Stuttgart stärker ausgebaut werden solle oder ob der derzeitige Umfang ausreichend sei (Frage 16). In diesem Zusammenhang ist auch die Frage zu sehen, ob die

Stadt Stuttgart in der Tourismuswerbung mit anderen Städten der Region zusammenarbeiten oder alleine auftreten sollte (Frage 17).

Auf die Frage, ob der Tourismus in Stuttgart stärker ausgebaut werden sollte, oder ob der jetzige Umfang ausreichend ist (Frage 16), antworteten 46,1 % der Befragten mit "ausreichend" und 43,7 % der Befragten mit "ausbauen". 10,2 % machten keine Angabe. Dieses knappe Ergebnis steht keineswegs im Widerspruch zu der grundsätzlich positiven Einstellung der Stuttgarter zum Tourismus. Es verdeutlicht nur, daß dem Bürger die Probleme eines quantitativen Tourismusausbaus ohne die gleichzeitige Verbesserung der Infrastruktur bewußt sind.

Auf die Frage, ob Stuttgart in der Tourismuswerbung mit den anderen Städten der Region zusammenarbeiten sollte (Frage 17), plädierte die überwiegende Mehrheit (69,9 % der Befragten) für eine Zusammenarbeit. 24,8 % waren der Meinung, daß es für Stuttgart besser sei, in der Tourismusarbeit alleine aufzutreten. 5,3 % machten dazu keine Angaben.

Nachdem in Frage 8 eine allgemein positive Einstellung der Stuttgarter Bürger festgestellt worden war, sollten die Ergebnisse der letzten Frage des Interviews zeigen, ob diese Akzeptanz allen Zielgruppen des Städtetourismus gleichermaßen gilt, oder ob bestimmte Besuchergruppen bei den Stuttgartern beliebter oder unbeliebter sind als andere. In Frage 19 wurde daher den Interviewpartnern eine Liste verschiedener Besuchergruppen genannt. Es sollte jeweils entschieden werden, ob ein größeres Aufkommen dieser Besuchergruppe wünschenswert ist oder nicht. Die Abbildung 23 zeigt, daß bei der Mehrheit der Besuchergruppen höhere Besucherzahlen durchaus erwünscht sind, nur bei den Volksfestbesuchern überwiegen die negativen Stimmen. Gerade in dieser Frage erweist sich in bezug auf das gesamte Stadtgebiet eine Ursachenforschung für die unterschiedliche Akzeptanz verschiedener Besuchergruppen als sehr schwierig, da die Befragten mit den Besuchergruppen die unterschiedlichsten Merkmale (z.B. PKW-Aufkommen, Gedränge in der Innenstadt usw.) assoziieren. Daher bietet sich eine stadtteilbezogene Betrachtung der Ergebnisse an (vgl. Abb. 24-26).

Die stadtteilbezogene Auswertung der Akzeptanz der Volksfestbesucher ergab, daß in fast allen Bezirken das Aufkommen dieser Besuchergruppe als ausreichend empfunden wird. Eine Ausnahme bilden die Stadtteile Untertürkheim und Weilimdorf, wo die Option "ausbauen" stärker vertreten ist als die Antwort "ausreichend" (Abb. 24).
Signifikanterweise zeigt sich bei einer stadtteilbezogenen Auswertung der Akzeptanz von Einkaufsreisenden eine stärkere Ablehnung dieser Gruppe im Stadtteil Mitte, wo die von diesen Besucherströmen Betroffenen ein eindeutiges Votum gegen steigende Besucherzahlen mit diesem Aufenthaltsmotiv abgegeben haben. In den übrigen Stadtteilen ist die Einstellung gegenüber dieser Besuchergruppe wohl im Hinblick auf die damit verbundenen Umsatzsteigerungen positiv (Abb. 25).

Abb. 23:   Akzeptanz unterschiedlicher Besuchergruppen

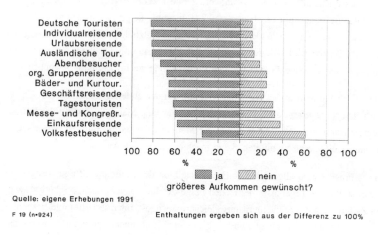

Akzeptanzanalyse

Akzeptanz gegenüber Besuchergruppen

Deutsche Touristen
Individualreisende
Urlaubsreisende
Ausländische Tour.
Abendbesucher
org. Gruppenreisende
Bäder- und Kurtour.
Geschäftsreisende
Tagestouristen
Messe- und Kongreßr.
Einkaufsreisende
Volksfestbesucher

100 80 60 40 20 0 20 40 60 80 100
%   %

▨ ja   ▨ nein
größeres Aufkommen gewünscht?

Quelle: eigene Erhebungen 1991

F 19 (n=924)   Enthaltungen ergeben sich aus der Differenz zu 100%

Abb. 24:   Stadtteilbezogene Akzeptanz der Volksfestbesucher

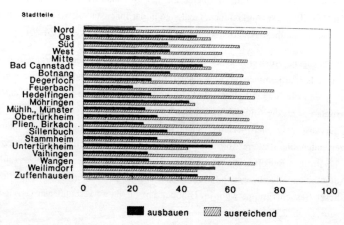

Akzeptanzanalyse

Stadtteilbezogene Akzeptanz der Volksfestbesucher

Stadtteile

Nord
Ost
Süd
West
Mitte
Bad Cannstadt
Botnang
Degerloch
Feuerbach
Hedelfingen
Möhringen
Mühlh., Münster
Obertürkheim
Plien., Birkach
Sillenbuch
Stammheim
Untertürkheim
Vaihingen
Wangen
Weilimdorf
Zuffenhausen

0   20   40   60   80   100

■ ausbauen   ▨ ausreichend

Quelle: Eigene Erhebung 1991

Abb. 25: Stadtteilbezogene Akzeptanz der Einkaufstouristen

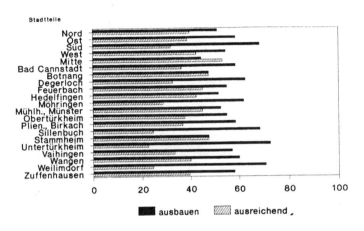

Stadtteilbezogene Akzeptanz der Einkaufstouristen

Quelle: eigene Erhebungen

Abb. 26: Stadtteilbezogene Akzeptanz der Messe- und Kongreßtouristen

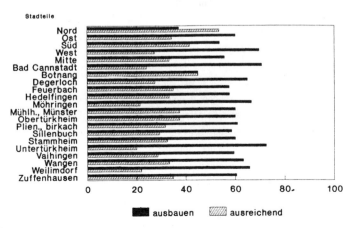

Akzeptanzanalyse
Stadtteilbezogene Akzeptanz der Messe-und Kongressreisenden

Quelle: eigene Erhebungen

Ein eindeutiges Ergebnis liefert die stadtteilbezogene Auswertung der Akzeptanz von Messe-
und Kongreßreisenden. Im Stadtteil Nord, wo sich der Messestandort Killesberg befindet, ist
eine deutlich ablehnende Haltung der Bevölkerung gegenüber zusätzlichen Besuchern dieser
Gruppe zu verzeichnen. Beim benachbarten Stadtteil Botnang halten sich Zustimmung und
Ablehnung die Waage, während die übrigen Stadtteile ein Mehraufkommen von Messe- und
Kongreßreisenden durchaus wünschenswert finden (Abb. 26).

3. Zusammenfassung

In der ersten Teiluntersuchung des Forschungsprojektes "Städtetourismus Stuttgart", der Akzeptanzanalyse, wurden Stuttgarter Bürger aus allen Stadtteilen telefonisch zum Freizeitwert
und zum Tourismus in Stuttgart interviewt, 87 % der Befragten bezeichneten ihre Einstellung
gegenüber den Touristen in ihrer Stadt als durchaus positiv, wobei die überwiegende Mehrheit der Interviewpartner (88 %) glaubte, daß die Vorteile, die der Tourismus für Stuttgart
bringt, gegenüber den Nachteilen überwiegen. Letztere wurden vor allem in Verkehrsproble-
men gesehen, während die Vorteile hauptsächlich mit der wirtschaftlichen Wertschöpfung,
der Steigerung des Bekanntheitsgrades und der Verbesserung des Images der Stadt durch den
Tourismus begründet wurden. Trotz der positiven Einschätzung des Städtetourismus in Stuttgart steht ungefähr die Hälfte der Befragten einem Ausbau des Städtetourismus eher skeptisch
gegenüber, da sie u.a. eine Zunahme der Nachteile befürchten; die andere Hälfte bezeichnet
eine Erweiterung als wünschenswert.

Den Wert des touristischen Angebots in Stuttgart schätzten die Bürger mit einer Durchschnittsnote von 2,7 etwas niedriger ein als den Wert der Freizeiteinrichtungen für die Bevölkerung selbst (Durchschnittsnote 2,5). Überschneidungen zwischen Freizeiteinrichtungen, die
die Bürger selbst nutzen, und denen, die sie als touristisches Angebot der Stadt bezeichnen,
zeigen, daß Investitionen in den Tourismussektor häufig auch die Freizeitqualität für die
eigene Bevölkerung erhöhen.

Während im allgemeinen ein größeres Besucheraufkommen durchweg begrüßt wurde, zeigt
die Betrachtung einzelner Besuchergruppen, daß die Besucher, bei denen die schon angesprochenen Nachteile des Tourismus deutlich werden (Messe-, Volksfestbesucher, Einkaufsreisende), weniger beliebt sind, insbesondere in den betroffenen Stadtteilen. Dies zeigt, daß die
Bevölkerung bestimmte infrastrukturelle Mängel sieht, ohne deren Beseitigung ein weiterer
Ausbau des Städtetourismus nicht wünschenswert erscheint. Kritik wurde in erster Linie an
der Verkehrsinfrastruktur geübt, besonders am ÖPNV; als verbesserungswürdig wurde auch
das Angebot von Hotellerie und Gastronomie und gruppenspezifische Angebote vor allem für
Kinder bezeichnet. Trotz aller für die Bewohner merklichen Schwächen beurteilten die Befragten das Image, also das Bild, das der Stadt Stuttgart nach außen hin vermittelt, jedoch mit
der Durchschnittsnote 2,7 als relativ gut.

Kapitel III
IMAGEANALYSE

1. Einleitung

Ein wichtiger Bereich der Fremdenverkehrsanalyse ist die Betrachtung der Nachfragerseite, um Aufschluß über den Entscheidungsfindungsprozeß bei der Wahl eines Reiszieles zu erlangen. Bei der Beurteilung eines touristischen Zieles spielt dessen *Image* eine bedeutende Rolle, da die individuelle Vorstellung von einem Zielort als Einflußfaktor nicht zu unterschätzen ist. Für die Planung in der Tourismuspolitik sind daher Kenntnisse über das Image einer Stadt von großer Bedeutung. Die Imageanalyse als Teilbereich des Forschungsprojektes "Städtetourismus Stuttgart" stellt daher einen Schwerpunkt der Gesamtuntersuchung dar.

In der Fachliteratur finden sich viele Definitionen zum Imagebegriff. Verallgemeinernd läßt sich das Image als die Gesamtheit der persönlichen Einstellungen, Kenntnisse, Erfahrungswerte und Gefühlshaltungen zu einem Meinungsgegenstand, z.B. einer Stadt oder einem Reiseziel, beschreiben. Die so nach individuellen Maßstäben "gefilterte" Realität ist demnach von subjektiven und objektiven Kriterien abhängig - von eigenen, direkten Erfahrungen und Erkenntnissen, vom gesellschaftlichen Umfeld, das Einstellungen und Verhaltensmuster nachhaltig prägt, vom Hörensagen und von der eigenen Grundeinstellung einer Stadt, Region oder Bevölkerungsgruppe gegenüber. Diese Einstellungen können entscheidungsfördernd oder entscheidungshemmend sein, je nachdem, ob sie auf positiven oder auf negativen Imagekomponenten beruhen.

Werden die qualitativen und quantitativen Imageaussagen zu einer Stadt mit der Wirklichkeit verglichen, können mehrere Imagebereiche ausgemacht werden, die erfahrungsgemäß in direktem Zusammenhang mit der räumlichen Entfernung zu der Stadt stehen:

Das *Eigen-* oder *Innenbereichsimage* zeichnet sich durch einen hohen Kenntnisstand über die geographische, historische, politische und sozio-ökonomische städtische Realität aus. Der Beurteilung liegt die Stadt mit sämtlichen Angeboten als Gesamterscheinungsbild zugrunde. Es ist das Bild, das die Bewohner der Stadt von sich selbst und ihrer Stadt haben.

Das *Nahbereichsimage* unterscheidet sich vom Eigenimage dadurch, daß geographische, historische, politische und sozio-ökonomische Bezüge in den Hintergrund treten und die Stadt vielmehr als Leistungszentrum wahrgenommen wird. Einen besonderen Stellenwert als Imagefaktoren haben dabei Infrastruktureinrichtungen mit hoher zentralörtlicher Bedeutung.

Das *Fremdimage* ist die Imageart, bei der die zu beurteilende Stadt den geringsten Bekanntheitsgrad aufweist und das Wissen über den Gegenstand des Images meist ziemlich diffus ist. Es besteht eine hohe Diskrepanz zwischen subjektiver Vorstellung und objektiver Wirklichkeit. Das Bild einer Stadt wird nur noch von wenigen Imagefaktoren bestimmt, wie etwa einem Bauwerk, einer Persönlichkeit, einem Verein u.a. Die Übergänge von einer Imageart zu der anderen sind in den meisten Fällen fließend.

Kommunale Imagepolitik, d.h. das bewußte Streben der Städte nach einer Verbesserung des Vorstellungsbildes bei Gruppen und Individuen innerhalb und außerhalb der Stadtgrenzen ist somit in jüngster Zeit zu einem weit verbreiteten Handlungsmuster geworden. Anlaß für die Imagepolitik von Städten ist der interregionale Konkurrenzkampf um Unternehmen und Arbeitsplätze, die das Entwicklungspotential einer Region sowie einer Stadt maßgeblich bestimmen. Verstärkt wird dieser Wettbewerb durch die neue politische Lage in Deutschland und im EG-Binnenmarkt. Dabei beeinflußt das Image einer Stadt auch die touristische Nachfrage als kommunalen wirtschaftlichen Faktor. Von Maßnahmen zur Imageverbesserung werden dabei nicht nur direkte Profite in Form von Umsatzsteigerungen in Handel, Hotellerie und Gastronomie erwartet, sondern auch ökonomische Standortvorteile und positive Auswirkungen auf die privatwirtschaftliche Unternehmenspolitik. Demzufolge sollte Imageplanung nicht nur Bestandteil der kommunalen politischen Diskussion sein, mit dem Ziel der Erstellung eines Handlungskonzeptes zur Beseitigung der Diskrepanz zwischen subjektiv empfundenem Vorstellungsbild und objektiver Realität einer Stadt sondern auch zur gezielten Förderung des Fremdenverkehrs, als einer der stärksten Wachstumsbranchen der Zukunft eingesetzt werden.

Als Grundvoraussetzung zur Erarbeitung einzelner Maßnahmen müssen Erkenntnisse zum aktuellen Image der Stadt gewonnen werden, weshalb die Forschungsgruppe zum "Städtetourismus Stuttgart" eine gezielte Imageanalyse durchgeführt hat. Es handelte sich hierbei um eine bundesweite schriftliche Befragungsaktion, deren Zielgebiete zur Erfassung der verschiedenen Imagearten räumlich gestaffelt wurden (vgl. Kap. III.2). Wie die Landeshauptstadt Stuttgart mit ihren Stärken und Schwächen im einzelnen bewertet wird, soll aus der nachfolgenden Darstellung ersichtlich werden.

2. Auswahl der Befragungsgebiete und der Zielpersonen

Für die Untersuchung des Images der Stadt Stuttgart wurde bundesweit eine schriftliche Befragung durchgeführt, wobei auch die neuen Bundesländer Berücksichtigung fanden. Anhand der qualitativ unterschiedlichen Aussagen der Befragten läßt sich das Image einer Stadt in ein Fremdimage, ein Nahbereichsimage und ein Eigenimage unterscheiden (vgl. Kap. III.1).

Diese Aussagen korrelieren erfahrungsgemäß mit der Entfernung des Befragungsortes vom Gegenstand der Befragung. Daher wurde der Fragebogen in drei verschiedenen Varianten erarbeitet und diese gestaffelt nach der Entfernung zu Stuttgart in der Bundesrepublik verschickt (vgl. Abb. 27). Die erste Variante (Deutschlandfassung) wurde an ausgewählte Städte im gesamten *Bundesgebiet* (incl. *Baden-Württemberg*) mit Ausnahme der Städte der Region Stuttgart adressiert, die zweite Fassung an Befragte in Städten der *Region*. Um den Bereich der Planungsregion "Mittlerer Neckar" sowie der 1990 gegründeten "Touristikgeminschaft Region Stutttgart" zu erfassen, wurden die Städte Esslingen, Reutlingen, Ludwigsburg, Böblingen und Sindelfingen, Waiblingen und Göppingen ausgewählt. Außerdem wurde an Heilbronn der Fragebogen für die Region Stuttgart geschickt, da Heilbronn zum Verdichtungsraum Stuttgart gehört. In *Stuttgart* schließlich wurden die Befragten mit der dritten Variante des Imagefragebogens angeschrieben, die speziellere Fragen zur Stadt selbst beinhaltet.

Der Versand beschränkte sich auf Haushalte in Städten, da die Mehrzahl der Reisenden im Städtetourismus (ca. 70 %) selbst aus Städten mit mehr als 20.000 Einwohnern kommt (vgl. LOHMANN 1989, Tab. 3). Bei der Auswahl der Zielorte wurden verschiedene Kriterien berücksichtigt.

Ausgangspunkt der Auswahl waren die sog. "Magic Ten", d.h. diejenigen zehn deutschen Städte, die mindestens 500.000 Einwohner, einen internationalen Flughafen und eine bedeutende Messe aufweisen. Dazu gehören Berlin, Köln, Düsseldorf, Hannover, Stuttgart, Hamburg, Frankfurt, München, Dresden und Leipzig. Um in der Größenordnung der Einwohnerzahl Stuttgarts mehr Vergleichsstädte zu haben, wurden weiterhin die Städte Dortmund, Bremen, Duisburg, Nürnberg und Essen in der Befragung berücksichtigt. Diese fünfzehn Städte waren nicht nur Ziel des Fragebogenversandes, sondern auch Gegenstand einiger Fragen des Fragebogens (vgl. Fragebogen im Anhang sowie Kap. III.4.1.1 u. III.4.3.3).

Eine Auswahl der Zielorte nur nach dem Kriterium der Einwohnerzahl würde die Nichtberücksichtigung verschiedener Bundesländer bedeuten. Daher wurden die Landeshauptstädte Saarbrücken, Mainz und Kiel zusätzlich als Untersuchungsstädte ausgewählt.

Neben Dresden und Leipzig als Mitglieder der "Magic Ten" wurden für die neuen Bundesländer ebenfalls die Landeshauptstädte Magdeburg, Erfurt, Schwerin und Potsdam ausgewählt. Um die Ergebnisse der alten und die der neuen Bundesländer unabhängig voneinander auswerten zu können, wurde Ost-Berlin getrennt von West-Berlin angeschrieben.

Abb. 27: Zielstädte der Befragung

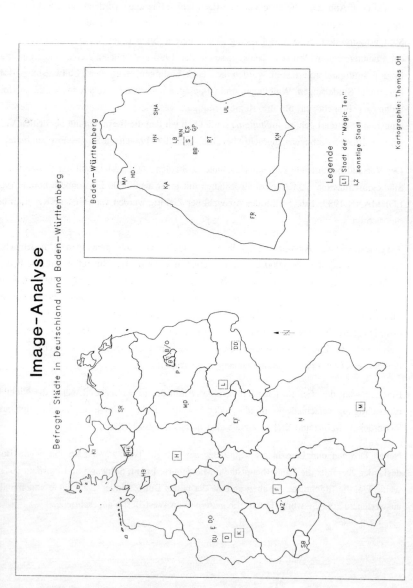

Image-Analyse

Befragte Städte in Deutschland und Baden-Württemberg

Legende

L1 Stadt der "Magic Ten"

L2 sonstige Stadt

Kartographie: Thomas Ott

Wie bereits angesprochen, unterscheidet man ein Nahbereichs- und ein Fremdimage einer Stadt. Um im Nahbereich, d.h. in Baden-Württemberg, detailliertere Kenntnisse über das Image von Stuttgart zu bekommen, wurde dieses Bundesland nach einem anderen Schlüssel beschickt als die restliche Bundesrepublik. Neben den bereits angesprochenen Städten der Region und des Verdichtungsraumes Stuttgart, die einen Regionalbogen zugesandt bekamen, wurden mit dem Deutschlandbogen die Städte Karlsruhe, Freiburg, Ulm, Konstanz, Mannheim, Schwäbisch Hall und Heidelberg angeschrieben, um Beispielstädte aus sämtlichen Regionen Baden-Württembergs in die Befragung mit einbeziehen zu können. Insgesamt wurden einschließlich Stuttgarts 37 Städte berücksichtigt, von denen die bundesdeutschen Städte zwischen Oktober 1991 und Februar 1992, die baden-württembergischen zwischen März und Mai 1992 angeschrieben wurden.

Dazu wurden in einer zufallsgesteuerten Stichprobe aus den entsprechenden Telefonbüchern für jede Stadt je nach Einwohnerzahl zwischen 100 und 180 Adressen von Privatpersonen ausgewählt. Diesen Haushalten wurde ein Fragebogen (vgl. Anhang), ein Umschlag zum portofreien Rückversand zusammen mit einem Anschreiben und einer Teilnahmekarte für ein Preisausschreiben zugeschickt. In dem beiliegenden Anschreiben wurde sowohl die Bedeutung von Städtereisen als auch das Ziel der Befragung kurz erläutert. Außerdem wurde diejenige Person des Haushalts um die Mitarbeit an der Befragungsaktion gebeten, die zuletzt Geburtstag hatte und mindestens 16 Jahre alt ist. Damit sollten Stichprobenfehler vermieden werden, z.B. daß überproportional häufig der jeweilige "Haushaltsvorstand" den Bogen ausfüllt. In Anlehnung an sozialwissenschaftlich bewährte Methoden schriftlicher Befragungen (BORTZ 1984, S. 170, 180f) wurde ca. 10 Tage nach dem Erstversand des Fragebogens allen Haushalten ein Erinnerungsschreiben zugesandt. Darin wurde denjenigen, die schon geantwortet hatten, gedankt. Diejenigen, die den Fragebogen noch nicht ausgefüllt hatten, wurden darum gebeten, dies doch innerhalb der nächsten Tage zu tun. Weitere zwei Wochen später wurden alle Haushalte ein drittes Mal angeschrieben. Diesem Erinnerungsschreiben wurde nochmals ein Fragebogen samt Teilnahmekarte und Rückumschlag beigelegt für den Fall, daß die Befragungsunterlagen verlorengegangen waren.

3.   Erfolgsquoten und Repräsentativität der Befragung

Aufgrund dieses Versandverfahrens erzielte die Untersuchung insgesamt eine sehr befriedigende Rücklaufquote von 35,6 %. Von Stadt zu Stadt schwankten die Quoten der Beteiligung zwischen 25 % (Mannheim) und 46,5 % (Mainz).

Im folgenden sollen zunächst die soziodemographischen Merkmale der Befragten erläutert werden, und zwar in bezug auf ihre Eignung zur Ableitung allgemeingültiger also repräsentativer Ergebnisse für die Städte der Bundesrepublik. Weiterhin sollen die Ergebnisse der Befragung dargestellt werden. Im Vergleich werden jeweils die Ergebnisse der *deutschlandweiten*, der *baden-württembergischen*, der *regionalen* und der *Stuttgarter* Befragung abgehandelt. Dabei dient als Datengrundlage der *bundesweiten* Analyse ein Rücklauf von insgesamt 1072 Fragebögen; dies entspricht bei 3052 verschickten Fragebögen einer Rücklaufquote von 35,1 %). In *Baden-Württemberg* wurden 283 von 839 Fragebögen ausgefüllt zurückgeschickt, was einer Erfolgsquote von 33,7 % entspricht. In der *Region Stuttgart* ist der Rücklauf von 326 ausgefüllten Fragebögen (38,7 %) die Datengrundlage, in *Stuttgart* selbst wurden 66 Fragebögen von 178 (37,1 %) beantwortet und zurückgeschickt.

Um die durchgeführte Untersuchung zum bundesweiten Image der Stadt Stuttgart als repräsentativ zu bezeichnen, ist es erforderlich, daß verschiedene soziodemographische Merkmale wie Geschlecht, Alter, Familienstand, Schulabschluß und Art der Berufstätigkeit in der gezogenen Stichprobe der Verteilung in der Grundgesamtheit, d.h. der Bevölkerung der ausgewählten deutschen Großstädte, entsprechen (vgl. STATISTISCHES BUNDESAMT 1991).

Da die Versandadressen anhand von Telefonbucheinträgen zufallsgesteuert ausgewählt wurden, war ein Überhang von männlichen Adressaten unvermeidbar. Um dennoch eine Gleichverteilung von Männern und Frauen in der Stichprobe zu erhalten, wurde auf einer zweiten Ebene innerhalb des Haushalts eine weitere Auswahl der Befragungsperson getroffen. Im Anschreiben wurde nach der "last-birthday-Methode" diejenige Person des Haushalts als Zielperson zur Beantwortung des Fragebogens aufgefordert, die zuletzt Geburtstag hatte. Obwohl durch diese Methode alle soziodemographischen Merkmale in der Stichprobe so vertreten sein sollten wie in der Grundgesamtheit, weist die Befragung eine ungleiche Geschlechterverteilung auf.

So wurden in der Gesamtstichprobe 61,7 % der Fragebögen von Männern und 38,3 % von Frauen ausgefüllt. Die Geschlechterverteilung erweist sich dabei in den verschiedenen Untersuchungsgebieten als unterschiedlich. Das ausgewogenste Geschlechterverhältnis in der Befragung ergab sich demnach in *Stuttgart* selbst, wo 54 % der Fragebögen von männlichen, 46 % von weiblichen Personen ausgefüllt wurden, im Befragungsgebiet *Bundesrepublik Deutschland* ergab sich dagegen ein Verhältnis von nur 37 % weiblichen und 63 % männlichen Befragten.

Die generelle Unausgewogenheit bezüglich der Geschlechterverteilung in der Stichprobe rührt daher, daß bei Haushalten mit mehreren Personen meist der männliche Familienvorstand im Telefonbuch eingetragen ist, an den das Schreiben somit adressiert wurde. Auch wenn die Zielperson innerhalb des Haushalts ein weibliches Familienmitglied gewesen wäre, wurden die Fragebögen vorzugsweise von der angeschriebenen, also männlichen Person ausgefüllt.

Die ungleiche Verteilung der Geschlechter ist jedoch eine allgemeine Schwäche schriftlicher Befragungen. Es gibt allerdings keinen Hinweis darauf, daß durch eine Gleichverteilung der Geschlechter in der Stichprobe andere Ergebnisse zustande gekommen wären. Ein Vergleich der Antworten von männlichen und weiblichen Befragten hat z.b. in Frage 18 gezeigt, daß Frauen zwar durchschnittlich bessere Imagenoten vergeben, die Rangfolge der benoteten Städte jedoch dadurch nicht beeinflußt wird.

Die Altersverteilung im Rücklauf der gezogenen Stichprobe stellt sich wie folgt dar: 1 % der Befragten gehört der Altersgruppe unter 18 Jahre an, wobei anzumerken ist, daß die unter 16jährigen als Zielperson innerhalb des angeschriebenen Haushalts ohnehin ausgegrenzt waren. Die Altersgruppe 18-24 Jahre ist zu 7 % in der Stichprobe enthalten, die darauffolgende (25 bis 34 Jahre) zu 19,8 %. 17,4 % der Befragten sind zwischen 35 und 44 Jahre alt, 21,2 % zwischen 45 und 54. Die Altersgruppe 55 bis 64 Jahre stellt 17,4 % der beantworteten Fragebögen, wohingegen 11,4 % aus der Gruppe der 65 bis 74jährigen stammen. 4,9 % der Befragten gehören der Altersgruppe der über 75jährigen an. Ein Vergleich der Altersstruktur in den vier verschiedenen Befragungsgebieten zeigt nur minimale Abweichungen von den hier genannten Durchschnittswerten für die gesamte Stichprobe.

Ein Vergleich mit der Altersstruktur der Bundesrepublik Deutschland zeigt, daß in den Altersstufen zwischen 25 und 54 Jahren die Prozentanteile der Gesamtbevölkerung von den entsprechenden Werten der gezogenen Stichprobe nur geringfügig abweichen. Die jüngeren Altersgruppen sind etwas schwächer, die älteren Altersgruppen dagegen in der Stichprobe stärker vertreten als in der Grundgesamtheit.

In bezug auf den Familienstand der Befragten ergibt sich in der Gesamtstichprobe folgendes Bild: 24,8 % der Befragten sind ledig, 58,6 % verheiratet, 8,5 % geschieden oder getrennt lebend und 8,1 % verwitwet. Im Vergleich dazu sind in der Bundesrepublik 25,6 % der Bevölkerung ledig, 43,2 % verheiratet, 11,8 % sind geschieden oder leben getrennt und 22,7 % sind verwitwet. Größere Abweichungen finden sich also vor allem bei den verheirateten (in der Stichprobe überrepräsentiert) und den verwitweten (in der Stichprobe unterrepräsentiert) Personengruppen.

Vergleicht man die Anzahl der Personen und die Anzahl der Kinder in den Haushalten der Stichprobe mit den Haushalten der Bundesrepublik, so läßt sich eine starke Übereinstimmung der Proportionen feststellen. Entsprechend dem Anteil verheirateter bzw. verwitweter InterviewpartnerInnen sind die Zweipersonenhaushalte im Vergleich zu Einpersonenhaushalten ebenfalls überrepräsentiert. Der etwas höhere Anteil der Haushalte ohne Kinder in der Stichprobe läßt sich durch die unterschiedlichen Altersgrenzen (im Statistischen Jahrbuch: "Kinder unter 16"; in unserer Befragung "unter 18 Jahre") erklären.

Der Anteil der Befragten mit einer anderen als der deutschen Staatsangehörigkeit ist mit nur 2,8 % in der Befragung unterproportional vertreten, möglicherweise wegen einer relativ geringeren Dichte von Haushalten mit Telefonanschluß, oder auch aufgrund von Sprachbarrieren. Diese Personengruppe macht in der Bundesrepublik insgesamt 6,4 % der Bevölkerung aus.

In der prozentualen Verteilung der Schulabschlüsse in der Gesamtstichprobe sind - wie vorauszusehen war - die Bevölkerungsschichten mit höherem Schulabschluß stärker vertreten, was ebenfalls ein typisches Merkmal schriftlicher Befragungen ist: 19 % der Probanden gaben an, einen Volks- oder Hauptschulabschluß zu haben. Die Mittlere Reife als höchsten Schulabschluß haben 15,6 % der Befragten, während 19,8 % eine Berufs-/Fachschule absolviert haben. Fachhochschul-/Hochschulreife/Abitur gaben 18,2 % der Befragten als höchsten Schulabschluß an, während 27,4 % einen Fachhochschul- oder Hochschulabschluß aufweisen können.

Bei der Zugehörigkeit zu verschiedenen Berufsgruppen beträgt der Anteil der in der Befragung vertretenen Angestellten 37,8 %, gefolgt von einem Rentneranteil von 20,8 %. Selbständige stellen mit 10 % der Befragten die drittgrößte Gruppe vor den Beamten mit 8,4 %. Erst an fünfter Stelle kommen die Arbeiter mit 7,3 %, danach die Schüler mit 7 %. Nur 5,5 % aller Fragebogen wurden von Hausfrauen ausgefüllt. Die restlichen Gruppen (Arbeitslose, Auszubildende usw.) machen zusammen gerade 3,3 % aus.

Ein Vergleich von Schulbildung und Berufszugehörigkeit in der Stichprobe der Befragung mit den Verhältnissen in der Bundesrepublik zeigt - wie bereits erwähnt - bei den Befragten einen deutlichen Überhang von AbiturientInnen und Fachhochschul- bzw. HochschulabsolventInnen sowie von Selbständigen, Beamten/Beamtinnen und Angestellten, da bei diesen Bildungs- und Berufsgruppen die Bereitschaft zur Teilnahme an schriftlichen Befragungen generell höher ist als bei anderen Bevölkerungsgruppen.

Wenn man jedoch die Ergebnisse anderer Studien zur Tourismusforschung betrachtet, so sind es gerade diese Personengruppen mit hohem Bildungsniveau und entsprechender Stellung im Beruf, die den Großteil der Städtereisenden ausmachen (vgl. LOHMANN 1989, Tab. 3).

Daher ist die Stichprobe der Imageanalyse Stuttgart tendenziell repräsentativ für die Bevölkerung der Bundesrepublik Deutschland und kann wichtige Erkenntnisse über das Meinungsbild von typischen und potentiellen Städtereisenden liefern.

4. Die Inhalte und Ergebnisse der Befragung

Der für die Imageanalyse verschickte Fragebogen wurde entsprechend den verschiedenen Zielgebieten des Versandes in drei unterschiedlichen Variationen konzipiert. Im folgenden sollen die Themen in chronologischer Abfolge des Fragebogens dargestellt und die Ergebnisse erläutert werden. Die Numerierung richtet sich nach der Reihenfolge in der Deutschlandvariante des Fragebogens (vgl. Anhang). Die abweichenden Fragen und Numerierungen für die Befragungsgebiete *Region* und *Stuttgart* werden soweit erforderlich im Kontext besprochen.

4.1 Die in allen Befragungsgebieten identischen Fragen (1. Teil)

4.1.1 Frage 1a und 1b: Lieblingsstadt

In der ersten Frage wurden die InterviewpartnerInnen zunächst gebeten, aus einer Liste von fünfzehn Städten diejenigen fünf auszuwählen, in denen sie gerne a) ihre Freizeit verbringen, b) wohnen und c) arbeiten würden. Zur Auswahl standen die fünfzehn größten Städte der Bundesrepublik einschließlich der neuen Bundesländer. Die Grunddaseinsfunktionen "Arbeiten", "Wohnen" und "Verbringen der Freizeit" wurden als Kriterien der Auswahl einer Stadt gewählt, weil zu vermuten war, daß den fünfzehn Städten für die Verwirklichung verschiedener Lebensbereiche unterschiedliche Qualitäten zugeschrieben werden.

Der zweite Teil der ersten Frage erlaubte eine Festlegung auf die absolute Lieblingsstadt in bezug auf die genannten drei Kriterien, so daß die Befragten von den fünf in die engere Wahl gezogenen Städten ihre eigentliche Lieblingsstadt aufschreiben konnten.

Die Ergebnisse sind vor dem Hintergrund zu sehen, daß viele der InterviewpartnerInnen ihre Heimatstadt als eine der Traumstädte angekreuzt haben, so daß die Städte der Auswahlliste, die auch angeschrieben wurden, quasi einen Heimvorteil hatten. Um diesen zu relativieren, wurden die Ergebnisse der bundesweiten Befragung proportional zur Einwohnerzahl der angeschriebenen Städte gewichtet.

In bezug auf das Kriterium Freizeit ist der absolute Sieger in dieser Frage die Stadt München, die in allen vier Befragungsgebieten als die Lieblingsstadt der Deutschen zu gelten hat. Den zweiten Platz der Traumstädte nimmt in *Deutschland, Baden-Württemberg* und der *Region Stuttgart* Berlin ein, während die *Stuttgarter* ihre eigene Stadt auf diesen Rang rückten. Die zweitbeste Plazierung erhielt Stuttgart im Befragungsgebiet *Region*, wo es auf dem vierten Rang hinter Hamburg liegt. Die *deutschlandweite* Auswertung brachte Stuttgart auf den

Tab. 1.1a: Auswahl von fünf Städten der Bundesrepublik, in denen man gerne seine Freizeit verbringen würde.

Rang	Befragungsgebiet			
	Stuttgart n=293	Region Stuttgart n=1393	Baden- Württemberg n=1183	Bundesrepublik Deutschland[*] n=4767
1	München (20,1)	München (19,4)	München (17,8)	München (17,1)
2	**Stuttgart (14,7)**	Berlin (15,4)	Berlin (15,2)	Berlin (15,2)
3	Berlin (14,0)	Hamburg (13,3)	Hamburg (13,7)	Hamburg (13,7)
4	Hamburg (12,6)	**Stuttgart (13,1)**	Nürnberg (9,4)	Nürnberg (9,1)
5	Nürnberg (9,2)	Nürnberg (8,2)	Köln (8,4)	**Stuttgart (8,6)**
6	Dresden (6,8)	Köln (6,3)	**Stuttgart (7,3)**	Köln (7,0)
7	Düsseldorf (6,1)	Düsseldorf (5,3)	Düsseldorf (6,2)	Dresden (6,9)
8	Köln (5,1)	Dresden (5,3)	Dresden (5,8)	Düsseldorf (5,6)
9	Bremen (2,7)	Bremen (4,4)	Bremen (5,6)	Bremen (4,9)
10	Leipzig (2,4)	Hannover (2,8)	Frankfurt (3,7)	Frankfurt (3,8)
11	Frankfurt (1,7)	Frankfurt (2,6)	Leipzig (2,1)	Hannover (2,8)
12	Hannover (1,7)	Leipzig (2,3)	Hannover (2,1)	Leipzig (2,3)
13	Essen (1,4)	Dortmund (0,7)	Dortmund (1,4)	Essen (1,2)
14	Dortmund (0,7)	Duisburg (0,6)	Duisburg (0,8)	Dortmund (0,9)
15	Duisburg (0,7)	Essen (0,4)	Essen (0,6)	Duisburg (0,8)

in ( )   Prozentanteil an der Gesamtzahl der Nennungen   [*] incl. Stuttgart
Quelle: Eigene Erhebung 1991/92

Tab. 1.1b: Auswahl einer Lieblingsstadt, in der man gerne seine Freizeit verbringen würde.

Rang	Befragungsgebiet			
	Stuttgart n=65	Region Stuttgart n=310	Baden- Württemberg n=269	Bundesrepublik[*] Deutschland n=1066
1	München (43,1)	München (49,4)	München (43,4)	München (33,4)
2	Berlin (23,1)	Berlin (20,1)	Berlin (24,8)	Berlin (26,3)
3	**Stuttgart (21,5)**	**Stuttgart (14,4)**	Hamburg (12,1)	Hamburg (13,7)
4	Hamburg (6,2)	Hamburg (6,9)	**Stuttgart (10,2)**	**Stuttgart (5,0)**
5	Düsseldorf (3,1)	Nürnberg (2,3)	Bremen (2,4)	Dresden (4,5)
6	Dresden (1,5)	Dresden (2,3)	Nürnberg (1,9)	Köln (3,9)
7	Nürnberg (1,5)	Köln (1,3)	Köln (1,6)	Nürnberg (3,3)
8	Köln (0,0)	Bremen (1,2)	Frankfurt (0,9)	Düsseldorf (2,1)
9	Bremen (0,0)	Düsseldorf (1,2)	Dortmund (0,6)	Bremen (2,0)
10	Leipzig (0,0)	Frankfurt (0,7)	Hannover (0,6)	Frankfurt (1,4)
11	Frankfurt (0,0)	Dortmund (0,2)	Düsseldorf (0,5)	Hannover (1,2)
12	Hannover (0,0)	Hannover (0,0)	Leipzig (0,5)	Dortmund (1,1)
13	Essen (0,0)	Leipzig (0,0)	Dresden (0,4)	Essen (0,9)
14	Dortmund (0,0)	Duisburg (0,0)	Duisburg (0,0)	Leipzig (0,7)
15	Duisburg (0,0)	Essen (0,0)	Essen (0,0)	Duisburg (0,5)

in ( )   Prozentanteil an der Gesamtzahl der Nennungen   [*] incl. Stuttgart
Quelle: Eigene Erhebung 1991/92

fünften Rang; hier wurde Nürnberg als Freizeitstadt höherwertig eingeschätzt als die Landeshauptstadt. Die schlechteste Plazierung erhielt Stuttgart in *Baden-Württemberg*, wo es den sechsten Platz hinter München, Berlin, Hamburg, Nürnberg und Köln einnimmt. Stuttgart liegt also in Teil 1 dieser Frage, in dem die fünf beliebtesten Städte zum Verbringen der Freizeit eingetragen werden sollten, in den unterschiedlichen Befragungsgebieten auf den Plätzen zwei, vier, fünf und sechs.

Betrachtet man nun jedoch den zweiten Teil der Frage ("Topstadt"), in der die absolute Lieblingsstadt in bezug auf dieses Kriterium einzutragen war, so verändert sich das Ergebnis wie folgt: Vor Stuttgart als absoluter Lieblingsstadt für den Freizeitbereich liegen in *Baden-Württemberg* und *Deutschland* nur noch München, Berlin und Hamburg, in der *Region* und in *Stuttgart* selbst sogar nur München und Berlin. Das bedeutet, daß Stuttgart als absolute Lieblingsstadt die Plätze drei und vier einnimmt, und zwar jeweils in zwei Befragungsgebieten. Somit wurde die Landeshauptstadt als "Topstadt" der Auswahl häufiger genannt, während andere Städte wie Nürnberg und Köln im ersten Teil der Frage als eine der fünf anzukreuzenden Städte höhere Plazierungen erzielten.

Während sich je nach Befragungsgebiet in beiden Teilbereichen der ersten Frage auf den Plätzen sechs bis zehn die Städte Dresden, Nürnberg, Bremen, Frankfurt, Düsseldorf, Leipzig und Hannover finden, werden die letzten Plätze der Beliebtheit einer Stadt als Freizeitstadt von den Städten Dortmund, Duisburg und Essen eingenommen (vgl. Tab. 1.1a und b).

In bezug auf das Kriterium "Arbeiten" schneidet Stuttgart in allen vier Befragungsgebieten und in beiden Teilen dieser Frage noch besser ab als im Bereich "Freizeit". Als eine von fünf Städten, in denen die Befragten gerne arbeiten würden, landete die baden-württembergische Landeshauptstadt in der *Region* und in *Stuttgart* selbst auf dem ersten Rang, in der *baden-württembergischen* Befragung auf Rang zwei, in der *deutschlandweiten* Befragung auf Rang vier. Vor Stuttgart liegen in den beiden letztgenannten Untersuchungsgebieten München bzw. München, Berlin und Hamburg.

Im zweiten Teil der Frage - als die absolute Lieblingsstadt zum Arbeiten - ändert sich an den Plazierungen Stuttgarts nichts. Es bleibt auf den Plätzen eins (*Stuttgart* und *Region*), zwei (*Baden-Württemberg*) und vier (*Deutschland*), nur daß in der *deutschlandweiten* Auswertung Berlin als die "Topstadt" zum Arbeiten den ersten Rang einnimmt, während als eine der fünf beliebtesten Städte zum Arbeiten München am häufigsten genannt wurde. Bemerkenswert ist, daß bezüglich der Lieblingsstadt zum Arbeiten die *baden-württembergischen* Befragten Frankfurt vor Hamburg und Berlin nannten, die Befragten aus der *Region* Nürnberg vor Hamburg. Daran wird deutlich, daß die Entfernung zu der gewählten Lieblingsstadt als Arbeitsstätte die Entscheidung in starkem Maße beeinflußt, vielleicht stärker als die tatsächliche Arbeitsmarktsituation oder die Verdienstmöglichkeiten in der entsprechenden Stadt (vgl. Tab. 1.3a und b).

Tab. 1.2a: Auswahl von fünf Städten der Bundesrepublik,
in denen man gerne *wohnen* würde.

Rang	Befragungsgebiet			
	Stuttgart n=262	Region Stuttgart n=1236	Baden- Württemberg n=1069	Bundesrepublik Deutschland[*] n=4254
1	Stuttgart (20,2)	München (18,8)	München (16,0)	München (14,4)
2	München (17,2)	Stuttgart (17,6)	Hamburg (12,8)	Hamburg (14,1)
3	Hamburg (13,4)	Nürnberg (11,5)	Nürnberg (12,2)	Berlin (11,8)
4	Nürnberg (9,2)	Hamburg (11,3)	Stuttgart (10,4)	Nürnberg (8,9)
5	Berlin (8,8)	Berlin (8,3)	Berlin (8,6)	Stuttgart (8,7)
6	Düsseldorf (8,0)	Düsseldorf (6,2)	Köln (8,2)	Bremen (7,6)
7	Köln (6,9)	Köln (6,0)	Düsseldorf (7,4)	Köln (7,0)
8	Bremen (5,3)	Bremen (5,2)	Bremen (7,1)	Düsseldorf (6,9)
9	Hannover (3,0)	Hannover (5,1)	Hannover (5,4)	Hannover (5,5)
10	Frankfurt (2,7)	Frankfurt (3,6)	Frankfurt (3,6)	Frankfurt (4,2)
11	Dresden (2,3)	Dresden (2,4)	Dresden (3,0)	Dresden (4,0)
12	Leipzig (0,8)	Leipzig (1,3)	Essen (2,0)	Essen (2,1)
13	Essen (0,8)	Essen (1,3)	Dortmund (1,5)	Dortmund (1,9)
14	Dortmund (0,8)	Dortmund (0,9)	Leipzig (0,9)	Leipzig (1,7)
15	Duisburg (0,8)	Duisburg (0,7)	Duisburg (0,7)	Duisburg (1,2)

in ( )   Prozentanteil an der Gesamtzahl der Nennungen   [*] incl. Stuttgart
Quelle: Eigene Erhebung 1991/92

Tab. 1.2b: Auswahl einer Lieblingsstadt, in der man gerne *wohnen* würde.

Rang	Befragungsgebiet			
	Stuttgart n=66	Region Stuttgart n=297	Baden- Württemberg n=252	Bundesrepublik[*] Deutschland n=1012
1	Stuttgart (60,7)	Stuttgart (36,8)	München (35,0)	Berlin (20,9)
2	München (22,7)	München (27,8)	Stuttgart (14,4)	München (18,5)
3	Hamburg (6,1)	Nürnberg (9,0)	Berlin (10,9)	Hamburg (17,0)
4	Berlin (3,0)	Bremen (7,1)	Hamburg (9,4)	Stuttgart (6,2)
5	Bremen (3,0)	Hamburg (5,7)	Köln (7,4)	Nürnberg (5,6)
6	Nürnberg (3,0)	Berlin (3,8)	Nürnberg (7,0)	Bremen (4,9)
7	Köln (1,5)	Düsseldorf (2,7)	Bremen (4,6)	Köln (4,5)
8	Dresden (0,0)	Hannover (2,2)	Düsseldorf (4,3)	Dresden (4,2)
9	Düsseldorf (0,0)	Dresden (1,8)	Frankfurt (2,9)	Hannover (3,6)
10	Leipzig (0,0)	Köln (1,4)	Hannover (2,0)	Düsseldorf (3,4)
11	Frankfurt (0,0)	Essen (0,7)	Essen (1,2)	Dortmund (2,9)
12	Hannover (0,0)	Duisburg (0,5)	Dresden (0,6)	Essen (2,6)
13	Essen (0,0)	Frankfurt (0,3)	Leipzig (0,4)	Leipzig (2,1)
14	Dortmund (0,0)	Dortmund (0,2)	Dortmund (0,0)	Frankfurt (1,9)
15	Duisburg (0,0)	Leipzig (0,0)	Duisburg (0,0)	Duisburg (1,9)

in ( )   Prozentanteil an der Gesamtzahl der Nennungen   [*] incl. Stuttgart
Quelle: Eigene Erhebung 1991/92

Tab. 1.3a: Auswahl von fünf Städten der Bundesrepublik,
           in denen man gerne arbeiten würde.

Rang	Befragungsgebiet			
	Stuttgart n=259	Region Stuttgart n=1206	Baden- Württemberg n=1061	Bundesrepublik Deutschland* n=4154
1	Stuttgart (20,5)	Stuttgart (19,7)	München (16,5)	München (14,3)
2	München (17,4)	München (16,5)	Stuttgart (13,2)	Berlin (13,3)
3	Hamburg (10,8)	Hamburg (10,6)	Hamburg (11,7)	Hamburg (13,1)
4	Berlin (9,3)	Nürnberg (9,6)	Frankfurt (10,0)	Stuttgart (8,9)
5	Frankfurt (7,3)	Berlin (8,8)	Berlin (9,9)	Frankfurt (7,8)
6	Nürnberg (7,0)	Frankfurt (8,3)	Nürnberg (8,6)	Düsseldorf (7,6)
7	Düsseldorf (6,2)	Düsseldorf (5,9)	Köln (7,0)	Köln (6,7)
8	Köln (5,8)	Köln (5,5)	Düsseldorf (6,2)	Nürnberg (6,5)
9	Hannover (5,8)	Hannover (4,7)	Bremen (4,9)	Bremen (5,3)
10	Bremen (4,6)	Bremen (4,0)	Hannover (3,8)	Hannover (4,7)
11	Dresden (1,5)	Dresden (1,9)	Dresden (2,9)	Dresden (3,6)
12	Duisburg (1,2)	Duisburg (1,5)	Dortmund (2,3)	Leipzig (2,3)
13	Dortmund (1,2)	Leipzig (1,3)	Leipzig (1,4)	Dortmund (2,2)
14	Essen (0,7)	Essen (1,0)	Essen (1,1)	Essen (2,2)
15	Leipzig (0,7)	Dortmund (0,7)	Duisburg (0,5)	Duisburg (1,4)

in ( )   Prozentanteil an der Gesamtzahl der Nennungen   * incl. Stuttgart
Quelle: Eigene Erhebung 1991/92

Tab. 1.3b: Auswahl einer Lieblingsstadt, in der man gerne arbeiten würde.

Rang	Befragungsgebiet			
	Stuttgart n=64	Region Stuttgart n=289	Baden- Württemberg n=262	Bundesrepublik* Deutschland n=1024
1	Stuttgart (65,6)	Stuttgart (59,0)	München (34,1)	Berlin (23,5)
2	München (21,9)	München (17,6)	Stuttgart (20,7)	München (15,3)
3	Köln (3,1)	Berlin (6,1)	Frankfurt (13,6)	Hamburg (14,1)
4	Hamburg (3,0)	Nürnberg (4,4)	Hamburg (8,9)	Stuttgart (8,6)
5	Berlin (1,6)	Hamburg (3,0)	Berlin (7,6)	Frankfurt (5,9)
6	Frankfurt (1,6)	Frankfurt (2,9)	Nürnberg (5,5)	Köln (5,6)
7	Düsseldorf (1,6)	Dresden (1,9)	Bremen (3,9)	Düsseldorf (4,9)
8	Bremen (1,6)	Bremen (1,7)	Köln (2,2)	Dresden (3,7)
9	Dresden (0,0)	Düsseldorf (1,2)	Düsseldorf (1,2)	Nürnberg (3,5)
10	Leipzig (0,0)	Köln (1,1)	Hannover (1,0)	Hannover (2,9)
11	Nürnberg (0,0)	Duisburg (0,5)	Duisburg (0,5)	Bremen (2,8)
12	Hannover (0,0)	Hannover (0,4)	Essen (0,5)	Dortmund (2,7)
13	Essen (0,0)	Leipzig (0,2)	Leipzig (0,2)	Leipzig (2,6)
14	Dortmund (0,0)	Dortmund (0,2)	Dortmund (0,0)	Essen (2,3)
15	Duisburg (0,0)	Essen (0,0)	Dresden (0,0)	Duisburg (1,9)

in ( )   Prozentanteil an der Gesamtzahl der Nennungen   * incl. Stuttgart
Quelle: Eigene Erhebung 1991/92

Für den Lebensbereich "Wohnen" schneidet Stuttgart im ersten Teil der Frage schlechter ab als für das Kriterium "Arbeiten". Zwar steht im Befragungsgebiet *Stuttgart* die Landeshauptstadt an erster Stelle der fünf Städte, in denen man gerne wohnen würde; in der *Region* fällt Stuttgart jedoch hinter München zurück, das als Stadt zum Arbeiten weniger beliebt als Stuttgart ist, zum Wohnen jedoch als attraktiver eingestuft wurde. In *Baden-Württemberg* erreichte Stuttgart als Wohnort nur noch den vierten Platz hinter München, Hamburg und Nürnberg, in der *bundesweiten* Befragung rutschte die Landeshauptstadt auf den fünften Rang ab. Damit liegt Stuttgart als eine der Städte, in denen man gerne wohnen würde, *bundesweit* einen Platz niedriger als der Arbeitsort Stuttgart.

Im zweiten Teil der Frage ist die Plazierung Stuttgarts wie auch im Freizeitbereich höher als im ersten Teil, d.h. in bezug auf die genannten Kriterien wurden zwar andere Städte häufiger als attraktiv und somit als potentielle Lieblingsstädte ins Auge gefaßt; als "Topstadt" wurde Stuttgart jedoch häufiger genannt als die anderen Städte. Folglich liegt Stuttgart als "Topstadt" zum Wohnen in *Baden-Württemberg* nach München auf Platz zwei, in der *Bundesrepublik* nach Berlin, München und Hamburg auf Platz vier (vgl. Tab. 1.2a und b).

4.1.2   Frage 2: Informationsquellen

Frage 2 versuchte, Aufschlüsse darüber zu erlangen, auf welchen Informationen der InterviewpartnerInnen die Beurteilung der verschiedenen Städte basiert bzw. wodurch die Aufmerksamkeit der Befragten auf die jeweilige Lieblingsstadt gelenkt wurde. Da man davon ausgehen muß, daß die Entscheidung für eine "Traumstadt" bezüglich des Arbeitsplatzes sich auf andere Informationsquellen stützt als z.B. die Auswahl einer "Traumstadt" für den Freizeit- oder Wohnbereich, wurden für die drei Kriterien die Informationsquellen getrennt abgefragt. Für jeden der drei Bereiche konnten mehrere Informationsquellen angekreuzt werden.

Zur Auswahl standen sowohl "private" Quellen wie z.B. Freunde, Bekannte und Verwandte, als auch "offizielle" Informationsmaterialien der Medien (Presse, Rundfunk, Fernsehen) und der Reisebranche wie z.B. Kataloge und Prospekte. Darüberhinaus konnten geschäftliche Kontakte als Anlaß zur Auswahl einer Lieblingsstadt angegeben werden (vgl. Fragebogen im Anhang).

Die vorgegebenen Antwortoptionen wurden für das Kriterium "Freizeit verbringen" in folgender Häufigkeitsverteilung angekreuzt (vgl. Tab. 2.1-2.4):
In der *Region Stuttgart, Baden-Württemberg* und der *Bundesrepublik Deutschland* wurde die Aufmerksamkeit der InterviewpartnerInnen am häufigsten durch die Berichte von Freunden, Bekannten und Verwandten auf die entsprechende Stadt gelenkt. An zweiter Stelle der Informationsquellen steht dort "Urlaub/Aufenthalt in der Nähe" der ausgewählten Stadt, für das

Befragungsgebiet *Stuttgart* ist dies sogar die häufigste Nennung, während "Freunde, Bekannte, Verwandte" an zweiter Stelle stehen. Zahlreiche InterviewpartnerInnen gaben ihren
eigenen "Wohnort" als Lieblingsstadt an, so daß dieser oder der "ehemalige Wohnort" am
dritthäufigsten (in der *Bundesrepublik* und *Stuttgart*) als Grund für die Festlegung auf die favorisierte Stadt genannt wurde. An dritter Stelle der Informationsquellen steht in der *Region*
und in *Baden-Württemberg* "Rundfunk/ Fernsehen". In *Stuttgart* selbst macht die "Durchfahrt" durch die entsprechende Stadt den vierten Platz aus, alle anderen Antwortoptionen erhielten weniger als ein Zehntel der Nennungen (vgl. Tab. 2.1).

Schon hier zeichnet sich ab, daß persönliche Eindrücke, Erlebnisse oder Kontakte, zu denen
die Einzelnennungen "Freunde/Bekannte/Verwandte", "Wohnort/ehemaliger Wohnort",
"Durchfahrt", "Urlaub/Aufenthalt in der Nähe" zusammengefaßt wurden, in allen Befragungsgebieten die Mehrzahl aller Nennungen ausmachen. Die unterschiedlichen Informati-
onsmedien wie "Rundfunk/Fernsehen", "Zeitungen/Zeitschriften", "Kataloge/Prospekte" und
Informationen durch "Reiseveranstalter" beeinflussen die Entscheidung der Befragten weniger als persönliche Erfahrungen, stehen aber als Gruppe an zweiter Stelle in allen Befragungsgebieten. Als am dritthäufigsten genannte Anlässe oder Gelegenheiten, auf die jeweilige
Lieblingsstadt aufmerksam zu werden, wurden in allen Befragungsgebieten "Messen" und
"Geschäftsreisen", zusammengefaßt als "berufliche Kontakte" genannt; während "übrige Informationsquellen" ("sonstige" Faktoren und "Zufall") auf dem vierten Rang der zusammengefaßten Nennungen als Informationsquellen für die Festlegung auf die Lieblingsstadt bezüglich des Kriteriums "Freizeit verbringen" liegen (vgl. Tab. 2.4).

Im Falle der Informationsquellen über die Lieblingsstadt bezüglich "Wohnen" rangiert weiterhin in allen Befragungsgebieten an erster Stelle die Gruppe der Nennungen, die man als
"persönliche/private Kontakte" zusammenfassen kann. Diesen Rang nehmen in *Stuttgart*
selbst und in der *Bundesrepublik* der eigene oder ehemalige "Wohnort" ein, in der *Region
Stuttgart* und in *Baden-Württemberg* die Berichte von "Freunden, Bekannten und Verwandten". Während für Festlegung auf die "Freizeit-Lieblingsstadt" auch "Rundfunk/Fernsehen"
Anregungen bietet (zweimal Platz drei), ist die Entscheidung für einen Lieblings-Wohnort
weniger von Medien und von flüchtigen Eindrücken wie der "Durchfahrt" durch die entsprechende Stadt bestimmt. Es überwiegen also in noch stärkerem Maße "persönliche/private
Kontakte" als im Freizeitbereich. Die Plätze drei und vier des beruflichen bzw. sonstigen Informationsspektrums bleiben weitgehend unverändert.

56

Tab. 2.1: Informationsquellen, durch die man auf die Lieblingsstadt, in der man gerne seine *Freizeit* verbringen würde, aufmerksam wurde.

Rang	Befragungsgebiet			
	Stuttgart n=142	**Region Stuttgart** n=618	**Baden-Württemberg** n=559	**Bundesrepublik Deutschland**[*] n=2041
1	Urlaub/Aufenthalt in der Nähe (22,5)	Freunde/Bekannte/Verwandte (23,6)	Freunde/Bekannte/Verwandte (25,9)	Freunde/Bekannte/Verwandte (24,5)
2	Freunde/Bekannte/Verwandte (21,8)	Urlaub/Aufenthalt in der Nähe (22,5)	Urlaub/Aufenthalt in der Nähe (22,4)	Urlaub/Aufenthalt in der Nähe (20,6)
3	Wohnort/ehemaliger Wohnort (12,7)	Rundfunk/Fernsehen (10,7)	Rundfunk/Fernsehen (10,4)	Wohnort/ehemaliger Wohnort (11,2)
4	Durchfahrt (10,6)	Durchfahrt (9,1)	Durchfahrt (8,2)	Rundfunk/Fernsehen (10,4)
5	Messen (7,8)	Zeitung/Zeitschrift (7,3)	Zeitung/Zeitschrift (7,5)	Durchfahrt (6,9)
6	Rundfunk/Fernsehen (7,0)	Messen (6,3)	Geschäftsreise (5,7)	Zeitung/Zeitschrift (6,7)
7	Geschäftsreise (7,0)	Wohnort/ehemaliger Wohnort (6,1)	Wohnort/ehemaliger Wohnort (5,2)	Geschäftsreise (6,4)
8	Zeitung/Zeitschrift (3,5)	Geschäftsreise (5,8)	Messen (4,3)	Kataloge/Prospekte (4,5)
9	Reiseveranstalter (2,8)	Reiseveranstalter (3,1)	Kataloge/Prospekte (3,0)	Messen (3,8)
10	Sonstiges (2,1)	Kataloge/Prospekte (3,1)	Reiseveranstalter (2,7)	Reiseveranstalter (2,4)
11	Zufall (1,4)	Sonstiges (1,5)	Sonstiges (2,7)	Zufall (1,8)
12	Kataloge/Prospekte (0,7)	Zufall (1,0)	Zufall (2,0)	Sonstiges (1,0)

in ( ) Prozentanteil an der Gesamtzahl der Nennungen

[*] ohne Stuttgart

Quelle: Eigene Erhebung 1991/92

Tab. 2.2: Informationsquellen, durch die man auf die Lieblingsstadt, in der man gerne *wohnen* würde, aufmerksam wurde.

Rang	Befragungsgebiet			
	Stuttgart n=94	**Region Stuttgart** n=454	**Baden-Württemberg** n=450	**Bundesrepublik Deutschland**[*] n=1557
1	Wohnort/ehemaliger Wohnort (37,2)	Freunde/Bekannte/Verwandte (25,3)	Freunde/Bekannte/Verwandte (30,9)	Wohnort/ehemaliger Wohnort (28,1)
2	Freunde/Bekannte/Verwandte (22,3)	Urlaub/Aufenthalt in der Nähe (18,3)	Urlaub/Aufenthalt in der Nähe (20,0)	Freunde/Bekannte/Verwandte (24,1)
3	Urlaub/Aufenthalt in der Nähe (10,6)	Wohnort/ehemaliger Wohnort (18,1)	Wohnort/ehemaliger Wohnort (10,9)	Urlaub/Aufenthalt in der Nähe (15,2)
4	Rundfunk/Fernsehen (6,4)	Durchfahrt (9,0)	Sonstiges (8,7)	Rundfunk/Fernsehen (6,0)
5	Zeitung/Zeitschrift (6,4)	Rundfunk/Fernsehen (6,2)	Rundfunk/Fernsehen (6,9)	Geschäftsreise (6,0)
6	Geschäftsreise (5,3)	Geschäftsreise (5,9)	Durchfahrt (5,5)	Durchfahrt (5,1)
7	Durchfahrt (5,3)	Zeitung/Zeitschrift (4,8)	Geschäftsreise (4,4)	Zeitung/Zeitschrift (4,6)
8	Zufall (3,2)	Messen (3,1)	Zeitung/Zeitschrift (4,2)	Messen (3,8)
9	Kataloge/Prospekte (2,1)	Kataloge/Prospekte (2,4)	Kataloge/Prospekte (2,7)	Kataloge/Prospekte (2,9)
10	Sonstiges (1,1)	Zufall (2,4)	Zufall (2,4)	Zufall (2,4)
11	Messen (0,0)	Sonstiges (2,4)	Messen (2,0)	Sonstiges (1,2)
12	Reiseveranstalter (0,0)	Reiseveranstalter (2,0)	Reiseveranstalter (1,3)	Reiseveranstalter (0,6)

in ( )   Prozentanteil an der Gesamtzahl der Nennungen   * ohne Stuttgart   Quelle:Eigene Erhebung 1991/92

Tab. 2.3: Informationsquellen, durch die man auf die Lieblingsstadt, in der man gerne *arbeiten* würde, aufmerksam wurde.

	Befragungsgebiet			
Rang	**Stuttgart** n=92	**Region Stuttgart** n=429	**Baden-Württemberg** n=463	**Bundesrepublik Deutschland*** n=1449
1	Wohnort/ehemaliger Wohnort (38,1)	Wohnort/ehemaliger Wohnort (24,0)	Freunde/Bekannte/Verwandte (24,8)	Wohnort/ehemaliger Wohnort (28,5)
2	Freunde/Bekannte/Verwandte (19,6)	Freunde/Bekannte/Verwandte (22,4)	Urlaub/Aufenthalt in der Nähe (13,2)	Freunde/Bekannte/Verwandte (20,4)
3	Urlaub/Aufenthalt in der Nähe (9,8)	Urlaub/Aufenthalt in der Nähe (12,6)	Sonstiges (11,2)	Urlaub/Aufenthalt in der Nähe (10,2)
4	Messen (7,7)	Geschäftsreise (8,4)	Geschäftsreise (10,6)	Geschäftsreise (8,9)
5	Geschäftsreise (7,6)	Zeitung/Zeitschrift (7,7)	Wohnort/ehemaliger Wohnort (10,4)	Rundfunk/Fernsehen (7,5)
6	Zeitung/Zeitschrift (4,3)	Rundfunk/Fernsehen (7,5)	Zeitung/Zeitschrift (7,3)	Zeitung/Zeitschrift (7,0)
7	Zufall (4,3)	Messen (6,1)	Messen (6,7)	Messen (5,6)
8	Durchfahrt (3,3)	Durchfahrt (3,3)	Rundfunk/Fernsehen (6,5)	Durchfahrt (4,6)
9	Kataloge/Prospekte (2,2)	Sonstiges (3,0)	Durchfahrt (5,2)	Zufall (2,7)
10	Rundfunk/Fernsehen (2,1)	Zufall (2,6)	Zufall (1,9)	Kataloge/Prospekte (2,6)
11	Sonstiges (1,1)	Kataloge/Prospekte (2,1)	Kataloge/Prospekte (1,7)	Sonstiges (1,2)
12	Reiseveranstalter (0,0)	Reiseveranstalter (0,5)	Reiseveranstalter (0,4)	Reiseveranstalter (0,7)

in ( ) Prozentanteil an der Gesamtzahl der Nennungen   * ohne Stuttgart   Quelle: Eigene Erhebung 1991/92

Tab. 2.4: Zusammenfassung der Informationsquellen, durch die man auf die jeweilige Lieblingsstadt aufmerksam wurde

Rang	Stuttgart	Region Stuttgart	Befragungsgebiet Baden-Württemberg	Bundesrepublik Deutschland*
Freizeit verbringen	n=142	n=618	n=559	n=2041
1	Persönliche/Private Kontakte[1] (67,6)	Persönliche/Private Kontakte[1] (61,3)	Persönliche/Private Kontakte[1] (61,7)	Persönliche/Private Kontakte[1] (63,2)
2	Medien/Werbeträger[2] (14,0)	Medien/Werbeträger[2] (24,2)	Medien/Werbeträger[2] (23,6)	Medien/Werbeträger[2] (24,0)
3	Berufliche Kontakte[3] (14,8)	Berufliche Kontakte[3] (12,1)	Berufliche Kontakte[3] (10,0)	Berufliche Kontakte[3] (10,2)
4	Übrige Informationsquellen[4] (3,5)	Übrige Informationsquellen[4] (2,5)	Übrige Informationsquellen[4] (4,7)	Übrige Informationsquellen[4] (2,8)
Wohnen	n=94	n=454	n=450	n=1557
1	Persönliche/Private Kontakte[1] (75,4)	Persönliche/Private Kontakte[1] (70,7)	Persönliche/Private Kontakte[1] (67,3)	Persönliche/Private Kontakte[1] (72,5)
2	Medien/Werbeträger[2] (14,9)	Medien/Werbeträger[2] (15,4)	Medien/Werbeträger[2] (15,1)	Medien/Werbeträger[2] (14,1)
3	Berufliche Kontakte[3] (5,3)	Berufliche Kontakte[3] (9,0)	Übrige Informationsquellen[4] (11,1)	Berufliche Kontakte[3] (9,8)
4	Übrige Informationsquellen[4] (4,3)	Übrige Informationsquellen[4] (4,8)	Berufliche Kontakte[3] (6,4)	Übrige Informationsquellen[4] (3,6)
Arbeiten	n=92	n=429	n=463	n=1449
1	Persönliche/Private Kontakte[1] (70,8)	Persönliche/Private Kontakte[1] (62,3)	Persönliche/Private Kontakte[1] (53,6)	Persönliche/Private Kontakte[1] (63,7)
2	Berufliche Kontakte[3] (15,3)	Medien/Werbeträger[2] (17,8)	Berufliche Kontakte[3] (17,3)	Medien/Werbeträger[2] (17,8)
3	Medien/Werbeträger[2] (8,6)	Berufliche Kontakte[3] (14,5)	Medien/Werbeträger[2] (15,9)	Berufliche Kontakte[3] (14,5)
4	Übrige Informationsquellen[4] (5,4)	Übrige Informationsquellen[4] (5,6)	Übrige Informationsquellen[4] (13,1)	Übrige Informationsquellen[4] (3,9)

in ( ) Prozentanteil an der Gesamtzahl der Nennungen

* ohne Stuttgart

1 Wohnort/ehemaliger Wohnort; Freunde/Bekannte/Verwandte; Urlaub/Aufenthalt in der Nähe; Durchfahrt

2 Zeitschrift/Zeitung; Rundfunk/Fernsehen; Kataloge/Prospekte; Reiseveranstalter

3 Geschäftsreise; Messen

4 Sonstiges; Zufall

Quelle: Eigene Erhebung 1991/92

Auch bei der Entscheidung für eine Lieblingsstadt zum "Arbeiten" stehen persönliche Erfahrungen und Eindrücke ("Wohnort", "Berichte von Freunden", "Durchfahrt", "Urlaub") im Vordergrund. Wiederum werden die zweiten Ränge der zusammenfassenden Begriffe in der *Region* und in der *Bundesrepublik* von den "Medien/Werbeträgern" eingenommen, während für *Stuttgart* und *Baden-Württemberg* "berufliche Kontakte" auf dem zweiten Rang stehen. Folglich erhielt im Kontext "Lieblingsstadt zum Arbeiten" die "Geschäftsreise" die höchsten Plazierungen in dieser Frage.

4.1.3   Die offenen Fragen 3 bis 6

Während die beiden ersten Fragen auch andere Städte der Bundesrepublik behandelten, indem ihre Beliebtheit abgefragt und somit zur Beliebtheit Stuttgarts ins Verhältnis gesetzt wurde, bezogen sich die folgenden Fragen des Fragebogens nur noch auf die Landeshauptstadt Stuttgart. Im Gegensatz zu den ersten beiden Fragen wurden die nächsten vier als offene Fragen konzipiert, d.h. die InterviewpartnerInnen sollten ihre Antworten selbst formulieren, anstatt aus einer vorgegebenen Liste von Antworten die zutreffende auszuwählen. Diese Frageform wurde gewählt, weil den Befragten bezüglich der Antwortmöglichkeiten und Assoziationen keine Grenzen gesetzt werden sollten. Die Vielfalt und Qualität der erhaltenen Antworten rechtfertigt im Nachhinein die Entscheidung für den Typus der offenen Frage.

Um die Antworten für die Auswertung klassifizieren und quantifizieren zu können, war es notwendig, die jeweiligen Einzelnennungen nach inhaltlichen Kriterien zu Haupt- und Untergruppen sinnvoll zusammenzufassen, und so eine vergleichende Darstellung der Ergebnisse zu ermöglichen.

Frage 3: Spontane Assoziationen

Die erste offene Frage (Frage 3) lautete "Was fällt Ihnen spontan ein, wenn Sie an Stuttgart denken?" und bot somit ein großes Spektrum möglicher Antworten. Gerade für die Beurteilung des Images einer Stadt ist sicherlich die spontane Assoziation von Begriffen wichtig. Bewußt nahm die Frage in Kauf, daß sich in ihr Vorurteile und Wissen, Erfahrungen und Vermutungen mischen. Denn diese unbewußten Verknüpfungen mit potentiellen Reisezielen beeinflussen Reiseentscheidungen genauso stark wie rationale Argumente.

Tabelle 3a zeigt, daß für alle Befragungsgebiete die in der **Hauptgruppe** "Großstadt" zusammengefaßten Begriffe die größte Kategorie der Nennungen darstellen. In diese Rubrik wurden alle Begriffe eingeordnet, die mit der wirtschaftlichen, kulturellen und politischen Bedeutung Stuttgarts in Verbindung stehen, und die großstädtische, zentrale Funktion der Stadt hervorheben. Die Untergruppen zum Oberbegriff "Großstadt" sind: "Großstadt allg./

Politik" (mit Einzelnennungen wie "Landeshauptstadt", "Regierungssitz" aber auch "Einkaufsmöglichkeiten" und "Hektik"); "Sportstadt" (hierzu gehören Nennungen wie "Fußball", "Tennis", "Leichtathletik", "Rad-WM"); "Kulturstadt" (incl. "Theater", "Museen", "Konzerte", "Ballett"); "Wirtschaftszentrum" (mit "Industriestadt", "Arbeitsmöglichkeiten", "High-Tech-Stadt" usw.); "Universitätsstadt" (incl. "Universität" und "Fachhochschule"); "Messe-/Kongreßstadt"; "Kur-/Bäderstadt" (incl. "Mineralquellen", "Mineralbäder"); "Weinstadt" sowie "Umwelt-/Sozialproblematik".

Eine weitere Hauptgruppe ist "Stadtbild/Sehenswürdigkeiten", wobei die Untergruppe "Stadtbild/Atmosphäre" Begriffe wie "Königstraße/Fußgängerzone", "Innenstadt", "Wohngebiete" usw. umfaßt, während die Untergruppe "Sehenswürdigkeiten" Nennungen wie "Fernsehturm", "Altes/Neues Schloß", "Stiftskirche", "Schillerdenkmal" u.v.a.m. beinhaltet. In den Befragungsgebieten *Stuttgart, Region* und *Baden-Württemberg* liegt die Hauptgruppe "Stadtbild/Sehenswürdigkeiten" auf Rang zwei, während für die übrige *Bundesrepublik* der Oberbegriff "Firmen/Produkte" diesen Platz einnimmt. Die Häufigkeit dieser Nennungen im *Bundesgebiet* (ohne Baden-Württemberg) verdeutlicht die überregionale Bedeutung wirtschaftlich starker Unternehmen und ihrer Produkte als Imageträger für die Stadt Stuttgart. Der Oberbegriff "Firmen/Produkte" beinhaltet die Bereiche "Automobilindustrie", "Nahrungs-/Genußmittel", "Medien/Druck-/Verlagswesen", "Elektrotechnik/Computer" und "sonstige Produkte", wobei jeweils sowohl die Nennungen einer Herstellerfirma als auch die einzelner Produkte berücksichtigt wurden.

Die am dritthäufigsten genannte Hauptgruppe von Antworten auf die Frage nach den spontanen Assoziationen mit Stuttgart wird von dem Themenkreis "Parks/Landschaft/Umgebung" bestimmt, und zwar übereinstimmend in allen vier Befragungsgebieten. Diese Obergruppe gliedert sich in die beiden Untergruppen "Landschaft/Umgebung" (mit "Neckar", "Weinberge", "Klima" usw.) und "Parks" ("Wilhelma", "Schloßgarten", "Rosensteinpark"). In der Auswertung wurde auch die Nennung "Killesberg" der Untergruppe "Parks" zugeordnet, sofern die Befragten nicht eindeutig zwischen den Merkmalsausprägungen "Höhenpark Killesberg" und "Messe Killesberg" unterschieden haben. Dadurch ist es denkbar, daß die Rubrik "Parks" im Vergleich zur Rubrik "Messe-/Kongreßstadt" überrepräsentiert ist.

Während für *Stuttgart, Region* und *Baden-Württemberg* "Firmen/Produkte" auf Rang vier der genannten Hauptgruppen stehen, erscheint in der *bundesweiten* Befragung die Rubrik "Stadtbild/Sehenswürdigkeiten" durch ihren mit zunehmender Entfernung zu Stuttgart abnehmenden Bekanntheitsgrad erst auf Rang vier.

Tab. 3a: Was fällt Ihnen spontan ein, wenn Sie an *Stuttgart* denken? - Hauptgruppen -

Rang	Stuttgart n=287	Region Stuttgart n=1394	Baden-Württemberg n=1055	Bundesrepublik Deutschland* n=2753
			Befragungsgebiet	
1	Großstadt (65/22,6)	Großstadt (422/30,3)	Großstadt (332/31,5)	Großstadt (811/29,5)
2	Stadtbild/Sehenswürdigkeiten (65/22,6)	Stadtbild/Sehenswürdigkeiten (372/26,7)	Stadtbild/Sehenswürdigkeiten (276/26,2)	Firmen/Produkte (539/19,6)
3	Parks/Landschaft/Umgebung (56/19,5)	Parks/Landschaft/Umgebung (273/19,6)	Parks/Landschaft/Umgebung (178/16,9)	Parks/Landschaft/Umgebung (485/17,6)
4	Firmen/Produkte (39/13,6)	Firmen/Produkte (100/7,2)	Firmen/Produkte (86/8,2)	Stadtbild/Sehenswürdigk. (373/13,5)
5	Bevölkerung/Mentalität (22/7,7)	Verkehrsinfrastruktur (68/4,9)	Bevölkerung/Mentalität (63/6,0)	Bevölkerung/Mentalität (243/8,8)
6	Verkehrsinfrastruktur (14/4,9)	Verschiedenes (63/4,5)	Verschiedenes (47/4,5)	Persönlichkeiten (105/3,8)
7	Verschiedenes (12/4,2)	Bevölkerung/Mentalität (37/2,7)	Verkehrsinfrastruktur (40/3,8)	Verschiedenes (104/3,8)
8	Wappen/Wahrzeichen/Symbole (8/2,8)	Wappen/Wahrzeichen/Symbole (20/1,4)	Persönlichkeiten (24/2,3)	Verkehrsinfrastruktur (62/2,3)
9	Gastgewerbe (4/1,4)	Persönlichkeiten (20/1,4)	Gastgewerbe (7/0,7)	Gastgewerbe (24/0,9)
10	Persönlichkeiten (2/0,7)	Gastgewerbe (19/1,4)	Wappen/Wahrzeichen/Symbole (2/0,2)	Wappen/Wahrzeichen/Symbole (7/0,3)

in ( )   Anzahl der Nennungen/Prozentanteil an der Gesamtzahl der Nennungen

* ohne Stuttgart

Quelle: Eigene Erhebung 1991/92

Tab. 3b: Was fällt Ihnen spontan ein, wenn Sie an *Stuttgart* denken? - Einzelnennungen "Top 20" -

Rang	Stuttgart n=287	Region Stuttgart n=1394	Baden-Württemberg n=1055	Bundesrepublik Deutschland[*] n=2753
			Befragungsgebiet	
1	Wilhelma (17/5,9)	Fernsehturm (98/7,0)	Wilhelma (87/8,2)	Daimler-Benz (258/9,4)
2	Daimler-Benz (15/5,2)	Wilhelma (94/6,7)	Fernsehturm (68/6,4)	Regierungssitz (159/5,8)
3	Fernsehturm (14/4,9)	Königstraße (88/6,3)	Landeshauptstadt (61/5,8)	Fußball (156/5,7)
4	Staatsgalerie (11/3,8)	Fußball (55/3,9)	Fußball (52/4,9)	Schwaben/schwäbisch (114/4,1)
5	Killesberg (11/3,8)	Daimler-Benz (51/3,7)	Daimler-Benz (40/3,8)	Fernsehturm (111/4,0)
6	Königstraße (10/3,5)	Killesberg (50/3,6)	Königstraße (36/3,4)	Landschaft (108/3,9)
7	Porsche (9/3,1)	Staatsgalerie (39/2,8)	Killesberg (34/3,2)	Neckar (71/2,6)
8	Verkehrssituation (9/3,1)	Verkehrssituation (34/2,4)	Flughafen (34/3,2)	Killesberg (71/2,6)
9	Großstadt zw. Wald u. Reben (7/2,4)	Einkaufsmöglichkeiten (33/2,4)	Verkehrssituation (31/2,9)	Altes/Neues Schloß (65/2,4)
10	Stadtbild allg. (7/2,4)	Altes/Neues Schloß (31/2,2)	Staatsgalerie (24/2,3)	Universitätsstadt (57/2,1)
11	Theater/Konzerte (6/2,1)	Schloßplatz (28/2,0)	Einkaufsmöglichkeiten (23/2,2)	Kulturszene (54/2,0)
12	Fußball (6/2,1)	Landeshauptstadt (22/1,6)	Bevölkerung/Schwaben (22/2,1)	Automobilindustrie allg. (52/1,9)
13	Schloßplatz (6/2,1)	Landschaft allg. (22/1,6)	Altes/Neues Schloß (18/1,7)	Wilhelma (51/1,9)
14	Regierungssitz (5/1,7)	Tal-/Kessellage (22/1,6)	Cannstatter Wasen (18/1,7)	Porsche (49/1,8)
15	Altes/Neues Schloß (5/1,7)	Weinberge (21/1,5)	Landtag (18/1,7)	Wirtschaftszentrum (41/1,5)
			Persönliche Erinnerungen (17/1,6)	
16	Messe (5/1,7)	ÖPNV (20/1,4)	SDR (16/1,5)	Lothar Späth (38/1,4)
17	Bevölkerung/Schwaben (5/1,7)	Bahnhof (20/1,4)	Tal-/Kessellage (16/1,5)	Ballungszentrum (36/1,3)
18	Parks allg. (5/1,7)	Kulturszene (18/1,3)	Bahnhof (16/1,5)	Neckarstadion (32/1,2)
19	Tal-/Kessellage (5/1,7)	Staatstheater (18/1,3)	Schloßplatz (15/1,4)	SDR (32/1,2)
20	Wein (5/1,7)	Cannstatter Wasen (18/1,3)	Theater/Konzerte (15/1,4)	Manfred Rommel (31/1,1)
	Kehrwoche (5/1,7)		provinziell (15/1,4)	
Summe	(168/58,5)	(782/56,1)	(676/64,1)	(1586/57,6)

in ( ) Anzahl der Nennungen/Prozentanteil an der Gesamtzahl der Nennungen

[*] ohne Stuttgart   Quelle: Eigene Erhebung 1991/92

Auf dem fünften Platz der Nennungen spontaner Einfälle zu Stuttgart folgt - abgesehen von den Antworten der *Region* - die Hauptgruppe "Bevölkerung/Mentalität". Diese wurde in die Untergruppen "Bevölkerung positiv", "Bevölkerung negativ" und "Bevölkerung neutral" eingeteilt, je nachdem, ob die genannten Begriffe als eindeutig positiv (z.b. "Geselligkeit", "Freundlichkeit") bzw. negativ (z.b. "provinziell", "geizig") zu erkennen waren, oder ob es sich hierbei um neutrale Nennungen handelte (z.b. "Schwaben/schwäbisch", "Häuslebauer").

Auf Platz fünf in der *Regionsbefragung* und auf den darauffolgenden Plätzen der anderen Befragungsgebiete taucht mit der Hauptgruppe "Verkehrsinfrastruktur" in dieser Frage ein Themenkomplex auf, dem mit zunehmender Entfernung zu Stuttgart - also in *Baden-Württemberg* und der *Bundesrepublik* - eine abnehmende Bedeutung beigemessen wird. Inhaltlich umfaßt diese Hauptgruppe sowohl öffentliche als auch private Verkehrsträger, außerdem infrastrukturelle Einrichtungen wie den "Hafen".

Unter der Hauptgruppe "Verschiedenes", die die Ränge sechs bzw. sieben in den unterschiedlichen Befragungsgebieten einnimmt, wurden hauptsächlich "persönliche Erinnerungen" der Befragten, aber auch "Volksfeste" und diverse "Freizeitmöglichkeiten" genannt.

Obwohl es im weiteren Verlauf des Fragebogens eine eigene Frage nach "Wappen/ Wahrzeichen/Symbolen" gibt, stellt diese Rubrik auch hier eine wichtige Gruppe von Antworten. In der *Region* und in *Stuttgart* selbst erreicht diese Hauptgruppe den achten Platz der Nennungen, mit dem durch die Entfernung abnehmenden Bekanntheitsgrad in *Baden-Württemberg* und *Deutschland* nur den zehnten Rang.

Auch bekannte "Persönlichkeiten" bilden eine Hauptgruppe der spontanen Einfälle in Frage 3, obwohl die Frage 5 allein diesem Aspekt gewidmet ist. Den sechsten Rang erreicht diese Hauptgruppe im Befragungsgebiet *Bundesrepublik Deutschland*, gefolgt von *Baden-Württemberg* (Rang acht) und der *Region* (Rang neun). In *Stuttgart* selbst belegt die Hauptgruppe "Persönlichkeiten" nur Rang zehn.

Die Hauptgruppe "Gastgewerbe" erreicht in allen Befragungsgebieten nur Rang neun oder zehn, d.h. "Hotellerie", "Kneipen", "Gastronomie", "Restaurants", "Diskotheken" und "Nachtleben" wurden im Vergleich selten spontan mit Stuttgart assoziiert.

Tabelle 3b zeigt für alle Befragungsgebiete eine Auflistung der 20 häufigsten **Einzelnennungen**, die von den Befragten spontan mit Stuttgart in Verbindung gebracht wurden. Dabei ergibt sich im Vergleich der einzelnen Gebiete ein unterschiedliches Bild. Die Befragten in *Stuttgart* und *Baden-Württemberg* nannten am häufigsten die "Wilhelma". Auf den

Rängen zwei bis fünf folgen bei den *Stuttgarter* Befragten die Nennungen "Daimler-Benz", "Fernsehturm", "Staatsgalerie" und "Killesberg", bei den in *Baden-Württemberg* Befragten "Fernsehturm", "Landeshauptstadt", "Fußball" und "Daimler-Benz". Die Befragten aus der *Region Stuttgart* nannten den "Fernsehturm" am häufigsten, gefolgt von den Nennungen "Wilhelma", "Königstraße", "Fußball" und "Daimler-Benz". Im Befragungsgebiet *Bundesrepublik* rangiert "Daimler-Benz" auf dem ersten Platz, die folgenden Plätze werden von den Stuttgart-Assoziationen "Regierungssitz", "Fußball", "Schwaben/Schwäbisch" und "Fernsehturm" eingenommen.

Frage 4: Symbole, Wahrzeichen und Wappen

Um den Bekanntheitsgrad verschiedener Werbeträger Stuttgarts festzustellen, wurde die **Frage 4** "Welche Symbole, Wahrzeichen oder Wappen Stuttgarts kennen Sie?" gestellt. Gleichzeitig gab diese Frage Aufschluß darüber, über welche Medien eine Stadt hauptsächlich mit bestimmten Symbolen oder Wahrzeichen verknüpft wird, wie es z.B. beim Fernsehturm über den Süddeutschen Rundfunk der Fall ist. Trotz der gezielten Fragestellung erstreckt sich die Palette der gegebenen Antworten auf fast alle Bereiche, die auch schon in Frage 3 erläutert wurden.

In allen vier Befragungsgebieten befindet sich die **Hauptgruppe** "Stadtbild/Sehenswürdigkeiten" auf dem ersten Rang der Nennungen, gefolgt von der Rubrik "Wappen/Wahrzeichen/Symbole". Die Gruppen "Großstadt" und "Parks/Landschaft/Umgebung" teilen sich in den einzelnen Befragungsgebieten die Ränge drei und vier. Die Plätze fünf und sechs werden von den Gruppen "Firmen/Produkte" und "Verschiedenes" eingenommen. In den Befragungsgebieten *Stuttgart* und *Region Stuttgart* kommt noch die Kategorie "Verkehrsinfrastruktur" hinzu, während in *Baden-Württemberg* und der übrigen *Bundesrepublik* Nennungen zu "Persönlichkeiten" und "Bevölkerung", in der *Bundesrepublik* zusätzlich noch zu "Gastgewerbe" die Liste abschließen.

Interessant ist hierbei die prozentuale Verteilung der Nennungen. Wie Tabelle 4a zeigt, entfallen auf die beiden ersten Ränge durchschnittlich 70-80 % der Nennungen. Dies bedeutet, daß auch der Bevölkerung in größerer Entfernung von Stuttgart eine Vielzahl von Wappen, Wahrzeichen (i.d.R. Sehenswürdigkeiten) und Symbolen Stuttgarts bekannt ist.

In Tabelle 4b wird ersichtlich, welche Symbole und Wahrzeichen Stuttgarts als **Einzelnennungen** am populärsten sind. Bei den *Stuttgartern* selbst rangiert das "Rößle" an erster Stelle gefolgt vom "Fernsehturm". Bei den Befragten der übrigen Gebiete ist diese Reihenfolge umgekehrt. Dennoch machen diese beiden Nennungen überall mehr als 40 % der

Tab. 4a: Welche *Symbole, Wahrzeichen* oder *Wappen* Stuttgarts kennen Sie? - Hauptgruppen -

Rang	Stuttgart n=240	Region Stuttgart n=935	Baden-Württemberg n=584	Bundesrepublik Deutschland* n=1189
		Befragungsgebiet		
1	Stadtbild/Sehenswürdigk. (110/45,8)	Stadtbild/Sehenswürdigk. (459/49,1)	Stadtbild/Sehenswürdigk. (289/49,5)	Stadtbild/Sehenswürdigk. (579/48,7)
2	Wappen/Wahrz./Symbole (89/37,1)	Wappen/Wahrz./Symbole (285/30,5)	Wappen/Wahrz./Symbole (127/21,7)	Wappen/Wahrz./Symbole (247/20,8)
3	Parks/Landschaft/Umgebung (20/8,3)	Parks/Landschaft/Umgebung (86/9,2)	Großstadt (70/12,0)	Großstadt (160/13,5)
4	Großstadt (15/6,2)	Großstadt (70/7,5)	Parks/Landschaft/Umgebung (58/9,9)	Parks/Landschaft/Umgebung (103/8,7)
5	Firmen/Produkte (3/1,3)	Verschiedenes (20/2,1)	Firmen/Produkte (29/5,0)	Firmen/Produkte (74/6,2)
6	Verschiedenes (2/0,8)	Firmen/Produkte (13/1,4)	Verschiedenes (6/1,0)	Verschiedenes (15/1,3)
7	Verkehrsinfrastruktur (1/0,4)	Verkehrsinfrastruktur (2/0,2)	Persönlichkeiten (4/0,7)	Persönlichkeiten (5/0,4)
8			Bevölkerung (1/0,2)	Bevölkerung (5/0,4)
9				Gastgewerbe (1/0,1)

in ( ) Anzahl der Nennungen/Prozentanteil an der Gesamtzahl der Nennungen * ohne Stuttgart Quelle:Eigene Erhebung 1991/92

Tab. 4b: Welche *Symbole*, *Wahrzeichen* oder *Wappen* Stuttgarts kennen Sie? - Einzelnennungen "TOP 15" -

	Befragungsgebiet			
Rang	Stuttgart n=240	Region Stuttgart n=935	Baden-Württemberg n=584	Bundesrepublik Deutschland* n=1189
1	Stuttgarter Rößle (58/24,2)	Fernsehturm (209/22,4)	Fernsehturm (149/25,5)	Fernsehturm (276/23,2)
2	Fernsehturm (45/18,8)	Stuttgarter Rößle (194/20,7)	Stuttgarter Rößle (77/13,2)	Stuttgarter Rößle (149/12,5)
3	Altes/Neues Schloß (15/6,3)	Altes/Neues Schloß (57/6,1)	Altes/Neues Schloß (57/9,8)	Altes/Neues Schloß (106/8,9)
4	Stiftskirche (11/4,6)	Wilhelma (48/5,1)	Wilhelma (33/5,7)	Mercedes-Stern (84/7,1)
5	Mercedes-Stern (11/4,6)	Mercedes-Stern (45/4,8)	Mercedes-Stern (30/5,1)	Killesberg (45/3,8)
6	Äffle & Pferdle (8/3,3)	Bahnhof (39/4,2)	Killesberg (18/3,1)	Daimler-Benz (38/3,2)
7	Killesberg (7/2,9)	Äffle & Pferdle (20/2,1)	Daimler-Benz (14/2,4)	Stiftskirche (36/3,0)
8	Dächle (6/2,5)	Schloßplatz (20/2,1)	Landeswappen B.-W. (13/2,2)	Bahnhof (34/2,9)
9	Schloß Solitude (6/2,5)	Staatsgalerie (19/2,0)	Bahnhof (13/2,2)	Neckarstadion (34/2,9)
10	H.-M.-Schleyer-Halle (5/2,1)	Killesberg (18/1,9)	Staatsgalerie (13/2,2)	Wilhelma (32/2,7)
11	Wilhelma (5/2,1)	Neckarstadion (17/1,8)	Neckarstadion (11/1,9)	Fußball (30/2,5)
12	Bahnhof (5/2,1)	Stiftskirche (16/1,7)	Landtag (10/1,7)	Schloßplatz (20/1,7)
13	Staatsgalerie (5/2,1)	Planetarium (14/1,5)	Schloß Solitude (9/1,5)	Flughafen (16/1,3)
14	Schloßplatz (4/1,7)	Königstraße (14/1,5)	Fußball (8/1,4)	Staatsgalerie (15/1,3)
15	Weinberge (4/1,7)	Cannstatter Wasen (13/1,4)	H.-M.-Schleyer-Halle (8/1,4)	Schillerdenkmal (15/1,3)
Summe	(195/81,3)	(743/79,5)	(463/79,3)	(930/78,2)

in ( )   Absolute Nennungen

* ohne Stuttgart

Quelle: Eigene Erhebung 1991/92

Gesamtantworten aus. An dieser Stelle ist zu bemerken, daß das "Stuttgarter Rößle" in *Stuttgart* und der *Region* ein feststehender Begriff ist und als solcher auch genannt wurde. Mit zunehmender Entfernung in *Baden-Württemberg*, besonders aber in der übrigen *Bundesrepublik*, fallen unter diesen Titel auch Nennungen wie "Pferd" oder "Stute". An dritter Position folgt bei den Einzelnennungen in allen Befragungsgebieten das "Stuttgarter Schloß", wobei aufgrund undifferenzierter Antworten nicht nach Altem und Neuem Schloß unterschieden werden kann. Während bei den *Stuttgarter* Befragten die "Stiftskirche" gemeinsam mit dem "Mercedes-Stern" an vierter Stelle rangiert, wird bei den InterviewpartnerInnen aus *Baden-Württemberg* und der *Region* dieser Platz von der "Wilhelma" eingenommen, was die überregionale Bedeutung dieser Anlage deutlich macht. Die wirtschaftliche Stellung Stuttgarts wird dadurch bestätigt, daß der "Mercedes-Stern" als Symbol für die Stadt unter den Befragten der *Bundesrepublik* an vierter Stelle steht, in der *Region* und *Baden-Württemberg* an fünfter Stelle. Bemerkenswert ist außerdem, daß das relativ junge Emblem der Stadt Stuttgart, das "Stuttgarter Dächle", nur in Stuttgart selbst unter die "Top 15" gerückt ist, in der *Region* wird es nur selten, in *Baden-Württemberg* und im übrigen *Deutschland* überhaupt nicht genannt.

Tab. 4c: **Symbole, Wahrzeichen oder Wappen Stuttgarts - Einzelnennungen - Vergleich der Ergebnisse in den alten und neuen Bundesländern**

Rang	Befragungsgebiet	
	Alte Bundeländer*	**Neue Bundesländer**
1	Fernsehturm (194/24,9)	Fernsehturm (81/19,4)
2	Stuttgarter Rößle (89/11,4)	Stuttgarter Rößle (60/ 14,4)
3	Mercedes-Stern (61/7,8)	Altes/Neues Schloß (47/11,3)
4	Altes/Neues Schloß (59/7,6)	Mercedes-Stern (23/5,5)
5	Killesberg (38/4,9)	Daimler-Benz/Mercedes (16/3,8)
6	Neckarstadion (29/3,7)	Bahnhof (14/3,4)
7	Wilhelma (25/3,2)	Stiftskirche (12/2,9)
8	Stiftskirche (24/3,1)	Königsplatz (12/2,9)
9	Daimler-Benz/Mercedes (22/2,8)	Schillerdenkmal (11/2,6)
10	Fußball (21/2,7)	Universität (10/2,4)
11	Bahnhof (20/2,6)	Fußball (9/2,2)
12	Landeswappen (11/1,4)	Jubiläumssäule (9/2,2)
13	Cannstatter Wasen (11/1,4)	Museen (7/1,7)
14	Universität (10/1,3)	Staatsgalerie (7/1,7)
15	Flughafen (9/1,2)	Flughafen (7/1,7)
	SDR (9/1,2)	

in ( )   Anzahl der Nennungen/Prozentanteil an der Gesamtzahl der Nennungen

* ohne Baden-Württemberg   Quelle: Eigene Erhebung 1991/92

Ein Vergleich der Antworten aus den *alten Bundesländern* mit denen der *neuen Bundesländer* (Tab. 4c) zeigt, daß sowohl in West als auch in Ost der "Fernsehturm" und das "Stuttgarter Rößle" die bekanntesten Symbole der Stadt Stuttgart sind. Auf den nächsten Rängen liegen das "Schloß" und der "Mercedes-Stern", wobei diese beiden Nennungen in den *alten Bun-*

desländern fast gleichauf liegen, in den *neuen Bundesländer* ist das Schloß jedoch um einiges bekannter als das genannte Firmenzeichen.

Frage 5: Persönlichkeiten

Frage 5 lautete "Welche Persönlichkeiten (historisch oder lebend) bringen Sie mit Stuttgart in Verbindung?" und erschloß neben den konkret genannten Persönlichkeiten auch die Bedeutung z.b. des sportlichen, wirtschaftlichen, kulturellen oder politischen Informationsspektrums, durch das die Stadt Stuttgart in Verbindung mit bekannten Persönlichkeiten des öffentlichen Lebens in die Schlagzeilen gerät und somit ins Bewußtsein der Bevölkerung dringt.

Auf diese Frage hin wurden Persönlichkeiten aus den verschiedensten Bereichen des öffentlichen Lebens genannt. In allen vier Befragungsgebieten wurden am häufigsten Persönlichkeiten aus der "Politik" genannt (vgl. Tab. 5a). In der *Region Stuttgart* und *Baden-Württemberg* folgen in gleicher Reihenfolge die Bereiche "Industrie", "Kunst/Kultur", "Geschichte" vor den Rubriken "Sport" und "Verschiedenes". In *Stuttgart* und der *Bundesrepublik* belegen Persönlichkeiten aus der "Geschichte" den zweiten Rang, die beiden nächsten Plätze werden von Prominenten aus "Kunst/Kultur" und "Industrie" eingenommen, wenn auch in unterschiedlicher Reihenfolge. Wie in den beiden anderen Befragungsgebieten schließen die Kategorien "Sport" und "Verschiedenes" die Rangfolge ab.

Die **Einzelnennungen** dieser Frage werden aus Tabelle 5b ersichtlich. Auf den ersten beiden Plätzen finden sich in allen Befragungsgebieten "Manfred Rommel" und "Lothar Späth", wenn auch in unterschiedlicher Reihenfolge. Interessant ist die Plazierung "Friedrich Schillers", der in der *bundesweiten* Auswertung mit dem dritten Platz die beste Bewertung im Vergleich zu den anderen Befragungsgebieten erhielt, und zwar noch vor "Theodor Heuss", "Erwin Teufel" und "Gottlieb Daimler".

Frage 6: Produkte

Welche der in Stuttgart tatsächlich oder vermeintlich hergestellten Produkte den Befragten bekannt sind, versuchte Frage 6 zu ermitteln: "Welche in Stuttgart hergestellten Produkte fallen Ihnen ein?" Hier ging es sowohl um die Produkte als auch um die Herstellerfirmen, die das Image einer Stadt stark beeinflussen können, und zwar sowohl positiv als auch negativ.

Hier wurden erwartungsgemäß die Produkte der "Automobilindustrie" am häufigsten genannt. An zweiter und dritter Stelle rangieren "Nahrungs-/Genußmittel" bzw. "Elektrotechnik/

Tab. 5: Welche *Persönlichkeiten* (historisch oder lebend) bringen Sie mit Stuttgart in Verbindung?

Rang	Stuttgart n=262	Region Stuttgart n=971	Befragungsgebiet Baden-Württemberg n=671	Bundesrepublik Deutschland* n=1227
a)	**Hauptgruppen**			
1	Politik (129/49,2)	Politik (541/55,7)	Politik (447/66,6)	Politik (745/60,7)
2	Geschichte (50/19,1)	Industrie (136/14,0)	Industrie (74/11,0)	Geschichte (210/17,1)
3	Kunst/Kultur (38/14,5)	Kunst/Kultur (135/13,9)	Kunst/Kultur (70/10,4)	Industrie (142/11,6)
4	Industrie (35/13,4)	Geschichte (116/11,9)	Geschichte (46/6,9)	Kunst/Kultur (61/5,0)
5	Sport (6/2,3)	Verschiedenes (24/2,5)	Sport (17/2,5)	Sport (42/3,4)
6	Verschiedenes (4/1,5)	Sport (19/2,0)	Verschiedenes (17/2,5)	Verschiedenes (27/2,2)
b)	**Einzelnennungen "TOP 15"**			
1	Manfred Rommel (40/15,3)	Manfred Rommel (209/21,5)	Manfred Rommel (149/22,2)	Lothar Späth (303/24,7)
2	Lothar Späth (27/10,3)	Lothar Späth (136/14,0)	Lothar Späth (145/21,6)	Manfred Rommel (263/21,4)
3	Theodor Heuss (24/9,2)	Theodor Heuss (61/6,3)	Erwin Teufel (43/6,4)	Friedr. Schiller (79/6,4)
4	Friedr. Schiller (16/6,1)	Gottlieb Daimler (51/5,3)	Theodor Heuss (27/4,0)	Theodor Heuss (59/4,8)
5	Gottlieb Daimler (12/4,6)	Robert Bosch (44/4,5)	Gottlieb Daimler(23/3,4)	Erwin Teufel (43/3,5)
6	Arnulf Klett (11/4,2)	Friedr. Schiller (39/4,0)	Robert Bosch (19/2,8)	Gottlieb Daimler (43/3,5)
7	G.W.F. Hegel (9/3,4)	Arnulf Klett (33/3,4)	Hans Filbinger (18/2,7)	Edzard Reuter (31/2,5)
8	Robert Bosch (9/3,4)	Willi Reichert (30/3,1)	Willi Reichert (17/2,5)	Robert Bosch (29/2,4)
9	Marcia Haydée (8/3,1)	Erwin Teufel (24/2,5)	G. Maier-Vorfelder (15/2,2)	G.W.F. Hegel (27/2,2)
10	Willi Reichert (7/2,7)	John Cranko (21/2,2)	K. Georg Kiesinger (14/2,1)	Hans Filbinger (27/2,2)
11	R. von Weizsäcker (6/2,3)	C.-F. Benz (21/2,2)	John Cranko (14/2,1)	C.-F. Benz (18/1,5)
12	Erwin Teufel (6/2,3)	Marcia Haydée (20/2,1)	Marcia Haydée (14/2,1)	W. Hauff (16/1,3)
13	Hans Filbinger (6/2,3)	G. Maier-Vorfelder (17/1,8)	Friedrich Schiller (13/1,9)	Willi Reichert (15/1,2)
14	König Wilhelm II (6/2,3)	König Wilhelm II (15/1,5)	Edzard Reuter (11/1,6)	Eduard Mörike (14/1,1)
15	E. Reuter (5/1,9)	Graf Eberhard (13/1,3)	Arnulf Klett (11/1,6)	K. Georg Kiesinger (13/1,1)
	W. Hauff (5/1,9)	G.W.F. Hegel (13/1,3)		
Summe	(197/75,2)	(747/76,9)	(533/79,4)	(980/79,9)

in ( ) Anzahl der Nennungen/Prozentanteil an der Gesamtzahl der Nennungen

* ohne Stuttgart

Quelle: Eigene Erhebung 1991/92

Tab. 6: Welche in Stuttgart hergestellten *Produkte* fallen Ihnen ein?

	Befragungsgebiet			
Rang	Stuttgart n=255	Region Stuttgart n=922	Baden-Württemberg n=595	Bundesrepublik Deutschland* n=1526
a) Hauptgruppen				
1	Automobilindustrie (96/37,6)	Automobilindustrie (431/46,7)	Automobilindustrie (299/50,3)	Automobilindustrie (797/52,2)
2	Elektrotechnik/Computer (57/22,4)	Nahrungs-/Genußmittel (166/18,0)	Elektrotechnik/Computer (122/20,5)	Elektrotechnik/Computer (243/15,9)
3	Nahrungs-/Genußmittel (50/19,6)	Elektrotechnik/Computer (165/17,9)	Nahrungs-/Genußmittel (93/15,6)	Nahrungs-/Genußmittel (193/12,6)
4	Medien/Druck-/Verlagswesen (17/6,7)	Maschinenbau (54/5,8)	Medien/Druck-/Verlagswesen (27/4,5)	Medien/Druck-/Verlagswesen (72/4,7)
5	Maschinenbau (13/5,1)	Medien/Druck-/Verlagswesen (33/3,6)	Textil/Leder/Möbel (23/3,9)	Textil/Leder/Möbel (71/4,65)
6	Sonstige Firmen/Produkte (8/3,1)	Textil/Leder/Möbel (27/2,9)	Maschinenbau (20/3,4)	Feinmechanik/Optik (63/4,1)
7	Feinmechanik/Optik (7/2,7)	Sonstige Firmen/Produkte (23/2,5)	Feinmechanik/Optik (5/0,8)	Maschinenbau (56/2,5)
8	Textil/Leder/Möbel (4/1,6)	Feinmechanik/Optik (17/1,8)	Sonstige Firmen/Produkte (4/0,7)	Sonstige Firmen/Produkte (19/1,2)
9	Chemische-/Papierindustrie (3/1,2)	Chemische-/Papierindustrie (6/0,7)	Chemische-/Papierindustrie (2/0,3)	Chemische-/Papierindustrie (12/0,8)
b) Einzelnennungen "Top 15"				
1	Mercedes (39/15,3)	Mercedes (207/22,5)	Mercedes (156/26,2)	Mercedes (392/25,7)
2	Porsche (29/11,4)	Porsche (131/14,2)	Automobilindustrie allg. (75/12,6)	Automobilindustrie allg. (282/18,5)
3	Automobilindustrie allg. (28/11,0)	Automobilindustrie allg. (93/10,1)	Porsche (68/11,4)	Porsche (123/8,0)
4	Bosch (20/7,8)	Bosch (64/6,9)	Bosch (38/6,4)	Elektrotechnik allg. (78/5,1)
5	Wein (18/7,1)	Bier/Hofbräu/Dinkelacker (62/6,7)	Bier/Hofbräu/Dinkelacker (33/5,5)	Bosch (73/4,8)
6	Maschinenbau (13/5,1)	Maschinenbau (54/5,9)	IBM (28/4,7)	Wein (71/4,6)
7	Elektrotechnik (12/4,7)	Wein (35/3,8)	Wein (21/3,5)	Maschinenbau (56/3,7)
8	Druck-/Verlagswesen (12/4,7)	Druck-/Verlagswesen (33/3,6)	Computer (16/2,7)	Druck-/Verlagswesen allg. (54/3,5)
9	Elektrogeräte (11/4,3)	Milchprodukte/Südmilch (28/3,0)	Elektrotechnik allg. (16/2,7)	Textilien (46/3,0)
10	Bier/Hofbräu/Dinkelacker (11/4,3)	Elektrotechnik (27/2,9)	Milchprodukte/Südmilch (14/2,4)	Computer (34/2,2)
11	Milchprodukte/Südmilch (9/3,5)	IBM (26/2,8)	Druck-/Verlagswesen allg. (14/2,4)	Optik (27/1,8)
12	Computer (7/2,7)	Computer (22/2,4)	Textilien (13/2,2)	Feinmechanik (25/1,6)
13	Spätzle (6/2,4)	Elektrogeräte (13/1,4)	Spätzle (11/1,8)	IBM (24/1,6)
14	IBM (4/1,6)	Textilien (13/1,4)	Elektrogeräte (9/1,5)	Bier/Hofbräu/Dinkelacker (23/1,5)
15	SEL; Leitz; Feinmech. (je 3/1,2)	Nahrungs-/Genußmittel (11/1,2)	SEL (9/1,5)	Leder (21/1,4)
Summe	(228/89,4)	(819/88,8)	(530/87,9)	(1329/87,1)

in ( ) Anzahl der Nennungen/Prozentanteil an der Gesamtzahl der Nennungen

* ohne Stuttgart

Quelle: Eigene Erhebung 1991/92

Computer" (vgl. Tab. 6a). Die Liste der **Einzelnennungen** (Tab. 6b) zeigt, welche Firmen und Produkte speziell mit Stuttgart in Verbindung gebracht werden. Hier führt "Mercedes" die Liste in allen Befragungsgebieten mit deutlichem Abstand an, gefolgt von "Porsche" und "Automobilindustrie allg." auf den Rängen zwei oder drei. Die am nächsthäufigsten genannte Firma ist "Bosch" (Rang vier in *Stuttgart, Region* und *Baden-Württemberg*, Rang fünf in der *Bundesrepublik*). In *Baden-Württemberg* und der *Region* liegen die Stuttgarter Brauerei-produkte auf den folgenden Rängen, aber auch der "Wein" erhält in allen Befragungsgebieten gute Plazierungen. Die Branchen "Maschinenbau", "Elektrotechnik" sowie "Druck-/ Verlags-wesen" stehen ebenfalls hoch im Kurs und tragen zur Popularität der Wirtschaftsmetropole Stuttgart bei. Daß die "Milchprodukte" der Firma "Südmilch" in den Befragungsgebieten *Stuttgart, Region* und *Baden-Württemberg* unter die "Top 15" gelangt sind und auch in *Deutschland* zu den 20 häufigsten Nennungen gehören, liegt sicher nicht zuletzt am Sponsoring des Stuttgarter Fußballvereins VfB. Der hohe Bekanntheitsgrad dieser Produkte könnte für eine zukunftsorientierte Imagepolitik der Stadt Stuttgart von großer Bedeutung sein.

4.1.4   Frage 7: Attribute zu Stuttgart

Obwohl es schwierig ist, das Image einer Stadt konkret an beschreibenden Adjektiven festzumachen, geben Polaritätenprofile mittels einer Einstufung von Begriffen auf einer Skala durchaus Anhaltspunkte dafür, wie sich die Bevölkerung eine bestimmte Stadt vorstellt. Da es in Frage 7 mehr um die Ermittlung von Vorurteilen und Klischees denn um die Wiedergabe von Wissen ging, wurde sie auch an die befragten Personen gerichtet, die noch nicht in Stuttgart waren. Anhand einer siebenstelligen Rating-Skala sollte für fünfzehn Begriffspaare entschieden werden, wie gut der Begriff bzw. sein Gegenteil (z.B. fleißig - faul) die Stadt Stuttgart oder ihre Bewohner charakterisiert.

Dabei ergab sich eine Beschreibung Stuttgarts mittels folgender Attribute, wobei die Reihenfolge der Aufzählung anzeigt, als wie signifikant die InterviewpartnerInnen das jeweilige Merkmal betrachteten (vgl. auch Abb. 28).

Im Falle der zunächst aufgelisteten Gegensatzpaare wurde in allen vier Befragungsgebieten dem einen Merkmal deutlich der Vorzug gegenüber dem anderen gegeben. So wurde "groß" als wesentlich zutreffendere Charakterisierung für Stuttgart gesehen als "klein". Fast genauso übereinstimmend wurde die Stadt bzw. ihre Bewohner eher als "fortschrittlich" denn als "rückständig" gesehen. Als eher "sonnig" denn "neblig" wurde die Stadt in allen Befragungsgebieten bezeichnet. "Fleißig" wurde den Bewohnern Stuttgarts als typisches Merkmal mehrheitlich zugeordnet gegenüber dem Begriff "faul". Genauso deutlich ist die Ausprägung zugunsten des Begriffs "sparsam", der für die Stuttgarter als passender empfunden wurde als "großzügig".

Abb. 28: Attribute zu Stuttgart

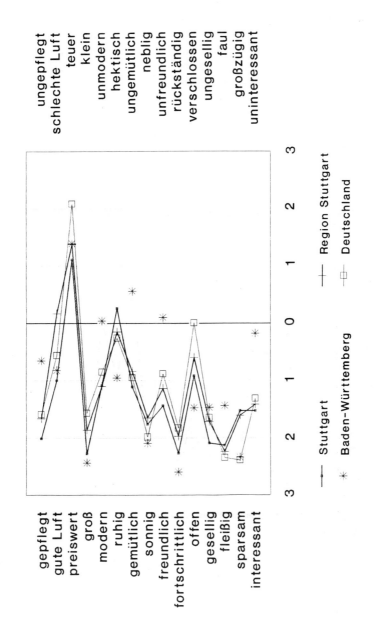

Quelle: Eigene Erhebungen 1991/92

Weiterhin wurde Stuttgart in allen Befragungsgebieten eher "teuer" als "preiswert" eingeschätzt, dies am ausgeprägtesten in *Stuttgart* selbst. Übereinstimmend wurde den Bewohnern Stuttgarts "Geselligkeit" eher als "Ungeselligkeit" bescheinigt. Die Einheitlichkeit der Beurteilung wird im Falle des folgenden Gegensatzpaares dahingehend relativiert, daß das Stadtbild zwar übereinstimmend als eher "gepflegt" denn "ungepflegt" bezeichnet wurde, jedoch weniger ausgeprägt in *Baden-Württemberg*. Zwischen den bisher genannten Begriffspaaren wurde die Auswahl zugunsten des einen und zuungunsten des anderen in sehr signifikanter Art und Weise getroffen.

Wie Abbildung 28 zeigt, sprachen sich im Falle der nun folgenden Begriffspaare die Befragten zum einen weniger deutlich für eines der gegensätzlichen Attribute zur Beschreibung Stuttgarts aus. Zum anderen unterscheiden sich die Nennungen in den einzelnen Befragungsgebieten stärker als im Falle der bisher genannten Attribute. Allgemein wurde die Stadt als "interessant" und nicht als "uninteressant" gesehen, wobei *Baden-Württemberg* die schlechteste Beurteilung abgab, da dort die Aussage nahe an "weder interessant noch uninteressant" liegt. Als eher "offen" denn "verschlossen" stellt man sich die Bevölkerung Stuttgarts und ihren Lebensstil in drei Befragungsgebieten vor, während die *Stuttgarter* selbst sich mit einem neutralen Mittelwert im Sinne von "weder/noch" beschrieben.

Im Falle der folgenden Attribute beurteilten die verschiedenen Befragungsgebiete deren Eignung zur Charakterisierung Stuttgarts und der Bevölkerung sogar gegenteilig.

Die Merkmalsausprägung "gute Luft" wurde in drei Befragungsgebieten bevorzugt. In der *Region* herrschte jedoch mit der Aussage "schlechte Luft" die gegenteilige Auffassung vor. "Modern" im Gegensatz zu "unmodern" lautete abgesehen von *Baden-Württemberg* die einhellige Beurteilung Stuttgarts und ihrer Bevölkerung. Auch im Falle der Beurteilung der Attribute "gemütlich" und "freundlich" beurteilten die *Baden-Württemberger* die Stuttgarter negativer als die restlichen Befragungsgebiete, d.h sie gaben den Optionen "ungemütlich" und "unfreundlich" den Vorzug. Eher "ruhig" fanden die Befragungsgebiete *Region*, *Baden-Württemberg* und *Stuttgart* zutreffend, während die *Bundesrepublik* das Merkmal "hektisch" favorisierte.

4.2 Die für Deutschland/Baden-Württemberg bzw. Region/Stuttgart differenziert gestellten Fragen

Aufgrund der unterschiedlichen Distanzen der Befragungsgebiete zu Stuttgart war es notwendig, verschiedene Themenbereiche in den einzelnen Fragebogenvarianten ganz auszuklammern (z.B. Übernachtungen) oder zumindest die Antwortoptionen anzupassen (z.B. Besuchsanlässe, Verkehrsmittel).

4.2.1   Frage 8: Waren Sie schon einmal in Stuttgart?

Diese Frage diente in den Befragungsgebieten *Bundesrepublik* und *Baden-Württemberg* dazu, den schon einmal in Stuttgart Gewesenen einige Fragen bezüglich ihres Aufenthaltes zu stellen sowie weitere Informationen über das bei den Besuchen gewonnene Bild von der Stadt zu erlangen. Diejenigen, die noch nie in Stuttgart waren, konnten nach Beantwortung der Frage 8 die folgenden Fragen überspringen und mit Frage 16 fortfahren.

Von den 1072 Befragten in den Städten der *Bundesrepublik* außerhalb Baden-Württembergs gaben 45 % an, schon einmal in Stuttgart gewesen zu sein, 54 % waren noch nicht dort. Die Tatsache, Stuttgart schon einmal besucht zu haben, korreliert offensichtlich mit der Bereitschaft der angeschriebenen Personen zur Mitarbeit. Von den Befragten *Baden-Württembergs* waren 94 % bereits ein- oder mehrmals in Stuttgart, lediglich 6 % noch nie.

Da davon ausgegangen werden konnte, daß in der *Region* ansässige Befragte die Stadt Stuttgart schon einmal besucht haben, wurde nicht gefragt, ob sie schon einmal in Stuttgart waren, sondern wie oft sie nach Stuttgart fahren (vgl. Kap. III.4.2.2).

4.2.2   Frage 9: Besuchshäufigkeit

Frage 9 behandelte die Besuchshäufigkeit der Befragten ("Wie oft waren Sie schon in Stuttgart?" für *Deutschland* und *Baden-Württemberg* bzw. "Wie oft fahren Sie nach Stuttgart?" in der *Region*), wobei zu erwarten war, daß sie mit der Distanz zu Stuttgart negativ korreliert. Die Antworten zu dieser Frage sind auch bedeutsam vor dem Hintergrund der Aussagen in den später folgenden offenen Fragen und den Bewertungsfragen zu Stuttgart, da hier die Kenntnis der Stadt die Qualität der Aussagen bedingt.

Die Besuchshäufigkeit der schon einmal in Stuttgart gewesenen InterviewpartnerInnen stellt sich wie folgt dar: Von der Gesamtheit aller Befragten in der *Bundesrepublik* außerhalb Baden-Württembergs waren 32 % einmal in Stuttgart, 19 % zweimal, 23 % schon drei- bis fünfmal und 10 % sechs- bis zehnmal. Immerhin 16 % der InterviewpartnerInnen sind schon mehr als zehnmal in Stuttgart gewesen; d.h. 68 % aller InterviewpartnerInnen waren schon mindestens zweimal in Stuttgart.

Bedingt durch die geringere Entfernung und die größere zentralörtliche Bedeutung Stuttgarts für die *baden-württembergische* Bevölkerung waren hier 50 % der Befragten schon mehr als zehnmal in der Landeshauptstadt, 15 % schon sechs- bis zehnmal und 20 % drei- bis fünfmal; d.h. 85 % der InterviewpartnerInnen waren schon mehr als zweimal in Stuttgart. Entsprechend selten wurde die bisherige Besuchshäufigkeit mit einmal (5 %) oder zweimal (9 %) beziffert (Abb. 29).

Entsprechend der geringen Entfernung zu Stuttgart standen in der *Region* als Optionen zum Ankreuzen "täglich", "mehrmals pro Woche", bis hin zu "seltener als einmal im Jahr" und "nie" zur Auswahl. Rund ein Drittel der Befragten in der Region (33 8 %) besuchen Stuttgart "mehrmals im Jahr", während in 16,7 % aller Fälle die Besuchshäufigkeit mit "mehrmals im Monat" angegeben wurde. Immerhin 14,2 % aller Befragten aus der Region besuchen Stuttgart "täglich", was ungefähr mit den in Kapitel III.4.2.5 dargelegten obligatorischen Besuchsanlässen wie "Arbeitsplatz", "Ausbildungsplatz" usw. korreliert. Nur wenige der Befragten aus der Region Stuttgart (3,7 %) besuchen die Landeshauptstadt "seltener als einmal im Jahr" oder "nie". (vgl. Abb. 29).

Abb. 29:   **Wie oft waren Sie in/fahren Sie nach Stuttgart?**

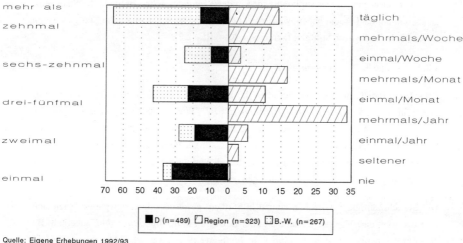

Quelle: Eigene Erhebungen 1992/93

4.2.3   Frage 10: Saisonaler Verlauf/Jahr der Stuttgartbesuche

Um den saisonalen Verlauf der Reisetätigkeit festzustellen, wurden die InterviewpartnerInnen nach dem Monat des letzten Aufenthalts in Stuttgart gefragt. Hier ergibt sich eine Konzentration der Reiseaktivitäten der *bundesdeutschen* Befragten in den Monaten Mai bis Oktober, die 75 % aller Reisen auf sich vereinigen. Aus diesem Zeitraum ragen die Monate August und September noch einmal heraus, auf die 30 % aller getätigten Reisen entfallen. Die geringste Reisetätigkeit der in dieser Untersuchung Befragten findet in den Monaten Januar (2 %), Februar (3 %) und April (3 %) statt. Für die jahreszeitliche Verteilung der Stuttgartreisen der

Befragten aus *Baden-Württemberg* liegt die Hochphase in den Monaten März und April, die zusammen ein Drittel der Reisen stellen. Im Mai sind die Werte vergleichbar mit denen der *Bundesrepublik*, liegen aber im weiteren Verlauf des Jahres durchweg niedriger, obwohl sich im September/Oktober mit jeweils 9 % eine weitere kleine Spitze abzeichnet (vgl. Abb. 30).

Abb. 30:   **Saisonaler Verlauf der Nachfrage**

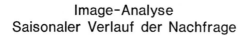

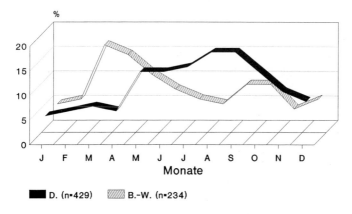

Quelle: Eigene Erhebungen 1991/92

In Anlehnung an die Ergebnisse der Frage nach dem Anlaß der Reise nach Stuttgart (Frage 12) läßt sich der saisonale Verlauf der Reisetätigkeit in der *bundesweiten* Befragung wie folgt erklären. So ist die Steigerung der Reisetätigkeit von April auf Mai in erster Linie auf "Sportveranstaltungen" zurückzuführen, gefolgt von der zunehmenden Bedeutung von "Geschäftsreisen" und "Besuchen bei Freunden, Bekannten und Verwandten". Obwohl im Juli der Anteil der "Geschäftsreisen" etwas rückläufig ist, wird das hohe Niveau der Reisetätigkeit gehalten, und zwar durch vermehrte "Tagesausflüge". Im August steigt die Reisetätigkeit auf das höchste Jahresniveau, und zwar durch im Vergleich zum Juni verstärkte "Geschäftsreise-tätigkeit" und ein hohes Niveau der "Tagesausflüge". Im September hält sich die Reisetätig-keit auf diesem hohen Stand, wird jedoch in zunehmendem Maße bedingt durch "Sportveran-staltungen", die die "Tagesausflüge" in ihrer Bedeutung etwas zurückdrängen bei gleich-bleibend hohem Niveau der Geschäftsreisen. Im weiteren Verlauf des Jahres nehmen alle Rei-seanlässe und somit die gesamte Reisetätigkeit stark ab.

Im Verlauf der *baden-württembergischen* Reisetätigkeit wird bereits im Monat März ein starker Anstieg sichtbar, der zugleich das höchste Reiseniveau des Jahres darstellt. Dieses Optimum ist bedingt durch "Tagesausflüge", von deren Gesamtheit ein Viertel im März getätigt wird. Auf dem Besuch von "Sport- und Kulturveranstaltungen" beruht fast die Hälfte aller im März getätigten Reisen. Auch dem Besuch von "Freunden, Bekannten und Verwandten" kommt im März eine große Bedeutung zu, in diesem Monat wird ein Viertel aller Besuche getätigt. Danach nimmt die Zahl der Reisen kontinuierlich bis zum August ab und erreicht somit den Tiefststand. Dieses Sommerloch ist auf eine Abnahme aller Reiseanlässe abgesehen von "Einkaufsreisen" zurückzuführen. Im September und Oktober steigt die Reisetätigkeit bedingt durch eine Zunahme von "Geschäftsreisen" und "Besuchen bei Freunden und Bekannten" wieder etwas an. Unter den im Oktober mit "sonstigen Reiseanlässen" begründeten Fahrten nach Stuttgart nimmt der Besuch des Volksfestes auf dem "Cannstatter Wasen" den größten Teil der Nennungen ein. Nach einem Rückgang der Reisetätigkeit im November ist im Dezember ein durch den "Weihnachtsmarkt" begründeter Anstieg zu verzeichnen, weiterhin ein hoher Anteil an "Einkaufsreisen".

Der zweite Teil der Frage 10 betrifft das Jahr der letzten Reise nach Stuttgart. Hier ergibt sich für die *bundesweite* Auswertung, daß nur 9 % all derjenigen Befragten, die Stuttgart schon einmal besucht haben, vor 1970 zuletzt dort waren. In der *baden-württembergischen* Untersuchung liegt dieser Wert entsprechend der geringeren Entfernung zu Stuttgart bei 2 %. In diesen Fällen eines lange zurückliegenden letzten Aufenthalts wurden die Fragen bezüglich dessen, was den Besuchern in Stuttgart gut bzw. nicht so gut gefallen hat, entsprechend ungenauer beantwortet. 6 % der *bundesweit* Befragten (3 % in *Baden-Württemberg*) waren in den siebziger Jahren zuletzt in Stuttgart, immerhin 39 % in den achtziger Jahren. Fast die Hälfte der InterviewpartnerInnen, die Stuttgart schon einmal besuchten, taten dies zuletzt in den Jahren seit 1990. Im Befragungsgebiet *Baden-Württemberg* liegen die Werte für die weniger lang zurückliegenden letzten Besuche in Stuttgart bei 15 % für die achtziger und bei 80 % für die neunziger Jahre.

4.2.4 Frage 11: Übernachtungsort

Eine interne Filterführung beinhaltete Frage 11, indem sie einen bestimmten Teil der Stuttgartbesucher ausklammerte: "Falls Ihr letzter Aufenthalt in Stuttgart länger als einen Tag gedauert hat, wo haben Sie übernachtet?" Diese Frage zielte sowohl auf die Übernachtungsstätte (Hotel; Gasthof; bei Freunden, Bekannten und Verwandten u.a.) ab, als auch auf die Unterscheidung zwischen Übernachtungen in a) Stuttgart selbst oder in b) der Region Stuttgart.

Von den 267 *baden-württembergischen* Befragten, die schon einmal oder mehrmals in Stuttgart waren, übernachteten 68 %, von den *bundesweit* 489 befragten Stuttgartbesuchern 61 %
in Stuttgart oder in der Region Stuttgart. Dabei fanden die Übernachtungen der *deutschlandweit* Befragten je zur Hälfte in Stuttgart selbst bzw. in der Region statt; von den *baden-württembergischen* Übernachtungsgästen wählten dagegen 80 % eine Unterkunft direkt in der
Landeshauptstadt.

Abb. 31:   Wo wurde in Stuttgart/in der Region übernachtet?

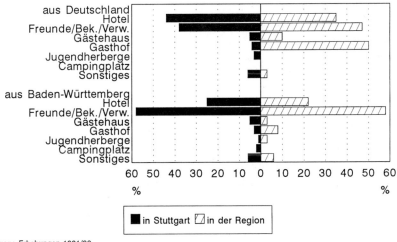

Wo wurde in Stuttgart/in der Region übernachtet ?

Quelle: Eigene Erhebungen 1991/92
aus D. in Stuttgart: n=149; in der Region: n=148
aus B.-W. in Stuttgart: n=146; in der Region: n=36

Gefragt nach der Art der gewählten Unterkunft ergab sich die folgende Verteilung:

Im Falle der Übernachtungen in Stuttgart selbst divergieren die Aussagen der *bundesdeutschen* von denen der *baden-württembergischen* Befragten am meisten in der Kategorie
"Hotel" (*Bundesrepublik* 44 %; *Baden-Württemberg* 25 %) und "Übernachtungen bei Freunden und Verwandten" (*Bundesrepublik* 38 %; *Baden-Württemberg* 58 %), und zwar um jeweils ca. 20 % der Nennungen. Das heißt die Unterkunftsart "Hotel" wurde von den *Baden-
Württembergern* in genau dem Maße weniger in Anspruch genommen, wie sie die Möglichkeit hatten, bei Freunden oder Bekannten zu übernachten. Entsprechend liegen die Nennungen für "Freunde und Bekannte" als Übernachtungsort in der *bundesdeutschen* Befragung
20 % niedriger als in *Baden-Württemberg*. Für die Übernachtungsstätten "Gasthof" und

"Gästehaus" sind die Nennungen in beiden Untersuchungsgebieten mit Werten um je 4 % gering und außerdem recht einheitlich. Nur geringe Unterschiede zwischen den *bundesweiten* und den *baden-württembergischen* Ergebnissen gibt es in der ohnehin geringen Häufigkeit der Nennungen "Campingplatz" und "Jugendherberge" (vgl. Abb. 31).

Im Falle der Übernachtungen in der Region Stuttgart gerät das "Hotel" in der *bundesweiten* Befragung ins Hintertreffen (35 %). Von der geringeren Inanspruchnahme der Hotels profitieren einerseits die "Gästehäuser" und in geringem Maß die "Gasthöfe", von denen es in der Region prozentual mehr gibt, am meisten jedoch die "Übernachtungen bei Freunden und Bekannten", die in der *bundesweiten* Auswertung 47 % ausmachen (vgl. Abb. 31).

Diese Zahlen lassen den Schluß zu, daß Übernachtungen in Hotels aus der *bundesweiten* Befragung in Stuttgart selbst und in der Region zum größten Teil auf das Konto von Geschäftsreisenden gehen. In der *baden-württembergischen* Befragung sind die Hotelübernachtungen in Stuttgart (25 %) und in der Region (22 %) sicher auch aufgrund geringerer Entfernungen, die Geschäftsreisende an einem Tag zurücklegen können, unbedeutender.

4.2.5   Frage 12: Grund des Aufenthaltes

Frage 12 versuchte, den Grund des Aufenthaltes in Stuttgart zu ermitteln. Während sich die vorangegangenen Fragen nur auf den jeweils letzten Aufenthalt der Befragten in Stuttgart bezogen, waren hier mehrere Nennungen möglich. Als Besuchsgründe konnten verschiedene privat oder geschäftlich bedingte Reiseanlässe, der Besuch von Veranstaltungen usw. angekreuzt werden.

An erster Stelle der Gründe für den Aufenthalt in Stuttgart steht sowohl in der *bundesweiten* als auch in der *baden-württembergischen* Analyse der "Besuch bei Freunden, Verwandten oder Bekannten" mit 22 % bzw. 18 % aller Nennungen. Die in Frage 11 aufgestellte These von der geringeren Bedeutung der "Geschäftsreise" als Reisemotiv der in *Baden-Württemberg* Befragten findet sich hier bestätigt: Während in der *Bundesrepublik* die "Geschäftsreise" mit 18 % aller Nennungen der zweithäufigste Reiseanlaß war, steht sie in *Baden-Württemberg* mit nur 10 % aller Nennungen auf Platz fünf. Mit der Durchführung eines "Tagesausflugs" wurde in 11 % aller *bundesdeutschen* Fragebogen der Aufenthalt in Stuttgart begründet, während 17 % aller *baden-württembergischen* Aufenthalte in Stuttgart diese Ursache hatten, somit steht dieser Reiseanlaß auf Platz zwei bzw. drei. Daß der "Besuch kultureller Einrichtungen und Veranstaltungen" (Platz drei), das "Einkaufen" (Platz vier) und der "Besuch von Sportveranstaltungen" (Platz sieben) die *baden-württembergischen* Befragten häufiger zu einer Fahrt nach Stuttgart bewegt als die *bundesdeutschen*, ist aus den höheren Plazierungen dieser Reiseanlässe zu entnehmen und im Zusammenhang mit der geringeren Entfernung und größeren zentralörtlichen Bedeutung Stuttgarts als Oberzentrum evident. Seltener war für die *Baden-Württemberger* entsprechend der Anlaß "Durchreise" vertreten. In Übereinstimmung mit der geringen Bedeutung Stuttgarts als "Kur- und Bäderstadt" (vgl. Frage 17) rangiert der "Kuraufenthalt" als Besuchsanlaß in beiden Untersuchungsgebieten an letzter Stelle. Der "Tagungs-/Messebesuch" ist als Reiseanlaß für beide Gruppen ungefähr gleichbedeutend: 10 % aller *bundesdeutschen* und 8 % aller *baden-württembergischen* Nennungen entfallen darauf. Als Ziel für einen "Kurzurlaub" kommt Stuttgart eher in der *bundesweiten* Befragung mit 7 % zum Tragen (*Baden-Württemberg* 1 %; vgl. Abb. 32).

Abb. 32: **Grund des Aufenthaltes in Stuttgart** (*Deutschland/Baden-Württemberg*)

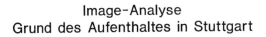

Image-Analyse
Grund des Aufenthaltes in Stuttgart

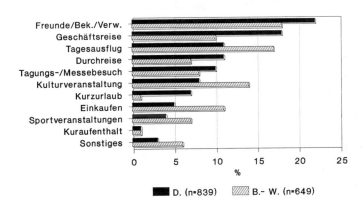

Quelle: Eigene Erhebungen 1991/92

Für die Befragten aus der *Region* ergibt sich bei den Reiseanlässen ein anderer Schwerpunkt. "Einkaufen" und "Besuch kultureller Veranstaltungen" stellen mit jeweils ca. 20 % aller Nennungen die beiden häufigsten Besuchsgründe dar. Insgesamt ein Drittel der Besucher aus der Region kam nach Stuttgart, um "Freunde, Bekannte und Verwandte" zu besuchen (11,1 %), einen "Tagesausflug" (10,1 %) oder einen "Tagungs-/Messebesuch" (10,0 %) zu unternehmen. Mit über 70 % aller Nennungen sind dies somit die fünf häufigsten Besuchsanlässe der Regionsbewohner. Diese Aussagen deuten insofern auf eine große Freizeitbedeutung Stuttgarts für die Befragten aus der Region hin, als auf obligate Besuchsanlässe durch Verpflichtungen wie "Arbeitsplatz" bzw. "Ausbildungsplatz" in Stuttgart, "Behördengänge" oder "Geschäftsreisen" usw. insgesamt nur 15, 7 % aller Nennungen entfallen (vgl. Abb. 33).

82

Abb. 33: **Grund des Aufenthaltes in Stuttgart** *(Region)*

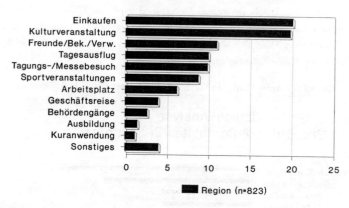

Image-Analyse
Grund des Aufenthaltes in Stuttgart

Region (n=823)

Quelle: Eigene Erhebungen 1991/92

4.2.6   Frage 13: Verkehrsmittelwahl

Weiterhin wurden die InterviewpartnerInnen nach dem Verkehrsmittel gefragt, das sie einerseits auf ihrer Reise nach Stuttgart, andererseits innerhalb der Stadt benutzten.

Das wichtigste Verkehrsmittel für die Anreise **nach** Stuttgart ist in allen Befragungsgebieten der "PKW". Über 55 % der Befragten aus *Deutschland* und *Baden-Württemberg* gaben ihm den Vorzug vor der "Bahn" (mit über 30 %). Der "Bus" spielt für die Anreisenden aus *Baden-Württemberg* mit kaum 8 % eine eher untergeordnete Rolle. Abgeschlagen auf den letzten Rängen findet sich das "Flugzeug" mit 3 % der Nennungen und die sonstigen Nennungen ("Motorrad", "Fahrrad" u.a.) mit 2 %. Interessant ist ein Vergleich mit den Befragten aus der sonstigen *Bundesrepublik*: im Verhältnis zum "Bus" entfielen auf die Verkehrsmittelwahl "Flugzeug" mehr als doppelt so viele Nennungen: 4 % zu 9 %. Sonstige Nennungen sind hier zu vernachlässigen.

Gesondert muß die Verkehrsmittelwahl durch die Befragten der *Region* betrachtet werden, da sich wegen der Nähe zu Stuttgart und der Anbindung an den "ÖPNV" andere Möglichkeiten ergeben. Dieses macht sich schon dadurch bemerkbar, daß dem "PKW" - trotz seiner Spitzenposition - nicht die Bedeutung zukommt wie im übrigen Bundesgebiet. 44 % bevorzugen den

"PKW", 31 % die "S-Bahn" und 13 % die "Bahn". Auf den gesamten "ÖPNV" ("S-Bahn" und "Linienbus") entfallen knapp 33 % der Nennungen. Die Verkehrsmittelwahl "P+R", die "Fahrgemeinschaften", die Anreise per "Fahrrad" und sonstige Anreisemöglichkeiten belegen die hinteren Plätze (vgl. Abb. 34).

Abb. 34: **Verkehrsmittelwahl nach Stuttgart**

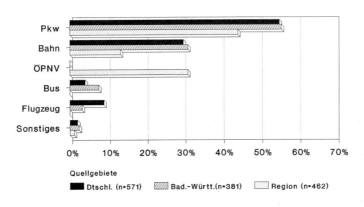

Image-Analyse
Verkehrsmittelwahl nach Stuttgart

Quelle: Eigene Erhebungen 1991/1992

Bezüglich der Verkehrsmittelwahl **in** Stuttgart ergibt sich folgendes Bild:

Am wenigsten sind die *Stuttgarter* Befragten gewillt, auf den "PKW" zu verzichten: 28 % benutzen den "PKW" als Fortbewegungsmittel innerhalb der Stadt - die Befragten der *Region* nur zu 23 %; sie nutzen stattdessen die "S-Bahn" (27 %) und den "Linienbus" (6 %) stärker. Die *Stuttgarter* nutzen zu 34 % das Angebot des "ÖPNV" (25 % "S-Bahn", 9 % "Linienbus"). Damit liegt der "ÖPNV" (als Summe des Gesamtangebotes) vor dem "PKW" auch bei der Verkehrsmittelwahl der Stuttgarter. Ist bei den Besuchern aus der Region die Fortbewegung "zu Fuß" innerhalb Stuttgarts am beliebtesten (mit 39 % erster Rang der Nennungen), so steht diese Option bei den *Stuttgartern* nur auf Rang drei (22 %). Für 8 % der *Stuttgarter* Befragten ist das "Fahrrad" eine Alternative. "Taxi" und sonstige Verkehrsmittel spielen kaum eine Rolle (vgl. Abb. 35).

Abb. 35:   Verkehrsmittelwahl in Stuttgart

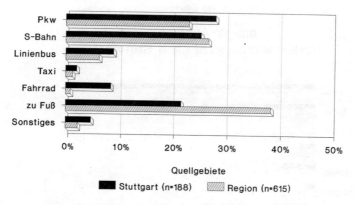

Image-Analyse
Verkehrsmittelwahl in Stuttgart

Pkw
S-Bahn
Linienbus
Taxi
Fahrrad
zu Fuß
Sonstiges

0%   10%   20%   30%   40%   50%

Quellgebiete

■ Stuttgart (n=188)   ▨ Region (n=615)

Quelle: Eigene Erhebungen 1991/1992

4.2.7   Die offenen Fragen 14 und 15

Die beiden folgenden Fragen 14 und 15 waren wiederum offene Fragen und dienten der Ermittlung eines Stärke-Schwäche-Profils der Stadt. Sie lauteten für die InterviewpartnerInnen
aus der *Bundesrepublik* und *Baden-Württemberg* "Was hat Ihnen in Stuttgart gut gefallen?"
bzw. "Was hat Ihnen in Stuttgart nicht gefallen?"; für die Befragten in *Stuttgart* und der *Region* "Was gefällt Ihnen an Stuttgart besonders gut?" bzw. "...gar nicht?" Gleichzeitig waren
dies die letzten Fragen innerhalb der Filterführung; die darauffolgenden waren wieder von
allen Befragten zu beantworten.

Frage 14: Was gefällt gut?

In Frage 14 hatten die Befragten die Möglichkeit, diejenigen Merkmale der Stadt Stuttgart zu
nennen, die ihnen gut gefallen haben.

Betrachtet man die Ergebnisse geordnet nach den **Hauptgruppen** der Nennungen (vgl. auch
Tab. 7a), lassen sich Unterschiede zwischen den Antworten aus *Stuttgart* und der *Region
Stuttgart* einerseits, sowie *Deutschland* und *Baden-Württemberg* andererseits feststellen, was
wohl auf den unterschiedlichen Bekanntheitsgrad der Stuttgarter Angebote und die unterschiedliche Bedeutung für die eigene Nutzung schließen läßt.

85

Tab. 7: Was hat Ihnen in Stuttgart *gut* gefallen? bzw. Was gefällt Ihnen an Stuttgart besonders *gut*?

Rang	Stuttgart n=203	Befragungsgebiet Region Stuttgart n=842	Baden-Württemberg n=644	Bundesrepublik Deutschland* n=970
a) Hauptgruppen				
1	Parks/Landschaft/Umgebung (79/38,9)	Großstadt (260/30,9)	Stadtbild/Sehenswürdigk. (196/30,4)	Stadtbild/Sehenswürdigk. (324/33,4)
2	Großstadt (61/30,0)	Parks/Landschaft/Umgebung (252/29,9)	Großstadt (179/27,8)	Parks/Landschaft/Umgebung (247/25,5)
3	Stadtbild/Sehenswürdigk. (29/14,3)	Stadtbild/Sehenswürdigk. (221/26,2)	Parks/Landschaft/Umgebung (161/25,0)	Großstadt (163/16,8)
4	Verschiedenes (11/5,4)	Verkehrsinfrastruktur (34/4,0)	Verkehrsinfrastruktur (37/5,7)	Bevölkerung/Mentalität (108/11,1)
5	Bevölkerung/Mentalität (9/4,4)	Gastgewerbe (29/3,4)	Gastgewerbe (25/3,9)	Verkehrsinfrastruktur (63/6,5)
6	Verkehrsinfrastruktur (8/3,9)	Verschiedenes (29/3,4)	Verschiedenes (25/3,9)	Gastgewerbe (34/3,5)
7	Gastgewerbe (6/3,0)	Bevölkerung/Mentalität (17/2,0)	Bevölkerung/Mentalität (16/2,5)	Verschiedenes (31/3,2)
b) Einzelnennungen "Top 15"				
1	Landschaft allg. (24/11,8)	Königstraße (80/9,5)	Wilhelma (67/10,4)	Landschaft (101/10,4)
2	Parks allg. (13/6,4)	Wilhelma (70/8,3)	Königstraße (46/7,1)	Schwaben (80/8,2)
3	Kulturszene (13/6,4)	Einkaufsmöglichkeiten (66/7,8)	Einkaufsmöglichkeiten (44/6,8)	Parks allg. (53/5,5)
4	Wilhelma (9/4,4)	Landschaft allg. (56/6,7)	Parks allg. (29/4,5)	Innenstadt (46/4,7)
5	Königstraße (8/3,9)	Parks allg. (51/6,1)	Kulturszene (27/4,1)	Königstraße (45/4,6)
6	Wald (8/3,9)	Kulturszene (45/5,3)	Landschaft allg. (25/3,9)	Stadtbild allg. (44/4,5)
7	Einkaufsmöglichkeiten (7/3,4)	Staatsgalerie (23/2,7)	Staatsgalerie (24/3,7)	Sauberkeit (42/4,3)
8	Sportveranstaltungen (7/3,4)	Killesberg (23/2,7)	Stadtbild allg. (23/3,6)	Einkaufsmöglichkeiten (35/3,6)
9	Mineralbäder (6/3,0)	Theater/Konzerte allg. (21/2,5)	ÖPNV (23/3,6)	Wilhelma (32/3,3)
10	Schloßgarten (5/2,5)	Innenstadt/Altstadt (19/2,3)	Altes/Neues Schloß (18/2,8)	Altes/Neues Schloß (28/2,9)
11	Killesberg (5/2,5)	Schloßplatz (19/2,3)	Innenstadt/Altstadt (17/2,6)	Atmosphäre (27/2,8)
12	Weinberge (5/2,5)	Großstadt (17/2,0)	Museen allg. (17/2,6)	Kulturszene (25/2,6)
13	Staatsgalerie (5/2,5)	ÖPNV (16/1,9)	Fernsehturm (15/2,3)	ÖPNV (25/2,6)
14	Stadtbild allg. (4/2,0)	Schloßgarten (15/1,8)	Killesberg (14/2,1)	Museen/Ausstellungen allg. (24/2,5)
15	s.u.[1]	Stadtbild allg.(15/1,8)	Schloßplatz (14/2,1)	Sehenswürdigkeiten allg. (21/2,2)
Summe	(135/66,5)	(536/63,7)	(403/62,6)	(628/64,7)

in ( ) Anzahl der Nennungen/Prozentanteil an der Gesamtzahl der Nennungen   * ohne Stuttgart   Quelle: Eigene Erhebung 1991/92

[1] ÖPNV; Freizeitmöglichkeiten; Museen allg.; Arbeitsmöglichkeiten (je 4/2,0)

Gefällt den *Stuttgartern* und der Bevölkerung der *Region* die Lage der Stadt ("Parks/Landschaft/Umgebung") und somit der Erholungswert im Wohnumfeld - neben dem allgemeinen Angebot der "Großstadt" (z.B. "Einkaufsmöglichkeiten") - am besten (zusammen 60-70 %), so schätzen die Besucher aus *Deutschland* und *Baden-Württemberg* eher "Stadtbild/Sehenswürdigkeiten" (über 30 %), gefolgt vom Großstadtangebot für *Baden-Württemberg* und der Ausstattung mit "Parks" sowie der "Landschaft/Umgebung" für *Deutschland*. Bemerkenswert ist die große Bedeutung der naturnahen Ausstattung für die *Stuttgarter*: mit ca. 40 % liegt sie in Ihrer Gunst deutlich vor dem Großstadtangebot (30 %).

Daß für die *Stuttgarter* die "Verkehrsinfrastruktur" und die "Gastronomie" auf den letzten Rängen zu finden sind, verdeutlicht die Unzufriedenheit der einheimischen Bevölkerung mit diesen Angeboten. Ähnlich sieht das Ergebnis in den übrigen Befragungsgebieten aus. Auch hier erhielten die "Verkehrsinfrastruktur" und das "Gastgewerbe" nur wenig bessere Plazierungen, was den diesbezüglichen Handlungsbedarf verdeutlicht.

Eine Betrachtung der **Einzelnennungen** (Tab. 7b) gibt konkret Aufschluß über die "Stärken" von Stuttgart aus der Sicht der Befragten. Der *Stuttgarter* Bevölkerung gefällt die "Landschaft" der Stadt am besten (11,8 %), gefolgt in deutlichem Abstand von den "Parks" mit 6,4 % der Nennungen - ein Wert der auch von der "Kulturszene" der Stadt erreicht wird. An vierter Stelle der Einzelnennungen steht die "Wilhelma" mit 4,4 %. Im Unterschied zu den anderen Befragungsgebieten teilen sich die Nennungen "Königstraße" und "Wald" mit je 3,9 % den fünften/sechsten Rang, die "Einkaufsmöglichkeiten" und "Sportveranstaltungen" (je 3,4 %) folgen auf Rang sieben/acht.

Bei den Besuchern aus der *Region* und *Baden-Württemberg* liegen "Königstraße" und "Wilhelma" auf den beiden ersten Rängen mit 9,5 % bzw. 7,1 % ("Königstraße") und 8,3 % bzw. 10,4 % ("Wilhelma"). Die "Einkaufsmöglichkeiten" (7,8 % bzw. 6,8 %) erreichen Platz drei. Auf den Rängen vier bis sechs folgen in beiden Befragungsgebieten die Nennungen "Landschaft allgemein", "Parks allgemein" und "Kulturszene" relativ dicht beieinander; Platz sieben der "Top 15" belegt in beiden Fällen die "Staatsgalerie".

Nur bei den Befragten aus größerer Entfernung (Befragungsgebiet *Deutschland*) läßt sich ein deutlicher Unterschied in der Bewertung erkennen: dieser Besuchergruppe gefällt die "Landschaft" am besten (10,4 %). Dies ist so zu erklären, daß die Anreisenden die landschaftlich reizvolle Lage der Stadt als herausragendes Merkmal in Erinnerung behalten. Hinzu kommt, daß an dritter Stelle der Nennungen mit "Parks allg." auch die innerstädtischen Grünanlagen positiv erwähnt werden. An zweiter Stelle der Nennungen werden die Gastgeber, die "Schwaben" (8,2 %) aufgeführt, die bei den Stuttgartbesuchern überwiegend positive Resonanz finden. Die folgenden Plätze werden von den Merkmalen, "Innenstadt",

"Königstraße" und "Stadtbild" belegt. Daß Stuttgart als Einkaufsstadt für die *bundesdeutsche* Besuchergruppe weniger wichtig ist, belegt der achte Platz des Stuttgart-Angebotes "Einkaufsmöglichkeiten". Auffallend ist, daß bei allen Befragten der "ÖPNV" hintere Ränge belegt.

Frage 15: Was gefällt nicht?

Werden nun die Nennungen aus Frage 14 (Was hat gut gefallen?") mit den Nennungen der Frage 15 ("Was hat nicht gefallen?)" verglichen, fällt als erstes auf, daß die Befragten durchschnittlich 2/3 mehr positive als negative Merkmale genannt haben (vgl. Tab. 8a, 8b und Abb. 36). Dies deutet sicherlich auf ein breites Angebot der Stadt Stuttgart hin. Betrachtet man jedoch die einzelnen Nennungen der Frage 15, so zeigen sich deutliche Problembereiche, die nicht nur Stuttgart als Zielstadt von Städtereisenden betrifft, sondern vor allem Stuttgart als Lebensraum für die einheimische Bevölkerung.

Betrachtet man als erstes die **Hauptgruppen** der Nennungen, so ergibt sich für alle Befragungsgebiete ein ähnliches Bild: den *Stuttgartern* und den Besuchern aus der *Region* hat zwar das Großstadtangebot (vgl. Frage 14) recht gut gefallen; gleichzeitig bemängeln sie jedoch auch die "Großstadtproblematik" (z.B. "Hektik", "Kriminalität", "Umwelt-/Sozialproblematik"; 45,9 % bzw. 41,4 % der Nennungen), gefolgt an zweiter Stelle von der Merkmalsausprägung "Verkehrsinfrastruktur" (33,6 % bzw. 28,1 %).

Den Besuchern aus *Baden-Württemberg* und dem übrigen *Deutschland* mißfällt in erster Linie die Stuttgarter "Verkehrsinfrastruktur" (40,8 % bzw. 45,8 %), gefolgt in weiterem Abstand von dem allgemeinen "Großstadtangebot", dem "Stadtbild" und der "Bevölkerung". Daß die gastgebende Bevölkerung vor allem in der Mißgunst der Besucher aus größerer Entfernung so weit oben steht, läßt sich einerseits mit den Klischees begründen, die den Schwaben anhaftenden. Andererseits ist es möglich, daß die einheimische Bevölkerung - als erste Kontaktstelle für Besucher - sich noch nicht in der Rolle der Gastgeber sieht und mit ihrem Verhalten die Erwartungen der Stuttgartbesucher nicht erfüllt.

Positiv soll an dieser Stelle noch bemerkt werden, daß im Vergleich zu den Antworten aus der Frage "Was hat gut gefallen?" (des *Deutschland*-Befragungsgebietes) weit weniger negative Angaben zur Bevölkerung gemacht wurden als positive: zu "Bevölkerung/ Mentalität" gab es 108 positive, im Vergleich zu 47 negativen Äußerungen.

Die durch die Obergruppen gebildeten Schwerpunkte werden durch die **Einzelnennungen** präzisiert (vgl. Tab. 8b). In allen Befragungsgebieten werden die "Verkehrssituation" bzw. die

Tab. 8: Was hat Ihnen in Stuttgart *nicht* gefallen ? bzw. Was gefällt Ihnen an Stuttgart *gar nicht* ?

Rang	Stuttgart n=146	Befragungsgebiet		
		Region Stuttgart n=512	Baden-Württemberg n=409	Bundesrepublik Deutschland* n=448
a)	**Hauptgruppen**			
1	Großstadt (67/45,9)	Großstadt (212/41,4)	Verkehrsinfrastruktur (167/40,8)	Verkehrsinfrastruktur (205/45,8)
2	Verkehrsinfrastruktur (49/33,6)	Verkehrsinfrastruktur (193/37,7)	Großstadt (94/22,9)	Großstadt (87/19,4)
3	Stadtbild/Sehenswürdigk. (16/10,9)	Stadtbild/Sehenswürdigk. (64/12,5)	Stadtbild/Sehenswürdigk. (66/16,1)	Bevölkerung/Mentalität (47/10,5)
4	Bevölkerung/Mentalität (6/4,1)	Bevölkerung/Mentalität (16/3,1)	Bevölkerung/Mentalität (26/6,4)	Stadtbild/Sehenswürdigk.(40/8,9)
5	Gastgewerbe (6/4,1)	Gastgewerbe (11/2,1)	Parks/Landschaft/Umgebung (23/5,6)	Parks/Landschaft/Umgebung (37/8,3)
6	Parks/Landschaft/Umgebung (2/1,4)	Parks/Landschaft/Umgebung (10/2,0)	Gastgewerbe (20/4,9)	Verschiedenes (20/4,5)
7		Verschiedenes (6/1,2)	Verschiedenes (9/2,2)	Gastgewerbe (12/2,7)
8			Firmen/Produkte (4/1,0)	
b)	**Einzelnennungen "Top 15"**			
1	Soziale Randgruppen (23/15,7)	Verkehrssituation (98/19,1)	Verkehrssituation (97/23,7)	Verkehrsprobleme (122/27,2)
2	Verkehrssituation (22/15,1)	Soziale Randgruppen (73/14,3)	Parkplätze (24/5,9)	Parkplätze (28/6,3)
3	ÖPNV (13/8,9)	Parkplätze (34/6,6)	Luftverschmutzung (22/5,4)	Klima (25/5,6)
4	Wohnungsnot (10/6,8)	ÖPNV (31/6,1)	Innenstadt/Altstadt (21/5,1)	Bevölkerung/Schwaben (24/5,4)
5	Umweltprobleme/Sauberkeit (7/4,8)	Luftverschmutzung (30/5,9)	ÖPNV (18/4,4)	Preisniveau (23/5,1)
6	Kriminalität/Sicherheit (7/4,8)	Preisniveau (23/4,5)	Preisniveau (17/4,2)	Umweltprobleme (19/4,2)
7	Parkplätze (6/4,1)	Hektik (20/3,9)	Stadtbild allg. (16/3,9)	Provinziell (12/2,7)
8	Königstraße (5/3,4)	Kriminalität/Sicherheit (20/3,9)	Soziale Randgruppen (15/3,7)	Stadtbild allg. (11/2,5)
9	Preisniveau (5/3,4)	Stadtbild allg. (17/3,3)	Baustellen (12/2,9)	Innenstadt (11/2,5)
10	Radwege (4/2,7)	Baustellen (16/3,1)	Atmosphäre (12/2,9)	Großstadt allg.(10/2,2)
11	Politik (4/2,7)	Wohnungsnot (13/2,5)	Hektik (11/2,7)	Hektik (9/2,0)
12	Stadtbild allg. (4/2,7)	Bahnhof (11/2,1)	Klima (10/2,4)	Baustellen (9/2,0)
13	Cafés (3/2,0)	Umweltbelastung allg. (8/1,6)	Großstadt allg. (9/2,2)	Straßen der Innenstadt (9/2,0)
14	Innenstadt (2/1,4)	Straßen der Innenstadt (8/1,6)	Umweltbelastung allg. (8/1,9)	Wohnungsnot (9/2,0)
15	s.u.[1]		s.u.[2]	s.u.[3]
Summe	(129/88,4)	(402/78,5)	(308/75,3)	(337/75,2)

in ( ) Anzahl der Nennungen/Prozentanteil an der Gesamtzahl der Nennungen   * ohne Stuttgart   Quelle: Eigene Erhebung 1991/92

[1] Atmosphäre; Tal-/Kessellage; Straßen d. Innenstadt; Schwaben; provinziell; Theater/Konzerte; Hektik (je 2/1,4)

[2] Bevölkerung/Schwaben; Mentalität (je 8/1,9)

[3] Soziale Randgruppen; Bahnhof (je 8/1,8)

Abb. 36:   **Was gefällt gut?/Was gefällt nicht?**

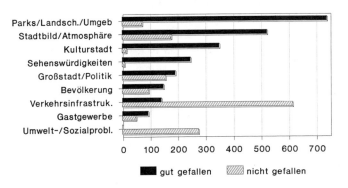

Image-Analyse
Was gefällt gut? / Was gefällt nicht?

Quelle: Eigene Erhebungen 1991/92
Summe aller Befragungsgebiete (abs.)
(Untergruppen)

"Verkehrsprobleme" am auffälligsten bemängelt. Nur in *Stuttgart* selbst werden die Probleme "Sozialer Randgruppen" (darin sind Nennungen wie "Penner", "Drogenszene", "Ausländer" zusammengefaßt) noch etwas dringlicher eingestuft. In der *Region* folgt diese Problematik auf Rang zwei, während für *Baden-Württemberg* und *Deutschland* - wohl aufgrund seltener Berührungspunkte - diese Nennungen nur den achten bzw. fünfzehnten Rang belegen. Die beiden letztgenannten Befragungsgebiete kritisieren dagegen verstärkt das "Parkplatzangebot" (jeweils Rang zwei), das für die *Region* Rang drei belegt, gefolgt vom "ÖPNV" auf Rang vier. Die *Stuttgarter* sehen neben dem "ÖPNV" (Rang drei) einen großen Handlungsbedarf auch bei der Behebung der "Wohnungsnot" (Rang vier) sowie der "Kriminalität" und der "Umweltprobleme". Auch in der *Region* und *Baden-Württemberg* wird die "Luftverschmutzung" als dringliches Problem angesehen; die *Baden-Württemberger* sind außerdem unzufrieden mit dem Erscheinungsbild der "Innenstadt/Altstadt", das vielleicht hinter dem anderer baden-württembergischer Städte zurückbleibt. Die *Deutschland*-Befragten bemängeln dagegen eher das "Klima" in Stuttgart, das bedingt durch die Tal- und Kessellage zu Nebel und Hitzestaus neigt. Aber auch mit der schwäbischen "Bevölkerung" scheint es Probleme zu geben, die wohl auf die teilweise zurückhaltende Art der Schwaben gegenüber anderen Bevölkerungsgruppen zurückzuführen sind.

4.3 **Die in allen Befragungsgebieten identischen Fragen (2. Teil)**

4.3.1 **Frage 16: Aspekte der Stadt Stuttgart**

Frage 16 listete insgesamt fünfzehn Aspekte der Stadt Stuttgart auf, deren Qualität anhand von Noten zwischen "eins" und "fünf" bewertet werden sollte (vgl. Fragebogen im Anhang). Die Frage war - zumal sie sich auch an noch nicht in Stuttgart Gewesene richtete - eine Einschätzungsfrage, die eine Mischung aus fundierten Urteilen, Vorurteilen und Vorstellungen von den bestimmten Aspekten einer Stadt wiedergab. Im Rahmen einer Imagebefragung sind die Ergebnisse insofern relevant, als auch das subjektive Bild von einer Stadt für die Reisezielentscheidung der Städtetouristen ausschlaggebend ist.

In den Befragungsgebieten *Deutschland* und *Stuttgart* wurde die "landschaftliche Umgebung" Stuttgarts am besten plaziert, während in der *Region* und in *Baden-Württemberg* das "sportliche Angebot" den ersten Rang einnimmt. Den zweiten Platz in dieser Rangfolge teilen sich die "Einkaufsmöglichkeiten" (in *Baden-Württemberg* und der *Bundesrepublik*), die "landschaftliche Umgebung" (in der *Region*) und in *Stuttgart* die "beruflichen Chancen", die in allen anderen Befragungsgebieten höchstens den fünften Platz erreichten. Mit dem dritten Platz bewertete die *Region* die "Einkaufsmöglichkeiten" schlechter als die beiden entfernteren Befragungsgebiete. Die *Stuttgarter* selbst plazierten mit dem dritten Platz das "sportliche Angebot" schlechter als die *Region* und *Baden-Württemberg*. In der *deutschlandweiten* Auswertung belegte das "gastronomische Angebot" den dritten Platz, das in den anderen Befragungsgebieten nur die Plätze sechs und sieben erreichte. Interessant ist soweit, daß die Befragungsregionen, die nicht unbedingt Kenner bzw. Nachfrager bestimmter Angebote sind - wie z.B. *Baden-Württemberg* und *Deutschland* für den Einkaufs- und *Deutschland* für den gastronomischen Bereich - diese Aspekte deutlich besser bewerten als die *Stuttgarter* oder die Befragten in der *Region*. Daraus kann man schließen, daß die infrastrukturelle Ausstattung Stuttgarts in bezug auf diesen Angebotsbereich hinter der zu erwartenden zurückbleibt.

Umgekehrt steht es z.B. mit der "Erreichbarkeit", die mit wachsender Entfernung zu Stuttgart aufgrund der geringeren Bedeutung der innerstädtischen Stuttgarter Verkehrsprobleme immer positiver eingeschätzt wird. So erzielte die "Erreichbarkeit" in *Stuttgart* Rang sieben, in der *Region* und in *Baden-Württemberg* Rang sechs, in der *Bundesrepublik* jedoch Rang vier. Daß die "Verkehrssituation" in Stuttgart jedoch eines der größten Probleme ist, dokumentiert die Plazierung auf Rang fünfzehn in allen Befragungsgebieten (vgl. Tab. 9a).

Betrachtet man die Beurteilung der verschiedenen Aspekte der Stadt Stuttgart in den *neuen Bundesländern* getrennt von denen der *alten Bundesländer*, so ergibt sich folgendes Bild: Die

Tab. 9a: **Benotung einzelner Aspekte der Stadt Stuttgart**

Rang	Befragungsgebiet			
	Stuttgart n=66	**Region Stuttgart** n=326	**Baden-Württemberg** n=283	**Bundesrepublik Deutschland** n=1072
1	Landschaftliche Umgebung (1,52)	Sportliches Angebot (1,80)	Sportliches Angebot (1,87)	Landschaftliche Umgebung (1,58)
2	Berufliche Chancen (1,95)	Landschaftliche Umgebung (1,81)	Einkaufsmöglichkeiten (1,88)	Einkaufsmöglichkeiten (1,85)
3	Sportliches Angebot (1,95)	Einkaufsmöglichkeiten (1,83)	Kulturelles Angebot (1,92)	Gastronomisches Angebot (1,96)
4	Einkaufsmöglichkeiten (1,97)	Kulturelles Angebot (1,94)	Landschaftliche Umgebung (1,99)	Erreichbarkeit (1,97)
5	Kulturelles Angebot (2,12)	Berufliche Chancen (1,97)	Berufliche Chancen (2,09)	Kulturelles Angebot (1,98)
6	Gastronomisches Angebot (2,23)	Erreichbarkeit (2,08)	Erreichbarkeit (2,22)	Sportliches Angebot (2,03)
7	Erreichbarkeit (2,27)	Gastronomisches Angebot (2,24)	Gastronomisches Angebot (2,39)	Berufliche Chancen (2,07)
8	Freizeitmöglichkeiten (2,37)	Stadtbild (2,44)	Übernachtungsmöglichkeiten (2,58)	Stadtbild (2,14)
9	Stadtbild (2,39)	Freizeitmöglichkeiten (2,52)	Freizeitmöglichkeiten (2,59)	Freizeitmöglichkeiten (2,19)
10	Übernachtungsmöglichkeiten (2,69)	Übernachtungsmöglichkeiten (2,62)	Stadtbild (2,64)	Übernachtungsmöglichkeiten (2,37)
11	Atmosphäre (2,86)	Atmosphäre (2,68)	Atmosphäre (2,88)	Atmosphäre (2,44)
12	Wohnqualität (3,09)	Wohnqualität (3,11)	Wohnqualität (3,30)	Wohnqualität (2,55)
13	Umweltqualität (3,34)	Preisniveau (3,40)	Umweltqualität (3,44)	Umweltqualität (2,88)
14	Preisniveau (3,72)	Umweltqualität (3,42)	Preisniveau (3,53)	Preisniveau (3,26)
15	Verkehrssituation (3,77)	Verkehrssituation (3,79)	Verkehrssituation (3,94)	Verkehrssituation (3,26)

in ( )   Durchschnittsnoten der einzelnen Aspekte

Quelle: Eigene Erhebung 1991/92

ersten beiden Plazierungen von "Landschaftliche Umgebung" und "Einkaufsmöglichkeiten"
bleiben gleich, die letzten beiden - "Preisniveau" und "Verkehrssituation" - unterscheiden sich
nur in ihrer Reihenfolge. Am stärksten geht die Beurteilung im Falle der "Beruflichen Chancen" auseinander, die in den *alten Bundesländern* auf Rang drei, in den *neuen* auf Rang elf
stehen. Unterschiedlich wurde auch das "Sportliche Angebot" gesehen, das mit dem vierten
Platz in den *alten Ländern* vier Ränge höher liegt als in den *neuen Ländern*. Umgekehrt bewerteten die Befragten der fünf *neuen Länder* die "Erreichbarkeit", die "Gastronomie", das
"Stadtbild", die "Wohnqualität", die "Freizeitmöglichkeiten" und die "Atmosphäre" besser als
die der *alten Bundesländer* (vgl. Tab. 9b).

Tab. 9b: **Benotung einzelner Aspekte der Stadt Stuttgart -**
Vergleich der Ergebnisse in den alten und neuen Bundesländern

Rang	Befragungsgebiet	
	Alte Bundeländer	Neue Bundesländer
1	Landschaftliche Umgebung (1,68)	Landschaftliche Umgebung (1,39)
2	Einkaufsmöglichkeiten (1,98)	Einkaufmöglichkeiten (1,59)
3	Berufliche Chancen (2,02)	Gastronomisches Angebot (1,68)
4	Sportliches Angebot (2,05)	Erreichbarkeit (1,72)
5	Kulturelles Angebot (2,08)	Stadtbild (1,78)
6	Gastronomisches Angebot (2,09)	Kulturelles Angebot (1,81)
7	Erreichbarkeit (2,09)	Freizeitmöglichkeiten (1,97)
8	Stadtbild (2,31)	Sportliches Angebot (1,99)
9	Freizeitmöglichkeiten (2,31)	Atmosphäre (2,07)
10	Übernachtungsmöglichkeiten (2,46)	Wohnqualität (2,73)
11	Atmosphäre (2,62)	Berufliche Chancen (2,18)
12	Wohnqualität (2,73)	Übernachtungsmöglichkeiten (2,19)
13	Umweltqualität (3,12)	Umweltqualität (2,41)
14	Preisniveau (3,42)	Verkehrssituation (2,69)
15	Verkehrssituation (3,51)	Preisniveau (2,84)

in ( )   Durchschnittsnote   * ohne Baden-Württemberg
Quelle: Eigene Erhebung 1991/92

4.3.2   Frage 17: Bezeichnungen für Stuttgart

In dieser Frage sollte - ebenfalls anhand einer fünfteiligen Skala - überprüft werden, mit welchen Bezeichnungen bzw. Attributen die Stadt Stuttgart mehr oder weniger treffend beschrieben werden kann. Die zwölf zu bewertenden Begriffe bezogen sich jeweils auf Eigenschaften
der Stadt, die sich aus prägenden wirtschaftlichen, kulturellen oder landschaftlichen Merkmalen herleiten, wie z.B. die Bezeichnungen "Großstadt zwischen Wald und Reben",
"Universitätsstadt", "Medienstadt", "Stadt der Autos und Motoren", "Kunst- und Kulturstadt"
usw. (vgl. Fragebogen im Anhang).

Am eindeutigsten fällt hierbei in allen Befragungsgebieten das Votum der Befragten für den Begriff "Stadt der Autos und Motoren" aus. Auch Vergleiche mit den Ergebnissen der offenen Fragen 3 (Spontane Assoziationen) und 6 (Produkte) bestätigen den Eindruck der Popularität der Automobilindustrie Stuttgarts, namentlich der von Daimler-Benz und Porsche (vgl. Kap. III.4.1.3).

Für den Begriff "Wirtschaftszentrum" zur Titulierung Stuttgarts wurden überall die zweitmeisten Stimmen abgegeben. Schon auf Rang drei befindet sich mit Ausnahme von *Baden-Württemberg* (Rang sechs) der lange Jahre in der Stadtwerbung eingesetzte Slogan "Großstadt zwischen Wald und Reben", was ihm zweifelsohne eine große Popularität bescheinigt. In *Baden-Württemberg* liegt auf diesem Rang der Titel "Industriestadt", der in den anderen Befragungsgebieten Rang vier erhält. Somit sind in sämtlichen Befragungsgebieten drei Begriffe aus dem wirtschaftlichen Bereich auf den ersten vier Plätzen zu finden.

Auf Rang vier in *Baden-Württemberg* und Rang fünf in *Stuttgart* und der *Region* liegt der Titel "Sportstadt" für Stuttgart, das durch zahlreiche internationale Sportveranstaltungen versucht, seine Bekanntheit in diesem Bereich auszubauen. Daß diese Bezeichnung in der *Bundesrepublik* jedoch nur auf Rang acht zu finden ist (nach "High-Tech-", "Universitäts-" und "Kunst- und Kulturstadt"), zeigt, daß die Bemühungen um sportliche Profilierung bisher nur im näheren Umfeld Stuttgarts Erfolg zeigen.

Auch die Bezeichnung "Messe- und Kongreßstadt" wird in *Stuttgart*, der *Region* und *Baden-Württemberg* als zutreffender bewertet (Ränge sieben, sechs und fünf) denn in *Deutschland* (Rang zehn), was eventuell damit zusammenhängt, daß bekannte Fachmessen in der Öffentlichkeit nicht so ins Bewußtsein dringen wie die Publikumsmessen, durch die andere Städte ihre Bekanntheit als Messestadt erlangen.

Als "Theaterstadt" rangiert die Landeshauptstadt dagegen in der *Deutschland*-Befragung auf Rang neun, was wohl auf den großen Bekanntheitsgrad des Stuttgarter Balletts zurückzuführen sein dürfte. Die Bedeutung als "Theaterstadt" wird in *Stuttgart*, der *Region* und *Baden-Württemberg* sogar noch etwas höher eingeschätzt (Ränge sieben bzw. acht).

Der Titel "Universitätsstadt" liegt in *Deutschland* und *Stuttgart* jeweils auf Rang sechs, in der *Region* und *Baden-Württemberg* jedoch nur auf dem achten bzw. zehnten Platz. Während Stuttgart als "Kunst- und Kulturstadt" in *Deutschland* ebenso hoch bewertet wird wie als "Universitätsstadt", erreicht die Bewertung der einheimischen Bevölkerung (*Stuttgart* und *Region*) hierfür nur Rang neun, in *Baden-Württemberg* Rang sieben.

Tab. 10: Bewertung verschiedener *Bezeichnungen* für die Stadt Stuttgart

		Befragungsgebiet		
Rang	**Stuttgart** n=66	**Region Stuttgart** n=326	**Baden-Württemberg** n=283	**Bundesrepublik Deutschland** n=1072
1	Stadt der Autos u. Motoren (1,29)	Stadt der Autos u. Motoren (1,42)	Stadt der Autos und Motoren (1,44)	Stadt der Autos u. Motoren (1,57)
2	Wirtschaftszentrum (1,48)	Wirtschaftszentrum (1,50)	Wirtschaftszentrum (1,58)	Wirtschaftszentrum (1,63)
3	Großstadt zw. Wald u. Reben (1,53)	Großstadt zw. Wald u. Reben (1,83)	Industriestadt (1,92)	Großstadt zw. Wald u. Reben (1,80)
4	Industriestadt (1,83)	Industriestadt (1,89)	Sportstadt (2,14)	Industriestadt (1,92)
5	Sportstadt (2,00)	Sportstadt (1,90)	Messe- und Kongreßstadt (2,16)	High-Tech-Stadt (2,21)
6	Universitätsstadt (2,11)	Messe- und Kongreßstadt (2,07)	Großstadt zw. Wald u. Reben (2,17)	Universitätsstadt (2,25)
7	Messe- und Kongreßstadt (2,14)	Theaterstadt (2,21)	Kunst- und Kulturstadt (2,25)	Kunst- und Kulturstadt (2,25)
8	Theaterstadt (2,38)	Universitätsstadt (2,25)	Theaterstadt (2,31)	Sportstadt (2,31)
9	Kunst- und Kulturstadt (2,42)	Kunst- und Kulturstadt (2,27)	High-Tech-Stadt (2,32)	Theaterstadt (2,37)
10	Bäder- und Kurstadt (2,46)	High-Tech-Stadt (2,43)	Universitätsstadt (2,36)	Messe- und Kongreßstadt (2,48)
11	High-Tech-Stadt (2,52)	Medienstadt (2,53)	Medienstadt (2,43)	Medienstadt (2,64)
12	Medienstadt (2,61)	Bäder- und Kurstadt (2,76)	Bäder- und Kurstadt (3,52)	Bäder- und Kurstadt (3,16)

in ( ) Durchschnittsnoten für die einzelnen Bezeichnungen

Quelle: Eigene Erhebung 1991/92

Ein noch größeres Ungleichgewicht läßt sich bei dem Begriff "High-Tech-Stadt" feststellen, der für die *Bundesrepublik* wohl im Zusammenhang mit der bedeutenden Computerbranche des Stuttgarter Raumes auf Platz fünf rangiert, in *Stuttgart*, der *Region* und *Baden-Württemberg* mit den Rängen elf, zehn und neun jedoch wenig Beachtung findet.

Als Schlußlichter auf der Skala der Plausibilität von Attributen zur Beschreibung der Stadt Stuttgart finden sich die Begriffe "Medienstadt" und "Bäder- und Kurstadt", die mit Ausnahme von Stuttgart auf den Rängen elf und zwölf liegen. In *Stuttgart* rangiert das Bäderwesen immerhin auf Rang zehn; hier bildet die Bezeichnung "Medienstadt" das Ende der Liste, was jedoch im Gegensatz zu den häufigen Nennungen des "Druck- und Verlagswesens" in Frage 3 steht (vgl. Tab. 10).

4.3.3   Frage 18: Imagebenotung ausgewählter Städte

In dieser Frage wurde versucht, das Image der fünfzehn größten deutschen Städte mittels einer Notenskala zwischen "eins" und "fünf" zu ermitteln, wobei das Image definiert wurde als "das Erscheinungsbild, das von diesen Städten z.B. in den Medien vermittelt wird". Aufgezählt wurden dieselben Städte, die in Frage 1 bezüglich ihrer Beliebtheit als Städte zum Wohnen, Arbeiten und zur Freizeitgestaltung beurteilt werden sollten.

Auf den ersten Blick scheinen sich die Präferenzen der Befragten bezüglich der Städte, in denen sie gerne wohnen, arbeiten oder ihre Freizeit verbringen würden, zu decken mit den besten Plazierungen auf der Imagenotenskala. In einzelnen Fällen läßt sich jedoch aus einem Vergleich der Tabellen 1.1 bis 1.3 mit Tabelle 11a erkennen, daß das objektiv gute Image einer Stadt noch lange nicht bedeuten muß, daß die Befragten in dieser Stadt gerne wohnen, arbeiten oder ihre Freizeit verbringen würden. Zu erklären ist dies wohl aus dem unterschiedlichen Charakter der Entscheidungen, der im Falle der Imagebewertung eher objektiv, im Falle der Auswahl der Lieblingsstadt eher subjektiv zu sein scheint.

Die beste Plazierung bezüglich der Imagenote erreichte in allen vier Befragungsgebieten München, das auch bei der Auswahl von je fünf Lieblingsstädte zum Wohnen, Arbeiten, und Freizeit verbringen für alle drei Kriterien den ersten Rang einnimmt. Den zweiten Platz belegte übereinstimmend Hamburg, dessen Imagenote somit etwas höher liegt als seine Plazierung in bezug auf die drei genannten Merkmale der Lebensqualität einer Stadt. Ab dem dritten Rang kamen unterschiedliche Imagebeurteilungen für die verschiedenen Städte zustande: Während die *Region* und *Baden-Württemberg* der Stadt Stuttgart den drittbesten Wert für die Imagenote gaben, rückte das Urteil der *Stuttgarter* Befragten die eigene Stadt auf Platz vier, und zwar hinter Berlin. In der *deutschlandweiten* Befragung teilt sich Stuttgart den vierten Platz nach Berlin (Platz drei) mit Nürnberg.

Tab. 11a: Imagenoten für ausgewählte Städte der Bundesrepublik Deutschland

Rang	Stuttgart n=66	Befragungsgebiet Region Stuttgart n=326	Baden-Württemberg n=237	Bundesrepublik Deutschland[*] n=1072
1	München (1,62)	München (1,58)	München (1,61)	München (1,75)
2	Hamburg (2,20)	Hamburg (2,20)	Hamburg (2,08)	Hamburg (2,10)
3	Berlin (2,34)	**Stuttgart (2,23)**	**Stuttgart (2,42)**	Berlin (2,33)
4	**Stuttgart (2,38)**	Berlin (2,32)	Nürnberg (2,42)	**Stuttgart (2,42)**
5	Köln (2,40)	Köln (2,49)	Berlin (2,44)	Nürnberg (2,42)
6	Düsseldorf (2,40) ·	Nürnberg (2,52)	Köln (2,45)	Köln (2,49)
7	Nürnberg (2,49)	Düsseldorf (2,52)	Düsseldorf (2,63)	Düsseldorf (2,58)
8	Bremen (2,93)	Hannover (2,79)	Bremen (2,80)	Bremen (2,80)
9	Hannover (2,95)	Bremen (2,85)	Hannover (2,82)	Hannover (2,81)
10	Frankfurt (3,17)	Frankfurt (3,22)	Frankfurt (3,15)	Frankfurt (3,08)
11	Dresden (3,30)	Dresden (3,31)	Dresden (3,43)	Dresden (3,23)
12	Dortmund (3,32)	Dortmund (3,40)	Dortmund (3,47)	Dortmund (3,52)
13	Leipzig (3,60)	Essen (3,55)	Essen (3,62)	Essen (3,58)
14	Essen (3,61)	Leipzig (3,56)	Leipzig (3,62)	Leipzig (3,59)
15	Duisburg (3,71)	Duisburg (3,77)	Duisburg (3,81)	Duisburg (3,78)

in ( )   Durschnittsnote im Befragungsgebiet   [*] incl. Stuttgart; gewichtet
Quelle: Eigene Erhebung 1991/92

Tab. 11b: Imagenoten ausgewählter Städte der Bundesrepublik Deutschland -
Vergleich der Ergebnisse in den alten und neuen Bundesländern

Rang	Befragungsgebiet Alte Bundeländer	Neue Bundesländer
1	München (1,76)	München (1,61)
2	Hamburg (2,13)	Hamburg (1,92)
3	Berlin (2,33)	Köln (2,09)
4	**Stuttgart (2,46)**	**Stuttgart (2,18)**
5	Düsseldorf (2,46)	Nürnberg (2,27)
6	Nürnberg (2,51)	Hannover (2,31)
7	Köln (2,54)	Berlin (2,37)
8	Bremen (2,80)	Bremen (2,38)
9	Hannover (2,89)	Frankfurt (2,49)
10	Frankfurt (3,17)	Dresden (2,51)
11	Dresden (3,42)	Düsseldorf (2,64)
12	Dortmund (3,46)	Dortmund (3,13)
13	Essen (3,54)	Essen (3,29)
14	Leipzig (3,64)	Leipzig (3,33)
15	Duisburg (3,79)	Duisburg 83,34)

in ( )   Durchschnittsnote   [*] ohne Baden-Württemberg
Quelle: Eigene Erhebung 1991/92

Im Mittelfeld der Imagebewertung finden sich auf den Plätzen fünf bis neun die Städte Köln, Düsseldorf, Nürnberg, Bremen, Hannover. Frankfurt und Dresden folgen auf Rang zehn und elf. Die vier letzten Plätze der Imagenotenplazierung werden - geringfügig differenziert in den verschiedenen Befragungsgebieten - von den Städten Dortmund, Essen, Leipzig und Duisburg eingenommen.

In einem Vergleich der Ergebnisse der *neuen* mit denen der *alten Bundesländer* ergibt sich für acht der fünfzehn Vergleichsstädte eine übereinstimmende Plazierung. So wird die Liste der Imagenoten in beiden Fällen angeführt von München und Hamburg, während auch die Ränge zwölf bis fünfzehn in gleicher Reihenfolge eingenommen werden von Dortmund, Essen, Leipzig und Duisburg. Gleichbewertet wurden auch die Städte Bremen (Rang acht) und Stuttgart (Rang vier). Geringfügig positivere Einschätzungen von nur einem Rangplatz ergeben sich für Frankfurt, Dresden und Nürnberg in den *neuen Bundesländern*. Stärkere Abweichungen zeigen sich im Falle von Berlin und Düsseldorf, die in den *alten Bundesländern* um vier bzw. sieben Rangplätze besser bewertet wurden als in den *neuen Bundesländern*. Umgekehrt ist das Verhältnis bei Hannover und Köln, die in den *östlichen Bundesländern* um zwei bzw. vier Rangplätze besser eingeschätzt wurden als in den *westlichen* (vgl. Tab. 11b).

4.4 Die Ergebnisse der zusätzlichen Fragen an Stuttgart und die Region

4.4.1 Frage 8 (*Region*) bzw. Frage 15 (*Stuttgart*): Tourismuswerbung

Der Wertewandel in der Gesellschaft, der sich auch in der Auswahl und Beurteilung von Reisezielen bemerkbar macht, veranlaßt die verschiedenen Fremdenverkehrsträger zu der Frage, ob sich Werbung im Städtetourismus nur auf die einzelne zu vermarktende Stadt beziehen soll. Es wird diskutiert und teilweise praktiziert, in Kooperation mit Nachbarorten und deren Attraktionen bzw. gemeinsam mit der umliegenden Region zu werben. Die Stadt Stuttgart beschreitet seit einigen Jahren diesen Weg. Ob das Verständnis dafür bei den Bewohnern von Stuttgart und der Region vorhanden ist, sollte anhand entsprechender Fragen in den Befragungsgebieten *Stuttgart* und *Region Stuttgart* ermittelt werden. Die InterviewpartnerInnen konnten sich zwischen den Alternativen "Die Zusammenarbeit Stuttgarts mit den Städten der Region sollte fortgesetzt werden" und "Die Stadt Stuttgart sollte alleine auftreten" entscheiden. Im Rahmen des Forschungsprojektes "Städtetourismus Stuttgart" wurde die Stuttgarter Bevölkerung zu dieser Thematik bereits in der telefonisch durchgeführten Akzeptanzanalyse befragt (vgl. Kap. II).

Vergleicht man die Ergebnisse der Imageanalyse mit denen der 1991 durchgeführten Akzeptanzanalyse läßt sich in eine deutliche Zustimmung der in *Stuttgart* Befragten zur gemeinschaftlichen Tourismuswerbung Stuttgarts mit der Region Stuttgart belegen. 83 % der im

98

Rahmen der Imageanalyse Befragten und 70 % der im Rahmen der Akzeptanzanalyse Befragten sind für diese Zusammenarbeit - nur 14 % (Imageanalyse) bzw. 25 % (Akzeptanzanalyse) der Befragten sind eher der Meinung, daß Stuttgart in der Tourismuswerbung alleine auftreten sollte. Auch die Ergebnisse der *Regions*-Befragung deuten auf eine hohe Akzeptanz der gemeinsamen Tourismuswerbung Stuttgarts mit der Region hin. 84 % der Befragten in der *Region Stuttgart* sind für eine Fortsetzung dieser Zusammenarbeit, nur 16 % sprechen sich dagegen aus (vgl. Abb. 37).

Abb. 37: Zusammenarbeit Stuttgarts mit der Region

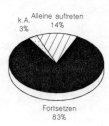 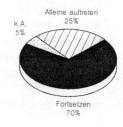 

Imageanalyse in Stuttgart
1991/92

Akzeptanzanalyse in Stuttgart
1991

Imageanalyse in der Region
1991/92

Quelle: Eigene Erhebungen 1991/92
sowie Akzeptanzanalyse Juni 1991

Diese Aussagen deuten auf eine große Verbundenheit der Befragten mit der Region hin, wie auch aufgrund der Nennungen der Frage 18 (für *Stuttgart*) und der Frage 21 (für die *Region*) festgestellt werden konnte (vgl. Kap. III.4.4.4).

4.4.2 Die offenen Fragen 11 und 12 (*Stuttgart*) bzw. 15 und 16 (*Region*)

Frage 11 bzw. 15: Was hat sich verbessert?

Den Befragten aus *Stuttgart* und der *Region Stuttgart* wurde zusätzlich zu der Frage "Was gefällt...?" noch die Frage gestellt: "Wenn Sie an die letzten Jahre denken, was hat sich in Stuttgart verbessert?", die darauf abzielten, aktuelle Entwicklungen festzustellen, die vor allem die Bevölkerung in Stuttgart und der Region beurteilen kann.

Bei den Verbesserungen bestehen zwischen den genannten **Hauptgruppen** der beiden Befragungsgebiete prozentual große Übereinstimmungen. Je 42 % meinen, die "Verkehrsinfrastruktur" hätte sich verbessert, wobei dem "ÖPNV" als Einzelnennung in dieser Gruppe die größte Bedeutung zukommt. Weitere Verbesserungen wurden im Bereich des allgemeinen "Großstadtangebotes" genannt: jeweils über 31 %. An dritter Stelle folgt die Rubrik "Stadtbild/Sehenswürdigkeiten", gefolgt von bzw. gleichauf mit der Kategorie "Verschiedenes", die in diesem Fall auch die Nennung "Nichts hat sich verbessert" beinhaltet (vgl. Tab. 12a).

Nach dem Spitzenwert des "ÖPNV" nehmen bei den **Einzelnennungen** die Verbesserungen der "Kulturszene", des "Sportangebots", der "Einkaufsmöglichkeiten" die folgenden Plätze in der Rangliste aller Nennungen ein. Allerdings wird auch relativ häufig die Meinung vertreten, "Nichts" habe sich verbessert (vgl. Tab. 12c).

Frage 12 bzw. 16: Was hat sich verschlechtert?

Bemerkenswert ist, daß sowohl den *Stuttgartern* als auch den Befragten der *Region* deutlich mehr Verschlechterungen einfielen als Verbesserungen: 107 Nennungen bei den Verbesserungen stehen in *Stuttgart* 138 Nennungen bei den Verschlechterungen gegenüber. Bei den Befragten der *Region* beträgt das Verhältnis 430 negative zu 404 positiven Nennungen. Die kritische Auseinandersetzung mit der eigenen Stadt sowie mit der größten und bedeutendsten Stadt der Region schlägt sich jedoch auch in einer großen Ähnlichkeit mit den Antworten zur Frage "Was gefällt Ihnen an Stuttgart gar nicht?" (vgl. Kap. III.4.2.7).

Bei der Zusammenfassung aller Nennungen zu **Hauptgruppen** ergibt sich noch ein recht einheitliches Bild zwischen den Befragten aus *Stuttgart* und der *Region Stuttgart*: verschlechtert hat sich vor allem die "Großstadtproblematik", gefolgt von der "Verkehrsinfrastruktur" und dem "Stadtbild"; bei den Antworten aus der *Region* noch ergänzt durch Nennungen zum "Gastgewerbe", zu den "Parks" und der "Landschaft" sowie der "Bevölkerung" und "Mentalität".

Vergleicht man die Prozentwerte für die Hauptgruppen "Großstadt" und "Verkehrsinfrastruktur" in den beiden Befragungsgebieten, so lassen sich mehrere Rückschlüsse ziehen. Die *Stuttgarter* Bevölkerung bewertet die "Großstadtproblematik" in ihrer Gesamtheit schlechter als die Bewohner der *Region* (66,7 % zu 44 %), da sie täglich mit diesen Strukturen konfrontiert wird, wogegen die Bewohner der *Region* je nach eigener Inanspruchnahme nur Teilaspekte des Großstadtlebens erfahren. Dagegen wird die "Verkehrsinfrastruktur" durch die Befragten der *Region* im Vergleich zu den *Stuttgartern* kritischer beurteilt (39,8 % zu 26,8 %), was in dem überlasteten Straßennetz rund um Stuttgart, einem verschlechterten Preis-Leistungsverhältnis des ÖPNV und der unzureichenden Nahverkehrsanbindung der Ortschaften der Region an die Stadt Stuttgart begründet liegt (vgl. Tab. 13a).

Tab. 12: **Was hat sich in Stuttgart verbessert ?**

Rang	Befragungsgebiet	
	Stuttgart n=107	**Region Stuttgart** n=404
a)	**Hauptgruppen**	
1	Verkehrsinfrastruktur (45/42,1)	Verkehrsinfrastruktur (170/42,1)
2	Großstadt (34/31,8)	Großstadt (127/31,4)
3	Stadtbild/Sehenswürdigkeiten (10/9,3)	Stadtbild/Sehenswürdigkeiten (38/9,4)
4	Verschiedenes/"Nichts" (10/9,3)	Verschiedenes/"Nichts" (26/6,4)
5	Parks/Landschaft/Umgebung (4/3,7)	Bevölkerung/Mentalität (20/5,0)
6	Gastgewerbe (4/3,7)	Gastgewerbe (13/3,2)
		Parks/Landschaft/Umgebung (10/2,5)
b)	**Untergruppen**	
1	Verkehrsinfrastruktur (45/42,1)	Verkehrsinfrastruktur (170/42,1)
2	Kulturstadt (11/10,2)	Kulturstadt (49/12,1)
3	Stadtbild/Atmosphäre (10/9,3)	Großstadt allg./Politik (30/7,4)
4	Sportstadt (8/7,4)	Stadtbild/Atmosphäre (30/7,4)
5	Großstadt allg./Politik (7/6,5)	Sportstadt (27/6,7)
6	"Nichts" (7/6,5)	Bevölkerung (20/5,0)
7	Umwelt-/Sozialproblematik (5/4,7)	Gastgewerbe (13/3,2)
8	Gastgewerbe (4/3,7)	Umwelt-/Sozialproblematik (13/3,2)
9	Freizeitmöglichkeiten (2/1,9)	"Nichts" (11/2,7)
10	Parks (2/1,9)	Parks (9/2,2)
11	Landschaft/Umgebung (2/1,9)	Sehenswürdigkeiten (8/2,0)
12	s.u. [1]	Freizeitmöglichkeiten (8/2,0)
13		Verschiedenes (4/1,0)
14		s.u. [2]
17		Universitätsstadt (2/0,5)
18		Landschaft/Umgebung (1/0,3)
c)	**Einzelnennungen "Top 15"**	
1	ÖPNV (31/29,0)	ÖPNV (98/24,3)
2	Kulturszene (9/8,4)	Verkehrssituation (42/10,4)
3	Sportveranstaltungen (8/7,5)	Kulturszene (35/8,7)
4	"Nichts" (7/6,5)	Einkaufsmöglichkeiten (26/6,4)
5	Einkaufsmöglichkeiten (6/5,6)	Sportveranstaltungen (22/5,4)
6	Verkehrssituation (6/5,6)	Innenstadt/Altstadt (17/4,2)
7	Königstraße (5/4,7)	"Nichts" (11/2,7)
8	Gastronomie (4/3,7)	Infrastruktur allg. (8/2,0)
9	Infrastruktur allg. (4/3,7)	Parks allg. (8/2,0)
10	s.u. [3]	Freizeitmöglichkeiten (8/2,0)
11		Straßen der Innenstadt (7/1,7)
12		Sauberkeit; Autobahnanbindung je (5/1,2)
14		s.u. [4]
Σ "Top 15"	(92/86,0)	(320/79,2)

[1] Messe-/Kongreßstadt; Wirtschaftszentrum; Kur-/Bäderstadt; Verschiedenes je (1/1,0)
[2] Messe-/Kongreßstadt; Wirtschaftszentrum; Volksfeste/Veranstaltungen je (3/0,7)
[3] Museen; Sicherheit; Arbeitslosenzahl; Innenstadt; Flugverbindungen; Parks allg. je (2/1,9)
[4] Bahnverbindungen; Image; Gastronomie; Nachtleben; Museen allg.; Schleyer-Halle; Parkplätze je (4/1,0)

in ( )   Anzahl der Nennungen/Prozentanteil an der Gesamtzahl der Nennungen

Quelle: Eigene Erhebung 1991/92

Tab. 13: Was hat sich in Stuttgart verschlechtert?

	Befragungsgebiet	
Rang	**Stuttgart** n=138	**Region Stuttgart** n=430
a)	**Hauptgruppen**	
1	Großstadt (92/66,7)	Großstadt (189/44,0)
2	Verkehrsinfrastruktur (37/26,8)	Verkehrsinfrastruktur (171/39,8)
3	Stadtbild/Sehenswürdigkeiten (5/3,6)	Stadtbild/Sehenswürdigkeiten (34/7,9)
4	Gastgewerbe (2/1,4)	Parks/Landschaft/Umgebung (15/3,5)
5	Parks/Landschaft/Umgebung (1/0,7)	Verschiedenes (11/2,6)
6	Bevölkerung/Mentalität (1/0,7)	Gastgewerbe (5/1,2)
7		Bevölkerung/Mentalität (5/1,2)
b)	**Untergruppen**	
1	Umwelt-/Sozialproblematik (79/57,2)	Verkehrsinfrastruktur (171/39,8)
2	Verkehrsinfrastruktur 37/26,8)	Umwelt-/Sozialproblematik (153/35,6)
3	Großstadt allg./Politik (12/8,7)	Stadtbild/Atmosphäre (29/7,8)
4	Stadtbild/Atmosphäre (4/2,9)	Großstadt allg./Politik (26/6,0)
5	Verschiedenes (4/2,9)	Verschiedenes (11/2,6)
6	Sehenswürdigkeiten (1/0,7)	Parks (10/2,3)
7	Kulturstadt (1/0,7)	Sehenswürdigkeiten (9/2,1)
8		Kulturstadt (6/1,4)
9		s.u. [1]
12		s.u. [2]
c)	**Einzelnennungen "Top 14"** [*]	
1	Verkehrssituation allg. (29/21,0)	Verkehrssituation allg. (106/24,7)
2	Kriminalität/Sicherheit (24/17,4)	Soziale Randgruppen (42/9,7)
3	Umweltprobleme/Sauberkeit (19/13,8)	Kriminalität/Sicherheit (41/9,5)
4	Wohnungsnot (17/12,3)	Parkplatzangebot (37/8,6)
5	Soziale Randgruppen (16/11,6)	Wohnungsnot (31/7,2)
6	Parkplatzangebot (6/4,3)	Luftverschmutzung (28/6,5)
7	Preisniveau (6/4,3)	ÖPNV (16/3,7)
8	Politik (4/2,9)	Preisniveau (13/3,0)
9	Königstraße (2/1,4)	Schloßgarten (10/2,3)
10	Einkaufsmöglichkeiten (2/1,4)	Schloßplatz (9/2,1)
11	Angebote für Kinder (2/1,4)	Umweltsituation allg. (9/2,1)
12	()	s.u. [3]
14	()	s.u. [4]
Σ "Top 14"	(127/92,0)	(374/87,0)

[1] Landschaft/Umgebung; Gastgewerbe; Bevölkerung negativ je (5/1,2)

[2] Messe-/Kongreßstadt; Wirtschaftszentrum je (2/0,5)

[3] Baustellen; Einkaufsmöglichkeiten je (7/1,6)

[4] "Nichts"; Atmosphäre; Stadt allg. je (6/1,5)

in ( ) Anzahl der Nennungen/Prozentanteil an der Gesamtzahl der Nennungen

[*] für Stuttgart ohne Begriffe mit nur 1 Nennung

Quelle: Eigene Erhebung 1991/92

Die **Untergruppen** und **Einzelnennungen** geben näheren Aufschluß zu dieser Fragestellung und erlauben somit auch einen aussagekräftigeren Vergleich zu der Frage "Was hat sich in Stuttgart verbessert?". Die "Umwelt-/Sozialproblematik" in Stuttgart, als Untergruppe der Ausprägung "Großstadt", sowie die Probleme der "Verkehrsinfrastruktur" werden in beiden Befragungsgebieten am dringlichsten gesehen und umfassen zusammen je ca. 70-80 % der Nennungen. Innerhalb der Gruppe der "Sozialproblematik" kommt der erhöhten "Kriminalität" und damit der geringer gewordenen "Sicherheit" sowie den "sozialen Randgruppen" ("Penner", Drogenszene" und "Ausländerproblematik") die Hauptbedeutung zu (Tab. 13b).

Im Vergleich zu den Nennungen unter der Frage "Was hat sich verbessert" ist bei den häufigsten Nennungen lediglich bei der "Verkehrsinfrastruktur" ein geringes Plus zugunsten der Verbesserungen zu erkennen: in absoluten Zahlen bei den in *Stuttgart* Befragten ein Verhältnis von 45 Nennungen bei den Verbesserungen zu 37 Nennungen bei den Verschlechterungen; bei den Antworten aus der *Region* ist kein Unterschied festzustellen (vgl. Tab. 12-13).

Eine ganz deutliches Übergewicht der Verschlechterungen ist für beide Befragungsgebiete bei den Nennungen zur "Umwelt- und Sozialproblematik" festzustellen: lediglich 5 Nennungen aus *Stuttgart* und 13 Nennungen aus der *Region* deuten auf eine Verbesserung hin, im Vergleich zu 79 Nennungen aus *Stuttgart* und 153 Nennungen aus der *Region*, die ganz deutlich eine Verschlechterung hervorheben. Auch bei den anderen Nennungen ist dieser Trend zu beobachten.

Auf den nächsten Rängen folgen die Problembereiche "Großstadt allg." und "Stadtbild/ Atmosphäre", vor verschiedenen, weniger markanten Nennungen. Tabelle 13c zeigt anhand der Einzelnennungen die jeweiligen Schwerpunkte der Kritik auf.

4.4.3   Frage 17 (*Stuttgart*) bzw. Frage 20 (*Region*): Seit wann wohnen Sie in...?

Abweichungen vom Deutschlandbogen ergaben sich außerdem in denjenigen Fragen, in denen zu beantworten war, seit wann die InterviewpartnerInnen in Stuttgart bzw. in der Region wohnen.

Rund ein Viertel hat schon vor 1950 in der Region gewohnt. 22,8 % der Befragten wohnen seit den fünfziger Jahren, ein weiteres Viertel seit den sechziger Jahren in der Region, so daß insgesamt drei Viertel schon vor 1969 in der Region wohnte. Betrachtet man die Altersverteilung der Befragten (vgl. Kap. III.3), so sind ca. 90 % der in der *Region* Befragten älter als 25 Jahre, so daß die Mehrheit der InterviewpartnerInnen seit ihrer Geburt in der Region Stuttgart lebt. In den Jahren 1970 bis 1979 zogen 12,5 % der InterviewpartnerInnen in die Region, zwischen 1980 und 1989 weitere 12,2 %. Nur 1,3 % der InterviewpartnerInnen sind erst in den 90er Jahren in die Region Stuttgart gezogen.

Von den in *Stuttgart* Befragten wohnen 27 % bereits seit vor 1950 in Stuttgart. Der größte Teil (39 %) wohnt seit den 50er und 60er Jahren hier und 33 % seit 1970 bis Ende der 80er Jahre. Lediglich 1,6 % sind seit 1990 zugezogen. Bei den *Stuttgarter* Befragten sind ca. 95 % älter als 25 Jahre, so daß auch hier die Mehrzahl der InterviewpartnerInnen seit ihrer Geburt in Stuttgart lebt.

4.4.4   Frage 18 (*Stuttgart*) bzw. Frage 21 (*Region*): Verbundenheit/Identität

Die letzte Frage des *Stuttgart*- und *Regions*-Fragebogens zielt darauf ab, zu erfahren, womit sich die Befragten verbunden fühlen: mit "der Stadt oder der Gemeinde, in der ich wohne", "der Stadt Stuttgart" oder mit "der Region Stuttgart"; für die *Stuttgarter* Befragten außerdem mit dem "Stadtteil, in dem ich wohne"

Im zweiten Teil dieser Frage konnten die Befragten entscheiden, ob sie sich als "Schwabe/ Schwäbin", "Württemberger/in" oder "Baden-Württemberger/in" fühlen; die in Stuttgart Befragten erhielten außerdem die Antwortoption "als Stuttgarter/in".

Die absolute Mehrheit der in der *Region* Befragten (53 %) sprach sich für die Aussage "Ich fühle mich verbunden mit der Stadt/Gemeinde, in der ich wohne" aus. Immerhin 37 % fühlen sich jedoch "verbunden mit der Region Stuttgart", was eine Korrelation zu den Aussagen in Frage 8 (vgl. Kap. III.4.4.1) nach der Werbung zusammen mit der Region Stuttgart darstellt. Das bedeutet, daß auch in den angeschriebenen Städten, die sich nicht im engeren Sinne zur Tourismusgemeinschaft Region Stuttgart zählen, ein großes Zusammengehörigkeitsgefühl mit der Region herrscht. Nur 6,4 % der InterviewpartnerInnen aus der *Region* bezeichnen sich am ehesten als "mit der Stadt Stuttgart verbunden". Die restlichen Befragten (3,7 %) machten zu dieser Frage keine Angabe.

Der zweite Teil der Frage ergab, daß sich 42 % der Befragten als "Schwabe/Schwäbin" fühlen, gefolgt von der Identifikation als "Baden-Württemberger/in" mit 34 %. Als "Württemberger/in" fühlen sich nur 14 % der Befragten. 10 % machten zu dieser Frage keine Angaben (vgl. Abb. 38).

Wie die Befragten der *Region* hatten auch die InterviewpartnerInnen aus *Stuttgart* in der Frage 18 die Möglichkeit, sich zu ihrer Verbundenheit mit dem "Stadtteil", der "Stadt" oder der "Region" zu äußern. Im Vergleich zu den Antworten der Befragten aus der *Region* lassen

104

Abb. 38:   Verbundenheit der in der *Region* Befragten

Image-Analyse
Verbundenheit mit.. / Fühlt sich als..

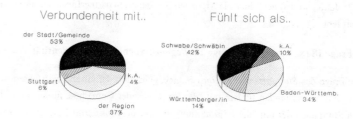

Verbundenheit mit..

der Stadt/Gemeinde
53%

Stuttgart
6%

k.A.
4%

der Region
37%

Fühlt sich als..

Schwabe/Schwäbin
42%

k.A.
10%

Württemberger/in
14%

Baden-Württemb.
34%

Befragungsgebiet Region (n=326)

Quelle: Eigene Erhebungen 1991/1992

Abb. 39:   Verbundenheit der in *Stuttgart* Befragten

Image-Analyse
Verbundenheit mit../Fühlt sich als..

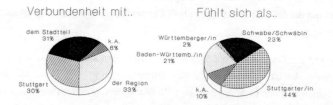

Verbundenheit mit..

dem Stadtteil
31%

k.A.
6%

Stuttgart
30%

der Region
33%

Fühlt sich als..

Württemberger/in
2%

Baden-Württemb./in
21%

Schwabe/Schwäbin
23%

k.A.
10%

Stuttgarter/in
44%

Befragungsgebiet Stuttgart (n=66)

Quelle: Eigene Erhebungen 1991/1992

sich auch für die *Stuttgarter* Befragten deutliche Präferenzen feststellen: die drei Antwortvorgaben haben mit jeweils ca. 30 % der Nennungen eine gleiche Wertigkeit. Lediglich 6 % der Befragten konnte sich auf keine dieser Antwortkategorien festlegen. Die große Verbundenheit mit dem "Stadtteil" und der "Stadt" (zusammen 61 %) drückt sich auch im zweiten Teil der Frage aus, wo sich über 43 % als "StuttgarterInnen" bezeichnen. Die relativ hohe Verbundenheit mit der Region läßt sich auch damit erklären, daß Stuttgart, die Kernstadt des Verdichtungsraumes, eine hohe Bevölkerungsmobilität aufweist, die sich vor allem in Wanderungsbewegungen in und aus Ortschaften der Region bemerkbar macht.

Im zweiten Teil der Frage sind die Aussagen differenzierter: Über 43 % der Befragten fühlen sich als "Stuttgarter" bzw. "StuttgarterInnen". Als "Schwaben/Schwäbinnen" fühlen sich über 22 %, als "Baden-WürttembergerInnen" über 21 % und als "WürttembergerInnen" lediglich 1,5 % der Befragten (vgl. Abb. 39).

5.   Zusammenfassung

Im Rahmen des Forschungsprojektes "Städtetourismus Stuttgart" wurde im Auftrag des Amtes für Touristik der Landeshauptstadt Stuttgart (heute: Stuttgart Marketing GmbH) eine umfassende Untersuchung zum Image der Stadt Stuttgart durchgeführt. Anhand einer schriftlichen Befragung der Bevölkerung von 37 deutschen Städten wurde im Winter 1991/92 und Frühjahr 1992 das Image der Stadt Stuttgart ermittelt. Da das Image in Abhängigkeit von der Entfernung zu der zu beurteilenden Stadt variiert, wurden die Fragebögen in drei Varianten konzipiert: einer *Deutschlandfassung*, die an Haushalte in verschiedenen deutschen und baden-württembergischen Städten verschickt wurde, einer *Regionsfassung*, die an die Städte der Region Stuttgart verschickt wurde und einer *Stuttgartfassung*. In Anlehnung an bewährte sozialwissenschaftliche Methoden wurden ca. 5.000 Adressen aus Telefonbüchern der betreffenden Städte nach einem Zufallsprinzip ermittelt und in drei Befragungswellen angeschrieben. Die Erfolgsquote der Befragung liegt im Durchschnitt bei 35,6 %, so daß insgesamt 1747 Fragebögen ausgewertet wurden. Die Stichprobe der Imageanalyse wurde repräsentativ gezogen und liefert aufschlußreiche Ergebnisse über das Image der Stadt Stuttgart.

Die Fragebögen wurden so konzipiert, daß sie einerseits einen direkten Vergleich zwischen Stuttgart und anderen deutschen Großstädten erlauben und andererseits spezifische Stuttgart-Charakteristika ermittelt werden können.

Im Vergleich zu vierzehn anderen deutschen Großstädten belegt Stuttgart bei der Beurteilung der Grunddaseinsfunktionen "Wohnen", "Arbeiten" und "Freizeit verbringen" je nach Befragungsgebiet die Ränge eins bis sechs. Für die *Stuttgarter* Befragten ist die eigene Stadt nach München die zweitbeliebteste, um hier die Freizeit zu verbringen, für die Befragten der *Re-*

gion steht Stuttgart diesbezüglich auf dem vierten Platz hinter München, Berlin und Hamburg, während bei den Befragten aus dem *Bundesgebiet* an vierter Stelle Nürnberg noch vor Stuttgart liegt. Mit einem sechsten Rang schneidet Stuttgart bei den *baden-württembergischen* Befragten am wenigsten gut ab. In bezug auf die Kriterien "Arbeiten" und "Wohnen" belegt Stuttgart in den Befragungsgebieten die Ränge eins (für die *Stuttgarter* selbst) bis fünf (bei den *bundesweit* Befragten). Bei der Benotung des Images der 15 größten deutschen Städte belegt Stuttgart hinter München, Hamburg und Berlin durchschnittlich den vierten Rang.

Die Informationsquellen, die zur Auswahl einer Lieblingsstadt führen, sind in erster Linie persönlicher Natur, wie z.b. die "Berichte von Freunden, Bekannten und Verwandten". Auch eigene Erfahrungen wie z.b. ein "Urlaub/Aufenthalt in der Nähe" der ausgewählten Stadt oder die Kenntnis derselben als "Wohnort" diente als Basis für die Auswahl der jeweiligen Lieblingsstadt. Medien und Werbeträger wie "Rundfunk/Fernsehen" oder "Prospektmaterial" spielen bei der Beurteilung der Qualität einer Stadt demnach eine untergeordnete Rolle.

Aufschlußreich sind die spontan mit Stuttgart assoziierten Merkmale. Dabei kamen die Nennungen "Wilhelma", "Daimler-Benz", "Fernsehturm", "Königstraße", "Regierungssitz" und "Fußball" am häufigsten vor. Als Wappen, Wahrzeichen oder Symbole sind das "Rößle", der "Fernsehturm", das "Schloß" und die "Wilhelma" am bekanntesten. Das "Stuttgarter Dächle" ist - bei allerdings wenigen Nennungen - nur in Stuttgart selbst bekannt. Die bekanntesten Persönlichkeiten Stuttgarts sind Politiker ("Manfred Rommel" und "Lothar Späth"). Bemerkenswert ist der dritte Rang, den "Friedrich Schiller" bei der *bundesweiten* Befragung einnimmt.

Allgemein wird die Stadt Stuttgart mit der "Automobilindustrie" in Verbindung gebracht, gefolgt von der Herstellung von "Nahrungs- und Genußmitteln" und "elektrotechnischen Erzeugnissen" sowie "Computern". Dem zufolge wird Stuttgart auch von den meisten Befragten als die "Stadt der Autos und Motoren" bezeichnet, vor den Begriffen "Wirtschaftszentrum" und dem Slogan "Großstadt zwischen Wald und Reben". Bei dem hohen Bekanntheitsgrad von Stuttgarter Firmen und v.a. der Automobilindustrie wäre eine gezielte Marketingstrategie in Zusammenarbeit mit diesen Leistungsträgern sicherlich wünschenswert.

In Anbetracht der niedrigen Bewertung von Stuttgart als "Messe- und Kongreßstadt", "Medienstadt" sowie "Kur- und Bäderstadt" kommt der Imagepolitik Stuttgarts auch in diesen Bereichen eine große Bedeutung zu.

Mit der Stadt Stuttgart werden vor allem die Attribute "groß", "fortschrittlich", "interessant", "teuer", "sonnig" und "schlechte Luft" in Verbindung gebracht und mit der Bevölkerung Stuttgarts z.B. "fleißig" und "sparsam".

Fast die Hälfte der bundesweit befragten Personen war schon einmal oder mehrmals in Stuttgart, wobei viele der Reisen in den achtziger oder neunziger Jahren getätigt wurden. Die Mehrzahl der privaten Reisen nach Stuttgart wurde durchgeführt, um "Freunde, Bekannte oder Verwandte" zu besuchen oder einen "Tagesausflug" zu machen. Außerdem ist die "Geschäftsreise" als Reiseanlaß nach Stuttgart bedeutsam. Die von den InterviewpartnerInnen getätigten Übernachtungen fanden fast zu gleichen Teilen in der Region und in Stuttgart selbst statt, wobei dem "Hotel" und der Unterbringung bei "Freunden, Bekannten und Verwandten" die größte Bedeutung zukommt.

Das Hauptverkehrsmittel für die Anreise nach Stuttgart ist, wie auch bei anderen Reisen, der PKW. Für die Besucher aus der Region gewinnt der ÖPNV an Bedeutung.

Den Befragten aus *Stuttgart,* der *Region Stuttgart* und *Baden-Württemberg* gefallen die "Landschaft/Umgebung" bzw. die "Parks" und somit der Erholungswert der Stadt Stuttgart am besten, neben dem Themenkreis "Stadtbild/Atmosphäre" und "Kulturstadt". Bei den Befragten aus der *Bundesrepublik* ist die Reihenfolge umgekehrt. Sie schätzen "Stadtbild/ Sehenswürdigkeiten" höher ein als "Landschaft/Umgebung" und "Parks", die jedoch auf dem zweiten und dritten Rang folgen. Dies dokumentiert die Bedeutung, die das naturnahe Angebotsspektrum für die Vermarktung Stuttgarts hat. Bei der Beurteilung negativer Aspekte belegen die "Verkehrsprobleme" neben den allgemeinen Großstadtproblemen einen Spitzenplatz. Dabei haben die "Umwelt- und Sozialprobleme" vor allem in der Beurteilung durch die *Stuttgarter* Bevölkerung einen besonders hervorgehobenen Wert in der Negativkritik.

Auffallend ist bei den Befragten in der *Region Stuttgart* und in *Stuttgart* neben einem großen Verbundenheitsgefühl mit der Stadt bzw. dem Stadtteil, in dem sie leben, auch die Zugehörigkeit zur Region Stuttgart. Dieses zeigt sich auch in der großen Akzeptanz der Befragten einer gemeinsamen Tourismuswerbung der Stadt Stuttgart mit den Städten der Region.

Abschließend ist festzustellen, daß das Image der Stadt Stuttgart im Vergleich mit den vierzehn größten Städten der Bundesrepublik Deutschland stets auf den Plätzen drei oder vier zu finden ist. Allgemein ist die Bewertung im Nahbereich (*Region* und *Stuttgart*), d.h. bei objektiver Kenntnis der Qualitäten Stuttgarts, besser als im Fernbereich. Konkret zeigt diese Imageanalyse die Stärken Stuttgarts auf, aber auch die Schwächen der Landeshauptstadt werden sichtbar und verdeutlichen den Handlungsbedarf.

Aufgrund der positiven Ergebnisse bietet sich ein weites Spektrum von Möglichkeiten für eine zukünftige Imagepolitik. Einer gezielten Öffentlichkeitsarbeit im Sinne der Imageverbesserung kommt somit eine Hauptaufgabe zu.

Kapitel IV
EXPERTENBEFRAGUNG

M. Herber-Dieterle - A. Vomend - H. Wirtz

1.   Methode, Inhalt und Ziele

1.1   Einordnung der Expertengespräche in die Gesamtuntersuchung

Die Expertenbefragung bildet nach der Akzeptanzanalyse und der Imageanalyse den dritten großen Teilschritt der empirischen Untersuchungen im Rahmen des Forschungsprojektes zum Städtetourismus in Stuttgart. Sie unterscheidet sich von den bisherigen Befragungen insofern, als sich die Interviews an eine kleine kompetente Zielgruppe richteten, die als Vertreter von Behörden, Kunst und Kultur, Wirtschaft, Medien, Vereinen, Wissenschaft, Einzelhandel, Hotel- und Gaststättengewerbe, Sport, Kirchen, Gewerkschaften, Parteien und Umweltverbänden o.ä. mit Stuttgart verbunden ist (vgl. Liste der Gesprächspartner im Anhang). Für die Untersuchung wurde zwischen Oktober 1992 und Januar 1993 mit insgesamt 62 Experten aus den genannten Bereichen des öffentlichen Lebens ein Interview zum Thema Städtetourismus und Image der Stadt Stuttgart geführt, vier weitere Zielpersonen waren nicht zu einem Gespräch bereit.

1.2   Methode

Den Leitfaden der Gespräche bildete ein *Fragebogen*, der aus 13 offenen und 14 geschlossenen Fragen bestand. Die *offenen Fragen* ohne Antwortvorgabe forderten einerseits eine Analyse bezüglich der derzeitigen Situation des Städtetourimus in Stuttgart, seiner Bedeutung, Entwicklungschancen, Auswirkungen auf die Stadt usw. Andererseits hatten die offenen Fragen konzeptionellen Charakter bezüglich des zukünftigen touristischen Leitbildes, der verschiedenen Strategien zum Ausbau des Städtetourismus, der Auswahl geeigneter Zielgruppen usw.

In den geschlossenen Fragen konnten anhand einer Skala von -3 bis +3 Sachverhalte bewertet werden, wobei die Minuswerte die negativen, die Pluswerte die positiven Beurteilungen ausdrücken. Für jeden Bewertungsgegenstand sollten drei Noten vergeben werden: *Ist-*, *Soll-* und *Zukunfts-Wert*.

Mit dem *Ist-Wert* beurteilten die Experten die derzeitige Situation. Dieser Wert beschreibt also den Status quo.

Der *Soll-Wert* drückt ein wünschenswertes Optimum bezüglich des Sachverhalts nach Meinung der Experten aus. Dieser Wert bringt somit zum Ausdruck, wie die Situation jetzt sein sollte.

Der *Zukunfts-Wert* stellt die realistische Einschätzung des Entwicklungspotentials für die nähere Zukunft, definiert als die nächsten 3-5 Jahre, dar.

Für die *Auswertung der geschlossenen Fragen* wurden zunächst Durchschnittsnoten für den Status quo, das wünschenswerte Optimum und die Zukunft gebildet. Die jeweiligen Durchschnittswerte wurden graphisch dargestellt, um die Differenz zwischen den Ist-, Soll- und Zukunftswerten zu veranschaulichen. Fragen, die aus mehreren Unterfragen bestanden, erhielten eine eigene Abbildung, weniger umfangreiche Fragen wurden mit anderen in einer Abbildung zusammengefaßt, um eine optische Vergleichbarkeit der Werte zu gewährleisten. Im Text, der die Ergebnisse der geschlossenen Fragen beschreibt, wurde folgende Gliederung eingehalten: Besteht eine Frage aus mehreren Unterfragen, wurde zunächst die durchschnittliche Note aller Aspekte für Status quo, das wünschenswerte Optimum und die Zukunft angegeben und u.U. mit den Ergebnissen anderer Fragen verglichen. Daraufhin wurden die einzelnen Bewertungen innerhalb der Frage detailliert besprochen, und zwar jeweils vergleichend die Einschätzung der Interviewpartner bezüglich Ist-, Soll- und Zukunftszustand.

Interessant ist dabei zum einen die *Differenz zwischen Soll- und Ist-Wert*: sie drückt vorhandene Defizite aus und zeigt so den bestehenden *Handlungsbedarf* auf. Diese Differenz stellt also dar, wie weit der bewertete Aspekt nach Ansicht der Gesprächspartner derzeit vom wünschenswerten Optimum entfernt ist.

Zum anderen ist die *Differenz zwischen Zukunfts- und Ist-Wert* aussagekräftig, weil sie die realistische *Prognose* bzw. die zukünftige Entwicklung bezüglich dieses Aspektes darstellt. Diese Differenz gibt Aufschluß über das Ausmaß der tatsächlich zu erwartenden Veränderungen.

Im Text wurden die gerundeten Werte für Status quo, Handlungsbedarf und Prognose meist in Klammern hinter den entsprechenden Aussagen angeführt und z.T. durch Erläuterungen, mit denen die Interviewpartner ihre Urteile begründeten, ergänzt.

Die Antworten der Experten auf die offenen Fragen wurden zu Thesen zusammengefaßt, die die kontroversen Meinungen der Interviewpartner wiedergeben. Diese teilweise widersprüchlichen Aussagen wurden zumeist nicht hinsichtlich ihrer Plausibilität diskutiert und unkommentiert dargestellt, um die Argumentationen der Experten nicht von Seiten der Verfasser zu gewichten. Hinter den jeweiligen Aussagen wurde in Klammer die Häufigkeit der diesbezüglichen Äußerungen angegeben.

1.3   Inhalt und Ziele der Expertenbefragung

Die Besonderheit einer Expertenbefragung liegt in der Dauer und Komplexität der Interviews, sowie in der hohen Motivation und Qualifikation der Gesprächspartner. Durch die Mischung aus geschlossenen und offenen Fragen bietet sie einerseits die Möglichkeit der exakten Quantifizierung der Ergebnisse, andererseits stellt sie auf hohem Niveau eine kontroverse Diskussion über Bedeutung, Ressourcen, Zielgruppen und Auswirkungen des Städtetourismus sowie verschiedene Wege seiner Förderung und Vermarktung dar. Damit bildet die Expertenbefragung zunächst das unter den Experten bestehende Meinungsspektrum ab, wobei z.T. Fragestellungen aus der Akzeptanzanalyse oder der Imageanalyse vertieft werden konnten. Zudem bietet diese Analyse einen interessanten Vergleich zwischen der Sichtweise der Bevölkerung und der der Experten, die als Vertreter bestimmter Institutionen differenziertere Betrachtungsweisen an den Tag legten. Außerdem liefert die Expertenbefragung in Form einer kontroversen Auseinandersetzung über zukünftige Strategien der Tourismuspolitik Empfehlungen aus Sicht dieser Gesprächspartner.

Ziel der Expertenbefragung war es, die *Einstellung* der Vertreter des öffentlichen Lebens *zum Städtetourismus in Stuttgart* zu ermitteln, da diese als Entscheidungsträger die Standortbedingungen des Fremdenverkehrs konkret beeinflussen können. Diese Einstellung sollte verglichen werden mit der in der Akzeptanzanalyse untersuchten Haltung der Stuttgarter Bevölkerung gegenüber dem Städtetourismus. Weiterhin sollte ermittelt werden, wie die Gesprächspartner die derzeitige und zukünftige *Bedeutung des Städtetourismus* in Stuttgart sehen, und zwar einerseits *wirtschaftlich*, andererseits untergliedert in die *Bedeutung seiner Teilmärkte*. Hier war auch eine Stellungnahme dazu gefragt, welche Teilmärkte bzw. Nachfragergruppen zukünftig stärker gefördert werden sollten.

Die Frage nach den Stärken und Schwächen der Stadt für den Fremdenverkehr spiegelte die Einschätzung des *touristischen Angebotspotentials* wider und zeigte gleichzeitig die Defizite und *Problembereiche der Stadt* aus Sicht der Experten auf. Welche *Auswirkungen*, d.h. welche Vor- und Nachteile der Städtetourismus für die Stadt habe, sollte ebenfalls von den Gesprächspartnern beantwortet werden, wobei sich hier wiederum ein Bezug zur Sichtweise der Stuttgarter Bürger in der Akzeptanzanalyse ergibt. Die Experten sollten zudem ihre *Einschätzung des Verhältnisses zwischen Stuttgart und der Region* erläutern und eine Empfehlung für das zukünftige werbliche Auftreten Stuttgarts und der Region abgeben. Beurteilt werden sollte auch die derzeitige und anzustrebende *qualitative und quantitative Ausstattung der Beherbergungsbetriebe* in Stuttgart. Die *Beurteilung der Gastgebermentalität der Stuttgarter* und die Einschätzung der *Bedeutung Stuttgarts im vereinten Deutschland und im europäischen Binnenmarkt* waren desweiteren Gegenstand der Interviews. Während die bisherigen

Fragen eine Bewertung des Städtetourismus, seiner Ressourcen, Chancen und Auswirkungen betreffen, beziehen sich die folgenden Untersuchungsziele auf das Image der Stadt.

Die bundesweit durchgeführte Imageanalyse dieses Forschungsprojektes ermittelte das Eigenimage aus Sicht der Stuttgarter, sowie das Image Stuttgarts aus der Perspektive der Regionsbewohner, der Bürger Baden-Württembergs und der Bundesbürger und beschränkte sich auf das bestehende Eigen-, Nahbereichs- und Fernimage. Die Expertenbefragung erbringt hingegen zum einen das *Eigenimage aus der Sicht von Vertretern des öffentlichen Lebens*, zum anderen entwerfen die Experten durch die Definition eines wünschenswerten Optimums bezüglich der verschiedenen Sachverhalte das *Soll-Image der Stadt* und die *Prognose*, inwieweit Stuttgart sich diesem wünschenswerten Szenario wird nähern können. Ein Vergleich mit dem Status quo zeigt, wo Handlungsbedarf besteht und an welchen Zielvorgaben eine Tourismuspolitik sich zukünftig stärker orientieren sollte.

Eine *Benotung des Images der Stadt Stuttgart* ermöglicht zunächst die Festlegung des Ist-Images. Da Stuttgart zu den *"Magic Ten"* gehört - einem Zusammenschluß von zehn bedeutenden Städten der Bundesrepublik zum Zweck der gemeinsamen Stadtwerbung - wird auch ein *Vergleich mit dem Image dieser Städte* vorgenommen. Die *Nennung und Beurteilung verschiedener imagebildender Faktoren* für den Ist-, Soll- und Zukunftszustand zeigt über ihre derzeitige Qualität hinaus die Defizite gegenüber einem wünschenswerten Zustand (dem Soll-Image) auf. Interessant ist in diesem Zusammenhang auch die Frage nach der *jetzigen und zukünftigen Qualität der Stadt zum Wohnen, Arbeiten und Freizeit Verbringen*, wo die Bewertung der Experten zu der Sichtweise der Bevölkerung und zum diesbezüglichen Image der Stadt ins Verhältnis gesetzt werden kann. Richtungsweisend für die Vermarktung der Stadt sind treffende *Bezeichnungen zur Charakterisierung der Stadt*. Auch hier erbringt ein Vergleich zwischen der Imageanalyse und der Expertenbefragung die Unterschiede zwischen dem Eigenimage Stuttgarts aus Sicht der Bürger bzw. der Experten und dem Soll-Image, das die Experten definieren. Dies ermöglicht die *Positionierung des Images* der Stadt.

Neben einer Beurteilung der Situation des Städtetourismus, einer Definition des Eigenimages Stuttgarts durch die Experten und des Soll-Images gibt die Expertenbefragung konkrete Hinweise über *zukünftige Wege in der Tourismuspolitik, Vermarktung und Imagewerbung*. Welche *touristische Zielgruppe* die sinnvollere sei, d.h. ob für Stuttgart ein exklusives Publikum geeigneter wäre als eine breite Besucherbasis, wurde ebenso diskutiert wie die Frage, ob für den Städtetourismus und das Image der Stadt *Großveranstaltungen und Highlights* mehr bringen als *dauerhafte Investitionen in bestehende Einrichtungen*. Thematisiert wurden auch die Vor- und Nachteile eines weiteren *Ausbaus der Beherbergungskapazität*. Bezüglich *verschiedener Strategien der Stadtwerbung* auch im Hinblick auf die *Förderung des städtetouristi-*

schen Interesses der Messebesucher wurden konkrete Empfehlungen abgegeben, desweiteren *Vorschläge zur Förderung des Städtetourismus und zur Imageverbesserung* gemacht. Beurteilt wurde weiterhin die alle Gesprächsteilnehmer betreffende *Kooperation der verschiedenen Ebenen und Institutionen im Hinblick auf die Ziele des Städtetourismus und der Imagewerbung.* Schließlich wurden sowohl die *Erwartungen an die Nachfolgeinstitution des Amtes für Touristik (AfT)* definiert als auch die *Möglichkeiten der befragten Institutionen* erörtert, am Prozeß der Förderung des Städtetourismus mitzuwirken.

Zuletzt bleibt zu hoffen, daß durch die Konfrontation der Gesprächspartner mit den Themen Städtetourismus und Image Stuttgarts ein Beitrag zur Schaffung eines gemeinsamen Bewußtseins für die Bedeutung des Fremdenverkehrs für die gesamte Stadt geleistet wurde.

2. Auswertung der Ergebnisse

Frage 1: **Wie stehen Sie selbst - aufgrund Ihrer beruflichen Stellung - dem Städtetourismus in Stuttgart gegenüber?** (offene Frage)

Die Mehrzahl der Interviewpartner bezeichnete ihre Einstellung gegenüber dem Städtetourismus in Stuttgart als positiv (31), sehr positiv (7) bzw. aufgeschlossen (4) und hob seine bedeutende Rolle hervor (2). Diese wurde ihm besonders im Hinblick auf Imagepflege und die Verbesserung des Bekanntheitsgrades von Stuttgart (10) zugesprochen, da durch den Tourismus das Bild der Stadt nach außen getragen werde. Unter anderem wurden diverse Veranstaltungen als Beispiele dafür genannt, wodurch man den Bekanntheitsgrad Stuttgarts und sein Image positiv beeinflussen kann (2). Es wurde eine signifikante Wechselwirkung zwischen Image und touristischer Nachfrage gesehen (1).

Vielfach wurde vor dem Hintergrund des Nachholbedarfs in Sachen Imagepflege der Ausbau des Städtetourismus (10) bzw. seine Intensivierung (5) als wünschenswert bezeichnet, was meist mit seinen bereits vorhandenen oder potentiellen positiven Auswirkungen auf die Stadt begründet wurde. Die Gesprächspartner fanden es bedauerlich, daß der Städtetourismus in Stuttgart nur so schwach ausgeprägt ist (5), vor allem, daß es am Wochenende eine zu geringe Nachfrage gibt (2). Einzelne wiesen jedoch auf die zunehmende wirtschaftliche Bedeutung des Tourismus in Stuttgart hin (2). Als negativ wurde auch erkannt, daß nur wenige Gäste aus privatem Reiseanlaß (1) bzw. aus kulturellem Interesse (1) die Stadt besuchen. Dadurch, daß die meisten Stuttgartreisen geschäftlich bedingt sind, seien diese direkt von der Konjunktur abhängig (2), d.h. in Zeiten wirtschaftlicher Rezession werde es unvermeidlich zu einem Rückgang der Reisetätigkeit kommen.

Daß Stuttgart es bis jetzt nur unzureichend geschafft hat, eine Touristenstadt zu werden (2), sei unbefriedigend und u.a. darauf zurückzuführen, daß der Ausbau des Städtetourismus nicht konsequent genug vorangetrieben wurde. Die Stadt werde zu schlecht verkauft (4) und über die Stadt zu schlecht informiert (1). Sie habe zwar einiges zu bieten, es gelinge ihr jedoch nicht, ein Profil zu finden, mit dem sie signalisiert, worauf das touristische Interesse gelenkt werden solle. Hier wurde die Meinung vertreten, Stuttgart sei mehr wert als sein Image (4).

Schon in dieser ersten Frage wurden spontan zahlreiche Vorteile des Städtetourismus genannt, die aber wegen der inhaltlichen Zugehörigkeit im Zusammenhang mit der Frage 6 (Vorteile des Städtetourismus) erläutert werden. Alle bereits in der ersten Frage angeschnittenen Argumente für den Städtetourismus und seinen Ausbau münden in der Einschätzung, daß Stuttgart in seiner Bedeutung als weltoffene Landeshauptstadt (3) den touristischen Kontakt brauche. Die Stadt solle daher auch eine stärkere Förderung durch das Land Baden-Württemberg erhalten, um den bestehenden Nachholbedarf (2) im Bereich Städtetourismus decken zu können.

Frage 2: **Und wie hoch schätzen Sie die (wirtschaftliche) Bedeutung des Städtetourismus in Stuttgart ein?** (geschlossene Frage)

Die Interviewpartner beurteilten die wirtschaftliche Bedeutung des Städtetourismus in Stuttgart verglichen mit der anderer Wirtschaftzweige zum gegenwärtigen Zeitpunkt auf einer Skala von -3 bis +3 als sehr gering (- 0,6). Ein größerer volkswirtschaftlicher Nutzen wurde allerdings als sehr wünschenswert bezeichnet, wie die große Differenz (über 2 Punkte) zwischen dem Ist- und dem Soll-Wert signalisiert. Hier wird folglich sehr großer Handlungsbedarf gesehen. Die diesbezüglichen Anstrengungen werden nach Ansicht der Interviewpartner aber auch von Erfolg gekrönt sein; die Einschätzung der zukünftigen wirtschaftlichen Bedeutung des Fremdenverkehrs ist sehr positiv, d.h. man prognostiziert, daß sie immerhin um 1 Punkt höher liegt als die derzeitige (vgl. Abb. 40).

Frage 3: **Wo sehen Sie im Hinblick auf den Städtetourismus die Stärken Stuttgarts?**
(offene Frage)

Als Stärke Stuttgarts im Hinblick auf den Städtetourismus wurde am häufigsten das kulturelle Angebot der Stadt im allgemeinen (38) genannt, gefolgt von der topographischen Lage und der landschaftlich attraktiven Umgebung Stuttgarts (26), zusammengefaßt im Slogan "Großstadt zwischen Wald und Reben" (1). Weiterhin wurde als wichtiger Faktor der Ausbau Stuttgarts als Sportstadt gewertet (22), der die Durchführung zahlreicher hochkarätiger Sportveranstaltungen ermöglicht.

Abb. 40: **Durchschnittswerte der Fragen 2, 5, 8 und 9**

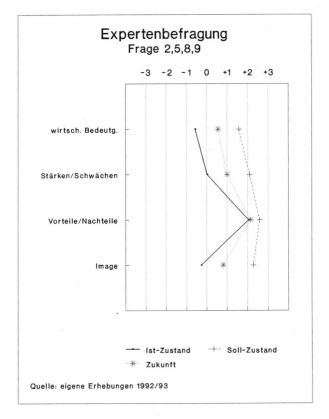

Expertenbefragung
Frage 2,5,8,9

Quelle: eigene Erhebungen 1992/93

Neben verschiedenen Einzelattraktionen wurde der Vielfalt des Stuttgarter Angebots (10) - ergänzt durch das Angebot der Region - eine sehr große Bedeutung beigemessen. Unter anderem wurde auch die Verbindung von Kultur, Wissenschaft und Wirtschaft lobend erwähnt. Die Summe der weit überdurchschnittlichen Attraktionen (4) wurde als große Stärke der Stadt gesehen.

Im einzelnen wurden als Bausteine dieser Attraktivität genannt: die Staatsgalerie (15), die Wilhelma (9), Museen (7) wie z.B. das Lindenmuseum (5), das Württembergische Landesmuseum (1), das Daimler-Benz-Museum (1), Staatstheater und Staatsoper (8), das Stuttgarter Ballett (6), die Grünanlagen (6), Bäder/Mineralwasservorkommen (5), Architektur/ Bauwerke (4), Veranstaltungen wie das Volksfest (5), das Weindorf (2) oder der Weihnachtsmarkt (2), markante Feste (2), Kongresse (4), Messen (4), der Wein (3), einmalige Spitzenveranstaltungen/Events (2) wie die Internationale Gartenbauausstellung IGA EXPO 93 (3) und die Leichtathletik-WM (1), der Killesberg (2), das Schloß (2), das Planetarium (1), der Fernsehturm (1), die Weißenhofsiedlung (1), die Galerienlandschaft (1), der Neckar (1), die Stäffeles (1), die Schönheit der Stadt allgemein (1) und die Innenstadt (3). Auch bescheinigte man der Stadt touristische Attraktivität durch gute Lokale, gemütliche und auch internationale Gastronomie (12), das Beherbergungsangebot (4) und die Einkaufsmöglichkeiten (4). Hotellerie und Gastronomie spielten als Kommunikationsmoment für Geschäftsreisende eine große Rolle (1). Die Bedeutung Stuttgarts als "Zentrum des schwäbischen Landes" mit dem Hinweis auf die schwäbische Gastfreundlichkeit (4) wurde ebenso erwähnt wie Atmosphäre, Ausstrahlung, Klima oder gar der z.T. "südländische Charakter" der Stadt. Teilweise wurde auch die Verkehrssituation und Verkehrsanbindung Stuttgarts gelobt (2).

Die Frage nach den Stärken Stuttgarts wurde im Hinblick auf den Geschäftsreiseverkehr etwas anders beantwortet. In diesem Zusammenhang wurden die Unternehmen der Stadt (18), die Industriebetriebe und die Prosperität der gesamten Region als Anziehungskraft für den beruflich motivierten Reiseverkehr herausgestellt. Einige Interviewpartner sahen im Dienstreiseverkehr sogar den wichtigsten Fremdenverkehrsfaktor (2).

Bestimmte Stuttgarter Firmen wurden aber nicht nur als direkter Anlaß des Segments Geschäftsreiseverkehr benannt, sondern auch in ihrer Rolle als Identifikationshilfe für die Stadt hervorgehoben (1).

Sehr differenziert wurden die sogenannten "eingekauften Stärken der Stadt" - wie z.B. die Großveranstaltungen - im Vergleich mit den stadtspezifischen "Kleinoden" beurteilt. Letztere stünden im Zusammenhang mit den historischen Persönlichkeiten (1) und der Geschichte (2) der Stadt. Bestimmend für den Charakter der Stuttgarts seien nicht bestimmte Einzelattraktionen, die es auch in anderen Städten gebe, sondern das charakteristische Zusammenspiel von Landschaft, Geschichte, Architektur, Bauwerken, Mentalität der Bevölkerung, bestimmten geistesgeschichtlichen Strömungen, Tradition usw..

Frage 4:   Wo sehen Sie im Hinblick auf den Städtetourismus die Schwächen Stuttgarts? (offene Frage)

Am häufigsten wurde von den Gesprächspartnern auf das schlechte Fremdimage (18) bzw. auf den Imageverfall (3) Stuttgarts eingegangen, wenn es darum ging, Schwächen der Stadt im Hinblick auf den Städtetourismus zu benennen. Selbst im Vergleich zu kleineren Städten (1) habe Stuttgart kein herausragendes Image. Die Stadt habe den Ruf der Provinzialität (3), man unterstelle ihr dörflichen Charakter (2) und daß sie einem Besucher nichts zu bieten habe, verkürzt dargestellt im Slogan "größtes Dorf Deutschlands" (1). Tatsächlich sei das Angebot jedoch wesentlich besser als das Image, Stuttgart sei folglich eine stark unterschätzte Stadt.

Hierfür wurden mehrere Ursachen gesehen, die z.T. in der Mentalität der Bevölkerung (8) zu suchen seien. Der "Werbeträger Bevölkerung" funktioniere nicht, da die Schwaben zu "understatements" neigten und die Stuttgarter sehr zurückhaltend und wenig selbstbewußt in bezug auf die Qualitäten ihrer Stadt seien (3). Weiterhin wurde der Kleingeist der Bevölkerung kritisiert, ihre "introvertierte Herzlichkeit" (1) und die "Kirchturmspolitik" der Behörden (4).

Eine andere Ursache für den geringen Bekanntheitsgrad des Stuttgarter Angebots wurde in der mangelnden und unprofessionellen Vermarktung (7) der Stadt gesehen. Die Schwachstelle des Städtetourismus liege darin, daß es nicht gelungen sei, durch die Bündelung und Bekanntmachung der vorhandenen Einzelaspekte die Attraktivität Stuttgarts zu vermitteln. Die Mängel in der Marketingpraxis seien z.T. in der bislang unbeweglichen Organisationsstruktur des Amtes für Touristik (AfT) begründet (2), möglicherweise auch in einem zu geringen Werbeetat (1). Außerdem fehle es der Landeshauptstadt bei der Imagewerbung an Unterstützung durch das Land Baden-Württemberg (2). Ein weiteres Problem stelle die hohe Eigenständigkeit der Nachbarstädte und die dadurch entstehende Konkurrenzsituation dar (2).

Inhaltlich wurde an der bisherigen Praxis der Vermarktung der Versuch kritisiert, anderen Städten nachzueifern, anstatt sich selbst treu zu bleiben (1), indem man Stuttgart glaubwürdig als das vermarktet, was es ist. Dies sei z.B. mittels austauschbarer eingekaufter Highlights geschehen, die man in jeder Stadt hätte ansiedeln können. Anstatt dem unspezifischen Ruf einer Sportstadt nachzueifern, solle Stuttgart zukünftig mit seinen charakteristischen Eigenheiten werben. Insgesamt werden Defizite also einerseits in der Werbung (5), andererseits aber auch im faktischen Angebot der Stadt gesehen.

So wurde als Hindernis für die Entwicklung des Städtetourismus dargestellt, daß Stuttgart zwar ein recht gutes touristisches Potential aufzuweisen habe, aber wenig wirklich Spektakuläres (3), kein herausragendes Angebot, kein ausgesprochenes Highlight. Daher habe die Stadt für privat motivierte Reisen kaum überregionale Attraktivität, zudem biete Stuttgart wegen mangelndem Flair (2), geringem Erholungswert (1) sowie einem hohen Preisniveau (2) kaum Anreize zum Verweilen (1).

Das gastronomische Angebot (3) und hier speziell das Fehlen anspruchsvoller Gastronomie im Innenstadtbereich - z.B. in augenfälliger Lage an der Königstraße - gab ebenfalls Anlaß zu Kritik. Außerdem lasse das Unterhaltungsangebot (5) zu wünschen übrig, es gebe kaum Vergnügungsstätten (1), die man nach einem Restaurantbesuch aufsuchen könne, desweiteren kein Nachtleben. Kritisiert wurden darüber hinaus Defizite der Hotellerie insbesondere im Bereich der Mittelklassehotels (5).

Im kulturellen Bereich bezog sich die Kritik einerseits auf die generelle Haltung der Stadt gegenüber der Kulturszene, wie sie z.b. in der Kürzung der Kulturausgaben (2) ihren Ausdruck finde. Auf der Anbieterseite wurde hauptsächlich die lange Theaterpause (1) im Sommer als verbesserungswürdig angesprochen.

Häufig wurde als konkrete Schwäche der Stadt auch die durch die Topographie bedingte verkehrsungünstige Lage der Stadt (8) genannt. Eine große infrastrukturelle bzw. verkehrliche Schwäche stellen nach Ansicht einzelner Interviewpartner der Flughafen (1) sowie der Kopfbahnhof (1) dar. Bemängelt wurde bezüglich der allgemeinen Verkehrssituation (11) zum einen die Beeinträchtigung durch die B 14 und B 27, die mitten durch die Stadt führen; zum anderen das Parkplatzproblem in der Innenstadt sowie der ÖPNV, und zwar dessen Taktzeiten (2) und Preise (2). Zusätzlich wurde die schlechte Anbindung der Region im Nahverkehrsnetz kritisiert.

Des weiteren seien städtebauliche Defizite (8) festzustellen, die aus der seit dem zweiten Weltkrieg bis in die 70er Jahre hinein vorangetriebenen Verbauung der Innenstadt resultierten (1). Als Schwäche wurde zudem das geringe Angebot an internationalen oder überregionalen Messen gesehen (2). Letztlich wurden die Probleme der mangelhaften öffentlichen Sicherheit und der zunehmenden Kriminalität (2) angesprochen.

Frage 5: **Wenn Sie die Stärken und Schwächen der Stadt miteinander vergleichen, welches von beiden überwiegt? (-1 bis -3: Schwächen; +1 bis +3: Stärken)**
(geschlossene Frage)

In den beiden diesbezüglichen offenen Fragen (Frage 3 und 4) wurden vielfältige Stärken und Schwächen der Stadt genannt. Das Verhältnis von Stärken zu Schwächen wurde in der geschlossenen Frage 5 mit einem Wert um null auf der Skala von -3 bis +3 sehr zurückhaltend eingeschätzt, was auf eine starke Gewichtung der vorhandenen Schwächen der Stadt und eine zurückhaltende Quantifizierung der Stärken schließen läßt. Hier sahen die Interviewpartner die Stadt noch weit davon entfernt, ihr Ziel zu erreichen. Der Soll-Wert (vgl. dazu auch Abb. 40) liegt ca. 2 Punkte über dem Wert für das derzeitige Verhältnis von Stärken und Schwächen. Jedoch blickt man optimistisch in die Zukunft: die Gesprächspartner trauen der Stadt zu, die Stärken auszubauen und die Schwachstellen zu beheben, so daß deren Verhältnis sich um ca. 1 Punkt besser gestaltet als derzeit. Hierzu sei jedoch eine bessere Vermarktung des kulturellen Angebotes - sowohl der bestehenden Einrichtungen als auch neuer Institutionen (z.B. Musical-Hall 1994) - notwendig; insbesondere Geschäftsreisende müßten als

Zielgruppe über touristische Angebote besser informiert werden, da in Stuttgart dieser Reiseanlaß dominiere. Auch wurde eine Privatisierung des Amtes für Touristik als Chance gesehen, das Stärken-Schwächen-Verhältnis zu verbessern.

Frage 6: **Welche Vorteile bringt Ihrer Meinung nach der Städtetourismus für
Stuttgart?** (offene Frage)

Wie bereits erwähnt, wurden von den Interviewpartnern bereits in Frage 1 Vorteile angesprochen, die der Stadt aus dem Städtetourismus erwachsen. Diese sollen hier mit den
Ergebnissen aus Frage 6 zusammenfassend dargestellt werden.

Am häufigsten wurden die finanziellen Vorteile sowie die volkswirtschaftliche und be-
triebswirtschaftliche Bedeutung des Städtetourismus genannt (52), u.a. bedingt durch ein höheres Steueraufkommen (3). Einerseits wurden wirtschaftliche Vorteile direkt durch an-
kommende Gäste und deren Konsum gesehen; zum anderen durch Sicherung bzw. Erschließung von Absatzmärkten, was auch der Exportförderung des Landes Baden-Württemberg diene (2). Außerdem könne der Städtetourismus den Wirtschaftsstandort Stuttgart
aufwerten (5), indem ein attraktives Bild der Stadt nach außen getragen wird. Dabei komme
der von den Gästen ausgehenden Multiplikatorwirkung (2) eine Schlüsselrolle zu. Das Potential der direkten und indirekten wirtschaftlichen Vorteile durch den Städtetourismus wurde
mit Blick auf die Beispiele Hamburg und München als enorm eingeschätzt.

Daneben wurde auch die Imageverbesserung (21) und die Verbesserung des Bekanntheitsgrades von Stuttgart (10) angesprochen, die durch den Städtetourismus erreicht werden
könne (8). Der positive Bekanntheitsgrad sei für eine Stadt genauso wichtig wie für ein
Unternehmen, denn auch eine Stadt habe eine "Persönlichkeit" und müsse ihr Image, ihre
Reputation pflegen. Der Städtetourismus sei somit ein Instrument zur Verbesserung des
nationalen wie internationalen Rufes einer Stadt.

Neben der Bezugnahme auf die Imagepflege und die Verbesserung des Bekanntheitsgrades
von Stuttgart wurden auch abstraktere Vorteile des Fremdenverkehrs genannt. So wurde als
gesellschaftliche Funktion des Reisens angeführt, daß Menschen mit anderen Kulturen und
Mentalitäten in Berührung kommen, Neues kennenlernen und somit ihren Horizont erweitern.
Dies sei in zweifacher Hinsicht der Fall, da ja sowohl die Gäste als auch die Gastgeber von
diesem kulturellen und sozialen Austausch profitierten (4). Dem Städtetourismus und der
Stadt als Begegnungsstätte von Personen verschiedenster Art und Herkunft wurde besonders
vor dem Hintergrund aufflammender Fremdenfeindlichkeit eine gesellschaftliche Funktion
beigemessen (3), da der Kontakt der Menschen miteinander Vorurteile abbauen helfe. Als
ideelle positive Auswirkung des Fremdenverkehrs wurde auch angeführt, daß er Lebendigkeit, Internationaliät und Farbe in die Stadt bringe (6). In diesem Zusammenhang wurde auf

die Belebung der Stadt (4), die Bereicherung des kulturellen und sozialen Umfeldes (2) sowie den Kulturaustausch (11) hingewiesen. Auf das Selbstverständnis einer Stadt wurde mit der Bemerkung hingewiesen, gelebte Gastfreundschaft sei einerseits eine hohe Pflicht, andererseits eine Auszeichnung für eine Stadt. Es sei wichtig für den Ruf, als offene Stadt zu gelten.

Die ideellen Vorteile wurden häufig im Zusammenhang mit wirtschaftlichen gesehen, da sich z.B. die immaterielle Bereicherung durch den Städtetourismus materiell auswirke. Wenn ein positives Bild nach außen getragen werde, kommen noch mehr Gäste und die Stadt werde bekannter.

Außerdem führe der Städtetourismus zu einer Belebung der Nachfrage in den verschiedensten Bereichen (2), z.B. der Wirtschaft (4) und der Kultur (3). Der Fremdenverkehr in Stuttgart sei Lebensgrundlage von Hotellerie (8), Gastronomie (11) und Einzelhandel (12), die in Form gesteigerter Umsätze (11) vom Städtetourismus profitieren. Die mittelständische Industrie (3) sei indirekt Nutznießer durch den besseren Bekanntheitsgrad der Stadt. Image und Lebensqualität seien außerdem wichtige Standortfaktoren für die Neuansiedlung von Wirtschaftsunternehmen. Hervorgehoben wurde auch die Bedeutung des Fremdenverkehrs für die kulturellen Einrichtungen, die durch die Touristen eine größeres Interesse erfahren und somit überregionales Renommee erlangen (4). Dasselbe gelte für die Veranstaltungen im sportlichen Bereich (1). Die bessere Nutzung der Infrastruktureinrichtungen durch die Städtereisenden sichere jedoch nicht nur deren Erhalt und ihre Auslastung, sondern schaffe zusätzlich neue Einrichtungen. Aufgrund dieser Investitionen insbesondere im Freizeitbereich profitierten auch die Stadt (5) und ihre Bewohner (10), da der Erlebniswert der Stadt sowie die Lebensqualität der Bevölkerung (3) gesteigert werde. Auch der Ausbau des ÖPNV sei infolge der gesteigerten Nachfrage leichter durchsetzbar.

Frage 7: **Und welches sind Ihrer Meinung nach die Nachteile des Städtetourismus?**
(offene Frage)

Mehr als zwei Drittel (45) der Interviewpartner konnten sich keine Nachteile durch den Städtetourismus in Stuttgart vorstellen. Für die Stadt gebe es nicht die Gefahr der Minderung der städtischen Lebensqualität durch zu viele Touristen. Äußerungen bezüglich Risiken oder Belastungen durch den Fremdenverkehr bezogen sich zum einen auf das gesteigerte Verkehrsaufkommen und die Verkehrsverdichtung durch den Fremdenverkehr (11). Zum anderen wurde die damit einhergehende Umweltbelastung (3) als möglicher ökologischer Nachteil des Städtetourismus angeführt. Man stellte jedoch fest, daß sich diese Probleme bei dem erwarteten Ausmaß des Städtetourismus in erträglichem Rahmen halten werden (1), zumal ein Teil des Touristenstromes über die Stadtgrenzen hinaus in die Region abfließe (1). Auch sei die Stuttgarter Verkehrsproblematik nur zu einem geringen Anteil durch den Tourismus bedingt

(1). Gleichzeitig wurden lobend die bereits getroffenen Gegenmaßnahmen erwähnt, z.B. die Volksfestlinie. Negative Auswirkung könne der Städtetourismus allenfalls haben, wenn Touristen durch einen weniger angenehmen Besuchsverlauf ein negatives Bild nach außen tragen (1).

Als nachteilig wurden vereinzelt auch Auswirkungen auf die Situation der Bevölkerung genannt. Einerseits entstehe durch die touristische Nachfrage eine Verknappung oder Verteuerung des Angebotes für die Stuttgarter Bürger (Verfügbarkeit von Theaterkarten (2), IGA-Eintrittsgelder (1) für vormals kostenlose Parks), andererseits stoße der Finanzaufwand für Fremdenverkehrswerbung bei Stadtfesten oder Großveranstaltungen häufig auf Unverständnis in der Einwohnerschaft, da städtische Gelder in anderen Bereichen fehlen (3). Der Städtetourismus könne auch zu einem Anstieg des Preisniveaus insbesondere im Bereich der Hotellerie führen, was für Stuttgart einen Attraktivitätsverlust bei bestimmten Zielgruppen bedeuten würde (1).

Als bedauerlich wurde bezeichnet, daß durch das Konsumstreben der Touristen Städte konsumierbar gestaltet werden. Schöne Stellen in der Stadt werden dadurch entwertet, daß sie eine Station auf touristischen Trampelpfaden werden und folglich keine Kleinode mehr sind, die man selbst entdecken kann (1). Nicht zuletzt bringe der Städtetourismus auch kriminelle Einflüsse mit sich, "Schwarze Schafe" müsse man jedoch in Kauf nehmen (1).

Frage 8: **Wenn Sie die Vor- und Nachteile des Städtetourismus miteinander vergleichen, welches von beiden überwiegt?** (-1 bis -3: Nachteile; +1 bis +3: Vorteile)
(geschlossene Frage)

Einen hervorragenden Ist-Wert erzielte das Verhältnis der Vor- und Nachteile des Städtetourismus für Stuttgart (vgl. hierzu auch Abb. 40). Analog zur entsprechenden offenen Frage schlug sich hier die eindeutige Dominanz der Vorteile nieder. Da schon die derzeitige Situation mit einem Wert von über 2 Punkten auf der von -3 bis +3 reichenden Skala als sehr günstig beschrieben wurde, liegt das wünschenswerte Optimum nur einen halben Punkt über dem beschriebenen Ist-Zustand. Somit wurde hier zwar Handlungsbedarf gesehen, verbessern lasse sich das bestehende Verhältnis zwischen Vor- und Nachteilen des Städtetourismus in Zukunft realistischerweise kaum.

Frage 9: **Die (Fremdenverkehrs-) Attraktivität einer Stadt wird entscheidend durch das Image der Stadt geprägt. Wie beurteilen Sie das Image der Stadt Stuttgart?** (geschlossene Frage)

Die Beurteilung des derzeitigen Images der Stadt war mit einem Wert knapp unter null fast so pessimistisch wie die Note für die wirtschaftliche Bedeutung des Städtetourismus (vgl. dazu auch Abb. 40). Hierbei ist anzumerken, daß es manchen Gesprächspartnern schwerfiel, nur eine Bewertung für das Gesamtimage der Stadt abzugeben, da das Image Stuttgarts aus unterschiedlichen Blickwinkeln (Wirtschaft, Kultur, Tourismus) eine differenzierte Benotung erfordere. Das Profil der Stadt sei noch nicht festgelegt und müsse sich erst entwickeln. Auch sei das internationale Ansehen Stuttgarts wohl höher einzuschätzen als das nationale.

Der beim Image gesehene Handlungsbedarf liegt mit 2,6 Punkten daher erwartungsgemäß noch höher als der für die wirtschaftliche Bedeutung. Zukünftig wird sich das Image der Stadt nach Einschätzung der Gesprächspartner immerhin um ca. 1 Punkt verbessern lassen, womit aber die Zielvorgabe des Soll-Wertes noch nicht einmal zur Hälfte erreicht wäre. Eine Verbesserung für die Zukunft sei nicht durch verbale Äußerungen, sondern nur durch gezieltes Marketing erreichbar. Die Bündelung aller Aktivitäten sei notwendig, um vorhandene Schwächen abzubauen.

Frage 10: **Welches sind Ihrer Meinung nach die bestimmenden Faktoren für das Image einer Stadt und wie bewerten Sie diese Faktoren für Stuttgart?**
(offene/geschlossene Frage)

Gefragt nach den bestimmenden Faktoren für das Image einer Stadt konnten die Interviewpartner zunächst die Aspekte nennen, die ihnen in diesem Zusammenhang als die maßgeblichen erschienen. Die Häufigkeit der Nennungen zeigt Tabelle 14.

In einem zweiten Schritt wurde die Qualität bestimmter imagebildender Fakoren Stuttgarts beurteilt. Die 11 aufgelisteten Einzelaspekte erfuhren insgesamt mit durchschnittlich 1,3 Punkten eine sehr gute Beurteilung für den Status quo. Besser als diese Einzelaspekte wurden nur das schon angesprochene Verhältnis von Vor- und Nachteilen des Städtetourismus (siehe Frage 8) und die Qualität Stuttgarts als Stadt zum Wohnen, Arbeiten und Verbringen der Freizeit (siehe Frage 12) bewertet. Interessant ist hierbei die gute Benotung der imagebildenden Faktoren Stuttgarts im Vergleich zur schlechten Image-Note (vgl. Frage 9). Dieser Gegensatz verdeutlicht die Notwendigkeit einer effektiveren Imagewerbung.

Der Handlungsbedarf aller imagebildenden Fakoren liegt mit durchschnittlich etwas unter 1 Punkt dennoch relativ hoch. Bezüglich der zukünftigen Entwicklung sieht man für einige Aspekte Verbesserungen, für andere Verschlechterungen, so daß den Aspekten insgesamt für die zukünftige Situation eine minimal bessere Note vergeben wurde als für den Status quo (vgl. Abb. 41).

Im einzelnen sehen die Beurteilungen wie folgt aus: Zum gegenwärtigen Zeitpunkt wurde die "landschaftliche Umgebung" mit ca. 2,5 Punkten als imagebildender Faktor am besten beurteilt, gefolgt mit ebenfalls über 2 Punkten von der "wirtschaftlichen Bedeutung" Stuttgarts

Tab. 14: Frage 10 - Nennung von Image-Faktoren

Genannte Faktoren	Anzahl
Kulturelles Angebot:	36
Bevölkerung:[1]	28
Landschaftliche Umgebung:[2]	24
Stadtbild/Städtebau/Architektur:	22
Wirtschaftliche Bedeutung:[3]	20
Verkehrssituation:[4]	18
Freizeitmöglichkeiten:[5]	15
Sportliches Angebot:[6]	13
Publikumsmagnete:[7]	12
Einkaufsmöglichkeiten:	11
Atmosphäre:[8]	11
Bild einer Stadt allgemein:[9]	9
Erlebniswert:[10]	9
Marketing:[11]	8
Gastronomie:	6
Sehenswürdigkeiten/Bauwerke/Historische Bauten:	6
Wohnqualität/Lebensqualität:[12]	6
Hotellerie:[13]	5
Zentralität (Großstadt, Landeshauptstadt):[14]	5
Attraktivität der Stadt:[15]	4
Geschichte:[16]	4
Weltoffenheit/Internationalität:	4
Parks/Grünanlagen:	3
Preisniveau:	3
Kriminalität, Sicherheit:	3
Persönlichkeiten:[17]	3
Wissenschaft:[18]	3
Umweltqualität:	2
Sauberkeit:	2
Regionalkolorit/Regionalkultur:	2
Politik:	1

Quelle: eigene Erhebung 1992/93

[1] incl. Menschen, Leute, Freundlichkeit und Aufgeschlossenheit der Bevölkerung, Klischees über Bevölkerung (geizig/kleinkariert), Mentalität (Schwaben, Schwäbisch, Kehrwoche, Spätzle, Geselligkeit/Gemütlichkeit), Gastfreundlichkeit/Gastgeber
[2] incl. Natur, Klima
[3] incl. Ruf der ortsansässigen Firmen, Mercedes, Arbeitsplätze, Stellenangebot
[4] incl. Verkehrsanbindung, -probleme, Parkplatzangebot, Erreichbarkeit, ÖPNV, Individualverkehr
[5] incl. Freizeitwert, Erholungmöglichkeiten, Naherholung
[6] incl. VfB
[7] z.B. IGA, Wilhelma (3), Fernsehturm, Solitude, Museen, Ausstellungen, Theater, Innenstadt, Messen (2)
[8] "Leben auf Straße"
[9] incl. Bekanntheitsgrad, Akzeptanz bei Reisenden, Einschätzung durch Zufallsgäste (z.B. Politiker), Einschätzung durch Medien und Multiplikatoren, Einschätzung durch Bürger, geistiger und intellektueller Anspruch, kulturelles Selbstverständnis, Image der Politiker
[10] incl. Entertainmentangebot (incl. Kulturszene), Nachtleben, Vergnügungsmöglichkeiten, Veranstaltungen (incl. Veranstaltungswesen, -vielfalt)
[11] incl. Professionalität, Öffentlichkeitsarbeit, "optimale Vernetzung aller weichen und harten Standortfaktoren und ihre optimale Umsetzung (werblich)", effizente Vermarktung + Werbung, guter Service und gute Beratung für Individualreisende, "den Eindruck erwecken, es sei 'was los'", Verfügbarkeit des buchbaren Angebotes
[12] incl. Wohnungsangebot, Wohlstand, Soziales
[13] incl. Beherbergungswesen, -betriebe
[14] incl. Infrastruktur, Hektik (negativ)
[15] incl. Architektur, Landschaft, Sport, Kunst/Kultur (3), Atmosphäre; Gesamtensemble, nicht Einzelattraktionen
[16] incl. Tradition, Vergangenheit
[17] z.B. aus Politik, Gesellschaft, Wirtschaft, Kunst+Kultur, Geschichte
[18] incl. Bildungsmöglichkeiten, Schulen

124

Abb. 41: Bewertung imagebildender Faktoren Stuttgarts

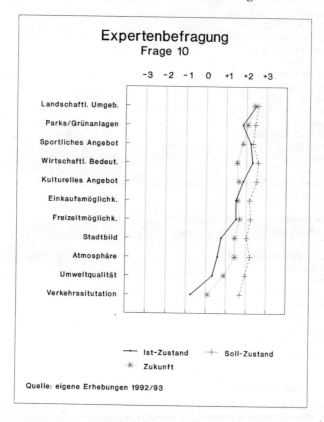

Expertenbefragung
Frage 10

Quelle: eigene Erhebungen 1992/93

sowie seinem "sportlichen" und "kulturellen" Angebot. Bei drei von vier Aspekten wurde aufgrund der sehr hohen Beurteilung des Status quo nur wenig (unter 0,3 Punkte) Handlungsbedarf festgestellt, die Wunschvorstellungen für das "kulturelle Angebot" liegen jedoch einen dreiviertel Punkt höher als der Ist-Wert. Bezüglich der zukünftigen Entwicklung liegen die Einschätzungen für die "wirtschaftliche Bedeutung", das "sportliche" und "kulturelle" Angebot allesamt unter den Werten des Status quo, d.h. man geht davon aus, daß Stuttgart seinen hohen Standard nicht wird halten können, und zwar am wenigsten wirtschaftlich. Die bezüglich der "wirtschaftlichen Bedeutung" erwartete zukünftige Situation liegt 0,8 Punkte unter dem Status quo und ist die pessimistischste Prognose aller Fragen des Fragebogens. In diesem Zusammenhang wurde von einem Interviewpartner angemerkt, daß die Einschätzung der wirtschaftlichen Lage Stuttgarts ein halbes Jahr vor der Befragung sicherlich noch wesentlich positiver ausgefallen wäre. In Anbetracht der derzeitigen Rezession gebe es jedoch kaum Anlaß zu Optimismus. Die pessimistische Einschätzung der Entwicklungen im Sport- und Kulturbereich sehen einige der Experten vor allem in Finanzierungsproblemen begründet, die einen Attraktivitätsverlust für die Stadt bedeuten können. Wenn auch für die "landschaftliche Umgebung" Stuttgarts kaum Veränderungen für die Zukunft erwartet werden, geben einige Experten doch zu bedenken, daß durch Siedlungsdruck die Gefahr einer Landschafts-zerstörung besteht, die es künftig zu verhindern gelte.

Bei der Qualität der nun folgenden Aspekte geht man im Gegensatz zu den bisher genannten für die Zukunft von einer Stagnation bzw. Steigerung aus. Zum derzeitigen Zeitpunkt wurden als positiv (größer 1 Punkt) bewertet: die "Parks/Grünanlagen", die "Freizeitmöglichkeiten" und die "Einkaufsmöglichkeiten", für alle drei Aspekte wurde der Handlungsbedarf mit Wer-ten von etwa 0,7 Punkten eingestuft. Trotz der allgemein positiven Beurteilung der Parks und Grünanlagen Stuttgarts bezeichneten einzelne Interviewpartner die Nutzungsmöglichkeiten dieser Anlagen durch die Gegenwart von Pennern, Dealern usw. als eingeschränkt. Zukünftig werden sich die drei letztgenannten Aspekte minimal verbessern, am ehesten noch die "Parks/Grünanlagen", insbesondere aufgrund der Ergänzungen durch die IGA EXPO 93, am wenigsten jedoch die "Einkaufsmöglichkeiten". Die wenig positive Beurteilung der künftigen "Einkaufsmöglichkeiten" sehen einige Gesprächspartner darin begründet, daß die Ein-kaufsstraßen der Innenstadt durch die Ausbreitung von "Billigläden" an Qualität verlieren und mit den konkurrierenden Einkaufszentren der Nachbarstädte nicht mehr mithalten können, zumal dort die Erreichbarkeit für die PKW-Kunden besser gewährleistet sei. Daher sei es wichtig, die Innenstadt als "Erlebniswelt" zu etablieren und so einen Attraktivitätsvorsprung gegenüber den Einkaufszentren "auf der grünen Wiese" zu gewinnen.

Unterdurchschnittlich im Vergleich zu den anderen Aspekten dieser Frage, d.h. mit weniger als einem dreiviertel Punkt für den Status quo, wurden "Stadtbild", "Atmosphäre", "Umwelt-qualität" und die "Verkehrssituation" bewertet, letztere sogar mit - 0,8 Punkten. Zum "Stadt-bild" wurde angemerkt, daß es sehr unter dem Verlust der Altbausubstanz als Folge der Kriegszerstörungen leide sowie unter der Zerschneidung der Innenstadt durch die großen Verkehrsachsen. Dagegen wurde als Grund für die schlechte Bewertung der "Atmosphäre" einerseits die zurückhaltende Art der Stuttgarter genannt (im Gegensatz zur "Bayerischen Gemütlichkeit" in München), andererseits aber auch die vorhandene Drogenszene. Die Beur-teilung der "Umweltqualität" sei auch ein Imageproblem, da nach objektiven Untersuchungen die Umweltsituation Stuttgarts gar nicht so schlecht sei wie vermutet; problematisch sei lediglich die Kessellage. Im Hinblick auf die "Verkehrssituation" wurde die Ausstattung des ÖPNV zwar durchweg positiv eingeschätzt, dennoch wurde den Problemen des Individual-verkehrs das größere Gewicht beigemessen. Folglich wurde für alle vier Aspekte ein hoher

Handlungsbedarf festgestellt, für die "Verkehrssituation" sogar eine Differenz von 2,5 Punkten zwischen Ist- und Soll-Wert. Dies ist eines der größten Defizite, das einem Beurteilungsgegenstand in der Befragung beigemessen wurde. Allerdings traut man der Stadt zu, die "Verkehrssituation" zukünftig tatsächlich zu verbessern, der Aspekt mit dem höchsten momentanen Defizit erhält die beste Prognose (0,8) aller imagebildenden Faktoren. Auch den anderen drei Aspekten ("Stadtbild", "Atmosphäre", "Umweltqualität"), denen mit Werten von über 1 Punkt hoher Handlungsbedarf attestiert wurde, prognostiziert man fürderhin 0,6 bis 0,7 Punkte über dem Status quo, so daß die Zielsetzungen zur Hälfte erreicht würden.

Frage 11: Im folgenden nenne ich Ihnen eine Reihe von Bezeichnungen, die für die Stadt Stuttgart mehr oder weniger charakteristisch sind. Beurteilen Sie bitte, wie stark der jeweilige Begriff auf Stuttgart zutrifft oder zutreffen sollte (bzw. welchem dieser Titel sich das Image Stuttgarts zukünftig annähern soll oder nicht). (geschlossene Frage)

Die Antworten auf diese Frage zeigen, daß die Stadt momentan nicht unbedingt mit denjenigen Begriffen identifiziert wird, die sie ausmachen und daß umgekehrt manche Bezeichnungen nicht das Leitbild für die zukünftige begriffliche Charakterisierung beinhalten (vgl. Abb. 42).

Als die drei zutreffendsten Bezeichnungen für den Status quo (mit jeweils über 2 Punkten) nannten die Interviewpartner "Wirtschaftszentrum", "Stadt der Autos und Motoren" und "Sportstadt". Dabei lag der Soll-Wert entweder nur minimal höher als der Status quo oder sogar einen halben Punkt niedriger. Das heißt es wurde nicht als wünschenswert für die Stadt gesehen, sich dem Inhalt des Begriffs "Stadt der Autos und Motoren" stärker anzunähern.

Diese Bezeichnung sei mit zu vielen negativen Assoziationen verknüpft, um sie als Charakterisierung der Stadt anzustreben, zumal der Trend sowohl aus Gründen des gestiegenen Umweltbewußtseins als auch durch die konjunkturelle Lage der Automobilindustrie in die entgegengesetzte Richtung gehe. Zukünftig werde folglich der Begriff weniger zutreffen als heute. Obwohl für das "Wirtschaftszentrum" und die "Sportstadt" eine kleine Steigerung wünschenswert sei, rechnet man auch bei diesen Bezeichnungen mit einem Bedeutungsrückgang, d.h. sie werden Stuttgart künftig weniger zutreffend charakterisieren als momentan. Dies steht auch im Zusammenhang mit der Beurteilung der zukünftigen "wirtschaftlichen Bedeutung" und des "sportlichen Angebots", wie sie sich in Frage 10 niederschlägt. Diese Einschätzung für die Wirtschaft ist wiederum in der allgemeinen Konjunkturflaute begründet, wenn auch die wirtschaftliche Stärke Stuttgarts durch die Wirtschaftskraft der Region unterstützt wird. Im Hinblick auf die "Sportstadt" wurde angemerkt, daß das Potential an sportlichen Highlights für die nächste Zeit ausgeschöpft sei. Ein diesbezüglicher Rückgang sei auch aus finanziellen Gründen zu erwarten.

Abb. 42: **Charakteristische Bezeichnungen für Stuttgart**

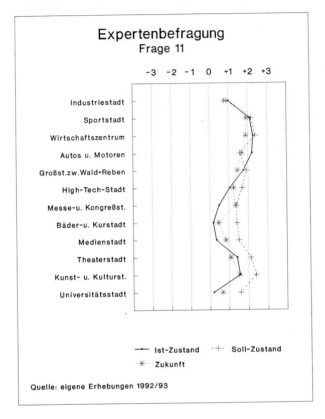

Expertenbefragung
Frage 11

Quelle: eigene Erhebungen 1992/93

Den drei Begriffen "Großstadt zwischen Wald und Reben", "Kunst- und Kulturstadt" und "Theaterstadt" wurde ebenfalls überdurchschnittliche Plausibilität zur Charakterisierung Stuttgarts beigemessen (über 1 Punkt). Obwohl man in diesen Begriffen gern noch zutreffendere Aushängeschilder für die Stadt sehen würde, werden die betreffenden drei Merkmale zukünftig weniger als heute geeignet sein, die Stadt angemessen zu beschreiben. Gerade im kulturellen Bereich ("Kunst- und Kulturstadt" und "Theaterstadt") steht einem relativ großen Handlungsbedarf (0,7 bzw. 0,8 Punkte) eine negative Zukunftserwartung entgegen, die vor allem mit den Sparplänen der kommunalen Kulturpolitik zusammenhängt. Auch wenn die Bezeichnung "Großstadt zwischen Wald und Reben" faktisch mehr ("zwischen Wald und Reben") oder weniger ("Großstadt") zutreffe, sei dieser Titel nicht als Werbeslogan im Rahmen eines modernen Stadtmarketings geeignet.

Die beiden Bezeichnungen "High-Tech-Stadt" und "Industriestadt" wurden trotz ähnlicher Werte für den Status quo (um 1 Punkt) recht unterschiedlich beurteilt. Für letzteres wurde (wie für die "Stadt der Autos und Motoren") ein niedrigerer Soll-Wert gefordert, d.h. die Stadt solle sich von dem durch den Begriff "Industriestadt" vermittelten Inhalt eher distanzieren. Für die Zukunft wird dies nach Einschätzung der Interviewpartner auch geschehen, d.h. Stuttgart wird der Bezeichnung "Industriestadt" weniger gerecht als bisher; der Rückgang würde somit das von den Interviewpartnern gewünschte Maß sogar noch übertreffen. Bei der "High-Tech-Stadt" wünscht man sich für die Zukunft hingegen einen Ausbau dieses Merkmals, dem jedoch nur geringe Chancen gegeben werden. Zusammenfassend kann man sagen, daß abgesehen von der "Stadt der Autos und Motoren" und der "Industriestadt" für die bisher angesprochenen Begriffe der Wunsch nach einer Steigerung ihrer Plausibilität zur Charakterisierung Stuttgarts bestand. In Zukunft werden diese Begriffe jedoch weniger zutreffen.

Umgekehrt wurde für die Bezeichnungen, die als die momentan weniger plausiblen gesehen wurden (unter 0,5 Punkten für den Status quo), auch der größere Handlungsbedarf (meist über 1 Punkt) festgestellt, der größte für die Kennzeichnung Stuttgarts als "Universitätsstadt" und als "Bäder- und Kurstadt", gefolgt von der "Medienstadt" und der "Messe- und Kongreßstadt". Dabei traut man letzterer Bezeichnung noch am ehesten zu, zukünftig die Stadt treffend beschreiben zu können, d.h der Wert für die Zukunft (0,87) erreicht fast den Soll-Wert (0,91). In diesem Zusammenhang steht sicherlich die Eröffnung des neuen Kultur- und Kongreßzentrums Liederhalle (KKL), die durch die Inbetriebnahme eines neuen Kongreßhotels ergänzt wird; auch das Angebot an Kongreßfazilitäten der Region wurde indirekt als Bereicherung des Stuttgarter Angebotes angesehen. Bezüglich der Messe sieht man eine Vergrößerung und Verlagerung des Messegeländes in Zukunft als Chance für die Profilierung Stuttgarts als Messestadt. Für die Begriffe "Universitätsstadt" und "Medienstadt" erwartet man eine Verbesserung um ca. 0,5 Punkte gegenüber ihrer derzeitigen Eignung zur Charakterisierung der Stadt. Als "Universitätsstadt" habe Stuttgart derzeit noch keine Ausstrahlung; im Bereich der Medien sei zwar das Verlagswesen gut ausgebaut, es gelte jedoch, verstärkt auch modernere Medien in Stuttgart anzusiedeln, was aufgrund politischer Versäumnisse bisher nicht gelungen sei. Wenig realistisch werden jedoch die Hoffnungen eingeschätzt, daß Stuttgart sich faktisch einmal dem Begriff "Bäder- und Kurstadt" nähern wird.

Frage 12: **In der Imageanalyse dieses Forschungsprojektes wurden die Interviewpartner gefragt, in welcher von 15 deutschen Großstädten sie gerne wohnen, arbeiten oder ihre Freizeit verbringen würden. Wie beurteilen Sie die Qualität Stuttgarts als Stadt zum Wohnen, Stadt zum Arbeiten, als Freizeitstadt?** (geschlossene Frage)

Die drei Aspekte Wohnen, Arbeiten und Freizeit Verbringen, die stärker auf die Lebensqualität Stuttgarts für seine Bewohner denn für Touristen abheben, wurden sehr positiv bewertet. Die durchschnittliche Punktzahl (1,4) für das derzeitige Angebot bezüglich dieser drei Grunddaseinsfunktionen ist die zweitbeste aller Fragendurchschnitte. Deshalb wurde auch kein besonders großer Handlungsbedarf gesehen, er lag für die drei Aspekte durchschnittlich bei 0,7 Punkten (vgl. Abb. 43).

Zukünftig sehen die Gesprächspartner keine großen Veränderungen bezüglich der Qualität der Stadt zum Wohnen, Arbeiten und Verbringen der Freizeit. Im Vergleich mit den positiven Erwartungshaltungen in den anderen Fragen belegt ein Wert, der für die Zukunft 0,03 Punkte unter dem Status quo liegt, jedoch eine sehr zurückhaltende Einschätzung.

Abb. 43: Qualität Stuttgarts zu Wohnen, Arbeiten und Freizeitgestaltung

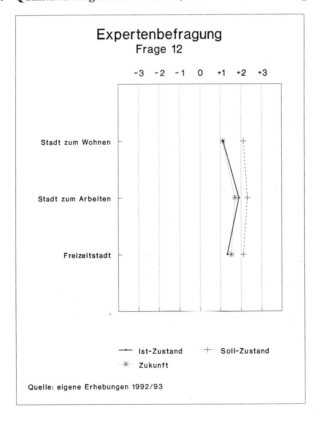

Am besten wurde Stuttgart als "Stadt zum Arbeiten" eingeschätzt, gefolgt von der "Freizeitstadt" und der "Stadt zum Wohnen". Genau umgekehrt verhält es sich mit dem Soll: Wo die beste Wertung für den Status quo gegeben wurde ("Arbeiten"), ist der Handlungsbedarf nach Meinung der Gesprächspartner am niedrigsten und umgekehrt, d.h. das größte Defizit wurde im Bereich "Wohnen" gesehen. Zukünftig sei jedoch nur im Bereich "Freizeit" eine kleine Verbesserung zu erwarten (0,2 Punkte), bei den beiden anderen Aspekten müsse man sogar mit geringfügigen qualitativen Verschlechterungen rechnen.

Frage 13: Nun möchten wir Sie bitten, die Bedeutung verschiedener Teilmärkte des Städtetourismus für Stuttgart zu beurteilen (-3: sehr unbedeutend; +3 sehr bedeutend). (geschlossene Frage)

Zusammenfassend kann man sagen, daß analog zum geringen Aufkommen an Städtetourismus in Stuttgart insgesamt auch dessen einzelne Segmente nicht als sehr bedeutend erachtet wurden. Die Punktzahl, die für den Status quo aller genannten Teilmärkte durchschnittlich vergeben wurde (0,5 Punkte), ist im Vergleich mit anderen Fragen eher niedrig. Folglich wurde hier ein recht großes Defizit (durchschnittlich ca. 1 Punkt) attestiert, während die zukünftigen Erwartungen für die Bedeutung der Teilmärkte um einen halben Punkt höher liegen als die gegenwärtige Einschätzung. Dies würde bedeuten, daß die wünschenswerte Steigerung zukünftig zur Hälfte erreicht wird (vgl. Abb. 44).

Im einzelnen gesehen erzielten für den Status quo der "Tagesveranstaltungsverkehr" und der "Einzelgeschäftsreiseverkehr" eine gute Beurteilung (über 1,5 Punkte). Folglich wurde hier zwar der geringste Handlungsbedarf (unter 0,5 Punkte) gesehen und für die Zukunft erwartet man in diesen beiden Bereichen auch die geringsten Veränderungen. Mit Werten zwischen 0,5 und 0,9 Punkten wurde die Bedeutung der Teilmärkte "Einkaufsreiseverkehr", "Messereiseverkehr" und "Abendbesuchsverkehr" eingeschätzt, wobei man bei allen drei Segmenten, besonders aber bei letzterem, recht große Defizite (1 Punkt) sah. Zukünftig wird sich die Bedeutung der Teilmärkte "Einkaufsreiseverkehr", "Messereiseverkehr" und "Abendbesuchsverkehr" verbessern, und zwar um ca. einen halben Punkt. Dabei wurde die derzeitige Situation und zukünftige Entwicklung des "Messereiseverkehrs" als insbesondere vom Standort des Messegeländes abhängig beurteilt. Die Topographie am Killesberg wird allgemein als Hindernis gesehen, so daß eine Stärkung dieses Teilmarktes nur durch eine Verlagerung der Messe zu erwarten sei, was jedoch in den nächsten 5-10 Jahren wohl kaum realisiert werde.

Als sehr gering bzw. sogar mit Werten unter null wurden der "Tagungs- und Kongreßreiseverkehr", der "Städtebesuchsverkehr" und die "Incentivereisen" eingeschätzt, wobei laut Aussage der Interviewpartner in allen drei Teilmärkten erheblicher (größer 1 Punkt) Handlungsbedarf bestehe, vor allem aber bei den "Incentivereisen", für die der Soll-Wert mehr als 2 Punkte über dem Ist-Wert liegt. Der Incentivetourismus in Stuttgart befindet sich nach Aussage einzelner Gesprächspartner noch im Anfangsstadium. Die vorhandenen Defizite seien möglicherweise in der mangelnden Attraktivität Stuttgarts für die entsprechenden Zielgruppen begründet. Image, Hotelkapazität und Tagungsfazilitäten seien wichtige Determinanten dieser Reiseform; auch es sei notwendig, geeignete Partner für die Zusammenarbeit vor Ort zu finden. Einig ist man sich jedoch darüber, daß sowohl der "Tagungs- und Kongreßreiseverkehr" als auch der "Städtebesuchsverkehr" und die "Incentivereisen" zukünftig erfreuliche Entwicklungen zu verzeichnen haben werden, d.h. daß sie sich dem wünschenswerten Optimum um ca. 1 Punkt annähern.

Abb. 44: **Teilmärkte des Städtetourismus in Stuttgart**

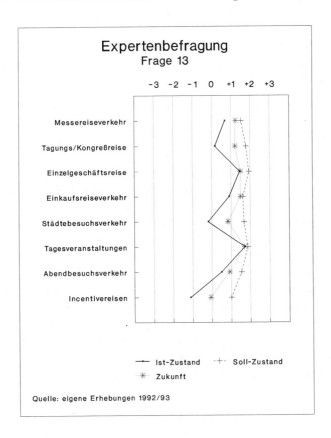

Quelle: eigene Erhebungen 1992/93

Frage 14: Sollte Ihrer Meinung nach der Städtetourismus in Stuttgart als "Exklusivtourismus" für eine schmale aber zahlungskräftige Zielgruppe etabliert
werden, oder sollten auf breiter Basis möglichst viele Publikumssegmente
angesprochen werden? (offene Frage)

Bezüglich der Frage, welche Zielgruppe die zukünftige Tourismuspolitik in Stuttgart ansprechen sollte, stimmten zwei Drittel der Gesprächspartner (42) für eine breite Basis, die aus
möglichst vielen Publikumssegmenten bestehen sollte. Erheblich seltener (13) wurde die
gegenteilige Position bezogen, derzufolge eine schmale aber zahlungskräftige Zielgruppe als
Stuttgart-Touristen zu bevorzugen wäre. Mehrfach wurde vorgeschlagen, die beiden
zielgruppenspezifischen Strategien parallel zu verfolgen (5), also weder das eine noch das
andere Extrem zu präferieren, sondern durch gezielte Zielgruppenansprache (jedoch abgesehen vom alleinigen Merkmal der Exklusivität) die geeignete Klientel für den Tourismus in
Stuttgart zu gewinnen (2). Es gab unter den Gesprächspartnern auch Pessimisten, die die
Meinung vertraten, daß aufgrund mangelnder Attraktivität der Stadt keine der genannten
Strategien große Chancen auf Erfolg habe (4).

Im folgenden sollen nun die diesbezüglichen Überlegungen der Gesprächspartner wiedergegeben werden, zunächst die Argumente der *Befürworter einer breiten Basis*. Am häufigsten sprachen sich die Interviewpartner für eine breite Basis von Städtereisenden aus Gründen
der wirtschaftlichen Unabhängigkeit aus (5). Es wurde argumentiert, daß man sich nicht von
einer zu schmal definierten Zielgruppe abhängig machen dürfe; dies zeige sich gerade in der
derzeitigen wirtschaftlichen Lage. Edeltouristikströme seien zu inkonstant, um alleine auf sie
zu bauen. Daß so viele Leute die Stadt besuchen wie nur möglich (1), entspreche außerdem
dem Ziel, das Bild Stuttgarts effektiv nach außen zu tragen. Man könne das Image nur verbessern, wenn Gäste, denen die Stadt gefällt, ihren positiven Eindruck von Stuttgart weiter-
geben (1). Das Votum der Gesprächspartner für ein breites touristisches Publikum wurde auch
mit der Homogenität begründet, die ein exklusiv und elitär ausgerichteter Fremdenverkehr
mit sich bringe. Diese Einseitigkeit wurde als schädlich nicht nur für ein buntes Stadtbild (1)
angesehen. Eine größere Streuung bringe also einerseits mehr Publikum und andererseits
durch die vielseitigere Nachfrage ein breiteres Angebot, d.h. ein vielfältigeres Stadtbild mit
sich (2). Die ohnehin vorhandene Vielfalt Stuttgarts sei bestens für einen Ausbau des Tourismus auf breiter Basis geeignet (2). Für die Stadt selbst sei es geradezu eine Auszeichnung,
daß sie ihre Gastfreundschaft den unterschiedlichsten Gästen entgegenbringe und alle Besuchergruppen gleichermaßen willkommen heiße (1).

Als weiterer Grund für die Bevorzugung einer breiten touristischen Zielgruppe wurde angesprochen, daß Stuttgart den Nachfragern eines elitären Exklusivtourismus ohnehin nicht
genügend zu bieten habe, so daß diese Zielgruppe nicht zufriedengestellt werden könne (5).
Auch passe eine breite Basis besser zur Mentalität der Stuttgarter bzw. der Schwaben, die

aufgrund ihrer "demokratischen liberalen Gesinnung" einem breiten Publikum auf-
geschlossener gegenüber stünden als einer touristischen Elite. Die Stuttgarter seien selbst
nicht exklusivitätsliebend, so daß auch vor dem Hintergrund der Gastgebermentalität die Eta-
blierung eines Exklusivtourismus unpassend erscheine (4). Trotz der Zustimmung zum Ausbau des Städtetourismus auf breiter Basis wurde davor gewarnt, sich an dem "Heidelberger
Modell" des Massentourismus zu orientieren (1).

Die *Befürworter des Exklusivtourismus* begründeten ihren Standpunkt einerseits mit der
Sichtweise der Spitzenhotellerie, die die teureren Zimmer an zahlungskräftiges Publikum besser vermieten könne als an die breite Masse der Touristen (1). Abgesehen von diesem wirtschaftlichen Gesichtspunkt sprachen sich manche Interviewpartner auch wegen der angeblich
angenehmeren, intellektuelleren Klientel für den Exklusivtourismus aus (1). Durch das Motto
"Klasse statt Masse" werde außerdem die Menge der Touristen auf ein sinnvolles Maß
begrenzt (2).

Kritiker der breiten Publikumsbasis assoziierten mit diesem Begriff einerseits Busreisen,
andererseits die Sportveranstaltungen. Von beidem gebe es schon genug (1), deshalb solle
zukünftig der Städtetourismus in Stuttgart im gehobenen Bereich angesiedelt werden. Vorgeschlagen wurde eine stärkere Konzentration auf Kongresse, da diese "Qualität" bringen (2).
Auch im Interesse einer Imageverbesserung sei man mit dem Exklusivtourismus besser
beraten (1); nur durch ein exklusives Publikum werde das Image wirksam verbessert (2).

Die *Befürworter einer Kombination von beiden Strategien* vertraten die Meinung, daß im
Falle Stuttgarts die in Frage kommenden Zielgruppen sowohl auf breiter Basis (z.B. IGA-
Besucher) als auch in exklusiven Käuferschichten (z.B. zahlungskräftige Kunden von Wirtschaftsunternehmen oder Incentivereisende) zu finden seien. Das Angebot für beide Ebenen
sei in Stuttgart durchaus vorhanden. Exklusivangebote seien zwar in stärkerem Maße
imageprägend als massenwirksame Publikumsmagnete, dennoch sei man auf breite Be-
sucherschichten als Kunden für die Gastronomie angewiesen.

**Frage 15: 1993 finden in Stuttgart zwei Großereignisse statt: die IGA Expo 93 und die
Leichtathletik-WM. Deren Befürworter propagieren die positiven Effekte,
die solche Großveranstaltungen für das Image und den Städtetourismus
Stuttgarts haben werden. Andere sind der Meinung, daß kontinuierliche
Investitionen in dauerhafte Einrichtungen langfristig sinnvoller sind als die
Finanzierung solcher Highlights. Welcher dieser Positionen würden Sie sich
anschließen und warum?** (offene Frage)

Über die Hälfte aller Gesprächspartner (32) favorisierte die Highlights als Instrument der
Imageverbesserung und der Förderung des Städtetourismus. Einige der Befragten (9) sprachen sich für das gleichzeitige Verfolgen beider Strategien aus - also dauerhafte Investitionen

und Highlights -, während andere die Meinung vertraten, die IGA und die Leichtathletik-WM seien zugleich Highlights und dauerhafte Investitionen (4): im Falle der IGA aufgrund der Schaffung von Grünzügen und bei der Leichtathletik-WM wegen der Überdachung des Stadions. Etwa ein Viertel der Interviewpartner (16) gab der Förderung der dauerhaften Einrichtungen den Vorzug vor den Highlights. Die Gründe für die verschiedenen Positionen werden im folgenden beleuchtet.

Mit einem größeren Imagegewinn (15) begründeten die meisten *Fürsprecher der Highlights* diese Veranstaltungen. Dabei wurde besonders auf ihre internationale Wirkung (7) abgehoben, die durch dauerhafte Einrichtungen - wie sie ja in Stuttgart ausreichend vorhanden seien - nicht erzielt werden könne. Die Highlights bringen der Stadt also internationales Renommee, durch sie werde die Stadt und ihr Name aufgewertet.

Die direkte Wirkung von Highlights bestehe darin, die Stadt ins Rampenlicht zu stellen und dadurch die Leute zu einem Besuch der Stadt zu animieren. Dies sei mit einem guten Standardangebot heute kaum mehr möglich. Erst durch die Anziehungskraft der Großveranstaltungen könnten möglichst viele Menschen von der Qualität der Stadt überzeugt werden (7). Um den Effekt der Highlights zu optimieren, sei es jedoch wichtig, die richtigen, d.h. kaufkraftstarken Zielgruppen anzusprechen, die der Stadt auch tatsächlich wirtschaftliche Vorteile bringen (3). Neben einer Schubwirkung (2), die den Großveranstaltungen zugesprochen wurde, erhofft man sich auch langfristig positive Effekte für die Stadt, und zwar einerseits durch die Multiplikatorwirkung der Veranstaltungsbesucher, andererseits durch die Darstellung der Großereignisse in den Medien (Presse und TV). Damit die langfristigen Wirkungen nicht verblassen, sei es jedoch notwendig, kontinuierlich Glanzlichter zu setzen (1). Andere Gesprächspartner waren hingegen der Meinung, daß die Stadt Highlights in der Größenordnung der IGA oder der Leichtathletik-WM nur alle 3-4 Jahre verkrafte (1). Gemutmaßt wurde weiterhin, das Potential an durchführbaren Veranstaltungen sei für die nächsten Jahre ohnehin ausgeschöpft (2). Kritisiert wurde, daß die erhoffte Wirkung der angesprochenen Highlights durch mangelhafte Vermarktung (1) verspielt worden sei - die IGA als internationale Gartenbauausstellung sei im Ausland paradoxerweise kaum bekannt (2). Vereinzelt wurde mit dem Hinweis auf ehemalige Bundesgartenschau-Städte ihre imageverbessernde Wirkung angezweifelt (4). Auch in bezug auf die Leichtathletik-WM gibt es Skeptiker, die die Meinung vertreten, daß bei solchen Ereignissen nach wenigen Tagen alles vorbei sei und die Austragungsorte solcher Sportveranstaltungen bald wieder in Vergessenheit geraten (3). Die Imagewirkung von Großveranstaltungen werde daher im allgemeinen überschätzt (1). Auch das Argument, daß Großveranstaltungen Geld in die Kassen der Stadt bringen, wurde in Frage gestellt: die wirtschaftliche Bilanz solcher Highlights sei meist katastrophal (1), besonders, wenn man gleich zwei in einem Jahr zu finanzieren habe (1).

Als positive Auswirkungen von Großveranstaltungen wurde hingegen angeführt, daß sie durch ihre Besucherströme eine bessere Auslastung dauerhafter touristischer Einrichtungen mit sich bringen, daß die Highlights z.T. sogar neue Dauereinrichtungen erzwingen, die ohne den gegebenen Anlaß nie entstanden wären (2). In diesem Zusammenhang wurde die politische Durchsetzbarkeit von Investitionen angesprochen, die durch anstehende Großereignisse meist erleichtert werde (3). So setzten Highlights Finanzmittel frei, die ohne sie nicht investiert würden; außerdem könne man hierbei häufig auf Fördermittel von Bund, Land und anderen beteiligten Organisationen rechnen (2). Langfristige Investitionen in dauerhafte Einrichtungen scheiterten jedoch häufig am kurzfristigen Denken der Politiker (1). Eine positive Beurteilung der Highlights lag auch in ihrer Darstellung als beste und preiswerteste Reklame für die Stadt (1).

Als Grund für die Favorisierung der *Förderung von dauerhaften Einrichtungen* wurde genannt, daß sie gerade in Stuttgart eine längere Tradition (1) als die Großveranstaltungen haben. Außerdem haben Ballett und andere stadtspezifische Einrichtungen (2) mehr mit der Stadt selbst zu tun als austauschbare eingekaufte Highlights, die überall stattfinden können. Der Eindruck durch Highlights verblasse zu schnell, so daß kontinuierliche zielgruppenorientierte Werbung auf die Eigenarten der Stadt hin als sinnvoller und deren Wirkung als nachhaltiger erachtet wurden (2). Gemessen an ihrem Effekt verursachten die Großereignisse viel zu hohe Kosten. Es sei sinnvoller, die entsprechenden Summen in die Werbung für bestehende Attraktionen und Stärken zu stecken (1). Städtetourismus lebe von der ursprünglichen Attraktivität einer Stadt, die durch die Finanzierung von Highlights sogar gefährdet werden könne (1). Wie das Beispiel anderer Städte zeige, sei eine dauerhafte Imagewerbung auch ohne Großveranstaltungen möglich (1).

Einige Gesprächspartner verwahrten sich gegen eine Entscheidung zwischen Highlights und dauerhaften Einrichtungen und forderten mit Aussagen wie "das Eine tun, aber das Andere nicht lassen" einen *zweigleisigen Ansatz*. Großveranstaltungen seien zwar gut, reichten aber nicht aus. Neben den Vorteilen wie ihrer weltweit imagebildenden Funktion und ihrer Anschubwirkung für den Tourismus wurde auch hier angeführt, daß die Großereignisse dauerhafte Einrichtungen schaffen, durch sie der Bestand an Infrastruktureinrichtungen also erweitert werde. Dies treffe sowohl für die IGA (Schaffung von Grünzügen) als auch für die Leichtathletik-WM (Überdachung des Stadions) zu. Einschränkend für das Votum zugunsten der Highlights wurde jedoch angemerkt, daß solche Veranstaltungen nur dann in Angriff genommen werden sollen, wenn sie nicht zu Lasten anderer Vorhaben gehen (2). Im Falle von Geldknappheit solle lieber der hohe Standard der Dauereinrichtungen gehalten bzw. eine langfristige Standortverbesserung durch kleinere Maßnahmen angestrebt werden. Auch sei es zweifelhaft, ob Besucher der IGA oder der Leichtathletik-WM überhaupt in großem Maße zu

Umsatzsteigerungen der ortsansässigen Unternehmen (Hotellerie, Gastronomie, Einzelhandel, Taxiunternehmen u.s.w.) beitragen (1).

Frage 16: Als nächstes lege ich Ihnen 10 Kärtchen mit den Namen der "Magic Ten" vor und möchte Sie bitten, diese Städte bezüglich ihres Images in eine Rangfolge zu bringen. (geschlossene Frage)

Die Aufgabe der Experten bestand darin, die Städte der "Magic Ten" bezüglich ihres Images in eine Rangfolge zu bringen. Die subjektiven Bewertungen der Experten sowie der jeweilige durchschnittliche Rangplatz der Städte kann der Tabelle 15 entnommen werden. Zum Vergleich der Bewertungen finden sich in der Tabelle die Ergebnisse der 1992 im Rahmen dieses Forschungsprojektes bundesweit durchgeführten Analyse zum Image Stuttgarts. Die Aufgabe der Befragten dieser letztgenannten Untersuchung bestand darin, das Image der 15 größten deutschen Städte, darunter auch die Städte der "Magic Ten", mit Schulnoten von eins bis fünf zu bewerten. Bei Vernachlässigung der nicht zu den "Magic Ten" gehörenden Städte ergeben sich die in der Tabelle 15 aufgeführten Rangplätze.

Tab. 15:   **Das Image der "Magic Ten" in Expertenbefragung und Imageanalyse**

Rangplatz	Expertenbefragung		Imageanalyse	
	Städte	**∅-Rangplatz**	**Städte**	**∅-Note**
1	München	1,84	München	1,75
2	Berlin	2,66	Hamburg	2,10
3	Hamburg	3,42	Berlin	2,33
4	Düsseldorf	5,29	**Stuttgart**	**2,42**
5	**Stuttgart**	**5,66**	Köln	2,49
6	Frankfurt	5,73	Düsseldorf	2,58
7	Köln	5,79	Hannover	2,81
8	Dresden	6,57	Frankfurt	3,08
9	Hannover	8,85	Dresden	3,23
10	Leipzig	8,95	Leipzig	3,59

Quelle: eigene Erhebung 1992/93

Wie schon die Imageanalyse zeigen auch die Ergebnisse der Expertenbefragung die Beliebtheit der Städte München, Hamburg und Berlin. Der erste Platz und damit das beste Image wird eindeutig der Stadt München zugesprochen. In der Expertenbefragung folgen auf den Plätzen zwei und drei die Städte Berlin und Hamburg, wobei im Gegensatz zur Imageanalyse Berlin den Platz vor Hamburg einnehmen konnte. Die Experten sprechen der Bundeshauptstadt Berlin somit ein besseres Image zu als die Befragten der Imageanalyse.

Auch der Stadt Düsseldorf wird mit dem vierten Rang in der Expertenbefragung ein besseres Image attestiert als in der Imageanalyse, wo die Stadt den sechsten Platz erzielte. Stuttgart kann mit einem fünften Rang in der Expertenbefragung und einem vierten Rang in der Imageanalyse einen Platz im oberen Mittelfeld behaupten, wobei die Stadt in beiden Untersuchungen besser bewertet wurde als beispielsweise Frankfurt oder Köln.

Frage 17: Wie schätzen Sie die Bedeutung Stuttgarts ein a) im vereinten Deutschland?, b) im europäischen Binnenmarkt? (geschlossene Frage)

Hier wurde die Bedeutung Stuttgarts im europäischen Binnenmarkt zum derzeitigen Zeitpunkt etwas besser (1,03 Punkte) eingeschätzt als die Bedeutung der Stadt im vereinten Deutschland (0,95 Punkte). Dies wurde von den Experten damit erklärt, daß Stuttgart geographisch gesehen in Europa eine sehr zentrale Lage einnehme ("Drehscheibe zwischen Ost-West und Nord-Süd") und außerdem von der wirtschaftlichen Bedeutung der Region profitiere. Der Einfluß des Wirtschaftsraumes Stuttgart im europäischen Binnenmarkt sei deshalb sehr hoch zu bewerten; im vereinten Deutschland sei Stuttgart jedoch eher in eine Randlage gedrängt worden, was die zurückhaltendere Einschätzung dieser Bedeutung erklärt.

Den Handlungsbedarf sahen die Gesprächspartner für beide Fragestellungen ähnlich hoch (0,8 Punkte), die zukünftige Entwicklung wird zurückhaltend, jedoch für die Bedeutung innerhalb des europäischen Binnenmarktes aus o.g. Gründen etwas positiver eingeschätzt als im vereinten Deutschland (vgl. Abb. 45).

Frage 18: Sehen Sie die Region Stuttgart eher als Konkurrenz oder als Ergänzungsraum für Stuttgart? Sollte die Tourismuswerbung mit der Region fortgesetzt werden oder nicht? (offene Frage)

Die Mehrzahl der Gesprächspartner sah in der Region einen Ergänzungsraum für Stuttgart (46). Diese Sichtweise wurde u.a. damit begründet, daß die Gemeinden in Umland selbst eine große Ausstrahlung und Anziehungskraft haben (1), zumal in der Region Freizeitwerte sowie historische und kulturelle Werte stark vertreten seien (3). Außerdem sei ein Großteil der für Stuttgart bedeutenden Zulieferindustrie in der Region angesiedelt (1). Die Angebote Stuttgarts und der Region seien also im Zusammenhang zu sehen, sie ergänzten sich gegenseitig (3). Auch baulich und funktional (1) sei Stuttgart mit der Region zusammengewachsen. Manche der Interviewpartner beurteilten deshalb Stuttgart und die Region als eine Einheit, in der es lediglich noch historisch bedingte Gemeindegrenzen gebe (2). Obwohl es im kulturellen, politischen und wirtschaftlichen Bereich durchaus zu Konkurrenzsituationen zwischen Stuttgart und der Region komme (2), werde aus bundesweiter Sicht die Region doch in der Regel mit Stuttgart gleichgesetzt (1). Wünschenswert sei eine "Regionalstadt" (3) mit ca. 1,5 Mio. Einwohnern, in der das touristische, soziale und kulturelle Angebot auch großstädtisch organisiert werden könne.

Einige Gesprächspartner verwiesen darauf, daß (derzeit noch) die Einschätzung als Konkurrenzsituation zwischen Stuttgart und der Region vorherrsche (10), da die Wahrnehmung und Wahrung eigener Interessen bei vielen Städten vor dem regionalen Interesse stehe (3). Anstatt das gemeinsame Anliegen und die Vorteile konsequenter Kooperation zu erkennen, "koche jeder sein eigenes Süppchen" und die Regionsstädte versuchten, in Abgrenzung von Stuttgart ein eigenes Image aufzubauen (2). Die Kleinkariertheit des derzeitigen Verhältnisses zwischen Stuttgart und der Region könne man z.B. an der Medienlandschaft sehen: es bestünden lauter eigenständige, aber auch eigenbrötlerische und provinzielle Zeitungen nebeneinander (1). Wirtschaftsunternehmen würden von Stuttgart ins Umland abgezogen (2), und die in der Region verkehrsgünstigeren Angebote im Einkaufs- und Freizeitbereich stünden in offensichtlicher Konkurrenz zu denen der Stadt Stuttgart (2).

Erwartungsgemäß plädierten dennoch zahlreiche Gesprächspartner (21) für eine Fortsetzung der gemeinsamen Tourismuswerbung Stuttgarts mit der Region. Es wurde jedoch vereinzelt gefordert, Werbung müsse zwar schwerpunktmäßig gemeinsam stattfinden, Stadtwerbung aber auch speziell für und von Stuttgart betrieben werden. Zudem sei die Tourismuswerbung zur Zeit nur wenig ansprechend, sie müsse in Zukunft effizienter gestaltet werden (8). Es sei eines der Hauptprobleme, das gemeinsame Interesse der Gesamtregion gegenüber den Eigeninteressen der Beteiligten durchzusetzen, dazu komme die mangelnde Risikobereitschaft der Schwaben. Aufgrund der ungünstigen Konstellation und knapper Haushaltsmittel der "Touristikgemeinschaft Region Stuttgart" sei es für die Stadt Stuttgart durch ihre Mitgliedschaft noch schwieriger als vorher, sich als Landeshauptstadt selbstbewußt und eigenständig zu vermarkten. Die Einschätzung, daß es aufgrund mangelnder politischer Einheitlichkeit unter den jetzigen Vorzeichen noch keine gemeinsame Tourismuswerbung geben solle, teilten jedoch nur wenige Interviewpartner (4). Vereinzelt wurde auch darauf verwiesen, daß die Region zwar ein Ergänzungsraum für Stuttgart sei, die Stadt aber als Konkurrenz sehe (3).

Weder als Konkurrenz noch als Ergänzung wollte man z.T. die Beziehung Stuttgarts zur Region gewertet wissen, sondern als gegenseitiges Abhängigkeitsverhältnis (1), da man darauf angewiesen sei, sachlich zusammenzuarbeiten.

Eingeschränkt wurde das Votum der Gesprächspartner für die Kooperation Stuttgarts mit der Region z.B. dahingehend, daß die jeweiligen Eigenständigkeiten nicht aufgegeben werden dürften (1). Es sei darauf zu achten, daß Stuttgart als Zentrum erkennbar bleibe, d.h. den Schwerpunkt der Region bilde und Priorität habe (1). Auch solle der Großraum Stuttgart eventuell in Form von Steuern stärker zur Kasse gebeten werden (2), da die Region von den Stuttgarter Angeboten stärker profitiere als umgekehrt (2), so z.B. von den Krankenhäusern, dem Flughafen usw.

Die Bedeutung des Verhältnisses zwischen Stuttgart und der Region wurde an der Prognose deutlich, Baden-Württemberg könne seine führende wirtschaftliche Position nur beibehalten, wenn zukünftig die Region Stuttgart (auch durch entsprechende Entscheidungen der Landesregierung) gestärkt werde (1). Als Region definierten die Interviewpartner teilweise (3) einen recht großen Raum, nämlich von der Region Mittlerer Neckar bis hin zur Schwäbischen Alb und zum Schwarzwald. In diesem Zusammenhang schien es manchem durchaus plausibel, die Region Stuttgart als "Hauptstadt des Schwarzwaldes" zu vermarkten (1), schließlich werbe München trotz großer Entfernung auch mit dem landschaftlichen Reiz der Alpen.

Frage 19: Wie beurteilen Sie die Kooperation verschiedener Institutionen/Ebenen in bezug auf Imagepflege und Städtetourismus in Stuttgart?
(geschlossene Frage)

Die schlechteste Note der gesamten Befragung wurde für den Status quo der Kooperation verschiedener Institutionen/Ebenen in bezug auf Imagepflege und Städtetourismus in Stuttgart vergeben, nämlich - 1,2 Punkte (vgl. dazu Abb. 45). Es sei kaum Kooperation zwischen verschiedenen Stellen vorhanden, die Koordinierung (z.B. bei gemeinsamen Präsentationen) sei mangelhaft, die Situation sei eher konkurrierend als integrierend. Insbesondere die Zusammenarbeit mit städtischen Behörden gestalte sich schwieriger als in anderen Städten. Die große Bedeutung, die der Zusammenarbeit demgegenüber beigemessen wird, findet ihren Niederschlag in einem außerordentlich großen Unterschied zwischen Ist- und Soll-Wert, der mit 3,4 Punkten den höchsten Handlungsbedarf der ganzen Untersuchung ausdrückt. In dieser Frage treffen also Extreme aufeinander, die schlechteste Note wurde für den Faktor vergeben, dem die größte Wichtigkeit aber gleichzeitig die größten Defizite beigemessen werden. Jedoch wurde der Kooperation der verschiedenen Ebenen in bezug auf Imagepflege und Städtetourismus in Stuttgart auch das beste Entwicklungspotential zugesprochen, die Zukunftsnote liegt mit 1,5 Punkten so hoch über dem Status quo wie in keiner anderen Frage.

Frage 20: Nun möchte ich Sie bitten, verschiedene Werbemaßnahmen in ihrer Bedeutung für den Bereich des Städtemarketing Stuttgarts zu beurteilen.
(geschlossene Frage)

Die Frage nach der Bedeutung der verschiedenen Werbemaßnahmen wurde mit durchschnittlich - 0,4 Punkten insgesamt sehr schlecht bewertet (vgl. Abb. 46). Analog der schlechten Beurteilung aller Werbemaßnahmen für den Status quo wurde ein hoher Handlungsbedarf attestiert, mit 2,2 Punkten der drittgrößte der Untersuchung. Optimistisch schätzt man jedoch die Zukunft der sechs genannten Werbemaßnahmen im Bereich des Städtemarketing in Stuttgart ein, mit durchschnittlich 1,2 Punkten die zweitbeste Prognose aller Fragen. Im einzelnen wurden die Werbemaßnahmen wie folgt beurteilt:

Abb. 45:   Durchschnittswerte der Fragen 17, 19, 21 und 22

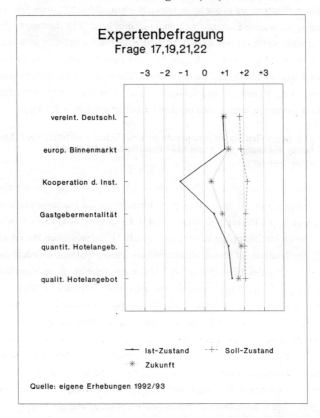

Quelle: eigene Erhebungen 1992/93

Am besten, d.h. mit dem geringsten Wert unter null, wurde für den Status quo die "Rolle der Kommunikationsmittel" beurteilt, gefolgt von der "Öffentlichkeitsarbeit" und der "Selbstdarstellung auf Messen", alle mit Werten zwischen 0 und - 0,4 Punkten. Nachholbedarf attestierte man dabei vor allem der "Öffentlichkeitsarbeit", die nach den "bisherigen Aktivitäten der Stadt" den zweitgrößten Soll-Wert dieser Frage (2,4 Punkte) erhielt. Aber auch die Defizite der Stadtwerbung im Bereich der "Kommunikationsmittel" und der "Selbstdarstellung auf Messen" wurden mit Soll-Werten von ca. 1,9 Punkten stark hervorgehoben. Zukünftig traut man am wenigsten den Messepräsentationen zu, ihre Aufgabe in der Stadtwerbung besser zu erfüllen (0,8 Punkte), die Prognosen für alle anderen Werbemaßnahmen liegen über 1 Punkt.

Abb. 46: Werbemaßnahmen des Städtemarketing

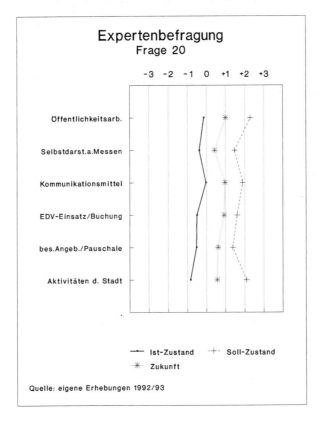

Schlechter als - 0,5 Punkte wurden zum derzeitigen Zeitpunkt "EDV-Einsatz, wie Buchungssysteme usw.", die "Bedeutung besonderer Angebote wie Pauschalen usw." und die
"Effizienz der bisherigen Aktivitäten der Stadt" bewertet, letzteres sogar mit - 0,8 Punkten.
Auch hier wird durch Soll-Werte, die um 2 Punkte, für die "Aktivitäten der Stadt" sogar bei
ca. 3 Punkten liegen, sehr großer Handlungsbedarf signalisiert. Das Ziel der Verbesserung im
Bereich "EDV-Einsatz, wie Buchungssysteme usw." scheint zukünftig zumindest teilweise erreichbar zu sein, die Prognose liegt um 1,4 Punkte höher als die derzeitige Einschätzung.
Aber auch in den Bereichen "Pauschalen" und "bisherige Aktivitäten der Stadt" rechnet man
zukünftig mit einer Entwicklung in Richtung des Soll-Wertes, und zwar mit einer Steigerung
zwischen 1,1 und 1,4 Punkten.

Frage 21: Die Ergebnisse der Imageanalyse Stuttgart haben gezeigt, daß auch die Bevölkerung in Stuttgart einen wesentlichen Einfluß auf die Qualität des Besuchsverlaufs der Gäste in Stuttgart hat. Als Kontaktstelle und Multiplikatoren sind also auch die Bürger der Stadt wichtige Imageträger. Wie beurteilen Sie die Gastgebermentalität der Stuttgarter? (geschlossene Frage)

Die derzeitige Gastgebermentalität der Stuttgarter Bevölkerung wird mit einem Wert von ca. 0,5 Punkten nur als durchschnittlich eingeschätzt (vgl. hierzu Abb. 45). Im Vergleich zu anderen Faktoren der Stadt (z.B. Frage 12: "Wohnen", "Arbeiten", "Freizeit Verbringen" oder Frage 10: "imagebildende Faktoren") erreicht die Bevölkerung also eine eher geringe Punktzahl. Folglich wird hier auch höherer Handlungsbedarf (1,6 Punkte) gesehen als für die anderen Aspekte, wobei man sich bezüglich einer Prognose der zukünftigen Gastgebermentalität zurückhaltend optimistisch gibt. Demnach könnte sich die Einstellung der Bevölkerung zur Stadt und ihren Besuchern um knapp 0,5 Punkte verbessern.

In diesem Zusammenhang wurde angemerkt, daß man die Stuttgarter Bevölkerung sehr differenziert beurteilen müsse. Die Stuttgarter seien durchaus gastfreundlich, aber aufgrund ihrer zurückhaltenden schwäbischen Art schwer zugänglich, so daß Touristen Kontaktprobleme insbesondere mit der älteren Bevölkerung haben können. Auch sei der Dialekt für Auswärtige häufig nicht verständlich. Die Bewertung der Schwaben als Multiplikatoren müsse jedoch eher negativ ausfallen, da das "Madigmachen" der eigenen Stadt zu den charakteristischen Eigenschaften der Stuttgarter gehöre. Doch gerade im Städtetourismus sei die Multiplikatorwirkung der Bevölkerung sehr wichtig. Daher sollten sich die Stuttgarter stärker in Weltoffenheit üben.

Frage 22: Nun möchte ich Ihnen einige Fragen zum Beherbergungswesen der Stadt Stuttgart stellen. Bitte beurteilen Sie anhand einer Skala von -3 bis +3 a) die quantitative Ausstattung Stuttgarts mit Beherbergungsbetrieben b) die qualitative Ausstattung des Stuttgarter Beherbergungsangebotes. (geschlossene Frage)

Insgesamt wurde das Stuttgarter Beherbergungsangebot (vgl. Abb. 45) als sehr zufriedenstellend beschrieben, besser als die quantitative Ausstattung (1,2) sogar noch die qualitative mit 1,4 Punkten für den Status quo. Vereinzelt wurde darauf hingewiesen, daß das Beherbergungsangebot der Region mit einzubeziehen sei, da viele der Geschäftsreisenden außerhalb Stuttgarts übernachteten. Gemeinsam erzielen Qualität und Quantität durchschnittlich 1,3 Punkte, was die viertbeste Bewertung aller Fragen ist. Im Vergleich zu Stuttgart als "Stadt zum Wohnen, Arbeiten und Freizeit Verbringen" liegt dieser Aspekt etwas zurück. Insofern ist der konstatierte Handlungsbedarf zu erklären, der bei durchschnittlich 0,8 Punkten liegt, und zwar für die schlechter bewertete Quantität noch etwas höher als für die Qualität des Beherbergungsangebots. Insbesondere im Bereich der Mittelklasse und der unteren Preiskategorie gebe es einen Nachholbedarf. Wenn man Urlaubstouristen in die Stadt bringen wolle, sei eine andere Ausstattung notwendig als für Geschäftsreisende. Zukünftig erwartet man für die quantitative Ausstattung Stuttgarts mit Beherbergungsbetrieben eine Verbesserung um 0,6 Punkte, für die qualitative um 0,3 Punkte. Hierbei wird auch die Erweiterung des Angebotes durch die Fertigstellung des Hotels am Kultur- und Kongreßzentrum Liederhalle (KKL) positiv bewertet.

Frage 23: **Bezüglich des Beherbergungswesens wird einerseits die Meinung vertreten, daß ein erweitertes Angebot ein höheres Gästeaufkommen ermöglicht und dadurch mehr Besucher in die Stadt lockt; andererseits besteht die Ansicht, daß eine Kapazitätserweiterung nur zu verstärkter Konkurrenz und zu einer verringerten Auslastung führt. Wie stehen Sie zu solchen Äußerungen?** (offene Frage)

Diese Frage wurde sehr kontrovers diskutiert. Etwa ein Drittel der Gesprächspartner sprach sich für eine Ausweitung der Hotelkapazität (20) aus, knapp zwei Drittel dagegen (34), acht waren unentschlossen.

Für eine Ausweitung der Hotelkapazität sprach man sich u.a. mit dem Argument aus, ein breites Angebot locke die verschiedensten Leute an. Demnach sei der Neubau von Hotels positiv zu bewerten, weil mehr Hotels auch mehr Gäste bringen, z.B. durch Tagungen (5). Relativiert wurde diese Korrelation jedoch wie folgt: Zwar könne momentan die Hotelkapazität noch mit Erfolg ausgeweitet werden, irgendwo seien diesem selbstverstärkenden Effekt jedoch Grenzen gesetzt (5), die in Stuttgart bald erreicht sein werden. Dann bestehe die Gefahr eines ruinösen Wettbewerbs und eines "Hotelsterbens".

Außerdem sei der Zusammenhang zwischen erweitertem Angebot und höherem Gästeaufkommen kein Automatismus, so daß man die These differenzierter sehen müsse. Eine von der touristischen Infrastruktur her schlecht ausgestattete Stadt habe immer Probleme, Gäste anzulocken. Dies treffe auch für Stuttgart zu und sei nur durch eine Erweiterung der Hotelkapazitäten durchaus nicht zu ändern. Werde die Kapazitätsausweitung jedoch von anderen werblichen Maßnahmen und mehr Öffentlichkeitsarbeit begleitet, könne die Strategie zum Erfolg führen. Zudem müsse die Attraktivität der Stadt gesteigert werden, wenn dies nach 1993 nicht geschehe, komme ein Auslastungsrückgang durch die erweiterte Kapazität. Deshalb müsse die Stadt weiterhin hochkarätige Veranstaltungen anbieten.

Häufig wurde ein direkter Zusammenhang zwischen Hotelneubau und geringerer Auslastung gesehen (6). Als Beispiele wurden das Interconti und das Fontana angeführt. Nach deren Bau sei die Belegung der Stuttgarter Hotels zurückgegangen, so daß das Geschäft für die Hotels insgesamt immer unrentabler werde. Durch den Neubau von Hotels komme es nur zu einer anderen Verteilung der Gäste in der Stadt, nicht zu einem höheren Gästeaufkommen. Außerdem komme es durch die schärfere Konkurrenz (4) zu einem Preisverfall (2). Je nach dem

Standpunkt der Gesprächspartner wurden als Folge davon entweder eine Erhöhung der Aktivitäten der Hotelliers gesehen, die auf die neuen Mitbewerber mit einer Angebotsverbesserung reagierten. Oder die Angebotserweiterung wurde als Ursache einer Unterauslastung gesehen, durch die logischerweise der Qualitätsstandard leide. Eine Qualitätsminderung durch zu starken Konkurrenzdruck könne zu einem Imageverlust des Stuttgarter Beherbergunsangebotes führen (4). Aber auch die Selbstgefälligkeit mancher Hotelbetriebe bei zu geringer Konkurrenz sei für das Image schädlich (1).

Relativierend wurden die Erweiterungen des Angebots im Zusammenhang mit dem KKL angesprochen, dessen Bau wegen der erweiterten Kongreßfazilitäten als prinzipiell positiv eingeschätzt wurde, allerdings habe dieser nicht gleich so groß sein müssen. Gerechtfertigt wurde z.T. auch der Bau des Inter-Continental, und zwar damit, daß es als internationales Hotel gut für Stuttgart und sein Image sei. Teilweise wurden auch die Kapazitätserweiterungen in Möhringen und Vaihingen als notwendig und sinnvoll bezeichnet und das Problem eher in der Innenstadt gesehen, wo nach einer Erweiterung tatsächlich die Auslastung zurückgehen würde. Andere Interviewpartner relativierten ihre Warnung vor Überkapazitäten in der Innenstadt für den Bereich der Schleyer-Halle, wo eventuell noch Bedarf bestünde. Auch wurde die Meinung vertreten, im mittleren Preissektor gebe es einen Bedarf an Kapazitätserweiterungen (7), wogegen in der oberen Preisklasse das Angebot inzwischen ausreichend sei (4).

Die generellen *Gegner einer Ausweitung der Hotelkapazitäten* verwiesen neben obengenannten Argumenten u.a. darauf, daß in Stuttgart der letzte Auslastungsengpaß 1990 war, damals seien die Hotels das letzte Mal voll gewesen (1). Die Besucherzahlen Stuttgarts seien einfach zu gering, um eine zusätzliche Erweiterung zu rechtfertigen (4). Von anderer Seite wurde dagegen angemerkt, das Angebot orientiere sich prinzipiell an der Nachfrage, Konkurrenz gehöre nun einmal dazu und der Wettbewerb sei als Motor der Beherbergungsbranche durchaus positiv zu bewerten. Vor allem könne ein (politisches) Eingreifen in den Marktprozeß problematisch werden.

Frage 24: **Die Stuttgarter Messe lockt jährlich viele Besucher nach Stuttgart.**
Meist halten sich diese Gäste jedoch nur im Bereich des Killesberges
und in der Nähe ihrer Unterkunft auf. Sie nehmen sich kaum die Zeit, Stuttgart näher kennenzulernen. Wie könnte man Ihrer Meinung nach Geschäftsreisende und/oder Messebesucher zu einer "städtetouristischen" Nutzung ihres Aufenthaltes bewegen? (offene Frage)

Abgesehen von den verschiedenen Strategien, wie man die Messebesucher zu einer städtetouristischen Nutzung Stuttgarts bewegen könnte, beschäftigte die Gesprächspartner in dieser Frage auch die allgemeine Situation der Stuttgarter Messe.

So wurde der derzeitige Messestandort wegen seiner unzureichenden Größe (1) und ungünstigen Lage (2) kritisiert. Aufgrund der gegebenen Situation fänden dort nur Regionalmessen (7) statt, was wiederum mit sich bringe, daß die Besucher nicht übernachten (2), sondern Tagestouristen sind. In der Hotelbranche schlage sich das insofern nieder, als Stuttgart nach Aussage eines Gesprächspartners nur drei Messetage habe, an denen die nennenswerten Hotels durch Messegäste ausgebucht seien. Zum Vergleich wurde Düsseldorf mit seinen 130 Messetagen angeführt. Als besonderes Manko wurde angesprochen, daß die Messe gar nicht versuche, ihre Gäste in Stuttgart unterzubringen, sondern in der Region (1).

Dieser Einschätzung widerspricht eine Äußerung, daß nämlich laut Messe-Gutachten die durchschnittliche Aufenthaltsdauer von Messe-Besuchern in Stuttgart mit 2,6 Tagen höher liege als in anderen Messe-Städten. Außerdem seien ca. 25 % aller Übernachtungen in Stuttgart allein auf den Messereiseverkehr zurückzuführen; zählt man die Übernachtungen durch andere von der Stuttgarter Messe- und Kongreß GmbH organisierte Veranstaltungen hinzu (z.B. Schleyer-Halle und KKL), seien es sogar 45 %.

Andererseits wurde darauf hingewiesen, daß Tagesbesucher der Messe viel zu wenig Zeit haben und nach dem Messebesuch zu müde seien (6), um die Stadt städtetouristisch zu nutzen, so daß ihr Verhalten kaum steuerbar sei. Als problematisch wurde dargestellt, daß die touristischen bzw. die Freizeitangebote oftmals die gleichen Öffnungszeiten (2) haben wie die Messe selbst, daß also ein Messebesuch beispielsweise mit einem Museumsbesuch schwer kombinierbar sei. Auch sei das Verhalten der Messebesucher in anderen Städten nicht anders, die mangelnde touristische Nachfrage von Messebesuchern sei kein Stuttgart-typisches Phänomen (2). Prinzipiell gebe es also kaum eine Möglichkeit, Messebesucher zu einer städtetouristischen Nutzung ihres Aufenthaltes zu bewegen (9).

Die diesbezüglich vorgeschlagenen Strategien lauten wie folgt: Da die Tagesbesucher schwer dazu zu bewegen seien, sich nach einem Messebesuch die Stadt anzuschauen, müsse man die Messebesucher zunächst zum Übernachten bewegen (4). Vielfach wurde es als ratsam bezeichnet, bessere Pauschalangebote (27) zu schnüren, die den Messebesuch, eine Übernachtung und ein Ergänzungsprogramm (z.B. Kulturangebot) beinhalteten. Diese müßten jedoch so gut sein, daß sie nicht auf öffentliche Subventionen angewiesen sind, sondern Gewinne bringen. Angesprochen wurde in diesem Zusammenhang auch die Notwendigkeit, das Hotelangebot der Stadt allgemein zu verbessern (3). Würde man parallel zur Messe ein attraktives Begleitprogramm anbieten, bestünde auch die Möglichkeit, die Partner der Geschäftsreisenden bzw. Messebesucher zu einer Reise nach Stuttgart zu motivieren (4). Denkbar seien in diesem Zusammenhang spezifische Vor- oder Nachmesseangebote (3) sowie spezielle Kulturprogramme (Sondervorstellungen, Führungen etc.) und Stadtrundfahrten für "schwache" Messetage (2).

Vielfach wurde die Erreichbarkeit der innerstädtischen Angebote von der Messe aus thematisiert. Eine bessere Verkehrsverbindung zwischen der Innenstadt und der Messe sei genauso notwendig (5) wie eine Verbesserung der Anbindung der außerhalb der Innenstadt liegenden Hotels (2). Als positiv wurde die Einrichtung der Messelinie beurteilt (2). Denkbar sei weiterhin, einen Shuttle-Service zu den Sehenswürdigkeiten und den Hotels (1) anzubieten oder von der Messe ausgehende Stadtrundfahrten (2) zu organisieren. Überhaupt müsse auf die Erreichbarkeit der Angebote stärker geachtet werden, indem die Werbung eventuell Wegbeschreibungen oder Hinweise auf die öffentlichen Verkehrsmittel enthält (4).

Insgesamt bedürfe es vor allem einer besseren Vermarktung des vorhandenen Angebotes z.B. durch messespezifische Kampagnen, aktives Ansprechen der Besucher und Nachfaßaktionen (8). Einerseits wurde der Vorschlag unterbreitet, auf den Hotelzimmern der Messebesucher Informationsmaterial über die Stadt auszulegen (9). Eine andere Empfehlung der Interviewpartner ging dahin, auf der Messe selbst (7) mit Ständen für das Stuttgarter Angebot zu werben, indem z.B. Restaurantverzeichnisse und Stadtpläne ausgelegt werden. Hierbei solle auch das Angebot der Region mit einbezogen werden (1). Dies alles setze jedoch die Aufbereitung geeigneter Angebote durch Incoming-Büros in enger Kooperation mit der Stadt, der Region und der Messegesellschaft voraus, wie es in anderen Messestädten (z.B. Hannover) bereits praktiziert werde (1). Auch sollen den Ausstellern selbst Prospekte über das Angebot Stuttgarts zur Verfügung gestellt werden. Darüber, womit besonders geworben werden sollte, gingen die Meinungen auseinander. Am häufigsten wurde an den gastronomischen Bedarf der Messebesucher gedacht, so daß Hinweise auf Restaurants, Weinlokale und Besenwirtschaften vorgeschlagen wurden (11). Weiterhin solle auf aktuelle Veranstaltungen (4) und Angebote verschiedenster Art gezielt und überschaubar (1) hingewiesen werden, anstatt den Besuchern einen umfassenden Katalog von Sehenswürdigkeiten vorzulegen. Andere Gesprächspartner betonten die Bedeutung der speziellen Werbung für das kulturelle Angebot (1) und das Bäderangebot (2).

Eine pessimistischere Einschätzung lautete, daß man die Messebesucher nur mit Werbung nicht zu einer städtetouristischen Nutzung der Stadt bewegen könne. Die Besucher müssen von sich aus in die Stadt kommen; dazu müsse die Attraktivität der Stadt erhöht (3) und ihr Image verbessert (3) werden. Besonders das Vergnügungsangebot (3) müsse ausgebaut werden, weil die Messebesucher schon etwas erleben wollen, wenn sie in Stuttgart übernachten. Dazu bedürfe es z.B. längerer Öffnungszeiten (3) in den betreffenden Bereichen.

Frage 25: Welches sind Ihre Vorschläge, um den Städtetourismus in Stuttgart zu beleben und das Image der Stadt auf Dauer zu verbessern? (offene Frage)

Hier bezog sich die Mehrzahl der Verbesserungsvorschläge (32) auf die Kommunikationspolitik und die Vermarktung der Stadt, insbesondere auf deren einzelne Instrumente wie Sales

Promotion (5), Public Relation (5) und Werbung (10), die unbedingt verbessert werden müßten. Aber schon darin, als was die Stadt verkauft werden solle, gingen die Meinungen auseinander. Unter anderem wurde vorgeschlagen, die Stadt solle unter Rückbesinnung auf Bestehendes (4) als Gesamterlebnis vermarktet werden (2), anstatt sie mit fremden Inhalten zu füllen, wie es die klischeehafte Werbung als Sportstadt tue. Man solle nicht irgendwelche Sehenswürdigkeiten anpreisen, sondern die Kleinode mit einbeziehen, das Lokalkolorit herausstellen und die Tradition, den schwäbischen Charakter sowie die kleinstädtische Gemütlichkeit der Stadt hervorheben. Auch die historische Entwicklung Stuttgarts müsse publik gemacht werden. Konkrete Hinweise bezüglich des Inhalts der Werbung bezogen sich außerdem auf die landschaftlichen Reize Stuttgarts und auf die Mineralbäder, die zu wenig bekannt gemacht würden. Von anderer Seite wurde jedoch durchaus der Wunsch geäußert, Stuttgart über seine typischen traditionellen Stärken hinaus als Sportstadt zu etablieren, wobei man den Bürgern und Gästen auch die Möglichkeit aktiver Beteiligung an Sportereignissen anbieten solle (5).

Neben dem konkreten Inhalt der Werbung wurde die Art und Weise der Vermarktung diskutiert. Auf alle Fälle solle die Verkaufsförderung die Imagewerbung berücksichtigen. Einig war man sich darüber, daß die eigentlichen Stärken der Stadt (worunter jedoch verschiedenes verstanden wurde) aus einem Guß - wenn auch auf verschiedenen Wegen - zielgruppenorientiert vermarktet werden müssen. Dazu müssen sie natürlich zunächst gepflegt und ausgebaut (4), dann mit allen Mitteln der Stadtwerbung gut verkauft werden (3), damit die Besucher von der Qualität der Stadt überzeugt werden können (1). Parallel dazu müsse man die Schwächen Stuttgarts selbstkritisch erkennen und beseitigen (3). Bei der Vermarktung der Stärken bedürfe es größerer Kreativität und Pfiffigkeit (3). Außerdem sei eine Überprüfung der bisher in der Stadtwerbung verwendeten Slogans sinnvoll, gegebenenfalls müsse man griffigere Slogans suchen, die neugierig auf Stuttgart machen. In der Werbung sollte man nicht zu bescheiden sein, sondern das, was Stuttgart bietet, aggressiver, professioneller und selbstbewußter nach vorne bringen. Eine bessere Vermarktung brauche aber auch Geld und Ideen, die dafür zuständigen Institutionen müßten daher finanziell (2) und personell (2) besser ausgestattet werden.

Es solle zudem mehr Öffentlichkeitsarbeit betrieben werden (3), um die wahren Stärken der Stadt professioneller herauszustellen und die Lebensart zu vermitteln (2). Dazu wurde vorgeschlagen, mehr Multiplikatoren, wie z.B. Journalisten, Reiseveranstalter, Busunternehmer usw. nach Stuttgart einzuladen (4). Weiterhin müsse man versuchen, den Stuttgartern mehr Selbstbewußtsein zu geben (4), um die Bevölkerung als Imageträger stärker zu aktivieren. Eine positivere Selbsteinschätzung müsse die Eigenart, das "Licht unter den Scheffel zu stellen", ablösen. Eine besondere Rolle wurde hier den Medien bescheinigt, die weniger Negatives über die Stadt berichten sollen (4). Um die Zufriedenheit der Bürger zu erhöhen, sei es auch sinnvoll, die Wohnsituation zu verbessern (1).

Neben der Überarbeitung von Inhalten und Instrumentarien von Vermarktung und Öffentlichkeitsarbeit wurde auch eine allgemeine Verbesserung des Angebotes gewünscht (11). Um die Ausgewogenheit des innerstädtischen Einzelhandels zu erhalten, sei es notwendig, die Geschäftsmieten zu senken (1). Das Bohnenviertel bzw. überhaupt das Stadtzentrum müsse attraktiver gemacht werden (3), z.b. durch eine ansprechendere Gestaltung der Königsstraße durch Blumenkorsen. In der Stadt solle zudem mehr auf Sauberkeit und Sicherheit (3) geachtet werden. Als konkretes Instrumentarium, um den Städtetourismus in Stuttgart anzukurbeln, wurden die Pauschalreisen (6) genannt, die man verstärkt anbieten solle, insbesondere im unteren und mittleren Preissegment (1). Auch eine Kombination des Städtetourismus in Stuttgart mit dem Erholungstourismus im Umland sei denkbar (3). Außerdem solle man den Wochenendtourismus (1) ausbauen, z.b. durch besondere Angebote großer Hotels (1), das Übernachtungsangebot sei noch ausbaufähig (3). Aber auch das gastronomische Angebot - besonders das für das anspruchsvolle Publikum - müsse erweitert werden (3), einschließlich der Öffnungszeiten am Wochenende. Man müsse bezüglich Alter und sozialem Status besser auf eine gute Durchmischung des Publikums (1) achten, da nur so eine Szene mit Flair entstehe. Wichtig sei es auch, dem Gast zu zeigen, daß er ohne große Mühe vieles sehen und erleben kann, z.B. durch das Bereithalten von Eintrittskarten an der Hotelrezeption; man müsse den Gast "an der Hand nehmen" (1).

Weiterhin wurde auf das kulturelle Angebot abgehoben, dessen Qualitätsstandard unbedingt gewahrt werden müsse (7). Auch die Freizeit- und Erholungsmöglichkeiten sollen verbessert und professioneller vermarktet werden (4). Zusätzliche Attraktionen wie Sonderausstellungen oder Spezialereignisse wie "Cats" oder "Starlight Express" (5), Highlights à la Woodstock (1), ein neues und gutes Varieté-Theater (2) oder eine neue Nutzung der Rennstrecke Solitude (z.B. für Oldtimer-Rennen) wären geeignet, um den Erlebnis- und Ereigniswert der Stadt zu erhöhen (1). Doch sollten die traditionellen Feste der Stadt durchaus erhalten und darüber hinaus verbessert werden (3).

Um das Angebot attraktiver zu machen, müssen zunächst infrastrukturelle Grundprobleme gelöst werden. Hier wurde neben der allgemeinen Verkehrsinfrastruktur (7) insbesondere der Flughafen und der ÖPNV (2) genannt, der besser ausgebaut werden müsse (1). Bei Entscheidungen bezüglich der Verkehrssituation müsse man bedenken, daß man den Individualverkehr nicht ganz aus der Stadt drängen könne (3), was auch die Bereitstellung von Parkhäusern erfordere (1). Eine unterirdische Verlagerung breiter Verkehrswege, die die

Innenstadt zerschneiden, wurde außerdem angeregt (1). Zu den infrastrukturellen Unzulänglichkeiten gehöre auch die Messe, deren weiterer Ausbau zu befürworten sei (3).

Auf abstrakter Ebene lauteten die Vorschläge zur Verbesserung der Situation des Städtetourismus in Stuttgart: die Stadt solle Entscheidungen schneller treffen (1), Planungsverfahren verkürzen (1) und den Städtetourismus konsequenter unterstützen als bisher (1). Wichtig sei vor allem ein unbürokratisches Management, das unabhängig von politischen Mandatsträgern entscheiden könne (2). Hier wurde die Befürchtung geäußert, die Gemeinderäte im Aufsichtsrat einer Touristik-GmbH könnten die Handlungsfreiheit derselben behindern. Die am touristischen Planungsprozeß Beteiligten sollen eine gemeinsame Sprache sprechen und sich häufiger untereinander abstimmen. Der Kooperation und Kommunikation aller Beteiligten, also Hotels, Messe, Flughafen, Bahn, Wirtschaft, AfT, Incoming Pool, "Touristikgemeinschaft Region Stuttgart" usw. wurde eine immense Bedeutung zugesprochen (13). Auf der Koordinierungsebene wurde eine bessere Zusammenarbeit der Stadt mit der Landesregierung (1) angemahnt und gefordert, den Regionsgedanken konsequent zu verwirklichen (3). Außerdem solle man der hochkarätigen Wissenschaft, die sich mitsamt der verschiedenen Institute im Stuttgarter Raum konzentriere, größere Aufmerksamkeit schenken (1). Besserer Kooperation bedürfe es also auf allen Ebenen einschließlich Kultur, Wissenschaft, Wirtschaft, Politik usw. (3).

Organisatorische Vorschläge wurden dahingehend unterbreitet, daß Akquisitions- und Verwaltungsaufgaben von der Messe abgetrennt und einer Touristik GmbH überantwortet werden sollen. Außerdem solle das Kongreß- und Tagungswesen von der Messe getrennt werden. Statt des bisherigen AfT brauche man eine professionelle Marketing-Organisation, die sich nicht als Mitbewerber, sondern als Partner der Touristik-, Tagungs-, Kongreß- und Messe-Anbieter sieht und es versteht, Stuttgart als "Gateway" für die gesamte Region darzustellen.

Frage 26: Wie könnte Ihre eigene Institution zur Förderung des Städtetourismus und zur Imageverbesserung beitragen? (offene Frage)

Die Gesprächspartner verwiesen innerhalb dieser Fragestellung einerseits auf die eigenen Angebote im Städtetourismus bzw. ihre Aktivitäten zur Förderung des Images, andererseits auf Defizite, was sich in der Aufzählung möglicher Verbesserungen der eigenen Aktivitäten niederschlägt.

Kommunale Ämter der Landeshauptstadt Stuttgart:

Die Leistungen der kommunalen Ämter der Landeshauptstadt Stuttgart spiegeln sich nach Auskunft der Gesprächspartner in der Betreuung von kulturellen, sportlichen oder sonstigen Veranstaltungen wider. Ziel sei es, eine stetige Qualitätsverbesserung der Veranstaltungen zu erreichen bzw. den hohen Qualitätsstandard beizubehalten, um dem Vergleich mit anderen Städten standhalten zu können. Der Bekanntheitsgrad Stuttgarts solle z.b. durch qualitativ hochwertige internationale Ausstellungen und Sportveranstaltungen erhöht werden. Diese sollen als "Zugpferde" dem Städtetourismus positive Impulse geben. Auch die Mineralbäder und die Volksfeste tragen zu der städtetouristischen Attraktivität Stuttgarts bei. Ebenso könnte städtebaulich neben dem bereits Erreichten noch einiges verbessert werden. Trotz der unterschiedlichen Aufgabenfelder werde eine engere Kooperation der Ämter untereinander und mit anderen Organisationen angestrebt.

Kulturelle Einrichtungen und Sehenswürdigkeiten:

Die Vertreter dieser Institutionen verwiesen darauf, daß sie bereits erheblich zur Attraktivität der Stadt beitragen. Neben einzelnen Veranstaltungen (z.b. Ausstellungen) stellen nicht zuletzt die z.t. historischen Gebäude dieser Einrichtungen Sehenswürdigkeiten und somit ein Angebot für Städtetouristen dar. Doch für die Zukunft wurde auch Handlungsbedarf gesehen. So könne man durch vermehrte Wechsel- bzw. Publikumsausstellungen eine Steigerung des Kunstangebotes erreichen. In Zusammenarbeit mit den Medien sei eine effektivere Propagierung dieser Angebote zu bewirken, um somit mehr Touristen in die Stadt zu locken bzw. eine Imageverbesserung zu ermöglichen. Auch im Bereich der Werbung und Öffentlichkeitsarbeit wird Nachholbedarf gesehen. Durch eine stärkere Werbung insbesondere bei Reise- und Busunternehmern sei eine Erhöhung der touristischen Nachfrage im Städtetourismus zu erreichen. Die Kooperation mit anderen Institutionen könne zudem effektiver gestaltet werden. Beispielsweise können bei Eintrittskarten Kontingente zur Verfügung gestellt werden, um die Pauschalangebote der Stadt zu unterstützen. Eine bessere Kooperation mit anderen Institutionen wie z.B. Hotels, Bundesbahn, Medien oder der Deutschen Zentrale für Tourismus (DZT) wird angestrebt.

Incoming Pool:

Die Gesprächspartner, deren Institutionen sich am "Stuttgart Region Incoming Pool e.V." beteiligen, verwiesen auf das Ziel, die Incentive-Veranstalter zu bewerben und somit auf Stuttgart aufmerksam zu machen. In diesem Zusammenhang wurde unter anderem eine Image-Broschüre für Stuttgart erstellt. Daneben existiere der Versuch, einen Wirtschaftskreis - bestehend aus 6-10 Personen - zu gründen, der sich einmal monatlich in Sachen Imagewerbung und Ausbau des Städtetourismus treffe. Die Mitglieder des Incoming Pool sehen ihre Aufgabe in der Koordination der Touristikangebote sowie in gemeinsamen Werbe- und Akquisitonsstrategien, um dem Städtetourismus die entsprechenden Impulse zu geben. Neben der Beteiligung am Incoming Pool und der Bereitstellung von Geld und Bewirtungskosten werden von einigen Institutionen zusätzlich Gästegruppen bei Stadtrundfahrten betreut oder Multiplikatoren nach Stuttgart eingeladen. Aber auch in den Bereichen der Kommunikationspolitik innerhalb der Institutionen und der Infrastruktur (z.b. Kino-Center, Shopping-Einrichtungen und Erlebnisgastronomie) könnten noch einige Verbesserungen vorgenommen werden.

Die Vertreter der Hotels bieten eine engere Zusammenarbeit mit den Reisebüros an. Außerdem denke man an ein gemeinsames Auftreten mit der Stadt auf Messen nach.

Medien:

Die Medien versuchen, durch positive Berichterstattung (u.a. Initiativen auf der IGA EXPO 93) und Thematisierung von Problemen sowie durch das Aufzeigen von Lösungsmöglichkeiten ein Höchstmaß an Informationen über die Stadt Stuttgart bereitzustellen, um somit den Städtetourismus zu fördern bzw. das Image der Stadt zu verbessern. Die Medien unterstützen den Städtetourismus insofern, als sie als Vorverkaufsstelle für Veranstaltungen fungieren. Dabei treten die Medien weniger als Veranstalter sondern vielmehr als Vermittler (Publizist) auf. Insbesondere die Printmedien verstehen sich als "Stuttgart minded", da sie sublokales Geschehen vermitteln und somit auch positiver Werbeträger für die ganze Region seien. Da sich die Medien stark mit Stuttgart verbunden fühlen, denken und schreiben die Redakteure positiv über die Stadt. Ziel sei es, den Medienstandort Stuttgart im Vergleich zu den Städten Köln, Düsseldorf oder München "salonfähig" zu machen.

Wirtschaftsunternehmen:

Die Vertreter der Wirtschaftsunternehmen weisen darauf hin, daß ihre Firmen sowie die von ihnen hergestellten qualitativ hochwertigen Produkte positive Imageträger für die Stadt Stuttgart seien. Das Image der Stadt werde demnach in entscheidenem Maße durch das Image dieser Unternehmen geprägt. Daher wird auch vorgeschlagen, die Außenwirkung dieser Unternehmen zu nutzen und stärker als bisher in die Werbeaktivitäten der Stadt einzubinden. Auch eine verstärkte Kooperation mit dem Amt für Touristik wäre unter diesen Gesichtspunkten wünschenswert. Zusätzlich tragen die Unternehmen durch das Geschäftsreisepotential zum Fremdenverkehr - insbesondere dem Übernachtungstourismus - der Stadt Stuttgart bei. Den Geschäftsreisenden werde das Fremdenverkehrspotential der Stadt vermittelt und Möglichkeiten zur Freizeitgestaltung aufgezeigt. Eine Förderung des Städtetourismus geschehe auch insofern, als man einerseits als Veranstalter und andererseits als Sponsor von Kultur- und Sportveranstaltungen auftrete. Dadurch tragen die Unternehmen zur kulturellen Aufwertung der Stadt bei. Die von einigen Unternehmen betriebenen Museen ergänzten außerdem das Tourismusangebot der Stadt, auch wenn diese teilweise noch attraktiver gestaltet werden könnten.

Landesbehörden, Körperschaften, Vereine, Verbände:

Nach Auskunft der Gesprächspartner nehmen die Körperschaften aktiv an der Fremdenverkehrspolitik der Stadt teil, indem man u.a. in regionalen Touristikinstitutionen mitarbeitet. Gleichzeitig wurde darauf hingewiesen, daß man sich eine bessere Kooperation sowie finanzielle Unterstützung durch die Stadt wünscht. Dies könne dadurch erreicht werden, daß die Körperschaften und Vereine in mögliche Angebote der Stadt mit einbezogen werden. Einige der Gesprächspartner können sich eine bessere Kommunikation (z.B. erhöhte PR-Arbeit) der eigenen Institution mit anderen am Tourismus Beteiligten vorstellen. Zudem könne man versuchen, vermehrt Tagungen und Kongresse nach Stuttgart zu holen. Eine Attraktivitätssteigerung sei u.a. durch eine Verbesserung der Einkaufsmöglichkeiten der Stadt denkbar. Durch naturkundliche Angebote sowie eine bessere Stadtökologie könne man dem Slogan "Großstadt zwischen Wald und Reben" gerecht werden. Außerdem versuche man, die Verkehrsprobleme aus dem Weg zu räumen, sowie die öffentliche Sicherheit durch Senkung der Kriminalitätsrate spürbar und für Touristen sichtbar zu verbessern.

Durch sportliche Erfolge können einige der Stuttgarter Vereine als Imageträger den Bekanntheitsgrad der Stadt Stuttgart verbessern.

Wissenschaftliche Einrichtungen:

Die wissenschaftlichen Einrichtungen fördern den Tourismus in Stuttgart insofern, als von ihnen Kongresse, Tagungen und sonstige Veranstaltungen organisiert werden. Es wurde aber auch angemerkt, daß aufgrund hoher Hotelpreise einige Veranstaltungen nicht in Stuttgart selbst, sondern in der Region durchgeführt werden. An eine Ausweitung der Kongresse könne aufgrund begrenzter Kapazitäten nicht gedacht werden.

Die Hochschulen seien zwar zu einer effektiveren Zusammenarbeit mit der Stadt bereit, man habe aber den Eindruck, daß dieses Angebot von Seiten der Stadt nicht angenommen werde.

Gemeinderatsfraktionen:

Die Fraktionen verwiesen auf ihre Möglichkeiten, im Gemeinderat sowie in verschiedenen Ausschüssen (z.B. Wirtschaftsausschuß) politisch entsprechende Entscheidungen und Maßnahmen zur Förderung des Städtetourismus zu unterstützen. Gleichzeitig wurde jedoch angesichts "leerer Kassen" auf die momentane Finanzsituation der Landeshauptstadt Stuttgart hingewiesen, die es zur Zeit nicht erlaube, den Städtetourismus in angemessener Form zu fördern. Durch die von einzelnen Fraktionen angeregten Presseinitiativen versuche man zusätzlich, das Image der Stadt Stuttgart zu verbessern. Zudem werde der Städtetourismus dadurch unterstützt, daß man Konferenzen und Tagungen nach Stuttgart hole oder diese für andere Anbieter organisiere.

Kirchen:

Die Vertreter der beiden kirchlichen Institutionen verwiesen auf ihre momentanen Aktivitäten wie beispielsweise auf die Organisation von Großveranstaltungen (z.b. das AZK Friedensforum), auf ihre Bildungsarbeit, auf die Durchführung von Theologievorträgen sowie auf ihre Beteiligung an Städtepartnerschaften. Gerade letztere mache es möglich, im Rahmen von gegenseitigen Einladungen die Stadt den Einwohnern der Partnerstädte näherzubringen, um somit den Bekanntheitsgrad Stuttgarts zu erhöhen und eventuelle Vorurteile abzubauen.

Außerdem stellten die im kirchlichen Besitz befindlichen historischen Bauten ein reizvolles Angebot im Städtetourismus dar. So sei beispielsweise die Stiftskirche als Publikumsmagnet und Imageträger für die Stadt Stuttgart nicht zu unterschätzen. Eine Verbesserung des Angebotes könne dadurch erreicht werden, daß man die kirchlichen Bauten für die Besucher besser zugänglich macht sowie durch Führungen inhaltlich besser erschließt.

Frage 27: Welche Erwartungen stellen Sie konkret an das Amt für Touristik bzw. die entsprechende Nachfolgeinstitution? (offene Frage)

In den Antworten auf diese Frage kamen die verschiedensten Erwartungen bezüglich Charakter, Aufgabe und Vorgehensweise derjenigen Institution zum Ausdruck, die den Tourismus und die Imagepflege in Stuttgart zukünftig in Händen halten soll.

In der Vorstellung der Gesprächspartner handelt es sich um eine als schlagkräftig (1), aber auch flexibel und kreativ bezeichnete Vereinigung (2), die Kontinuität (1) und Verläßlichkeit (1) aufweisen solle. Dazu müsse bestehenden Organisationsproblemen (1) und Unsicherheitsfaktoren bezüglich Struktur und Aufgaben der Institution (1) Abhilfe geleistet werden. Abgesehen von werblichen Maßnahmen und der noch näher zu definierenden Verbesserung des Stuttgarter Angebotes erwarten die Interviewpartner von der Institution vor allem eine bessere Zusammenarbeit, die alle touristischen Leistungsträger in einer Stadt, wie z.B. Reiseveranstalter, Fluggesellschaften, Verlage, Hotels, Ämter usw. einbezieht. Die aktive Kooperation aller mit dem Fremdenverkehr befaßten Stellen sowie deren Austausch müsse durch regelmäßig stattfindende Gespräche und anderweitige Koordinierung gefördert werden. Es müsse ein Verbund geschaffen werden (z.B. bestehend aus Messe, AfT und Incoming Pool), der ein gemeinsames Ziel und Vorgehen hat. Eine größere diesbezügliche Einheitlichkeit hätte auch eine bessere Ausnutzung ökonomischer Synergieeffekte zur Folge (2).

Neben der nachdrücklichen Forderung nach mehr Kooperation und Koordinierung (12) wurden auch hinsichtlich der zukünftigen Stadtwerbung Erwartungen an die zuständige Institution geäußert. Professionelles, kreatives Marketing (8) mit internationalen Marketingstrategien (1) sei erforderlich, um die geforderte Effizienz (2) der Arbeit zu erreichen. Die politische Unabhängigkeit der entsprechenden Einrichtung müsse gewährleistet sein (2), um Souveränität und unbürokratisches Handeln zu ermöglichen (2). Auch die personelle und finanzielle Ausstattung müsse verbessert werden (2).

Zunächst wurde gefordert, die Zielgruppen der Stadtwerbung sauber zu definieren (4). Danach müsse ein klares Touristikkonzept erstellt werden, das einerseits die eigenen Stärken betont, sich aber auch an den Schwächen und ihrer Minimierung orientiert. Das so entstandene Bild Stuttgarts solle dann mit allen Facetten des Stuttgarter Angebotes professionell nach außen getragen werden (1). Dazu bedürfe es eines gut aufeinander abgestimmten Marketinginstrumentariums aus einem Guß (3). Dabei sei darauf zu achten, daß die Besonderheiten Stuttgarts herausgestellt werden (5), daß bei der Werbung im In- und Ausland die Unterschiede zu anderen Städten stärker betont werden. Geworben werden solle mehr auf Messen (1), besonders auch auf dem ausländischen Markt (2). Stuttgart solle weltweit vertreten werden. Vereinzelt wurde auch das Verteilen von Flugblättern und Broschüren und vor allem deren ansprechendere Gestaltung als Aufgabe der Institution angesprochen. Außerdem sollen den verschiedenen Hotels Wochenplakate mit den Theaterangeboten zugeschickt werden.

Um gezielt Stadtwerbung und Öffentlichkeitsarbeit zu betreiben, müsse man vor allem die bestehenden Aktivitäten bündeln und koordinieren (4). Notwendig sei auch das Durchführen von Imagekampagnen (8), die ein vermarktbares Profil der Stadt präsentieren, das auch von der Bevölkerung mitgetragen wird. Sowohl die "Sportstadt" Stuttgart als auch die "Kulturstadt" wurden als erstrebenswerte Charakteristika angesehen. Inhaltlich solle die Werbung den Bädern und Mineralwasservorkommen, der Wilhelma und dem Planetarium besser Rechnung tragen und die genannten Einrichtungen stärker in die Imagepflege einbeziehen.

Neben der Forderung nach gezielten und effizienten Werbemaßnahmen für die Stadt wurde auch eine Verbesserung der Öffentlichkeitsarbeit als notwendig erachtet (3). Es sei sinnvoll, verstärkt Multiplikatoren nach Stuttgart zu holen. Zudem seien Hindernisse beim Verkauf des Angebotes abzubauen, wie dies z.B. durch die Erleichterung von Buchungen und Ticketvertrieb mittels EDV-Unterstützung geschehen könne. Prophylaktische Reservierungen z.B. von Theaterkarten und bessere Information der Gäste über das Angebot vor Ort seien hierbei nützliche Hilfsmittel.

Einerseits wurde also gefordert, das AfT bzw. die entsprechende Nachfolgeinstitution solle mehr aus Stuttgart machen, und zwar nicht nur durch neue Einrichtungen, sondern vor allem durch Bekanntmachen des Vorhandenen (1). Andererseits wurde auch das Angebot selbst als verbesserungswürdig dargestellt. Hier wurde insbesondere der kulturelle Sektor angesprochen (5), aber auch Aspekte wie Atmosphäre/Flair (1) oder Verkehrsanbindung in Naherholungsgebiete (1), wobei natürlich nicht alle Gegebenheiten durch eine Touristikorganisation beeinflußt werden können. Allgemein lautete die Forderung, man solle mehr Qualität statt Quantität anbieten (1) und lieber den Individualtourismus als den Massentourismus fördern (2), wenn auch die Bedeutung von Großereignissen weiterhin unterstrichen wurde (1). Konkreten Mangel gebe es z.B. an Rahmenprogrammen für Kongreßteilnehmer bzw. deren Begleitpersonen (1), außerdem an Kulturpauschalen (1) und Wochenendangeboten großer Hotels (1). Es sei also Aufgabe des AfT, interessante Angebote und Konzepte zu entwickeln und zu vermarkten (4). Diese sollten jedoch nicht zu exklusiv gestaltet werden (1) und im Gegensatz zu Beispielen aus der Vergangenheit finanziell rentabel sein. Auch ökologische Aspekte sollen Berücksichtigung finden (1). Eine wichtige Aufgabe sei weiterhin die Gästebetreuung z.B. als Dienstleistung für Stuttgarter Unternehmen und Institutionen (1), sowie die zuverlässige Organisation des Aufenthaltes für Reisende (1). Hierbei seien schon kleine Maßnahmen (z.B. einfache Innenstadtpläne, die nicht nur über den i-Punkt verteilt werden sollen) oft wirkungsvoll.

Auch eine gemeinsame Vermarktung von Region und Stuttgart wurde empfohlen (2). Seltener wurde die Ansicht geäußert, aufgrund des bestehenden Geldmangels sei es unrealistisch, überhaupt Erwartungen an die zukünftige mit dem Tourismus betraute Organisation zu hegen (2).

Auf abstrakterer Ebene wurde an die neue Institution die Erwartung herangetragen, die Einflüsse der Politik auf touristische Planungsprozesse stärker zu absorbieren oder gar selbst Einfluß auf die Politik auszuüben sowie die entstehenden Verwaltungskosten zu minimieren.

3. Vergleich der Ergebnisse der Expertenbefragung mit denen der Akzeptanz- und der Imageanalyse

Im folgenden sollen die Ergebnisse der *Expertenbefragung* ins Verhältnis gesetzt werden zu denen der beiden vorangegangenen Untersuchungen des Forschungsprojektes "Städtetourismus Stuttgart". In der *Akzeptanzanalyse* konnten sich die Stuttgarter Bürger zu ihrer Einstellung zum Tourismus in ihrer Stadt äußern, während in der *Imageanalyse* die Bevölkerung von Städten der gesamten Bundesrepublik zum Image der Stadt Stuttgart befragt wurde. Die *Akzeptanzanalyse* wurde als telefonische Befragung durchgeführt, an der insgesamt 927

Stuttgarter teilnahmen. In der *Imageanalyse* wurden 1747 Fragebögen ausgewertet, wobei nach vier Befragungsgebieten differenziert wurde: 1. Stuttgart, 2. die Region Stuttgart, 3. übriges Baden-Württemberg und 4. übrige Bundesrepublik einschließlich der neuen Bundesländer.

Sowohl die Experten (in der Expertenbefragung) als auch die Bürger Stuttgarts (in der Akzeptanzanalyse) bezeichneten ihre *Einstellung gegenüber den Touristen bzw. dem Tourismus* als positiv. Während alle 62 Experten sich dieser Meinung anschlossen, bezeichneten 89 % der befragten Bürger ihre Einstellung gegenüber den Touristen als positiv, 1 % als negativ, 10 % als weder positiv noch negativ. Die zurückhaltendere Beurteilung der Bürger schlug sich auch darin nieder, daß 44 % sich einen Ausbau des Fremdenverkehrs wünschten, während 46 % den *Umfang des Tourismus* in Stuttgart für ausreichend hielten. Im Gegensatz dazu bezeichneten die Experten es durchweg als bedauerlich, daß die Stadt so wenige Besucher habe und daß der Städtetourismus in Stuttgart noch in den Kinderschuhen stecke. Sein Ausbau sei unbedingt wünschenswert, da er deutlich mehr Vorteile als Nachteile für die Stadt bringe.

Die große Mehrheit der Bürger Stuttgarts (88 %) sahen für die Stadt *eher Vorteile als Nachteile* durch den Fremdenverkehr, immerhin 5 % befürchteten jedoch ein Überwiegen der Nachteile und genauso viele glaubten, Vor- und Nachteile halten sich die Waage. Auch dies belegt, daß die befragten Experten dem Städtetourismus eine optimistischere Einstellung entgegenbringen als die Bewohner der Stadt.

Dies wird verständlicher, wenn man die von den Bürgern und Experten genannten Vor- und Nachteile miteinander vergleicht. Dabei bestehen bezüglich der *Vorteile* zahlreiche Übereinstimmungen. Beide Gruppen erwähnten als wichtigsten Nutzen durch den Fremdenverkehr wirtschaftliche Aspekte, die von den Experten zwar differenzierter betrachtet, jedoch ähnlich schwer gewichtet wurden. An zweiter Stelle nannten Bürger und Experten die Verbesserung des Bekanntheitsgrades und die positiven Einflüsse auf das Image der Stadt gefolgt von der Bereicherung des städtischen Lebens durch den sozio-kulturellen Austausch der Gäste mit den Gastgebern. Einig war man sich auch darüber, daß durch die gesteigerte Nachfrage durch die Touristen das Angebot positiv beeinflußt werde, indem bestehende Einrichtungen besser genutzt und teilweise neue errichtet würden. Dies wirke sich nicht nur auf die Freizeiteinrichtungen aus, sondern auf die gesamte Infrastruktur, so daß durch den Tourismus und die durch ihn induzierten Investitionen auch die Lebensqualität der Bürger gesteigert werde.

Stärker unterschieden sich die Beurteilungen der Experten von denen der Bürger im Falle der *Nachteile* durch den Tourismus. Während rund zwei Drittel der Experten keine Nachteile erkennen konnten, beantworteten die Bürger die Frage nur selten mit "keine". Dahingegen bezogen sich fast 40 % der Nennungen auf Verkehrsprobleme, gefolgt von den Gefahren für die Stadt durch Überfüllung und Massentourismus (18 %). Ca. 13 % der Bewohner brachten die Befürchtung zum Ausdruck, der Fremdenverkehr in Stuttgart verschlechtere die Umweltsituation. Des weiteren wurde ein Zusammenhang zwischen Tourismus und mangelnder Sicherheit bzw. zunehmender Kriminalität gesehen (5 %), ergänzt durch Bedenken, daß durch mehr Touristen die Ausländerproblematik verschärft werde (5 %). Preissteigerungen (3 %) und allgemein die Kosten des Tourismus (1 %) wurden von den Bürgern ebenfalls als mögliche negative Begleiterscheinungen des Tourismus genannt.

Im Vergleich dazu scheint das Fazit der befragten Experten sachlicher und realistischer. Eine Gefährdung der Stadt durch Massentourismus und Überfüllung konnte man sich bei einer realistischen Steigerung der Touristenzahlen nicht vorstellen, die Gäste verteilten sich schließlich auf die unterschiedlichen touristischen Ziele und die Region. Auch erwähnten die Experten keinen nennenswerten Zusammenhang zwischen Fremdenverkehr und Ausländerproblematik. Gefahren für die Sicherheit in der Stadt wurden kaum gesehen; wenn sie tatsächlich bestünden, müsse man sie in Kauf nehmen. Hingegen teilten manche Experten die Meinung der Bürger, daß ein verstärktes Verkehrsaufkommen durch den Fremdenverkehr entstehe, so daß Verkehrsverdichtung und die damit einhergehenden Umweltprobleme noch am ehesten als negative Begleiterscheinungen des Tourismus gesehen wurden. Als plausible Folgen des Fremdenverkehrs konnten sich die Experten auch die Preissteigerung und das Unverständnis der Bürger bezüglich der unmittelbar durch den Tourismus entstehenden Kosten vorstellen.

Zusammenfassend kann man feststellen, daß Bürger und Experten zwar ähnliche Vorteile durch den Fremdenverkehr sahen, daß bezüglich der Nachteile bei den Bürgern jedoch Befürchtungen bestehen, die die Experten nicht teilen. Teilweise sind diese irrationaler Natur, wie im Falle der Angst vor wachsender Kriminalität und Überfüllung der Stadt. Die rationalere Einschätzung des zukünftigen Umfangs des Tourimus lassen die Experten die Gefahr von Überfüllung und Massentourismus ausschließen, während die Bürger ein solches Szenario befürchten, genau wie den Verlust von Sicherheit. Dies gilt es erstens zur Kenntnis und zweitens ernst zu nehmen. Ein besonders sensibler Bereich sind natürlich die Bedenken gegenüber zu vielen Ausländern und einer Zunahme von Ausländerfeindlichkeit, wenn diese im Zusammenhang mit dem Städtetourismus geäußert werden. Hier zeigt sich die Notwendigkeit, Aufklärung zu leisten und ein Konzept für die Zielgruppenauswahl zu entwickeln. Dabei ist es wichtig, die Argumente der Bürger für oder gegen eine bestimmte Tourismuspolitik zu kennen.

Tourismuspolitik braucht zudem die Kenntnis der *Informationsquellen* der Zielgruppe, die man ansprechen will. Im Falle der Akzeptanzanalyse sollte herausgefunden werden, durch welche Medien sich die Bürger Stuttgarts über das Angebot ihrer Stadt informieren. Diese Informationsvergabe funktioniert anscheinend nur lückenhaft, die Bürger beklagten sich über schwer zugängliche Informationen über Veranstaltungen oder Freizeiteinrichtungen. Folglich muß kontrolliert werden, ob die Informationen über die Kanäle verbreitet werden, die die Bürger nutzen, wenn dies nicht der Fall ist, bedarf es offensichtlich einer Korrektur. In den meisten Fällen stammt die Kenntnis der Stuttgarter über Freizeiteinrichtungen und Veranstaltungen aus den Tageszeitungen (38 %), gefolgt von "Freunden, Bekannten und Verwandten" (12 %), dem "Stuttgarter Wochenblatt" (11 %) und dem "Amtsblatt" (8 %). Hier wird die Bedeutung von allgemeinen ortsansässigen Print-Medien - sie vereinigen über 50 % der Nennungen - gegenüber Rundfunk, Fernsehen und speziellen Veranstaltungskalendern usw. deutlich. Weiterhin tritt der Einfluß von privaten Kontakten als Informationsquelle zu Tage, in 12 % aller Fälle stammten Informationen nicht direkt aus den Medien, sondern vom Hörensagen.

Die Dominanz von persönlichen, privaten Erfahrungen oder Kontakten gegenüber Medien wurde auch von der bundesweit durchgeführten Imageanalyse bestätigt. Bei der Beurteilung von 15 deutschen Großstädten bezüglich ihrer Qualität zum Wohnen, Arbeiten und Freizeit Verbringen stützten sich die Interviewpartner laut eigener Aussage meist auf eigene Anschauung oder Berichte von Bekannten. Erst an zweiter Stelle wurden Medien und Werbeträger (Zeitung/Zeitschrift, Rundfunk/Fernsehen, Kataloge/Prospekte, Reiseveranstalter) als Informationsquellen genannt.

Daraus kann man schließen, daß aufwendige Werbemaßnahmen nur dann wirksam werden, wenn gesichert ist, daß sie die Zielgruppe auch erreichen. Wichtiger für die Tourismuswerbung und die Imageverbesserung einer Stadt erscheint laut diesen Ergebnissen jedoch die Öffentlichkeitsarbeit, die sich durch Verbesserung der Informationen über eine Stadt und ihre Angebote den Einfluß und die Multiplikatorwirkung von "Freunden, Bekannten, Verwandten" zu Nutze macht. Gefragt nach der Bedeutung verschiedener Werbemaßnahmen für das Städtemarketing in Stuttgart gaben die Experten insgesamt sehr schlechte Noten für den Status quo, d.h. die einzelnen Instrumentarien funktionieren weit schlechter als sie sollten. Deshalb wurde bei den Werbemaßnahmen generell ein hoher Handlungsbedarf festgestellt. Nach der Rolle der "Kommunikationsmittel" wurde der "Öffentlichkeitsarbeit" die zweitbeste Note vergeben, der gleichzeitig ein sehr hoher Wert für das Soll vergeben wurde. Hierin spiegelt sich die Erkenntnis wider, daß neben den allgemeinen "Aktivitäten der Stadt" im Bereich der Stadtwerbung der "Öffentlichkeitsarbeit" eine zentrale Bedeutung zukommt.

Bezüglich der Tourismuswerbung stellt sich die Frage, ob Stuttgart sich zusammen mit der Region präsentieren sollte oder nicht. Von den befragten Bürgern entschied sich die Mehrzahl (70 %) für eine *gemeinsame Tourismuswerbung*, 25 % der Befragten würden es jedoch lieber sehen, wenn Stuttgart ohne Berücksichtigung der Region für sich werben würde. Uneinheitlich war auch die Meinung der Experten zum Verhältnis zwischen Stuttgart und der Region. Einerseits wurde stärkere Zusammenarbeit gefordert, es handle sich schließlich um sich ergänzende Räume, andererseits wurde der Verlust der Eigenständigkeit und eine finanzielle Bevorzugung der Region befürchtet. Beide Untersuchungsergebnisse lassen also den Schluß zu, daß hier ein Konfliktfeld besteht, das ein einheitliches Auftreten auch in naher Zukunft behindern wird.

Um Stuttgart jedoch gegenüber seinen Bürgern und Besuchern erfolgreich zu vermarkten, bedarf es zunächst der Festlegung einer Stadtidentität. Es muß entschieden werden, welche *imagebildenden Faktoren* dem Städtetourismus und dem Image zuträglich, welche abträglich sind, d.h. welche Stärken der Stadt man werblich vermarkten kann, welche Schwächen noch ausgemerzt werden müssen. Um die Benotung verschiedener Aspekte Stuttgarts wurden sowohl die Interviewpartner der Imageanalyse als auch die befragten Stuttgarter Experten gebeten. Einigkeit bestand in der Beurteilung der "landschaftlichen Umgebung", die bei Experten den ersten Platz erzielte, wie auch in den Befragungsgebieten Bundesrepublik und Stuttgart in der Imageanalyse. Gut bewerteten die Experten und die Stuttgarter Befragten aus der Imageanalyse auch das "sportliche Angebot", das bundesweit wesentlich weniger Beachtung findet. Dies deutet darauf hin, daß sich das Image der Sportstadt Stuttgart im Nahbereich bei Bürgern und Experten etabliert hat, im Fernbereich jedoch eine untergeordnete Rolle spielt. Das "kulturelle Angebot" wird von Stuttgarter Experten und Bürgern gut bewertet, aber auf die Plätze nach dem "sportlichen Angebot" gerückt, während deutschlandweit die Befragten der Imageanalyse die kulturellen Qualitäten Stuttgarts höher einschätzten als die sportlichen. Mit mittleren Werten wurden die "Einkaufs-" und "Freizeitmöglichkeiten" in beiden Befragungen bedacht, die sowohl in der Imageanalyse als auch der Expertenbefragung besser bewertet wurden als das "Stadtbild" und die "Atmosphäre". Allgemeingültig scheint die Beurteilung der "Umweltqualität" und der "Verkehrssituation" zu sein, die sowohl in der Imageanalyse als auch in der Expertenbefragung die letzten Plätze der imagebildeden Faktoren einnehmen.

Bereits in der Imageanalyse wurden die Befragten gebeten, verschiedene Begriffe bezüglich ihrer Eignung zur Beschreibung der Stadt zu bewerten. Vergleicht man die Ergebnisse mit denen der Expertenbefragung, so findet man auf den ersten beiden Rängen für den Status quo - wie bei der Expertenbefragung - die Begriffe "Stadt der Autos und Motoren" sowie "Wirtschaftszentrum". Auf dem dritten Rang lag in der Imageanalyse in drei der vier Befragungsgebieten (Stuttgart, Region, Bundesrepublik) der Begriff "Großstadt zwischen Wald und Reben", der bei der Expertenbefragung mit deutlichem Abstand nur den vierten Platz erreichte.

Die deutlichste Diskrepanz zwischen der Einschätzung der befragten Bundesbürger und der Einschätzung der Experten findet sich bezüglich der Bezeichnung "Sportstadt". Während die Stuttgarter Fachleute diesem Begriff den dritten Rang zuweisen, erreicht die Charakterisierung Stuttgarts als Sportstadt bei der Imageanalyse nur in einem Befragungsgebiet (Baden-Württemberg) Rang vier, zweimal (Stuttgart und Region) Rang fünf und in der bundesweiten Befragung sogar nur den achten Platz. Dies läßt sich dadurch erklären, daß die in Stuttgart etablierten hochwertigen Sporteinrichtungen und -veranstaltungen den "Insidern" natürlich besser bekannt sind als den weiter entfernt lebenden Interviewpartnern. Andererseits ist es auch möglich, daß bei der Einschätzung Stuttgarts als Sportstadt durch die Interviewpartner der Expertengespräche vielfach der Wunsch dominiert, die Sportstadt Stuttgart zu profilieren, obwohl in der Gesamtbevölkerung das Sportstadt-Image noch längst nicht etabliert ist.

Auch die Begriffe "Kunst- und Kulturstadt" sowie "Theaterstadt" werden von den Stuttgarter Experten durchweg besser bewertet als von den Befragten der Imageanalyse. Das heißt das tatsächlich vorhandene kulturelle Angebot wird von den Kennern der Kulturszene höher bewertet als von Außenstehenden. Dies unterstreicht die im Rahmen der Expertenbefragung häufig wiederholte Bemerkung, Stuttgart sei besser als sein Ruf, und es gehe darum, die existierenden Angebote stärker publik zu machen und effektiver zu vermarkten.

4.   Zusammenfassung

Die Expertenbefragung ist eine der empirischen Untersuchungen, die das Geographische Institut der Universität Mannheim im Rahmen des Forschungsprojektes zum Städtetourismus in Stuttgart im Auftrag des Amtes für Touristik durchführte. Dazu wurde eine kleine kompetente Zielgruppe, bestehend aus 62 Vertretern von Behörden, Kunst- und Kultureinrichtungen, Wirtschaft, Einzelhandel, Medien, Vereinen, Wissenschaft, Hotel- und Gaststättengewerbe, Sport, Kirchen, Gewerkschaften, Parteien und Umweltverbänden Stuttgarts, in einem ca. einstündigen Interview zum Thema Städtetourismus und zum Image der Stadt Stuttgart befragt.

Die Mehrzahl der Interviewpartner bezeichnete ihre *Einstellung gegenüber dem Städtetourismus in Stuttgart* als positiv, da er für eine Verbesserung des Bekanntheitsgrades sorge und ein wichtiger Faktor der Imagepflege sei. Es wurde gemeinhin bedauert, daß der Städtetourismus in Stuttgart nur so schwach ausgeprägt ist, besonders der privat bedingte Reiseverkehr. Ein Ausbau des Fremdenverkehrs sei wünschenswert, jedoch nur durch eine professionellere Vermarktung der Stadt zu erreichen. Die *wirtschaftliche Bedeutung* des Städtetourismus in Stuttgart wurde im Vergleich mit der anderer Wirtschaftszweige als sehr gering eingeschätzt, werde zukünftig aber zunehmen.

Die Stadt habe den Touristen einiges zu bieten; vor allem das kulturelle, künstlerische Angebot sei ihre *Stärke im Hinblick auf den Städtetourismus.* Aber auch die Lage und die landschaftliche Umgebung Stuttgarts, ihr Ausbau zur Sportstadt und die vielfältigen Sehenswürdigkeiten seien der touristischen Attraktivität zuträglich. Herausragend sei jedoch die Vielfalt des Stuttgarter Angebots. Für den Geschäftsreiseverkehr seien hingegen die Unternehmen der Stadt und die wirtschaftliche Prosperität der Region die Grundlage. Uneinheitlich wurden die Großveranstaltungen und andere sogenannte "eingekaufte Stärken der Stadt" im Vergleich mit den stadtspezifischen "Kleinoden" beurteilt.

Als *Schwäche der Stadt im Hinblick auf den Städtetourismus* wurde von den Gesprächspartnern u.a. das schlechte Fremdimage Stuttgarts angesprochen, das im Zusammenhang gesehen wurde mit dem nicht funktionierenden "Werbeträger Bevölkerung" und der unprofessionellen Vermarktung, wobei letztere sowohl bezüglich ihrer Inhalte als auch bezüglich ihrer Strategien kritisiert wurde. Eine Defizit des Stuttgarter Angebots liege in seiner Mittelmäßigkeit, denn die Stadt habe insgesamt nur wenig wirklich Spektakuläres, Herausragendes zu bieten. Weiterhin wurden die Gastronomie, die Hotellerie, das Unterhaltungsangebot, die Verkehrssituation, das Parkplatzangebot in der Innenstadt und der ÖPNV als unzulänglich angesprochen, zudem wurde auf städtebauliche Defizite eingegangen. Nach Einschätzung der Interviewpartner halten die vorhandenen Stärken und Schwächen sich derzeit ungefähr die Waage, zukünftig erwartet man jedoch eine Verbesserung des *Stärken-Schwächen-Profils.*

Als *Vorteile des Städtetourismus* für Stuttgart wurde u.a. seine wirtschaftliche Bedeutung genannt, und zwar sowohl direkte als auch indirekte Effekte der Wertschöpfung. Daneben wurde die Imageverbesserung und die Verbesserung des Bekanntheitsgrades von Stuttgart angesprochen. Abstraktere Vorteile habe der Fremdenverkehr durch den kulturellen und sozialen Austausch zwischen den Reisenden und den Bereisten sowie durch die Lebendigkeit und Internationaliät, die er in die Stadt bringe. Zudem steigere er die Nachfrage in den verschiedensten Bereichen, so daß z.T. für den Fremdenverkehr neue Einrichtungen geschaffen werden, die den Erlebniswert und die Lebensqualität der Stadt auch für die Bürger steigern.

Nachteile durch den Städtetourismus in Stuttgart konnte man sich entweder gar nicht oder nur peripher vorstellen. Als eventuelle negative Begleiterscheinung wurde das erhöhte Verkehrsaufkommen und die damit einhergehende Umweltbelastung genannt. Schlecht sei es auch, wenn durch unzufriedene Touristen ein negatives Bild der Stadt nach außen getragen werde. Für die Stuttgarter Bürger bestehe z.T. die Gefahr einer Verknappung bzw. Verteuerung des Angebotes. Am Rande wurden auch kriminelle Einflüsse als potentielle Folgen des Städtetourismus erwähnt.

Die genannten positiven Begleiterscheinungen wurden jedoch erheblich stärker gewichtet als die negativen, wie der hervorragende Wert für das *Verhältnis der Vor- und Nachteile des Städtetourismus* in Stuttgart zeigt.

Das *Image der Stadt* wurde hingegen als schlecht beurteilt, es sei dringend verbesserungsbedürftig. Man geht jedoch davon aus, daß diesbezügliche Aktivitäten das Image Stuttgarts zukünftig positiv beeinflussen werden. In der Frage nach der *Image-Rangfolge der "Magic-Ten"* wurde folgende Reihenfolge ermittelt. Die ersten drei Plätze belegen München, Berlin und Hamburg. Auf den weiteren Rängen folgen Düsseldorf und Stuttgart noch vor Frankfurt und Köln. Die letzten drei Plätze nehmen Dresden, Hannover und Leipzig ein.

Die *Qualität verschiedener imagebildender Faktoren* der Stadt wurde insgesamt als sehr gut beurteilt, wobei die "landschaftliche Umgebung" die beste Bewertung erhielt, gefolgt von der "wirtschaftlichen Bedeutung" Stuttgarts sowie seinem "sportlichen" und "kulturellen Angebot". Handlungsbedarf wurde hier nur geringfügig festgestellt, am ehesten noch im kulturellen Bereich. Man geht davon aus, daß sich die "wirtschaftliche Bedeutung" zukünftig stark verschlechtern wird, aber auch dem "sportlichen" und "kulturellen Angebot" prognostiziert man einen Qualitätsrückgang. Als positiv wurden außerdem die "Parks/Grünanlagen", die "Freizeitmöglichkeiten" und die "Einkaufsmöglichkeiten" bewertet. Hier bestehen laut Aussagen der Interviewpartner schon etwas größere Defizite, die zukünftig tendenziell behoben werden können. Weniger gut wurden das "Stadtbild", die "Atmosphäre", die "Umweltqualität" und die "Verkehrssituation" beurteilt. Hier bestehe hoher Handlungsbedarf, besonders bei der "Verkehrssituation", die sich zukünftig jedoch merklich verbessern werde.

Von den vorgeschlagenen *Bezeichnungen*, deren Eignung *zur Charakterisierung Stuttgarts* beurteilt werden sollte, wurden für den Status quo "Wirtschaftszentrum", "Stadt der Autos und Motoren" und "Sportstadt" von den Interviewpartnern als besonders zutreffend favorisiert. Dies entspreche im wesentlichen dem Ideal, d.h. die Bezeichnungen charakterisieren die Stadt ungefähr so treffend, wie dies wünschenswert sei. Nur dem Inhalt des Begriffs "Stadt der Autos und Motoren" solle sich Stuttgart nicht stärker annähern und werde dies - u.a. konjunkturell bedingt - wohl auch nicht tun. Aber auch für die Begriffe "Wirtschaftszentrum" und "Sportstadt" rechnet man mit einem Bedeutungsrückgang, d.h. sie werden Stuttgart künftig weniger zutreffend charakterisieren als momentan. Den drei Begriffen "Großstadt zwischen Wald und Reben", "Kunst- und Kulturstadt" und "Theaterstadt" wurde ebenfalls überdurchschnittliche Plausibilität zur Beschreibung Stuttgarts beigemessen. Obwohl es wünschenswert wäre, wenn der in ihnen beschriebene Aspekt Stuttgarts an Bedeutung gewinnen würde, geht man zukünftig eher von einem Rückgang aus, und zwar besonders im kulturellen Bereich ("Kunst- und Kulturstadt" und "Theaterstadt"). Für die momentan nicht besonders zutreffende Bezeichnung "High-Tech-Stadt" wünscht man sich einen Ausbau dieses Merkmals, dem für die Zukunft jedoch nur geringe Chancen gegeben werden. Für "Industriestadt" empfiehlt man eher ein Distanzierung von dem durch den Begriff vermittelten Inhalt. Als unpassend wurden die Bezeichnungen "Universitätsstadt", "Bäder- und Kurstadt", "Medienstadt" und "Messe- und Kongreßstadt" gesehen. Dabei traut man letzterer Bezeichnung noch am ehesten zu, zukünftig die Stadt treffend beschreiben zu können. Für die Begriffe "Universitätsstadt" und "Medienstadt" erwartet man einen geringfügigen Bedeutungszuwachs; am wenigsten naheliegend wird auch in Zukunft die Kennzeichnung Stuttgarts als "Bäder- und Kurstadt" sein.

Sehr positiv wurde *Stuttgart als Stadt zum Wohnen, Arbeiten und Freizeit Verbringen* bewertet. Obwohl diese Qualität zukünftig kaum großen Veränderungen unterliegen wird, ist man tendenziell auf geringfügige Verschlechterungen gefaßt.

Zusammenfassend kann man sagen, daß analog zu seinem insgesamt geringen Aufkommen auch die einzelnen *Teilmärkte des Städtetourismus in Stuttgart* nicht als sehr bedeutend erachtet wurden. Lediglich der "Tagesveranstaltungsverkehr" und der "Einzelgeschäftsreiseverkehr" erzielten eine gute Beurteilung. Die Bedeutung der Segmente "Einkaufsreiseverkehr", "Messereiseverkehr" und "Abendbesuchsverkehr" wurde geringerwertig eingeschätzt, wobei man besonders beim "Abendbesuchsverkehr" recht große Defizite sah. Noch schlechter wurden der "Tagungs- und Kongreßreiseverkehr", der "Städtebesuchsverkehr" und die "Incentivereisen" bewertet, wobei vor allem bei letzteren erheblicher Handlungsbedarf, zukünftig aber auch erfreuliche Entwicklungen gesehen wurden.

Als *zukünftige Zielgruppe des Fremdenverkehrs in Stuttgart* favorisierten die Gesprächspartner eine breite Basis von Touristen, die aus möglichst vielen Publikumssegmenten bestehen sollte, gegenüber einer schmalen, aber zahlungskräftigen Elite. Dies wurde einerseits mit der großen Abhängigkeit begründet, die eine zu eng definierte Zielgruppe mit sich bringe, andererseits mit der von einer breiten Basis eher zu erwartenden Multiplikatorwirkung bezüglich Image und Bekanntheitsgrad. Zudem paßten exklusivitätsliebende Touristen nicht zur Stuttgarter Mentalität und seien dem Flair und einem bunten Stadtbild abträglich. Von der Bevorzugung einer schmalen, aber zahlungskräftigen Zielgruppe als Stuttgart-Touristen versprachen sich die Befürworter des Exklusivtourismus hingegen eine angenehmere Klientel, größere wirtschaftliche Gewinne und eine wirksamere Imageverbesserung.

Als Instrument der Förderung des Städtetourismus und der Imageverbesserung favorisierte etwa die Hälfte der Gesprächspartner *Highlights* gegenüber der *Förderung von dauerhaften Einrichtungen*. Von Großveranstaltungen erwartet man sich einen größeren Imagegewinn sowie internationales Renommee und hohe Besucherzahlen. Einer ihrer Vorteile sei auch, daß sie z.t. neue Dauereinrichtungen mit sich bringen, deren Finanzierung durch den gegebenen Anlaß leichter durchsetzbar sei. Über die künftige Frequenz solcher Events gehen die Meinungen auseinander, einerseits bedürfe es kontinuierlicher Glanzlichter, um langfristig eine Wirkung zu erzielen, andererseits verkrafte die Stadt solche Ereignisse nicht in unbegrenzter Zahl. Als Grund für die Bevorzugung der Förderung von dauerhaften Einrichtungen wurde hingegen genannt, daß sie stadtspezifischer seien als austauschbare eingekaufte Highlights und zudem ein günstigeres Kosten-Nutzen-Verhältnis aufweisen.

Die *Bedeutung Stuttgarts im europäischen Binnenmarkt* wurde etwas besser eingeschätzt als die *Bedeutung der Stadt im vereinten Deutschland*. Dies wurde mit der sehr zentralen Lage begründet, die Stuttgart geographisch gesehen in Europa einnehme, während die Stadt im vereinten Deutschland an die Peripherie gerückt sei. Die zukünftige Entwicklung der Bedeutung Stuttgarts wird zurückhaltend optimistisch eingeschätzt.

Das *Verhältnis zwischen Stuttgart und der Region* wurde mehrheitlich als gegenseitige Ergänzung und nicht als Konkurrenz beurteilt, auch wenn gemeinsame Interessen derzeit noch nicht von allen Beteiligten als solche erkannt und verfolgt würden. Erwartungsgemäß plädierte die Mehrzahl der Gesprächspartner für eine Fortsetzung der gemeinsamen Tourismuswerbung Stuttgarts mit der Region. Vereinzelt wurde jedoch gefordert, Stuttgart müsse Priorität haben, zumal die Region von Stuttgart mehr profitiere als umgekehrt. Daher müßten auch die finanziellen Lasten gerechter verteilt werden.

Die derzeitige *Kooperation verschiedener Institutionen/Ebenen in bezug auf Imagepflege und Städtetourismus* in Stuttgart wurde als völlig unzureichend kritisiert, zumal ihr eine immense Bedeutung beigemessen wird. Allerdings wurden der Kooperation und Kommunikation bezüglich Imagepflege und Städtetourismus in Stuttgart zukünftig ein großes Entwicklungspotential zugesprochen.

Die *Bedeutung der verschiedenen Werbemaßnahmen* wurde derzeit als absolut ungenügend erachtet, man sei noch weit von einer professionellen Vermarktung Stuttgarts entfernt. Zukünftig rechnet man jedoch mit einem effektiveren Städtemarketing. Derzeit funktioniere noch am ehesten die "Rolle der Kommunikationsmittel", die "Öffentlichkeitsarbeit" und die "Selbstdarstellung auf Messen", denen man jedoch allesamt erheblichen Nachholbedarf attestierte. Hinsichtlich einer zukünftigen Verbesserung im Bereich der "Selbstdarstellung auf Messen" ist man eher pessimistisch. Schlecht wurden auch der "EDV-Einsatz, wie Buchungssysteme usw." in der Stadtwerbung, "die Bedeutung besonderer Angebote wie Pauschalen usw." und besonders kritisch die diesbezügliche "Effizienz der bisherigen Aktivitäten der Stadt" bewertet, obwohl man letzteren elementare Bedeutung beimißt. Das Ziel der Verbesserung dieser Maßnahmen im Marketing scheint zukünftig zumindest teilweise erreichbar zu sein.

Die *Gastgebermentalität der Stuttgarter Bevölkerung* wird derzeit nur als durchschnittlich eingeschätzt, schlechter als z.b. die genannten imagebildenen Faktoren der Stadt. Der Bevölkerung als Gastgeber und Multiplikator wird jedoch eine große Rolle zugeschrieben, der sie nach Ansicht der Interviewpartner zukünftig auch besser gerecht werden wird.

Auch wenn das *Stuttgarter Beherbergungsangebot*, vor allem seine qualitative Ausstattung, als sehr zufriedenstellend beschrieben wurde, stellte man bezüglich seiner Quantität und Qualität Handlungsbedarf fest; zukünftig rechnet man mit einer leichten Verbesserung des Angebots hinsichtlich Auswahl und Standard.

Dabei sprachen sich einige der Gesprächspartner für eine *Ausweitung der Hotelkapazität* aus, weil mehr Hotels auch mehr Gäste bringen, z.B. durch Tagungen. Teilweise wurde jedoch auf die Notwendigkeit verwiesen, die Kapazitätsausweitung durch werbliche Maßnahmen und eine Attraktivitätssteigerung der Stadt zu begleiten. Andere Interviewpartner warnten kategorisch vor einer Steigerung der Bettenzahlen, die nur zu einem Preisverfall, dem Sinken des Qualitätsstandards und durch ruinösen Wettbewerb zu einem Hotelsterben führe.

Zudem beschäftigte die Gesprächspartner die Frage, wie man zukünftig *die Messebesucher zu einer städtetouristischen Nutzung der Stadt bewegen könne*. Bedingt durch den Charakter und die allgemeine Situation der Stuttgarter Messe sei dies schwierig, da sie hauptsächlich Tagesbesucher anziehe, die zu wenig Zeit haben, um sich die Stadt anzuschauen. Es bedürfe folglich einerseits einer Ausweitung und Bedeutungssteigerung der Messe, zudem gelte es, die Messebesucher zum Übernachten zu bewegen. Als Vermarktungs-Instrumentarium seien z.B. bessere Pauschalangebote oder Begleitprogramme für Partner der Besucher denkbar. Hindernisse der städtetouristischen Nutzung müßten abgebaut werden, Informationsmaterial über die Stadt müsse die Messebesucher tatsächlich erreichen, und eine bessere Verkehrsverbindung zwischen Innenstadt und Messe müsse es für den Besucher einfacher machen, beides miteinander zu verbinden. Als geeignetes Ergänzungprogramm für Messebesucher wurde u.a. das gastronomische und kulturelle Angebot der Stadt vorgeschlagen.

Allgemein wurden für den *Ausbau des Städtetourismus* in Stuttgart und zur Imageverbesserung folgende *strategische Vorschläge* gemacht. Die Vermarktung Stuttgarts müsse professionell betrieben und Imagewerbung sowie Öffentlichkeitsarbeit mit einbezogen werden. Eine als schlagkräftig und verläßlich bezeichnete Organisation solle anhand eines klaren Touristik-konzeptes die Stärken der Stadt zielgruppenorientiert, kreativ und pfiffig verkaufen. Zum ef-fektiv betriebenen Städtemarketing gehöre auch das Ziel, den Stuttgartern mehr Selbst-bewußtsein zu geben, um die Bevölkerung als Imageträger stärker zu aktivieren. Zudem müßte eine allgemeine Verbesserung des Angebotes angestrebt werden, wobei besonders das Stadtzentrum aufgewertet werden müsse, außerdem das gastronomische und kulturelle An-gebot. Zudem solle man mittels zusätzlicher Attraktionen und Spezialereignisse Touristen an-ziehen, wobei auch dem Wochenendtourismus mehr Beachtung geschenkt werden müsse. Attraktive Pauschalreisen könnten dazu dienen, mehr Touristen für die Stadt zu interessieren. Auf abstrakter Ebene wurde vorgeschlagen, entsprechende Entscheidungen und Planungs-verfahren zu beschleunigen und den Städtetourismus entschlossen zu unterstützen. Eindring-lich wurde eine bessere Koordination und Kommunikation der verschiedenen touristischen Leistungsträger gefordert.

Auf die Frage, was die eigenen Institutionen zur *Förderung des Städtetourismus und zur Imageverbesserung* beitragen, verwiesen die Gesprächspartner einerseits auf eigene Angebote im Städtetourismus, andererseits wurden mögliche Verbesserungsvorschläge aufgeführt. Es wurde u.a. auf die Notwendigkeit verwiesen, die eigenen und die von den Institutionen unter-stützten Veranstaltungen wie Volksfeste, Sport- und Kulturveranstaltungen einer stetigen Qualitätskontrolle und -verbesserung zu unterziehen, da diese dem Städtetourismus die not-wendigen Impulse geben und das Image der Stadt verbessern. Die Institutionen, ihre Produkte und ihre z.T. historische Gebäude stellen Angebote im Städtetourismus dar und beeinflussen das Image Stuttgarts in entscheidenem Maße. Eine verstärkte Kooperation der verschiedenen Einrichtungen untereinander wurde als wünschenswert gesehen, nur so könnten die Institutio-nen die eigene Werbung und Öffentlichkeitsarbeit verbessern.

Die *Erwartungen, die die Gesprächspartner an das Amt für Touristik stellen,* bezogen sich auf Charakter, Aufgabe und Vorgehensweise des Amtes. Nachdrücklich forderten die Exper-ten eine bessere Koordinierung der Aufgaben des Amtes sowie eine aktivere und effektivere Kooperation aller mit dem Fremdenverkehr befaßten Stellen. Außerdem sei ein professionel-les, kreatives Marketing mit internationalen Marketingstrategien erforderlich, um die gefor-derte Effizienz der Arbeit zu erreichen. Dazu bedürfe es jedoch einer Verbesserung der per-sonellen und finanziellen Ausstattung. Insbesondere in der Werbung und Öffentlichkeitsarbeit des Amtes wurde also Handlungsbedarf gesehen. Notwendig sei auch das Durchführen von Imagekampagnen, die ein vermarktbares Profil der Stadt präsentieren, das auch von der Be-völkerung mitgetragen wird.

Kapitel V
TAGESTOURISMUS

Harald Wirtz

1. Einleitung

1.1 Problemstellung

Im Rahmen von Fremdenverkehrsanalysen kann zur Erfassung der städtetouristischen Angebots- und Nachfrageentwicklung auf amtliche Sekundärstatistiken des Bundes und der Länder sowie auf halbamtliche Statistiken verschiedener privater Marktforschungsinstitute[1] zurückgegriffen werden. Fehlende strukturelle Angaben im Nachfrage- und Angebotsbereich und eine nicht unerhebliche Fehlerquote bei der Erfassung des Fremdenaufkommens prägen jedoch das Bild der offiziellen Statistiken. Beispielsweise werden Städtetouristen, deren Aufenthalt nicht mit einer Übernachtung verbunden ist, statistisch nicht erfaßt[2]. Daher wurden zur Erstellung dieser Arbeit umfangreiche Primärerhebungen zur Gewinnung des erforderlichen Datenmaterials durchgeführt.

1.2 Angewandte Untersuchungsmethoden

Bei regional angelegten Studien können vier methodisch voneinander getrennte Wege unterschieden werden (vgl. MAIER 1982, S. 222).

A.) Erfassung von Indikatoren auf der Angebotsseite (Angebotsanalysen)
B.) Erfassung und Befragung der Tagestouristen im Zielgebiet (Zielgebietsanalysen)
C.) Repräsentativerhebung im Quellgebiet (Quellgebietsanalysen)
D.) Messung der Verkehrskapazität zwischen Quell- und Zielgebiet

A. Erfassung von Indikatoren auf der Angebotsseite (Angebotsanalysen)

Im Rahmen von Angebotsanalysen kann auf Indikatoren wie beispielsweise Besichtigungs- bzw. Ausstellungsflächen, Beschäftigte, Arbeitsstätten und Umsatz im Gastgewerbe zurückgegriffen werden. Der Vorteil der Indikatorerfassung liegt in der Möglichkeit, auf Daten der amtlichen Statistik (z.B. der Handels- und Gaststättenzählungen) zurückgreifen zu können. Einen Nachteil sieht MAIER (1973, S. 186) darin, daß Ausflugorte ohne Sitzplatzkapazitäten (z.B. Wanderparkplätze) nicht erfaßt werden.

---

[1] Beispielhaft sollen hier die "Reiseanalyse (RA)" und die "Kontinuierliche Reiseanalyse (KontiRA)" des STUDIENKREISES FÜR TOURISMUS (StfT) in Starnberg sowie der "Deutsche Reisemonitor" des Forschungsinstitutes EMNID angeführt werden.
[2] Aus diesen Gründen konnten in der Literatur lediglich Untersuchungen zum Tagestourismus für die Städte München, Hamburg, Mainz, Idar-Oberstein und Trier ausgemacht werden.

B. **Erfassung und Befragung der Tagestouristen im Zielgebiet**
(Zielgebietsanalysen)

Mit Hilfe von Zielgebietsanalysen können genaue Aussagen über Angebots- und Nutzungs-
strukturen, Herkunft der Tagestouristen sowie Angaben zum Ausgabeverhalten in Zielgebieten ermittelt werden. Da jedoch nur bei ausgewählten Freizeiteinrichtungen Erhebungen
durchgeführt werden, liegt der Nachteil dieser Methode darin, daß weder sämtliche Freizeiteinrichtungen noch alle Aktivitäten bestimmt werden können. Für die Gewinnung quantitativer und qualitativer Informationen über die Aktivitäten der Tagestouristen und ihre Zufriedenheit mit dem touristischen Angebot Stuttgarts wurden von Oktober 1991 bis Dezember
1992 Interviews im Zielgebiet Stuttgart durchgeführt. Anhand einer zufallsgesteuerten Stichprobenauswahl[3] konnten in diesem Zeitraum 1.117 Besucher(-gruppen) befragt werden, die
sich aus insgesamt 4.614 Personen (3.378 Erwachsene und 1.236 Kinder) zusammensetzten.
Dabei wurden sowohl Einzelpersonen als auch Gruppen (z.B. Ehepaare, Vereine usw.) erfaßt,
wobei bei letzteren eine Person stellvertretend für die gesamte Gruppe befragt wurde. Unter
den befragten Besuchern waren 18 % Übernachtungsgäste, 37,8 % Einheimische (Naherholer
am eigenen Wohnort) und 44,3 % Tagestouristen. In der Zielgebietsanalyse konnten demnach
495 Tagestouristen(-gruppen) - bestehend aus insgesamt 1.348 Erwachsenen und 361 Kindern
- berücksichtigt werden.

Die Befragungsstandorte wurden so gewählt, daß Aufenthaltsräume unterschiedlich moti-
vierter Tagestouristen erfaßt werden konnten. Zudem sollten die Standorte verschiedene Angebote der einzelnen Städtetourismusarten abdecken. Unter Berücksichtigung dieser Überlegungen wurden an den folgenden 21 Standorten Befragungen durchgeführt.

Tab. 16: **Befragungsstandorte der Zielgebietsanalyse**

Standorte		
1. Staatstheater	8. Galerie der Stadt Stuttgart	15. Anlegestelle (NPS)
2. Carl-Zeiss-Planetarium	9. Staatsgalerie	16. Cannstatter Wasen
3. Neues Schloß	10. Königsstraße	17. Hanns-Martin-Schleyer-Halle
4. Altes Schloß	11. Calwerstraße(-passage)	18. Fernsehturm
5. Schloßgarten	12. Rathaus und Marktplatz	19. Schloß Solitude
6. Lindenmuseum	13. Schillerplatz	20. Bärensee
7. Landesmuseum	14. Wilhelma	21. Liederhalle

Quelle: eigene Zusammenstellung 1993

Bei einer Antwortverweigerungsrate von nur ca. 5 % war die Auskunftsbereitschaft der Besucher überaus hoch.

---

[3] Jeder x-te Besucher, der eine gedachte Linie passierte, wurde angesprochen.

C. Repräsentativerhebung im Quellgebiet (Quellgebietsanalysen)

Repräsentativerhebungen im Quellgebiet, d.h. Befragungen in den Herkunftsgebieten der Touristen, können grundsätzlich unter Berücksichtigung des finanziellen und zeitlichen Mehraufwandes ergänzend zu Zielgebietsanalysen durchgeführt werden. Dabei sollte sich die Zusammensetzung der Stichprobe an der mit Hilfe der Zielgebietsanalyse errechneten Aufteilung der Touristenströme orientieren. Vorteile der Quellgebietsanalyse bestehen neben der Erfassung der Größe und des Umfangs des tagestouristischen Fremdenverkehrs in der Erfassung quellgebietsbezogener Einflußfaktoren auf den Fremdenverkehr (z.B. Urbanisierungsgrad, Wohnverhältnisse). Ein Nachteil dieser Methode besteht darin, daß nur potentielle Tagestouristen erreicht werden können.

Da 90 % der in der Zielgebietsanalyse erfaßten Touristen aus Baden-Württemberg kamen, konzentrierte sich die Quellgebietsanalyse aufgrund des zur Verfügung stehenden finanziellen Rahmens insbesondere auf die zwölf Regionen Baden-Württembergs.

Tab. 17: **Ausgewählte Städte im Rahmen der Quellgebietsanalyse**

Region	Ausgewählte Städte
Mittlerer Oberrhein	Karlsruhe (KA)
Schwarzwald-Baar-Heuberg	Villingen-Schwenningen (VS)
Donau-Iller	Ulm (UL)
Bodensee-Oberschwaben	Sigmaringen (SIG)
Mittlerer Neckar	Böblingen (BB), Esslingen (ES), Waiblingen (WN), Ludwigsburg (LB), Göppingen (GP)
Franken	Heilbronn (HN), Schwäbisch-Hall (SHA)
Neckar-Alb	Reutlingen (RT), Tübingen (TÜ)
Hochrhein-Bodensee	Konstanz (KN)
Südlicher Oberrhein	Freiburg (FR)
Nordschwarzwald	Calw (CW), Pforzheim (PF)
Unterer Neckar	Heidelberg (HD), Mannheim (MA)
Ostwürttemberg	Aalen (AA), Heidenheim (HDH)

Quelle: eigene Zusammenstellung 1993

Insgesamt wurden 1.144 Haushalte angeschrieben. Die Rücklaufquote der schriftlichen Quellgebietsanalyse betrug 21,1 %, so daß 241 Fragebögen ausgewertet werden konnten.

Bus- und Reiseunternehmensanalyse

Mit dem Ziel, Aussagen über den organisierten Tagestourismus treffen zu können, wurden im Oktober und November 1992 solche Bus- und Reiseunternehmen befragt, die Städtereisen nach Stuttgart anbieten bzw. durchführen. Die Adressen wurden teils vom Amt für Touristik

(AfT) zur Verfügung gestellt, teils wurden die im Zielgebiet angetroffenen Busfahrer gebeten, sich in standardisierte Listen einzutragen, wobei KFZ-Kennzeichen, Teilnehmerzahl, Aufenthaltsdauer und Adressen der Bus- oder Reiseunternehmen erfaßt wurden. Insgesamt wurden 110 Bus- und Reiseunternehmen angeschieben. Bei einer Rücklaufquote von ca. 32 % konnten 35 Fragebögen ausgewertet werden. Die erfaßten 35 Unternehmen führten im Jahre 1991 insgesamt 1.813 Fahrten nach Stuttgart durch und beförderten dabei 62.648 Fahrgäste. Die durchschnittliche Gruppengröße betrug demnach 35 Personen.

D.   Messung der Verkehrskapazität zwischen Quell- und Zielgebiet

Ein Überblick über das Verkehrsaufkommen zwischen Ziel- und Quellgebiet kann über die Zählung des ein- bzw. ausfließenden Verkehrs gewonnen werden. Für ein großräumiges Zielgebiet wie z.b. Stuttgart scheitert dieses Verfahren meist aus erhebungstechnischen Gründen, da dies einen erheblichen Personalaufwand erfordert. Aufgrund des Problems der gleichzeitigen Erfassung des Durchgangsverkehrs erfolgte eine Ermittlung des Einzugsbereiches durch die Zählung des ruhenden Verkehrs. Die Registrierung der KFZ-Kennzeichen in Parkhäusern oder auf Parkplätzen ermöglichte eine relativ genaue Erfassung der Einzugsbereiche. Dies wird auch dadurch bestätigt, daß keine signifikanten Unterschiede zu den in der Zielgebietsanalyse ermittelten Touristenströmen festgestellt werden konnten. Mit Hilfe von standardisierten Zählbogen konnten insgesamt 9.279 PKW und 277 Busse erfaßt werden.

2.   Theoretische Grundlagen des Grossstadttourismus

2.1   Abgrenzung des Begriffs Tagestourismus

Eine einheitliche Definition des Begriffs Tagestourismus konnte in der Literatur nicht ausgemacht werden. Bei den wichtigsten, zu Rate gezogenen Autoren (z.B. BLEILE 1983 oder EBERHARD 1974) erschöpft sich die Beschreibung des Tagestourismus in einer Aufzählung seiner Erscheinungsformen.

In dieser Studie wird unter Tagestourismus jeder, nicht übernachtungswirksame, stundenweise Aufenthalt in Stuttgart verstanden, unabhängig davon, ob dieser privat oder beruflich motiviert ist. Die der Arbeit zugrunde liegenden Erscheinungsformen orientieren sich an der Einteilung des Städtetourismus nach BLEILE und werden um die Bekannten- und Verwandtenbesuche ergänzt. In Abhängigkeit davon, ob während des Ausfluges eine "Mittagsmahlzeit" eingenommen wird, unterscheidet man Halbtags- und Ganztagsausflüge. Ist der Wohnort Ausgangspunkt der Reise, so spricht man von primärem Tagestourismus. Von dieser Form des Tagestourismus abzugrenzen ist der sekundäre Tagestourismus, bei dem es sich i.d.R. um raumwirksame Ausflüge während eines (Kurz-)Urlaubsaufenthaltes handelt.

2.2 Erscheinungsformen des Großstadttourismus nach BLEILE

BLEILE (1983, S. 84f) entwirft ein umfassendes Bild der Nachfragesituation im Städtetourismus, indem er sämtliche Erscheinungsformen des Städtetourismus sowohl im Über-
nachtungs- als auch im Tagestourismus anerkennt und zusätzlich eine Differenzierung nach
dem Motiv der Reise durchführt. In Abbildung 1 (Kap. I) wurde die umfangreiche Anzahl der
touristischen Nachfrageformen bereits dargestellt.

3. Angebotsanalyse des Stuttgarter Tagestourismus

Bei der Analyse der Angebote für den Tagestourismus wird im folgenden auf dessen Erscheinungsformen zurückgegriffen[4].

3.1 Tagestouristische Angebote Stuttgarts

3.1.1 Geschäfts- und Dienstreiseverkehr

Am Geschäfts- und Dienstreiseverkehr partizipieren alle Städte in etwa dem Ausmaß, in dem
sie aufgrund wirtschaftlicher, wissenschaftlicher und sonstiger Voraussetzungen als Zielorte
in Frage kommen (vgl. EBERHARD 1974, S. 22). Als Hauptstadt des industriereichsten und
finanzstärksten Flächenstaates der Bundesrepublik Deutschland ist Stuttgart auch wirtschaftliches Zentrum Baden-Württembergs.[5] Das wirtschaftliche Potential der Stadt beeinflußt den
beruflichen, insbesondere den Geschäftsreiseverkehr positiv.
Insgesamt gibt es in Stuttgart rund 30.000 Arbeitsstätten (vgl. JUNGBLUT 1992, S. 154).
Neben zahlreichen Dienstleistungsbetrieben (59 % Anteil an der Gesamtwirtschaft) verfügt
Stuttgart über ein breites industrielles Angebot, wie z.B. Maschinenbau, Feinmechanik, Elek-
tronik, Fahrzeugbau, Druck- und Verlagswesen sowie Textilindustrie. In diesen Wirtschafts-
branchen finden sich auch die größten Unternehmen der Stadt wie beispielsweise Daimler-
Benz, Robert Bosch, IBM Deutschland, SEL oder Porsche (vgl. JUNGBLUT 1992, S. 152).

3.1.2 Kongreß- und Tagungsreiseverkehr

Grundvoraussetzung für den Kongreß- und Tagungstourismus sind entsprechende
Tagungsräumlichkeiten. Für die Vergabe von Kongressen und Tagungen sind weitere
"Zusatzeinrichtungen" wie z.B. Beherbergungs- und Verpflegungseinrichtungen, touristische
Attraktionen oder eine optimale Verkehrsanbindung notwendig (vgl. LAW 1992a, S. 608).

---

4   Auf die Einflußfaktoren des touristischen Angebotes, wie z.B. gesellschaftliche, staatliche, wirtschaftliche,
    betriebliche Einflüsse oder Umwelteinflüsse wird im Rahmen dieser Arbeit verzichtet. Zu diesen Einflüssen
    vgl. FREYER 1991, S. 177ff.
5   Die Wirtschaftskraft der Stadt Stuttgart wird auch durch die im Vergleich zur Bundesrepublik geringe Ar-
    beitslosenquote von 3,7 % (Stand 1991) dokumentiert (vgl. LANDESHAUPTSTADT STUTTGART, STA-
    TISTISCHES AMT 1992, S. 81).

In Stuttgart finden regionale, überregionale, nationale und internationale Kongresse und Tagungen statt. Die dafür zur Verfügung stehenden Veranstaltungsstätten, die Anzahl der Tagungs- bzw. Kongreßräume, deren Lage innerhalb Stuttgarts und die Personenkapazität sind Tabelle 18 zu entnehmen.

Tab. 18:   Angebote Stuttgarts im Bereich des Tagungs- und Kongreßwesens

Einrichtung/Markierungspunkt	Räume	Kapazität[1]		
Messe- und Kongreßzentren A+B	18	50	bis	8.000
Kultur- und Kongreßzentrum Liederhalle	27	15	bis	6.500
Hanns-Martin-Schleyer-Halle	--	3.200	-	13.000
Kursaal Stuttgart-Bad Cannstatt	6	100	bis	645
Haus der Wirtschaft	9	25	bis	1.000
Atrium am Flughafen	8		bis zu	350
Alte Stuttgarter Reithalle	4	30	bis	800
Gustav-Siegle-Haus	3	120	bis	1.000
Tagungs- und Sportzentrum Waldaupark	4	28	bis	798
Internationale Bachakademie	1			200
Zusätzliche Tagungsstätten[2]	145	5	bis	960

[1] Die Kapazität bezieht sich auf die teilnehmenden Personen, wobei je nach Art der Bestuhlung mehr oder weniger Personen teilnehmen können.

[2] Zusätzliche Tagungskapazitäten ergeben sich durch das Angebotspotential von 38 größeren und kleineren Hotels und zwei sonstigen Tagungsstätten.

Quelle: eigene Zusammenstellung nach AMT FÜR TOURISTIK DER LANDESHAUPTSTADT STUTT-GART 1992, S. 63ff; MESSE STUTTGART 1990, o.S.

3.1.3   Messe- und Ausstellungswesen

Mit einer Ausstellungsfläche von 59.500 m^2 in 14 Ausstellungshallen befindet sich Stuttgart nicht in der Spitzengruppe unter den bundesdeutschen Messestandorten. Im Vergleich zu den "Big-Six" im deutschen Messegeschäft, Hannover, Frankfurt, Köln, Düsseldorf, München und Leipzig, ist Stuttgart nur bedingt konkurrenzfähig. Stuttgart reiht sich aber in die Gruppe der mittleren Messeplätze zusammen mit Hamburg, Nürnberg, Berlin und Essen ein. Das Messe- und Kongreßzentrum Stuttgart konnte im Jahre 1992 ca. 47 international, national und regional bedeutsame Messen und Ausstellungen ausrichten (vgl. MESSE STUTTGART 1992, o.S.). Mit über 2,7 Millionen Messebesuchern zeigt sich die Bedeutsamkeit des Messe- und Ausstellungsverkehrs für den gesamten Städtetourismus in Stuttgart.

3.1.4   Tagesausflugsverkehr (Städtetourismus i.e.S.)

Unter dieser Art des Städtetourismus lassen sich Erscheinungen subsumieren, die dem Begriffsinhalt des Erholungsreiseverkehrs noch am ähnlichsten sind. Das Ziel dieser privat motivierten Besucher ist die Stadt mit ihrer Angebotspalette an Sehenswürdigkeiten, Park- und

Grünanlagen, Museen, historischen Gebäuden usw. bis hin zum modernsten technischen Bauwerk. Die wichtigsten dieser Besichtigungs- und Ausflugsmöglichkeiten sollen nachfolgend aufgeführt werden.

Schlösser und Burgen

Über mehrere Jahrhunderte hinweg war Stuttgart Residenzstadt und wurde durch die Bauten und Anlagen des gräflichen, herzoglichen und königlichen Hofes geprägt. Vor allem die Burgen, Schlösser und Gärten in und um Stuttgart haben die Stadt in einer bis heute erkennbaren Weise gestaltet. Im Bereich der heutigen Stuttgarter Gemarkung befinden sich ca. 40 Burgen. Neben den zahlreichen Burgen gelten insbesondere die Schlösser in Stuttgart als Ausflugsziele für Besichtigungsreisende. Keimzelle Stuttgarts ist das um 1320 als Wasserburg gegründete Alte Schloß, dem im Jahre 1746 das Neue Schloß (Renaissance-Schloß) zur Seite gestellt wurde. Die um 1800 zwischen den beiden Schlössern angelegte Planie wurde in der Mitte des 19. Jahrhunderts vom Wilhelmspalais städtebaulich abgeschlossen (vgl. MERTEN/SCHUKRAFT 1985, S. 327). Außerhalb der einstigen Stadtgrenzen und ohne städtebauliche Beziehung zur Residenz wurden in der zweiten Hälfte des 18. Jahrhunderts die umfangreichen herzoglichen Schloßanlagen Schloß Solitude (Rokoko-Schloß in den Wäldern westlich Stuttgarts) und Schloß Hohenheim (auf der Filderebene im Süden Stuttgarts) geschaffen. Das im Rosensteinpark gelegene, im Jahre 1824 im klassizistischen Stil erbaute Schloß Rosenstein sowie die Villa Berg komplettieren das Angebot Stuttgarts an Schlössern.

Park- und Grünanlagen sowie Naturschutzgebiete

Dem landschaftsorientierten Ausflugsverkehr (z.B. Wandern, Radfahren usw.) stehen neben dem Stuttgarter Wald die drei Naturschutzgebiete Rot- und Schwarzwildpark mit dem Bärenschlößle, das Naturschutzgebiet Greutterwald sowie das Naturschutzgebiet Eichenhain zur Verfügung (vgl. OECHSSLER 1985, S. 107f).

Den Ruf als "Grüne Großstadt" verdankt Stuttgart nicht nur seinen Wäldern, sondern vor allem den vielen Park- und Grünanlagen mitten im Stadtgebiet. Der seit 1986 unter Denkmalschutz stehende Höhenpark Killesberg ist mit ca. 44 ha einer der größten Parks der Stadt. Der altenglische, denkmalgeschützte Rosensteinpark gilt als der schönste Stuttgarter Landschaftspark, mit altem Baumbestand und einem verwitterten Rosengarten (vgl. ENTENMANN 1992, S. 168). An den Rosensteinpark grenzt Deutschlands einziger zoologisch-botanischer Garten, die Wilhelma, an. Der von König Wilhelm I. von Württemberg als maurischer Garten angelegte Park ist mit ca. 1,8 Millionen Besuchern eine der meistbesuchten Sehenswürdigkeiten Stuttgarts. Stuttgarts längster Park, der Schloßgarten, beginnt inmitten der City am Neuen Schloß und reicht fast vier Kilometer lang bis zum Neckar in Bad Cannstatt. Mit dem Park der Villa Berg, dem Kurpark Bad Cannstatt, dem Stadtgarten, dem im Jahre 1626 angelegten Hoppenlauffriedhof, den Silberburganlagen mit Karlshöhe und dem Park Hohenheim, bestehend aus botanischem und exotischem Garten, stehen in Stuttgart weitere Erholungsgebiete zur Verfügung.

Durch die Ausrichtung der Internationalen Gartenbauausstellung IGA Expo 93 konnten außerdem vier Stuttgarter Grünanlagen (Killesberg, Wartberg, Leibfriedscher Garten und Rosensteinpark) zu einer zusammenhängenden Parklandschaft kombiniert und die langgehegte Idee eines innenstadtnahen "Grünen U" mit einer Gesamtfläche von ca. 100 ha verwirklicht werden (IGA 1993 STUTTGART GmbH 1992, S. 11).

Museen und museumsähnliche Einrichtungen

Stuttgart bietet eine Museumslandschaft ganz unterschiedlicher Art. Neben den großen, international bekannten Museen verfügt die Landeshauptstadt auch über zahlreiche kleinere, nur regional bekannte Museen. Die mehr oder weniger spezialisierten, insgesamt 28 Museen mit einer Gesamtausstellungsfläche von ca. 44.000 m² wurden im Jahre 1991 von über 1,8 Millionen Menschen besucht (vgl. LANDESHAUPTSTADT STUTTGART, STATISTISCHES AMT 1992, S. 254).

Tab. 19:   **Museen und museumsähnliche Einrichtungen in Stuttgart**

Museum	Ausstellungs-fläche in m²	Museum	Ausstellungs-fläche in m²
Staatsgalerie	8.950	Weinbaumuseum Uhlbach	950
Württembergisches Landesmuseum	7.114	Schloßmuseum Solitude	800
Daimler-Benz-Museum	5.800	Grabkapelle auf dem Württemberg	576
Staatliches Museum für Naturkunde	5.550	Porsche-Museum	500
Lindenmuseum	4.300	Post- und Fernmeldemuseum	500
Auwärter-Museum	2.000	Bibelmuseum	460
Deutsches Landwirtschaftsmuseum	1.650	Städtisches Lapidarium	400
Galerie der Stadt Stuttgart	1.200	Hegel Geburtshaus	300
Schwäbisches Brauereimuseum	1.000	11 kleinere Museen	2.713

Quelle: LANDESHAUPTSTADT STUTTGART, STATISTISCHES AMT 1992, S. 254.

Sonstige Besichtigungsziele

Das Stuttgarter Carl-Zeiss-Planetarium mit seiner modernen Glas- und Stahl-Architektur aus dem Jahre 1977 ist eines der meistbesuchten Planetarien Deutschlands.

Den weitläufigsten Blick auf Stuttgart ermöglicht der 217 m hohe Fernsehturm auf dem hohen Bopser. Als erster Fernsehturm der Welt galt der im Jahre 1956 fertiggestellte Stahlbetonbau als eine architektonische Sensation. Heutzutage zählt der Fernsehturm zu den modernsten Wahrzeichen der Stadt Stuttgart.

Auf dem Württemberg an der Stelle der Stammburg des Hauses Württemberg wurde um 1820 die Grabkapelle des württembergischen Königspaares errichtet. Das klassizistische Mausoleum enthält die Grabmäler von Königin Katharina und König Wilhelm.

Anläßlich der im Jahre 1927 vom Deutschen Werkbund unter dem Thema "Die Wohnung" veranstalteten Ausstellung wurde südwestlich des Killesbergs von den damals bedeutendsten Architekten[6] die Einzelhaussiedlung - Weißenhofsiedlung - angelegt, die in einzigartiger Weise die zukunftsweisende Baugesinnung jener Zeit widerspiegelte.

Sonstige Ausflugsmöglichkeiten

Mit einer Schüttung von ca. 22 Millionen Litern pro Tag verfügt Stuttgart über die ergiebigsten Mineralquellen in West-Europa (vgl. AMT FÜR TOURISTIK DER LANDESHAUPTSTADT STUTTGART 1992, S. 28). Die in den Stadtteilen Bad Cannstatt und Berg gelegenen Mineralschwimmbäder Leuze, Berg und Cannstatt werden nicht nur von der einheimischen Bevölkerung, sondern auch von Tagesgästen genutzt. Das Bäderangebot in Stuttgart vervollständigen fünf Freibäder und acht städtische Hallenbäder.

Das Wassersport- und Erholungsgebiet Max-Eyth-See (im Stadtteil Hofen) mit einer Wasserfläche von ca. 18 ha bietet Bootssportlern, Anglern und Surfern umfangreiche Ausflugsmöglichkeiten (vgl. ROEDER/BREINERSDORFER 1989, S. 258).

Einen Ausflug in die Neckarlandschaft ermöglicht die Neckarpersonenschiffahrt (NPS). Von der Anlegestelle gegenüber der Wilhelma werden zwei Hafenrundfahrten und weitere acht Kurzrundfahrten (z.b. nach Besigheim oder Lauffen) angeboten.

3.1.5 Einkaufsreiseverkehr

Als Landeshauptstadt und Zentrum der Region verfügt Stuttgart über ein breites Angebot für den Einkaufsreiseverkehr. Die Einkaufsmöglichkeiten werden nicht nur von den Stuttgartern selbst, sondern auch von "Auswärtigen" genutzt. Einer Umfrage zufolge kommen 56 % der 1.067 Befragten nur deshalb nach Stuttgart, um dort Einkäufe zu tätigen[7] (vgl. INMA-INSTITUT 1992, Tab. 1).

3.1.6 Tagesveranstaltungsverkehr

Anlaß für einen Stadtbesuch im Rahmen des Tagesveranstaltungsverkehrs sind Einzelveranstaltungen sportlicher, kultureller, politischer oder gesellschaftlicher Art (z.B. Volksfeste, Märkte, Kundgebungen, Theater- und Konzertveranstaltungen sowie Sportveranstaltungen usw.).

---

[6] Sechzehn Architekten aus fünf europäischen Ländern - u.a. Le Corbusier, Mart Stam, Walter Gropius, Ludwig Mies van der Rohe, Bruno und Max Traut, J.J.P. Oud, Hans Scharoun, Richard Döcker, Hans Pölzig, Victor Bourgeois und Adolf Schneck - waren beteiligt.

[7] Bei dieser Umfrage handelt es sich um die Befragung "City-Check", die das "inma Institut für Marktforschung GmbH" im Auftrag der Arbeitsgemeinschaft "Attraktives Stuttgart" im September 1992 durchführte. Aus 12.713 ausgefüllten Fragebögen (von ca. 100.000 in den Geschäften ausgelegten Fragebögen) wurde at random eine Stichprobe von mehr als 1000 Fragebögen ausgewertet.

Volksfeste und Märkte

Aufgrund der vielen Besucher zählen die Volksfeste zu den nachfragestärksten Angebotsformen und damit zu einer wichtigen Säule des Städtetourismus in Stuttgart. Im folgenden
werden die überregional bedeutendsten Feste aufgeführt. Zu Frühlingsbeginn wird auf dem
Cannstatter Wasen das Stuttgarter Frühlingsfest veranstaltet. Mit rund 800.000 Besuchern und
170 Schaustellern ist es jedoch kleiner als das von Mitte September bis Mitte Oktober auf
dem gleichen Platz stattfindende Cannstatter Volksfest. Das Cannstatter Volksfest, ein von
König Wilhelm I. von Württemberg im Jahre 1818 gegründetes Erntedankfest, ist mit jährlich
über fünf Millionen Besuchern und ca. 350 Schaustellern das zweitgrößte Bierfest der Welt.
Zu den bedeutendsten Volksfesten Stuttgarts zählt auch der Stuttgarter Weihnachtsmarkt. Das
einst von Carl Eugen initiierte Fest besitzt eine über dreihundert Jahre alte Tradition und zählt
mit ca. drei Millionen Besuchern zu den größten Weihnachtsmärkten Deutschlands. An der
gleichen Stelle ist Ende August das Stuttgarter Weindorf aufgebaut, das mit ca. einer Million
Besuchern und rund 200 Weinlauben zu den größeren Festen der Stadt gehört. Der Hambur-
ger Fischmarkt (ca. 700.000 Besucher) und das seit 1991 stattfindende Stuttgarter Sommerfest
auf dem Schloßplatz (ca. 250.000 Besucher) komplettieren das überregionale Angebot der
Stuttgarter Volksfeste.

Sportveranstaltungen

Das Image der Stadt Stuttgart wird u.a. durch die Ausrichtung zahlreicher nationaler und internationaler Großereignisse im Sport geprägt. Als Ausrichtungsstätten stehen der Stadt insbesondere das Neckarstadion[8], das Waldaustadion, die Hanns-Martin-Schleyer-Halle und die
Tennisanlage des TC Weißenhof zur Verfügung.
In dem zum deutschen Turnfest im Jahre 1933 erbauten, 68.000 Zuschauer fassenden
Neckarstadion (Gottlieb-Daimler-Stadion) finden hauptsächlich Fußball- und Leichtathletik-
veranstaltungen statt. Die vielfältigen Nutzungsmöglichkeiten der im Jahre 1983 eingeweih-
ten und ca. 10.000 Zuschauer fassenden **Hanns-Martin-Schleyer-Halle** (HMS) zeigen sich
in der Durchführung der verschiedenartigsten Veranstaltungen. Neben Kulturveranstaltungen
(z.B. Konzerte), Tagungen und Kongressen werden Veranstaltungen unterschiedlicher
Sportarten in der HMS-Halle ausgetragen. Auf der **Tennisanlage des TC Weißenhof** findet
jährlich das internationale Weißenhof-Tennisturnier statt.

Theater- und Konzertveranstaltungen

Pop- und Klassik-Konzerte werden insbesondere in der HMS-Halle, in der internationalen
Bachakademie und in dem Kultur- und Kongreßzentrum Liederhalle veranstaltet. Die Angebote für Theaterveranstaltungen werden im folgenden der Städtetourismusart "Abendbesuchsverkehr" subsumiert.

---

[8]   Das Neckarstadion wurde im Mai 1993 in "Gottlieb-Daimler-Stadion" umbenannt.

177

3.1.7 Abendbesuchsverkehr

Die vielfältige "Kulturlandschaft" Stuttgarts reicht von Oper, Ballett und Schauspiel des Staatstheaters Stuttgart bis zur Mundartbühne und von der Boulevard-Unterhaltung über Zeitkritisches und Experimentelles bis zu Pantomime, Varieté, Lerntheater und Puppenspiel. Insgesamt gibt es in Stuttgart 34 größere und kleinere Theater (vgl. ROEDER/BREINERS-DORFER 1989, S. 605f).

Tab. 20: **Stuttgarter Theater und Aufführungen im Spieljahr 1991/92**

Theater	Aufführungen Anzahl	Verfügbare Sitzplätze Anzahl	Platzausnutzung in %
Staatstheater	842	640.339	85,6
Komödie im Marquardt	278	105.084	87,2
Altes Schauspielhaus	255	123.930	82,8
Theater der Altstadt	405	61.560	68,5
Theater im Westen	157	23.550	85,5
Theater "tri-bühne"	203	28.420	59,6
Makal City-Theater	239	23.661	85,9
Theater im Zentrum	128	8.323	-
Wilhelma-Theater	-	350	-

Quelle: LANDESHAUPTSTADT STUTTGART, STATISTISCHES AMT 1992, S. 245ff

3.1.8 Sonstige Angebote

Gastronomieangebot

Das Gastronomieangebot wird anhand des Gaststättengewerbes dargestellt. Tabelle 21 zeigt jeweils Arbeitsstätten und Beschäftigte im Gaststättengewerbe auf der Grundlage der Arbeitsstättenzählung von 1987[9].

Tab. 21: **Gaststättengewerbe in Stuttgart**

	Arbeitsstätten	Beschäftigte
Gaststättengewerbe	1.346	7.215
davon: Speisewirtschaften/Imbißhallen	1.047	5.940
Sonstige Bewirtungsstätten[10]	299	1.275
Kantinen	47	325
Schlaf- und Speisewagenbetriebe	1	202

Quelle: LANDESHAUPTSTADT STUTTGART, STATISTISCHES AMT 1988; LANDESHAUPTSTADT STUTTGART, VERKEHRSAMT 1991, S. 129ff

---

[9] Aktuellere Daten zum Gastronomieangebot konnten nicht angegeben werden, da eine diesbezügliche Erhebung seit der Arbeitsstättenzählung 1987 nicht mehr durchgeführt wurde.
[10] Zu den sonstigen Bewirtungsstätten zählen Schankwirtschaften (u.a. 47 Bier- und 71 Weinstuben), 78 Bars/Abendlokale, Tanzlokale, 49 Cafés, Eisdielen und Trinkhallen (ROEDER/BREINERSDORFER 1989, S. 481ff).

Angebote des Amtes für Touristik (AfT)

Das Amt für Touristik Stuttgart bot 1990/91 sechs verschiedene Rundfahrten, historische Rundgänge sowie eine Spurensuche durch Stuttgart an. Beispielhaft für die Angebote des AfT und deren Inanspruchnahme werden die Zahl der Fahrten und deren Teilnehmer für das Jahr 1991 angeführt. Dabei zeigt sich, daß im Vergleich zu 1990 die Nachfrage nach Angeboten des Amtes für Touristik im Jahre 1991 nahezu gleich geblieben ist.

Tab. 22: Angebote des Amtes für Touristik (AfT)

Angebot	Fahrten	% [1]	Teilnehmer	% [1]
Rundfahrt "Das Schöne Stuttgart"	430	+ 2,4	10.738	- 0,1
Rundfahrt "Stuttgarter Nächte"	75	-10,7	2.256	-12,3
Rundfahrt "Das neue Stuttgart"	30	0	1.217	+15,2
"Stuttgarter Partyrundfahrt"	7	0	261	+ 3,6
"Stuttgarter Weinbaurundfahrt" [2]	6	-	220	-
Rundfahrten "Insgesamt"	548	+ 0,9	14.692	- 0,2
"Historische Rundgänge"	51	- 1,9	1.379	+ 0,3

[1] Prozentuale Veränderung der Anzahl der Fahrten sowie Anzahl der Teilnehmer im Vergleich zu 1990.

[2] Die "Stuttgarter Weinbaurundfahrt" wurde erst 1991 in das Angebot des Amtes aufgenommen, so daß keine prozentualen Veränderungen zu 1990 angegeben werden konnten.

Quelle: eigene Zusammenstellung nach Angaben des AMTES FÜR TOURISTIK DER LANDES-HAUPTSTADT STUTTGART 1992

3.2 Bewertung der tagestouristischen Angebote Stuttgarts

Die Auskunftspersonen in der Zielgebietsanalyse wurden gebeten, anhand einer Skala verschiedene vorgegebene Angebotsformen mit Schulnoten von eins bis fünf zu bewerten. Wie aus Tabelle 23 ersichtlich, belegen die Einkaufsmöglichkeiten, das sportliche Angebot sowie das kulturelle Angebote die ersten Plätze. Die hinteren Ränge belegen das Stadtbild/Architektur und die Verkehrssituation.

Tab. 23: Angebotsbewertung anhand Zielgebietsanalyse

Angebot	Durchschnittsnote	Angebot	Durchschnittsnote
Einkaufsmöglichkeiten	1,89	Freizeitangebot	2,34
Sportliches Angebot	2,03	Sehenswürdigkeiten	2,49
Kulturelles Angebot	2,07	Stadtbild/Architektur	2,62
Gastronomisches Angebot	2,26	Verkehrssituation	3,72

Quelle: eigene Erhebungen 1991/92

4. Nachfrageanalyse des Stuttgarter Tagestourismus

4.1 Einzugsbereiche des Tagestourismus in Stuttgart

Mit Hilfe der Zielgebietsanalyse konnte festgestellt werden, daß 94 % der erfaßten (495) Tagesgäste ihren Ausflug nach Stuttgart von ihrem Heimatort aus durchführten (primärer Tagestourismus). 2 % der Tagestouristen starteten von ihrem Zweitwohnsitz aus, während 4 % der Tagestouristen einen anderen Urlaubsort als Ausgangspunkt angaben (sekundärer Tagestourismus).

Bei einem Vergleich der durch die KFZ-Zählung ermittelten Herkunftsgebiete (Einzugsbereiche) der Tagestouristen mit den in der Zielgebietsanalyse durch Befragung erfaßten Herkunftsgebieten konnten keine signifikanten Unterschiede festgestellt werden. Deshalb werden die Einzugsbereiche des Tagestourismus im folgenden anhand der Ergebnisse der KFZ-Zählung dargestellt.

4.1.1 Einzugsbereiche des Individualreiseverkehrs

Insgesamt wurden 9.279 PKW im Zielgebiet Stuttgart gezählt; 98,8 % kamen aus der Bundesrepublik Deutschland, 1,2 % aus dem Ausland. An erster Stelle der ausländischen Quellgebiete stehen die Anrainerstaaten Schweiz (45 %) und Frankreich (25 %), die zusammen 70 % der ausländischen Tagestouristen stellen, gefolgt von Österreich (14 %), den USA [11] (13 %) und den Beneluxstaaten (3 %).

Die meisten inländischen Gäste kamen aus den süddeutschen Flächenstaaten Baden-Württemberg (90 %) und Bayern (2,8 %); 1,8 % aus dem Bundesland Hessen. Jeweils 1,3 % der Gäste kamen aus den Quellgebieten Rheinland-Pfalz und Nordrhein-Westfalen. Aus dem Saarland reisten 0,3 % der Tagestouristen an. Auf die Stadtstaaten Hamburg und Bremen entfallen insgesamt 0,2 % der Gäste, wobei diese - wie auch die nachfolgend aufgeführten Quellgebiete, eher zum sekundären Tagestourismus gerechnet werden müssen, da es sich hierbei meist um Ausflüge nach Stuttgart während eines Urlaubes in der Umgebung handelte. Während für die Bundesländer Thüringen, Mecklenburg-Vorpommern und Brandenburg Anteile von weniger als 0,1 % festgestellt wurden, konnten für die Quellgebiete Sachsen und Sachsen-Anhalt Anteile von mehr als 0,1 % ermittelt werden. Aufgrund seiner dominierenden Rolle als Quellgebiet wird das Bundesland Baden-Württemberg genauer untersucht. Hierbei sind zwei Tendenzen hervorzuheben:

---

[11] In Deutschland stationierte US-Amerikaner.

Abb. 47: Einzugsbereiche im Tagestourismus (Individualreiseverkehr)

Zielgebietsanalyse - Individualverkehr (PKW-Zählung)

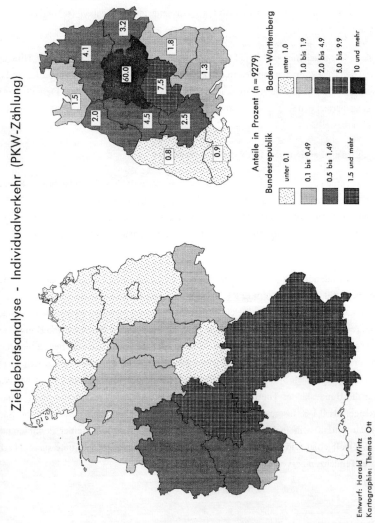

Anteile in Prozent (n = 9279)

Bundesrepublik

- unter 0.1
- 0.1 bis 0.49
- 0.5 bis 1.49
- 1.5 und mehr

Baden-Württemberg

- unter 1.0
- 1.0 bis 1.9
- 2.0 bis 4.9
- 5.0 bis 9.9
- 10 und mehr

Entwurf: Harald Wirtz
Kartographie: Thomas Ott

Quelle: eigene Erhebungen 1991/92 (Zielgebietsanalyse)

- Die Region Mittlerer Neckar ist mit einem Anteil von 60 % (5.568 PKW) das mit Abstand größte Einzugsgebiet des Stuttgarter Tagestourismus. Insbesondere bei regionalen Veranstaltungen dominiert die Region Mittlerer Neckar als Quellgebiet.
- In der Darstellung der Einzugsbereiche Stuttgarts, differenziert nach den Regionen Baden-Württembergs, läßt sich eine "Umlandorientierung" erkennen. Die an die Region Mittlerer Neckar angrenzenden Regionen (v.a. die Regionen Neckar-Alb (7,5 %), Nordschwarzwald (4,5 %) und Franken (4,1 %)) dominieren als Herkunftsgebiete der Tagestouristen. Mit zunehmender Entfernung zum Zielgebiet Stuttgart nehmen die Anteile der Gäste aus den Regionen Baden-Württembergs (z.b. Südlicher Oberrhein mit 0,8 %) ab.

4.1.2   Einzugsbereiche des organisierten Tagestourismus

Von den 277 in der Zielgebietsanalyse erfaßten Bussen reisten ca. 92 % (255 Busse) aus der Bundesrepublik Deutschland und 8 % (22 Busse) aus dem benachbarten Ausland an. Bei den ausländischen Quellgebieten dominiert die Schweiz mit einem Anteil von ca. 53 %, gefolgt von Frankreich (28 %) und Österreich (18 %). Ausländische Tagestouristen wurden insbesondere auf den Volksfesten (Cannstatter Wasen und Weihnachtsmarkt) sowie bei internationalen Sportereignissen (z.B. Tischtennis-Weltmeisterschaft) angetroffen.

Baden-Württemberg (87 %) liegt bei den inländischen Quellgebieten an der Spitze, weit vor den Bundesländern, Bayern (1,8 %) und Rheinland-Pfalz (1,4 %). Während 0,7 % aus Nordrhein-Westfalen und jeweils 0,4 % aus den Ländern Hessen, Saarland, Schleswig-Holstein anreisten, konnten aus den übrigen neun Bundesländern nur weniger als 0,1 % gezählt werden.

Die Regionen Neckar-Alb (26 %) und Mittlerer Neckar (23,5 %) bilden die Hauptherkunftsgebiete in Baden-Württemberg. Im Gegensatz zum Individualreiseverkehr ist keine starke "Umlandorientierung" auszumachen, sondern eher eine "Nord- bzw. Südorientierung" mit den Regionen Franken (7,9 %), Schwarzwald-Baar-Heuberg (7,9 %) und Bodensee-Oberschwaben (5,1 %). Die geringsten Anteile am organisierten Reiseverkehr in Baden-Württemberg weisen die Herkunftsgebiete Südlicher-Oberrhein (0,4 %), Hochrhein-Bodensee (1,1 %) und Mittlerer Oberrhein (1,1 %) auf.

Erwartungsgemäß bestätigt das Ergebnis die Annahme, daß im organisierten Tagestourismus längere Anfahrtsstrecken und Anfahrtszeiten als im Individualreiseverkehr in Kauf genommen werden.

4.2   Soziodemographische Merkmale des Tagestourismus

Hinsichtlich der soziodemographischen Struktur der Tagestouristen (wie z.B. Altersstruktur, Familienstand, Berufsgruppen, Geschlecht, Schulabschluß usw.) konnten keine Unterschiede zur Imageanalyse festgestellt werden, so daß an dieser Stelle auf eine Interpretation verzichtet und auf die Ergebnisse der Imageanalyse verwiesen werden kann.

Abb. 48: Einzugsbereiche im Tagestourismus (Organisierter Reiseverkehr)

Zielgebietsanalyse - Organisierter Reiseverkehr

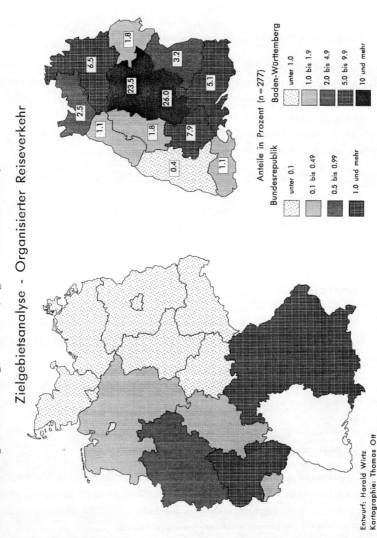

Anteile in Prozent (n = 277)

Bundesrepublik

unter 0.1

0.1 bis 0.49

0.5 bis 0.99

1.0 und mehr

Baden-Württemberg

unter 1.0

1.0 bis 1.9

2.0 bis 4.9

5.0 bis 9.9

10 und mehr

Entwurf: Harald Wirtz
Kartographie: Thomas Ott

Quelle: eigene Erhebungen 1991/92 (Zielgebietsanalyse)

4.3 Strukturmerkmale des Tagestourismus

4.3.1 Zurückgelegte Kilometer im Tagestourismus

Die Tagestouristen überwanden durchschnittlich eine Entfernung von 98 Kilometern (einfacher Weg), um Stuttgart zu erreichen. 37 % der Tagestouristen legten dabei eine Entfernung von bis zu 50 km zurück. Für 33 % der Tagesgäste wurde eine Anfahrtsstrecke zwischen 50 und 100 km ermittelt. 16 % der Touristen legten eine Strecke zwischen 100 bis 150 km zurück, während 8 % der Gäste das Ausflugsziel erst nach 150 bis 200 km erreichten. Nur ca. 5 % der im Zielgebiet befragten Gäste überwanden mehr als 200 km, wobei die größte Ausflugsdistanz mit 550 km angegeben wurde.

Innerhalb der Untersuchung konnte ein Zusammenhang zwischen Ausflugsdistanz und Ausflugsmotiv bzw. Ausflugsziel nachgewiesen werden. Die Bereitschaft, eine längere Anfahrtsstrecke zurückzulegen, steigt mit der Besonderheit des besuchten Ausflugsziels bzw. dessen Bekanntheitsgrad. Während im Einkaufsreiseverkehr nur eine durchschnittliche Anfahrtsstrecke von 68 km ermittelt wurde, wurden z.B. für das Tennisturnier "Stuttgart Classics" ca. 178 km und für den Besuch der Wilhelma ca. 120 km in Kauf genommen.

Abb. 49: **Reichweitenverteilung des Tagestourismus**

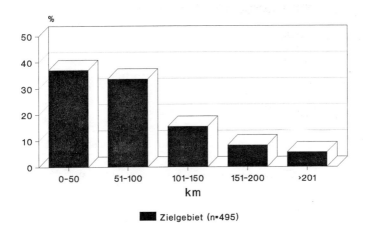

Zielgebiet (n=495)

Quelle: eigene Erhebungen 1991/92
(Zielgebietsanalyse)

184

4.3.2 Gruppengröße und Ausflugspartner der Tagestouristen

Die 495 in der Zielgebietsanalyse erfaßten Gästegruppen setzen sich aus 1.348 Erwachsenen und 361 Kindern bzw. Jugendlichen zusammen. Die durchschnittliche Gruppengröße beträgt demnach 3,4 Personen. Für die Quellgebietsanalyse ergibt sich bei 554 Erwachsenen und 279 Kindern bzw. Jugendlichen (bei 241 erfaßten Gruppen) ebenfalls eine durchschnittliche Gruppengröße von 3,4 Personen. Diese relativ hohen Durchschnittswerte sind v.a. auf den organisierten Ausflugsverkehr zurückzuführen, bei dem bis zu 50 Personen pro Gruppe gezählt wurden. Wird der organisierte Ausflugsverkehr in der Durchschnittswertberechnung nicht berücksichtigt, so beträgt die durchschnittliche Gruppengröße in der Zielgebietsanalyse 1,7 Personen und in der Quellgebietsuntersuchung 1,5 Personen.

Von den erfaßten Personengruppen waren 67 % (Zielgebiet) und ca. 80 % (Quellgebiet) reine Erwachsenengruppen. Nur 32,9 % (Zielgebiet) und 20 % (Quellgebiet) der erfaßten Ausflüglergruppen bestanden aus Erwachsenen und Kindern bzw. Jugendlichen.

Abb. 50: **Gruppengröße der Tagestouristen**

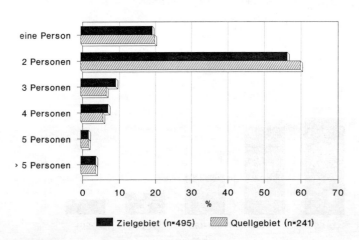

Quelle: eigene Erhebungen 1991/92
(Ziel- und Quellgebietsanalyse)

Abb. 51: Ausflugspartner der Tagestouristen

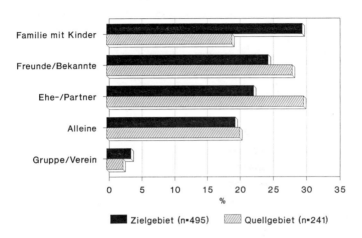

Familie mit Kinder

Freunde/Bekannte

Ehe-/Partner

Alleine

Gruppe/Verein

0   5   10   15   20   25   30   35
%

■ Zielgebiet (n=495)   ▨ Quellgebiet (n=241)

Quelle: eigene Erhebungen 1991/92
(Ziel- und Quellgebietsanalyse)

19,6 % (Zielgebiet) bzw. 20,3 % (Quellgebiet) der erfaßten Tagestouristen unternahmen den Ausflug "alleine". 56,8 % (Zielgebiet) bzw. 60,4 % (Quellgebiet) der Ausflügler unternahmen den Ausflug "zu zweit".

4.3.3   Gebietstreue der Tagestouristen

Von den 495 befragten Tagestouristen (Zielgebiet) kannten 86,7 % Stuttgart bereits von früheren Besuchen; für die Quellgebietsanalyse ergab sich ein Anteil von 90,5 % derer, die Stuttgart bereits besucht haben. Daraus folgt, daß 13,3 % der Interviewpartner (Zielgebiet) und 9,5 % der Befragten (Quellgebiet) die Stadt Stuttgart zum ersten Mal aufsuchten. Abbildung 52 zeigt die Reisezieltreue bzw. die Aufenthaltshäufigkeit der Tagestouristen in Stuttgart.

Wie die Graphik verdeutlicht, besteht eine große Kontinuität im Besuchsverhalten der Touristen, die sich in der hohen Zahl der Wiederholungsbesuche im Jahresverlauf ausdrückt. Anhand der Quellgebietsanalyse wurde eine durchschnittliche Aufenthaltshäufigkeit von sieben Besuchen pro Jahr für Stuttgart nachgewiesen. In beiden Untersuchungen bildet sich die Besuchergruppe, die Stuttgart "mehrmals im Jahr" aufsucht, eindeutig heraus, wobei jeweils unterschiedliche Aufenthaltsmotive ausgemacht werden konnten. Nur 6,3 % (Zielgebiet) und

186

10,4 % (Quellgebiet) der Auskunftspersonen besuchten Stuttgart "weniger als einmal im Jahr". Die festgestellte Kontinuität im Besuchsverhalten ist neben den vielfältigen Nutzungsmöglichkeiten des touristischen Angebotes in Stuttgart u.a. auf Aufenthalte von Geschäftsreisenden zurückzuführen, die die Stadt aus beruflichen Gründen mehrmals im Jahr aufsuchen.

Abb. 52:   Gebietstreue der Tagestouristen

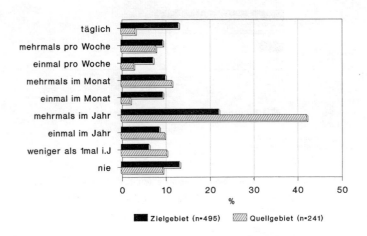

Quelle: eigene Erhebungen 1991/92
(Ziel- und Quellgebietsanalyse)

4.3.4   Aufenthaltsmotive im Tagestourismus

4.3.4.1 Aufenthaltsmotive des Individualreiseverkehrs

Die dargestellte Reisezieltreue der Tagestouristen zieht die Frage nach den Aufenthaltsmotiven nach sich. Die in der Tabelle 24 aufgeführten Aufenthaltsmotive orientieren sich am Hauptanlaß der Reise und an den sonstigen durchgeführten Aktivitäten während des Aufenthaltes in Stuttgart. Dabei wurden die einzelnen Nennungen zu insgesamt 15 Aufenthaltsmotiven zusammengefaßt.

Tab. 24:   Aufenthaltsmotive des Individualreiseverkehrs

Motiv	Zielgebiet Anzahl	Rang	Quellgebiet Anzahl	Rang
Einkaufen	169	1.	114	1.
Kultureinrichtungen	83	2.	78	4.
Verwandten-/Bekanntenbesuch	76	3.	78	4.
Sportveranstaltungen	74	4.	44	10.
Tagesausflug	48	5.	88	2.
Bummeln/Flanieren	47	6.	83	3.
Stadtbesichtigung	36	7.	32	12.
Geschäftsreise	35	8.	45	9.
Volksfeste	33	9.	63	8.
Kino/Theater/Konzerte	33	9.	70	6.
Erholung/Entspannung	33	9.	27	13.
Tagungs-/Messebesuch	26	12.	70	6.
Bäderbesuch	19	14.	18	14.
"Essen gehen"	18	15.	41	11.
Sonstiges	26	12.	14	15.
Insgesamt	746		865	

Quelle: eigene Erhebungen 1991/92 (Ziel-und Quellgebietsanalyse)

Für eine Interpretation der Ausflugsmotive ist die Betrachtung der durchgeführten Kombinationen von Aktivitäten wichtig. 85 % (Zielgebiet) bzw. 90 % (Quellgebiet) der Tagestouristen gingen während ihres Aufenthaltes in Stuttgart mehr als einer Aktivität nach. Für den "Bäderbesuch", den Besuch von "Sportveranstaltungen" und die "Geschäftsreise" konnten kaum Motivkombinationen nachgewiesen werden, da diese meist separat durchgeführt wurden. Für die Besuchsgründe "Einkaufen" verbunden mit "Bummeln/Flanieren" konnte der größte Anteil (ca. 38 %) der Anlaßkombinationen ermittelt werden. Der zweitgrößte Anteil der Motivkombinationen (ca. 20 %) konnte für den Besuch von "Kino/Theater/Konzerte" und "Essen gehen" ermittelt werden.

4.3.4.2 Aufenthaltsmotive im organisierten Tagestourismus

Die dargestellten Motive des organisierten Tagestourismus basieren auf den Angaben der befragten Bus- und Reiseunternehmen.

Die Ausflüge werden vorrangig - zu 80 % - von Vereinen durchgeführt. Die restlichen 20 % entfallen einerseits auf "gemischte" Gruppen, die sich zufällig zusammengefunden haben (z.B. Kaffeefahrten), andererseits auf Tagungs- und Kongreßteilnehmer.

Abb. 53:   **Aufenthaltsmotive im organisierten Tagestourismus**

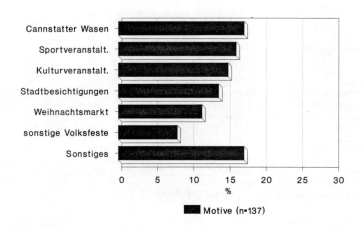

Quelle: eigene Erhebungen 1992
(Bus- und Reiseunternehmensanalyse)

4.3.5   Saisonale Verteilung des Tagestourismus

Um den saisonalen Verlauf des Tagestourismus festzustellen, wurden die Probanden der Quellgebietsanalyse nach dem Monat ihres letzten Aufenthaltes in Stuttgart gefragt. Die Ergebnisse zur Saisonalität des organisierten Tagestourismus beziehen sich auf die Anzahl der von den 35 befragten Bus- und Reiseunternehmen nach Stuttgart durchgeführten Fahrten (insgesamt 1.813).

4.3.5.1 Saisonale Verteilung des Individualreiseverkehrs

Von den 241 Auskunftspersonen der Quellgebietsanalyse waren 90,5 % bereits einmal in Stuttgart: 9,5 % (23 Personen) waren noch nie in Stuttgart, so daß 218 Personen in die Auswertung gelangten. Im Gegensatz zur Haupturlaubsreise ist der Städtetourismus - insbesondere der Tagestourismus - saisonalen Schwankungen weniger stark unterlegen. Eine deutlich ausgeprägte Saisonalität ist im Tagestourismus daher nicht festzustellen, wenngleich einige Monate sich etwas hervorheben. Wie stark einzelne Monate vom Tagestourismus betroffen sind, ist von den touristischen Angeboten in den einzelnen Monaten abhängig.

Abb. 54: Saisonale Verteilung des Individualreiseverkehrs und des organisierten Tagestourismus

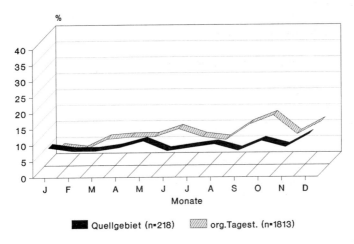

Quelle: eigene Erhebungen 1991/92
(Ziel- und Quellgebietsanalyse)

Während für die Monate Februar, März und September die geringste Beteiligung (7 %) festgestellt wurde, besuchten 12 % der Tagestouristen Stuttgart im Dezember. Einen Erklärungsansatz für diesen Spitzenwert liefert die Differenzierung der Saisonverteilung nach dem Aufenthaltsmotiv. Aufenthaltsanlässe sind vor allem Einkaufsreisen in der Vorweihnachtszeit und damit verbundene Besuche des Weihnachtsmarktes. Das Ergebnis verdeutlicht nochmals die Bedeutung des Einkaufsreiseverkehrs für Stuttgart. Mit ca. 10 % stellt der Monat Oktober einen weiteren Spitzenwert dar. Hauptanlaß für einen Tagesaufenthalt im Oktober war überwiegend der Besuch des Stuttgarter Volksfestes (Cannstatter Wasen). Stadtbesichtigungen und sonstige Ausflüge (z.B. Wanderungen) werden aufgrund der Witterung hauptsächlich in den Sommermonaten durchgeführt und sorgen in diesen Monaten für eine gleichmäßige saisonale Verteilung.

4.3.5.2 Saisonale Verteilung des organisierten Tagestourismus

Auch der organisierte Tagestourismus zeigt keine eindeutigen saisonalen Schwankungen, obgleich - wie schon in der Quellgebietsanalyse festgestellt -, die Monate Oktober (mit 14 %) und Dezember (mit 12 %) aus den bereits genannten Gründen (Stuttgarter Volksfest und Weihnachtsmarkt) dominieren. Die Monate Januar (4,4 %), Februar (3,5 %) und März

190

(6,9 %) weisen die geringsten Ausflugsintensitäten auf. Einen Erklärungsgrund für den Spitzenwert im Monat Juni (10 %) liefert die Differenzierung der Ausflüge nach dem Hauptanlaß. Im Juni finden - nicht zuletzt durch die Witterung bedingt - 40 % aller organisierten Stadtbesichtigungen statt.

4.3.6 Wochenrhythmus im Tagestourismus

4.3.6.1 Wochenrhythmus im Tagestourismus nach der Ziel- und Quellgebietsanalyse

Um den Wochenrhythmus der Tagestouristen festzustellen, wurden die Interviewpartner, die häufig nach Stuttgart reisen, danach gefragt, an welchen Wochentagen diese Fahrten stattfinden. Während 30 % (Quellgebiet) bzw. 21 % (Zielgebiet) der befragten Personen keinen bestimmten Tag bevorzugen, konnte bei den anderen Probanden ein signifikanter Zusammenhang zwischen Wochentag und Motiv der Reise nachgewiesen werden.

Abb. 55: **Wochenrhythmus im Tagestourismus**

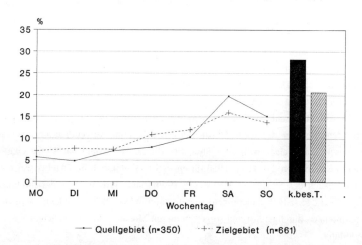

Quelle: eigene Erhebungen 1991/92
(Ziel- und Quellgebietsanalyse)

Es zeigt sich, daß unter der Woche eine relativ gleichmäßige Reiseintensität vorliegt, während am Wochenende die Reisehäufigkeit deutlich zunimmt. Zu einer gleichmäßigen Verteilung der Reisen unter der Woche tragen im wesentlichen die beruflich bedingten Tagesgeschäftsreisenden bei.[12] Bei der Befragung fiel auf, daß insbesondere Rentner angaben, auch unter der Woche verstärkt Ausflüge zu unternehmen, um dem "Massenandrang" am Wochenende zu entgehen. Berücksichtigt man die Entwicklung der Bevölkerungsstruktur bis zum Jahr 2000, wird die Zahl der Rentner insgesamt zunehmen (vgl. BUNDESMINISTER FÜR RAUM-ORDNUNG, BAUWESEN UND STÄDTEBAU 1986, S. 19). Diese Altersgruppe könnte sich zu einem Personenpotential entwickeln, das erheblich zur Steigerung des Ausflugs-volumens unter der Woche beiträgt.

Die Steigerung der Reiseintensität am Freitag ist auf ein Ansteigen des Abendbesuchs-verkehrs - insbesondere durch Jugendliche - zurückzuführen, die Kinos oder Diskotheken be-suchen. Der Samstag weist in beiden Untersuchungen die größte Intensität auf. Neben ande-ren Anlässen (z.B. Besuch von Sportveranstaltungen) trägt hauptsächlich der Einkaufsreise-verkehr zu der hohen Reisehäufigkeit am Samstag bei, an dem ca. 70 % aller Einkaufsreisen getätigt werden.

Die zweithöchste Reiseintensität wird in beiden Untersuchungen am Sonntag gemessen. Der Hauptanlaß für einen Aufenthalt an diesem Tag ist der Besuch von Freunden, Bekannten oder Verwandten; 75 % aller Bekannten-/Verwandtenbesuche finden demnach am Sonntag statt.

4.3.6.2 Wochenrhythmus im organisierten Tagestourismus

Der nachfolgend dargestellte Wochenrhythmus des organisierten Tagestourismus ergibt sich aus den Angaben der Bus- und Reiseunternehmen.

Der organisierte Tagestourismus findet insbesondere am Wochenende. Am Samstag werden 32 % und am Sonntag 40 % aller organisierten Tagesreisen nach Stuttgart durchgeführt. Die Konzentration der Ausflüge am Wochenende ist darauf zurückzuführen, daß es sich im orga-nisierten Tagestourismus vorrangig um privat motivierte "Ganztagsausflüge" handelt, die während der arbeitsfreien Zeit unternommen werden. Die organisierten Tagesreisen unter der Woche sind überwiegend auf geschäftlich bedingte Reisen (z.B. im Kongreß- und Tagungs-reiseverkehr) zurückzuführen.

---

12 Nur ca. 2 % der gesamten Tagesgeschäftsreisen wurde am Wochenende unternommen. Unter der Woche wurde eine gleichmäßige Verteilung der Tagesgeschäftsreisen festgestellt, d.h. es konnten keine präferierten Tage ausgemacht werden.

Abb. 56: **Wochenrhythmus im organisierten Tagestourismus**

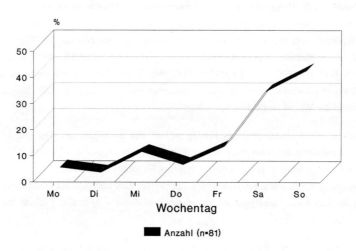

Anzahl (n=81)

Quelle: eigene Erhebungen 1992
(Bus- und Reiseunternehmensanalyse)

4.3.7 Reiseplanung der Tagestouristen

Geht man davon aus, daß Planung ein antizipiertes "Denkhandeln" voraussetzt und einer gewissen Fristigkeit bedarf, muß man feststellen, daß die meisten Stuttgart-Aufenthalte (49 % nach Zielgebietsanalyse, 43 % nach Quellgebietsuntersuchung) nicht unter planerischen Gesichtspunkten stattfinden, sondern spontan unternommen werden. Ein Ausflug nach Stuttgart ist u.a. von der aktuellen oder der zu erwartenden Wetterlage abhängig. Kurzfristig (1-3 Tage vorher) planen ca. 21 % (Zielgebiet) und ca. 25 % (Quellgebiet) der Tagestouristen ihren Ausflug nach Stuttgart. Es konnte nachgewiesen werden, daß Individualreisende eher spontan planen, während im organisierten Reiseverkehr längerfristig geplant wird. "Längerfristig" planen 13 % (Zielgebiet) bzw. 6 % (Quellgebiet) der Tagestouristen ihren touristischen Aufenthalt in Stuttgart, wobei es sich überwiegend um organisierte Reisen nach Stuttgart handelt. Einer "mittelfristigen Planung" (Planungszeitraum 2-4 Wochen) unterliegen 7 % (Zielgebiet) bzw. 12 % (Quellgebiet) der Stuttgart-Reisen.

Abb. 57: **Reiseplanung der Tagestouristen**

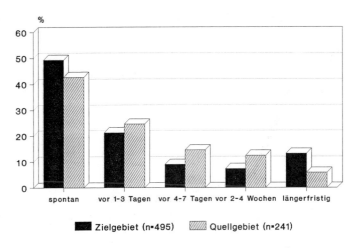

Quelle: eigene Erhebungen 1991/92
(Ziel- und Quellgebietsanalyse)

Innerhalb der Untersuchungen wurde ein Zusammenhang zwischen Planungszeitraum und Motiv der Reise festgestellt. Während Abendbesuche, Einkaufsreisen und der Besuch von Tagesveranstaltungen (z.b. Volksfeste) eher spontan bzw. kurzfristig geplant werden, können im Messe- und Ausstellungsreiseverkehr, Kongreß- und Tagungsreiseverkehr und Tages-geschäftsreiseverkehr mittelfristige bis langfristige Planungszeiträume ausgemacht werden. Der Planungszeitraum ist nicht zuletzt abhängig von den zur Verfügung stehenden Kapazitä-ten einzelner Fremdenverkehrseinrichtungen. So wird der Besuch von Großveranstaltungen (z.b. Konzerte, Sportveranstaltungen usw.) eher längerfristig geplant, da z.b. Eintrittskarten beschafft werden müssen.

Für eventuelle Werbestrategien würde dies bedeuten, daß nicht nur im Vorfeld von längeren Veranstaltungen (z.b. IGA, sportlichen Großveranstaltungen), sondern auch während dieser Veranstaltungen besonders geworben werden muß.

4.3.8   Ankunfts- und Abfahrtszeiten sowie Aufenthaltsdauer der Tagestouristen

Abb. 58:   Ankunfts- und Abfahrtszeiten der Tagestouristen

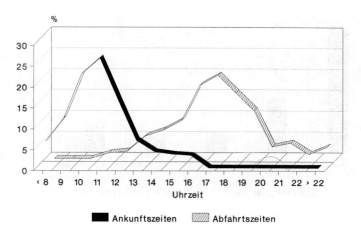

Quelle: eigene Erhebungen 1991/92
(Zielgebietsanalyse n=485)

Von den 495 Auskunftspersonen der Zielgebietsanalyse konnten 5 % keine Angaben zu Ankunfts- und Abfahrtszeiten machen, so daß die folgenden Ergebnisse auf den Angaben von 480 Tagestouristen beruhen. Über 76 % der Tagestouristen kommen am Vormittag in der Zeit zwischen 8.00 und 12.00 Uhr in Stuttgart an, so daß bei einer durchschnittlichen Aufenthaltsdauer von 5,9 Stunden (Zielgebiet) nahezu alle Gäste über Mittag in der Stadt verweilen und so die Möglichkeit zur Einnahme eines Mittagessens besteht. Die meisten Tagestouristen (26 %) reisen zwischen 10.00 und 11.00 Uhr an. Insgesamt 23 % der Gäste gaben in der Untersuchung eine Ankunftszeit nach 13.00 Uhr an.

Während nur ca. 3 % der Tagestouristen am Vormittag (zwischen 10.00 und 12.00 Uhr) wieder abreisen, geben über die Hälfte (ca. 58 %) der Gäste an, erst nach 17.00 Uhr die Rückreise antreten zu wollen. Der größte Teil (47 %) der Tagestouristen nennt eine Abfahrtszeit zwischen 17.00 und 19.00 Uhr. Lediglich 10 % der Gäste treten die Rückreise nach 20.00 Uhr an.

4.4 Einflußfaktoren im Tagestourismus

Welche Faktoren einen touristischen Aufenthalt in Stuttgart beeinflussen, wird anhand der Ergebnisse der Quellgebietsanalyse dargestellt, wobei die Wichtigkeit einzelner Aspekte im Tagestourismus der Abbildung 59 entnommen werden kann.

Abb. 59: **Einflußfaktoren im Tagestourismus nach deren Wichtigkeit**

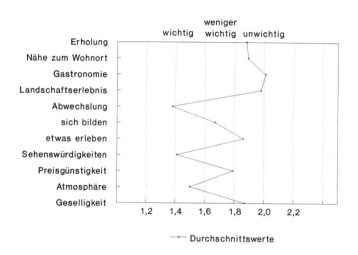

Quelle: eigene Erhebungen 1991/92
(Zielgebietsanalyse)

Für die Auskunftspersonen der Quellgebietsanalyse stellt die "Abwechslung vom Alltag" mit einem Durchschnittswert von 1,38 Punkten den wichtigsten Aspekt im Ausflugsverkehr dar. Weiterhin sind das Vorhandensein von "Sehenswürdigkeiten" (1,41 Punkte) und die "Atmosphäre" (1,50 Punkte) einer Stadt wichtige Ausflugsaspekte.

Weniger wichtig in der Entscheidung sind die Faktoren "sich bilden" (1,67 Punkte), "Preisgünstigkeit" (1,79 Punkte), "etwas erleben" (1,86 Punkte) und "Geselligkeit" (1,87 Punkte).

Die Faktoren "Erholung" (1,88 Punkte), "Nähe zum Wohnort" (1,89 Punkte) und "Landschaftserlebnis" (1,98 Punkte) sind nach Meinung der Interviewpartner bei einem städtischen Ausflug eher unwichtig. Am wenigsten wird die Ausflugsentscheidung durch das "gastronomische Angebot" (2,01 Punkte) beeinflußt.

4.5 Stärken und Schwächen Stuttgarts aus der Sicht der Tagestouristen

Die im folgenden dargestellten Stärken und Schwächen der Stadt resultieren aus der aktuellen Zufriedenheit der Gäste (Zielgebietsanalyse) mit der von ihnen erlebten Stadt. Dabei wurden der Stadt von den Auskunftspersonen insgesamt mehr Stärken (694 Nennungen) als Schwächen (537 Nennungen) bescheinigt. Man erkennt, daß die Wahrnehmungsstrukturen der Touristen keineswegs nur auf die touristische Infrastruktur begrenzt sind, sondern daß die Stadt auch als Lebens- und Wirtschaftsraum wahrgenommen und erlebt wird (vgl. Tab. 25 und Tab. 26).

4.5.1 Stärken der Stadt

Während 12,3 % der 495 Auskunftspersonen (Zielgebiet) keine Angaben zu den Stärken Stuttgarts machen konnten, haben die übrigen Interviewpartner insgesamt 694 Äußerungen zu Stärken Stuttgarts gemacht.

"Park- und Grünanlagen" (20,6 %) sowie "Landschaft/Umgebung" (13,1 %) wurden von den Gästen am positivsten bewertet. Dies ist dadurch zu erklären, daß die Anreisenden die landschaftlich reizvolle Lage der Stadt als herausragendes Merkmal in Erinnerung behalten.

Tab. 25: Stärken Stuttgarts aus der Sicht der Tagestouristen

Stärken der Stadt	Anzahl der Nennungen	Anteil in %
Park- und Grünanlagen	143	20,6
Landschaft/Umgebung	91	13,1
Stadtbild	80	11,5
Sehenswürdigkeiten	74	10,6
Kulturelles Angebot	62	8,9
Stadt allgemein	61	8,8
Einkaufsmöglichkeiten	48	6,9
Atmosphäre/Flair	25	3,6
Sportliches Angebot	25	3,6
Bevölkerung/Mentalität	24	3,5
Freizeitmöglichkeiten	21	3,0
Infrastruktur	21	3,0
Gastronomie	19	2,7
Insgesamt	694	100

Quelle: eigene Erhebungen 1991/92 (Zielgebietsanalyse)

Das "Stadtbild" belegt mit 11,5 % den dritten Platz; hier wurden insbesondere die Innenstadt und die architektonische Gestaltung verschiedener Bauwerke (z.B. Weißenhofsiedlung) als Stärke der Stadt angeführt. Weiterhin bezogen sich 10,6 % der Nennungen auf verschiedene "Sehenswürdigkeiten" (z.B. Wilhelma, Altes und Neues Schloß u.ä.), wobei u.a. die zentrale

Lage dieser Einrichtungen innerhalb Stuttgarts sehr positiv bewertet wurde. Unter den weiteren positiven Eindrücken finden sich Angaben zum "kulturellen Angebot" (8,9 %), zur "Stadt allgemein" (8,8 %), zu den "Einkaufsmöglichkeiten" (6,9 %) und zur "Atmosphäre" (3,6 %).

Die geringe Anzahl positiver Nennungen zum "sportlichen Angebot" (3,6 %) unterstützt nicht gerade den Anspruch Stuttgarts, eine "Sportstadt" zu sein. Auf den letzten Plätzen finden sich positive Wahrnehmungen bzgl. der "Freizeitmöglichkeiten" (3 %), der "Infrastruktur" (3 %) und der Gastronomie (2,7 %), wobei bei letzterem u.a. schwäbische Spezialitäten (z.b. Maultaschen) aufgeführt wurden.

4.5.2   Schwächen der Stadt

Während 18,8 % der 495 Auskunftspersonen (Zielgebiet) keine Schwächen angeben konnten, haben die anderen Interviewpartner insgesamt 537 negative Wahrnehmungen angeführt.

Tab. 26:   Schwächen Stuttgarts aus der Sicht der Tagestouristen

Schwächen der Stadt	Anzahl der Nennungen	Anteil in %
Verkehrssituation	179	33,3
Gastronomie	125	23,3
Überfüllung	54	10,0
Kriminalität	40	7,5
soziale Randgruppen	32	5,9
Stadtbild	27	5,0
Umweltprobleme	26	4,8
hohes Preisniveau	23	4,3
Sauberkeit	16	3,0
Atmosphäre/Flair	15	2,8
Insgesamt	537	100

Quelle: eigene Erhebungen 1991/92 (Zielgebietsanalyse)

Hinsichtlich der kritischen Äußerungen über die Stadt ist zu unterscheiden zwischen individuellen, situationsgebundenen und meist "kleineren" Ärgernissen auf der einen sowie generellen Defiziten auf der anderen Seite. Im folgenden werden vor allem letztere angesprochen, da diese durch entsprechende Maßnahmen zumindest prinzipiell behoben werden könnten.

Kritik übten die Gäste in erster Linie an der "Verkehrssituation" (33,3 %), wobei die jeweiligen Nennungen nicht "stuttgarttypisch" sind, sondern in jeder Großstadt eine mehr oder weniger bedeutsame Rolle spielen. Insbesondere die schlechte Parkplatzsituation und die chronischen Staus und Verkehrsbehinderungen auf den innerstädtischen Straßen wirken abschreckend auf die Auskunftspersonen. Dem Begriff "Verkehrsituation" sind zusätzlich Angaben zum ÖPNV subsumiert. Kritik wurde hier insbesondere an den langen Taktzeiten, den hohen Preisen und der mangelnden Sicherheit geäußert.

Die zweithäufigste Kritik übten die Auskunftspersonen an der "Gastronomie" (23,3 %). Nach Aussagen der Tagesgäste fehlen im Innenstadtbereich (Königsstraße, Calwerstraße, Marktplatz) vor allem Straßencafés, die zusätzlich zu einer besseren Atmosphäre in der Stadt beitragen könnten. Nicht zuletzt deswegen wurde auch die fehlende "Atmosphäre" mit 2,8 % der Nennungen als Schwäche Stuttgarts - wenn auch mit der geringsten Zahl der Nennungen - angeführt. Bemängelt wurden an der "Gastronomie" weiterhin die Öffnungszeiten; insbesondere an den Wochenenden seien nur wenige gastronomische Betriebe geöffnet.

Als störend empfanden die Tagestouristen auch die Besucherkonzentration (Überfüllung) an einzelnen Ausflugszielen. Auf den Begriff "Überfüllung" entfielen demnach auch 10 % aller geäußerten Negativnennungen. Als belästigend empfanden die Auskunftspersonen ferner die "Kriminalität" (7,5 %), das "hohe Preisniveau" (4,3 %) und "soziale Randgruppen" (5,9 %), wobei die Gäste insbesondere die Anwesenheit von "Pennern" und "Drogensüchtigen" im Innenstadtbereich kritisierten. Die Negativäußerungen zur "Sauberkeit" (3 %) bezogen sich ausnahmslos auf den Innenstadtbereich, insbesondere auf die Einkaufstraßen.

4.6   Quantitative Erfassung der Tagestouristen

Während bei der quantitativen Erfassung des Übernachtungsfremdenverkehrs die amtliche Fremdenverkehrsstatistik herangezogen werden kann, beruhen fast sämtliche Erkenntnisse über den Tagestourismus - insbesondere seine quantitative Erfassung - auf einer umfangreichen Untersuchung. Lediglich die jährlichen Besucherzahlen verschiedener Sehenswürdigkeiten, die in den Jahresberichten des "Statistischen Amtes der Landeshauptstadt Stuttgart" veröffentlicht werden sowie Besucherangaben zusätzlicher Institutionen und Veranstaltungen[13], sind für eine quantitative Bewertung des Tagestourismus verwertbar. Aufbauend auf den jährlichen Besucherzahlen wird zunächst die Entwicklung des Besucheraufkommens für die Jahre 1990 und 1991 dargestellt. Hierbei erfolgt zunächst noch keine Unterscheidung zwischen Besuchen (Aktivitäten) von Tages- und Übernachtungsgästen sowie von Einheimischen, da anhand der verkauften Eintrittskarten und Besucherangaben eine derartige Differenzierung nicht möglich ist. Eine isolierte Betrachtung des Tagestourismus kann nur anhand der Daten der dieser Arbeit zugrunde liegenden Zielgebietsuntersuchung vorgenommen werden. Da sich die vorliegende Arbeit mit dem Tagestourismus beschäftigt, muß die in Tabelle 27 dargestellte Gesamtbesucherzahl um die Aktivitäten der Übernachtungsgäste und die der einheimischen Bevölkerung bereinigt werden.

---

[13] Da in den Veröffentlichungen des STATISTISCHEN AMTES DER LANDESHAUPTSTADT STUTTGART nur die Besucherzahlen für die wichtigsten Einrichtungen angegeben wurden, erfolgte zusätzlich eine Erfassung der Besucherströme anhand der Angaben anderer Institutionen.

Tab. 27: Besucherzahlen von Freizeiteinrichtungen und Veranstaltungen in Stuttgart

Einrichtung bzw. Veranstaltung		1990	1991
Sport	Neckarstadion	524.174	1.005.831
	Waldau-Stadion	34.027	67.518
	Hanns-Martin-Schleyer-Halle	553.390	585.082
	Kunsteisbahn Waldau	137.500	113.895
	Tennisclub Weißenhof	43.300	45.400
Bäder	Mineralbäder (2)	976.510	896.393
	Städtische Hallenbäder (8)	1.146.278	1.120.589
	Freibäder (5)	645.609	799.973
Volksfeste und Märkte	Cannstatter Volksfest	5.263.000	5.900.000
	Stuttgarter Weindorf	1.000.000	1.000.000
	Stuttgarter Weihnachtsmarkt	2.800.000	3.100.000
	Stuttgarter Frühlingsfest	599.100	873.000
	Flohmärkte	490.000	460.000
	Hamburger Fischmarkt	500.000	700.000
	Sommerfest	-	250.000
Museen	Staatsgalerie	400.000	400.000
	Galerie der Stadt Stuttgart	73.000	234.459
	Württembergisches Landesmuseum	321.247	281.840
	Linden-Museum	105.181	111.771
	Staatliches Museum für Naturkunde	193.961	221.961
	Mercedes-Benz-Museum	400.311	349.852
	Porsche-Museum	83.000	65.000
	Schloßmuseum Solitude	41.144	44.531
	Grabkapelle Württemberg	35.778	33.201
	Deutsches Landwirtschaftsmuseum	16.882	17.045
	Schwäbisches Brauereimuseum	19.833	18.961
	Auwärter-Museum	7.000	12.000
	Hegel-Haus	-	15.803
	Bibelmuseum	9.260	8.088
	Weinbaumuseum Uhlbach	14.500	15.000
	Post- und Fernmeldemuseum	9.400	10.960
Theater	Staatstheater Stuttgart	536.676	548.116
	Altes Schauspielhaus	107.073	102.668
	Komödie im Marquardt	95.832	91.668
	Theater der Altstadt	54.687	42.178
	Theaterhaus Stuttgart	135.494	126.000
	Theater im Westen	13.652	20.144
	Makal City Theater	19.398	20.314
	Theater "tri-bühne"	19.000	16.943
	Zentrum Theater u. Kunst	5.782	5.866
	Figuren-Theater	20.165	20.400
	Renitenz-Theater	52.600	52.720
Sonstiges	Wilhelma	1.737.279	1.834.503
	Fernsehturm	446.362	396.549
	Carl-Zeiss-Planetarium	191.227	173.477
	Messe Stuttgart	1.700.000	1.400.000
	Liederhalle	544.000	484.741
	Intern. Bachakademie	70.000	120.000
	Kommunales Kino	86.628	75.620
	Stadtrundfahrten	14.717	14.692
	Neckarpersonenschiffahrt	149.000	151.000
	Laboratorium	19.019	19.214
	Haus der Wirtschaft	380.000	368.000
	Varieté Stuttgart	72.480	63.547
	Sarah-Frauencafé (Veranstaltungen)	2.900	3.207
	Rundflüge	2.467	3.507
Insgesamt		22.919.823	24.928.227

Quelle: LANDESHAUPTSTADT STUTTGART, STATISTISCHES AMT 1991, S. 73ff und 1992, S. 80ff;
eigene Erhebungen 1993

Da die meisten Gäste mehrere Sehenswürdigkeiten während ihres Aufenthaltes besuchten, ist es nicht möglich, nur anhand der verkauften Eintrittskarten und Besucherzahlen die Gesamt-gästezahl im Jahr abzuleiten.

In Anlehnung an die von BECKER (1984, S. 76ff) entwickelte Verhältnisgleichung wird daher eine Bestimmung des Tagesgästevolumens nach der folgenden Formel durchgeführt.

$$\sum T = \frac{\sum B_{Tag} \times \sum B_{Stich}}{\sum A_{Stich}} + \sum NB + \sum B_{Ges}$$

$\sum T$ Anzahl aller Tagestouristen pro Jahr (= Unbekannte).

$\sum B_{Tag}$ Jährliche Gesamtbesucherzahl der Einrichtungen und Veranstaltungen abzüglich der Besuche der Übernachtungsgäste und der einheimischen Bevölkerung.

$\sum B_{Stich}$ Anzahl aller Tagestouristen in einer Stichprobe (Zielgebietsanalyse), die mindestens eine Aktivität im Sinne der Tabelle 27 ausüben.

$\sum A_{Stich}$ Summe aller ausgeübten Aktivitäten der Tagestouristen einer Stichprobe (Zielgebietsbefragung).

$\sum NB$ Summe aller Nichtbesucher, die keine Aktivität im Sinne der Tabelle 27 durchgeführt haben.

$\sum B_{Ges}$ Anzahl der Tagesgeschäftsreisenden.

Bestimmung von $\sum B_{Tag}$

Grundlage für die Bestimmung der "Gesamtbesuche der Tagestouristen ($\sum B_{Tag}$)" bilden die in Tabelle 27 ermittelten Gesamtbesucherzahlen der Sehenswürdigkeiten und Veranstaltun-gen in Stuttgart für die Jahre 1990 (22.919.823 Besuche) und 1991 (24.928.227 Besuche). Zur Bestimmung von $\sum B_{Tag}$ müssen von den Gesamtbesucherzahlen die Aktivitäten (Besuche) der Übernachtungsgäste und die der Einheimischen subtrahiert werden.

Zur Bestimmung der Aktivitäten aller Übernachtungsgäste und der einheimischen Bevölke-rung werden die Ergebnisse der Zielgebietsuntersuchung herangezogen.

a)   **Bestimmung aller Aktivitäten der Übernachtungsgäste**

Von den 1.117 in der Zielgebietsuntersuchung erfaßten Besucher haben 17,9 % (200 Perso-nen) in Stuttgart übernachtet. Diese 200 befragten Personen haben 340 Aktivitäten durchge-führt, was einem Anteil von 21,3 % aller 1.596 durchgeführten Aktivitäten der Besucher ent-spricht. Von den Gesamtbesucherzahlen müssen daher für beide Jahre 21,3 % subtrahiert werden, da jene die Aktivitäten der Übernachtungsgäste darstellen. Die von den Übernach-tungsgästen getätigten Aktivitäten (Besuche) betragen somit für 1990: 4.881.922 (21,3 % von 22.919.823) und für 1991: 5.309.712.

b)   Bestimmung aller Aktivitäten der einheimischen Bevölkerung

Von den in der Zielgebietsanalyse befragten Besuchern kamen 37,8 % (422 Personen) aus Stuttgart selbst. Die einheimische Bevölkerung hat zusammen 464 (29,1 %) aller 1.596 Aktivitäten (Besuche) durchgeführt. Von der Gesamtbesucherzahl sind demnach 29,1 % zu subtrahieren. Im Jahre 1990 hat die Stuttgarter Bevölkerung somit 6.669.668 Aktivitäten (Besuche) unternommen; für das Jahr 1991 ergibt sich eine Anzahl von 7.245.114 durchgeführten Besuchen.

Daraus ergibt sich für $\sum B_{Tag}$:

Formel		1990	1991
	Gesamtbesuche	22.919.823	24.928.227
-	Aktivitäten (ÜN-gäste)	4.881.922	5.309.712
-	Aktivitäten (Einheimische)	6.669.668	7.245.114
=	$\sum B_{Tag}$	11.368.233	12.373.401

Bestimmung von $\sum B_{Stich}$

Die Ergebnisse der Zielgebietsanalyse zeigen, daß 495 (44,3 %) der 1.117 erfaßten Besucher Tagestouristen waren. 322 (65,1 %) dieser Tagestouristen haben dabei mindestens eine Aktivität, während 173 (34,9 %) keine Aktivität im Sinne der Tabelle 27 unternommen haben. Somit ergibt sich für $\sum B_{Stich}$ ein Wert von 322.

Bestimmung von $\sum A_{Stich}$

Die 322 in der Stichprobe ermittelten Tagesgäste haben insgesamt 515 Aktivitäten durchgeführt, so daß sich für $\sum A_{Stich}$ ein Wert von 515 ergibt. Durchschnittlich unternahmen die Gäste demnach 1,6 Aktivitäten.

Bestimmung von $\sum B_{Ges}$

Eine quantitative Erfassung der Tagesgeschäftsreisenden konnte im Rahmen dieser Arbeit nicht erfolgen. Deshalb wird bei dieser Berechnung auf Ergebnisse der DWIF-Untersuchung (1987, o.S.) verwiesen, die die Tagesgeschäftsreisen für das Jahr 1986 in einer bundesweiten Sonderauswertung zum Tagesgeschäftsreiseverkehr ermittelte.[14] Demnach wurden im Jahre 1986 12,4 Millionen Tagesgeschäftsreisen nach Stuttgart unternommen. Diese Zahl müßte um die geschäftlich motivierten Tagesreisen von Bürgern aus den neuen Bundesländern ergänzt werden. Da keinerlei verwertbare Daten zur Entwicklung des Tagesgeschäftsreiseverkehrs vorliegen, wird die für 1986 ermittelte Zahl sowohl für 1990 als auch für 1991 übernommen.[15]

---

[14] Neuere Daten zum Tagesgeschäftsreiseverkehr liegen mangels einer amtlichen Statistik nicht vor.
[15] Aufgrund fehlender Daten wird bewußt auf eine Hochrechnung der Tagesgeschäftsreisen verzichtet, ihre Zahl liegt jedoch für die Jahre 1990 und 1991 vermutlich höher als für das Jahr 1986.

Da auch Tagesgeschäftsreisende eine Sehenswürdigkeit oder Veranstaltung in Stuttgart besuchten, muß zur Vermeidung einer Doppelerfassung die Zahl von 12,4 Millionen Tagesgeschäftsreisenden noch bereinigt werden. 4 % der in der Zielgebietsanalyse ermittelten Tagesgäste waren Tagesgeschäftsreisende. Daraus folgt, daß 4 % der Tagesgeschäftsreisenden eine Sehenswürdigkeit oder Veranstaltung in Stuttgart aufgesucht haben und damit bereits in Tabelle 27 erfaßt sind. Die Zahl der 12,4 Millionen Tagesgeschäftsreisenden muß demnach um 4 % verringert werden, so daß sich für die Jahre 1990 und 1991 eine Anzahl von 11,78 Millionen Tagesgeschäftsreisenden ergibt.

Bestimmung von $\sum$ NB

Von den 495 in der Untersuchung befragten Tagesgästen besuchten 173 (34,9 %) weder eine der in Tabelle 27 aufgeführten Sehenswürdigkeiten noch eine der Veranstaltungen in Stuttgart. Für die Anzahl der "Nichtbesucher" ($\sum$ NB) ergibt sich:

$\sum$ NB = 0,349 x (Summe der durch die Zielgebietsanalyse ermittelte Anzahl an Tagesgästen ($\sum$ T)), da 34,9 % der befragten Personen keine Aktivität durchgeführt haben. Aufenthaltsanlässe dieser "Nichtbesucher" waren vor allem Einkaufsreisen, Verwandten- und Bekanntenbesuche, Stadtbesichtigungen sowie Wanderausflüge.

Ermittlung der Anzahl der Tagestouristen

Da die Anzahl der Tagesgeschäftsreisenden auf Ergebnissen des DWIF basieren, wird die Zahl der Tagestouristen zunächst mit Hilfe der Zielgebietsanalyse bestimmt, bevor dann die Zahl der Tagesgeschäftsreisenden hinzu addiert wird.

Die Berechnung der Tagestouristen (ohne Tagesgeschäftsreisen) ergibt sich aus der Formel:

$$\sum T \; = \; \frac{\sum B \text{ Tag } x \sum B \text{ Stich}}{\sum A \text{ Stich}} \; + \sum NB^{16}$$

Für 1990 ergibt sich:

$$\sum T \; = \; \frac{11.368.233 \times 322}{515} \; + 0,349 \times \sum T$$

$$\sum T \; = \; 7.107.905 + 0,349 \times \sum T$$
$$\sum T \; = \; \mathbf{10.918.441 \; Tagesgäste}$$

---

[16] Für $\sum$ NB gilt: $\sum$ NB = 0,349 x $\sum$ T

Für 1991 ergibt sich:

$$\Sigma\,T \;=\; \frac{12.373.401 \times 322}{515} + 0,349 \times \Sigma\,T$$

$$\Sigma\,T \;=\; 7.736.379 + 0,349 \times \Sigma\,T$$
$$\Sigma\,T \;=\; \mathbf{11.883.839\ Tagesgäste}$$

Die Gesamtzahl der Tagestouristen ergibt sich aus der Anzahl der ermittelten Tagesgäste zuzüglich der beruflich bedingten Tagesgeschäftsreisenden.

Tab. 28:   Gesamtzahl der Tagestouristen (1990 und 1991)

		1990	1991
	Anzahl der ermittelten Tagesgäste	10.918.441	11.883.839
+	Anzahl der Tagesgeschäftsreisenden	11.780.000	11.780.000
=	**Gesamtanzahl der Tagestouristen**	**22.698.441**	**23.663.839**

Quelle: eigene Berechnungen 1993 (Zielgebietsanalyse)

5.   Wirtschaftliche Auswirkungen des Tagestourismus

Im Gegensatz zu vielen anderen Wirtschaftszweigen läßt sich im Fremdenverkehr die wirtschaftliche Bedeutung nicht angebotsseitig ermitteln, da oft beträchtliche Touristen-Ausgaben in Bereichen getätigt werden, die dem Fremdenverkehrsgewerbe nicht unmittelbar zuzurechnen sind (vgl. DWIF 1992, S. 47). Darüber hinaus werden beispielsweise gastronomische Dienstleistungen sowohl von Touristen als auch von Einheimischen in Anspruch genommen. Ein möglicher Weg, den wirtschaftlichen Stellenwert des Tagestourismus zu ermitteln, führt über die Erfassung der Ausgaben der Touristen. Anhand der in der Zielgebietsuntersuchung ermittelten durchschnittlichen Tagesausgaben pro Gast können die wirtschaftlichen Auswirkungen für Stuttgart berechnet werden.

5.1   Ausgaben der Tagestouristen in Stuttgart

Von den 495 befragten Tagestouristen gaben 55 (11 %) keine Auskunft über ihr Ausgabeverhalten, weshalb lediglich 440 ausgewertet werden konnten. Tabelle 29 zeigt die durchschnittlichen Gesamtausgaben pro Person und Tag, differenziert nach verschiedenen Ausgabesparten.

Tab. 29: Durchschnittliche Gesamtausgaben pro Person und Tag
(Zielgebietsanalyse)

Ausgabeart	Ø-Ausgaben pro Person (in DM)	Anteil (in %)
lokaler Transport	1,74	3,3
Verpflegung (Gastronomie)	16,23	31,1
Freizeitgestaltung	12,27	23,5
Einkäufe	11,31	21,6
Sonstiges	10,69	20,5
Insgesamt	52,24	100

Quelle: eigene Erhebung 1991/1992 (Zielgebietsanalyse)

5.2   Brutto- und Nettoumsätze des Tagestourismus

Durch Multiplikation der ermittelten "Tagesgästezahl pro Jahr" mit dem "Tagesausgabensatz pro Gast" ergibt sich der auf den Tagestourismus zurückzuführende Bruttoumsatz. Um die wirtschaftlichen Auswirkungen für Stuttgart angeben zu können, ist vom Bruttoumsatz die Mehrwertsteuer (MWST) zu subtrahieren, da diese "aus der Stadt fließt". Der Nettoumsatz, definiert als regionalwirtschaftlich wirksamer Umsatz, ergibt sich demnach aus dem Brutto-umsatz abzüglich der MWST. Tabelle 30 zeigt die aus dem Tagestourismus resultierenden Brutto- und Nettoumsätze nach den Berechnungen der Zielgebietsanalyse.

Tab. 30: Brutto- und Nettoumsätze des Tagestourismus

1991	
Tagesgäste pro Jahr (in Mio.)	23,66
Ø-Ausgaben (in DM)	52,24
Bruttoumsatz (in Mio. DM)	**1.236,0**
MWST (in Mio. DM)	160,7
Nettoumsatz (in Mio. DM)	**1.075,4**

Quelle: eigene Berechnungen 1993 (Zielgebietsanalyse)

5.3   Durch den Tagestourismus induzierte Wertschöpfung und Beschäftigungs-effekte

Nach EBERHARD (1974, S. 26) läßt sich das wirtschaftliche Gewicht einer Branche erst über ihre Wertschöpfung und nicht über die erzielten Umsätze messen.[17] "Die Wertschöpfung setzt sich im allgemeinen Fall aus Löhnen, Gehältern, den an Haushalte fließenden Zinsen, Dividenden und anderen Beteiligungserträgen sowie dem Gewinn zusammen. Alle Kompo-

---

[17]   Der gleichen Auffassung sind auch andere Autoren, wie beispielsweise KOCH (1966, S. 25) oder BECKER (1984, S. 107).

nenten der Wertschöpfung sind für ihre Empfänger Einkommen" (STOBBE 1976, S. 84). Eine Ermittlung der im Fremdenverkehr bewirkten Wertschöpfungsquote[18] innerhalb dieser Arbeit war aufgrund fehlender Daten für Stuttgart nicht möglich. Es muß deshalb auf andere Untersuchungen verwiesen werden, in denen die Wertschöpfungsquote ermittelt wurde (vgl. KOCH 1980, S. 53ff).

Da in dieser Arbeit die wirtschaftlichen Auswirkungen des Tagestourismus auf Stuttgart mit denen auf Hamburg und München verglichen werden, wird im folgenden auf die vom DWIF ermittelte Wertschöpfungsquote verwiesen (vgl. DWIF 1992, S. 56).

Tab. 31: Ermittelte Wertschöpfungsquoten des DWIF

Ausgabeart	Wertschöpfungsquote (in %)
Lokaler Transport	45,0
Verpflegung (Gastronomie)	37,0
Einkäufe	19,0
Freizeitgestaltung	44,0
Sonstiges	43,0
Insgesamt	$\varnothing$ = 37,6

Quelle: DWIF 1992, S. 56

Tab. 32: Durch den Tagestourismus induzierte Wertschöpfung (1991)

Untersuchung	Nettoumsätze in Mio.	Wertschöpfung (1. Umsatzstufe)	
		Anteil in (%)	Absolut in Mio.
Zielgebiet	1.075,4	37,6	404,4

Quelle: eigene Berechnungen 1993 (Zielgebietsanalyse)

Werden die durch den Tagestourismus erzeugten Einkommen (Wertschöpfung) durch den durchschnittlichen Bruttojahreslohn in Stuttgart dividiert, erhält man die Anzahl der "Dauerarbeitsplätze", die durch Tagestourismus geschaffen werden können. Bei einem durchschnittlichen Bruttojahreslohn von 41.120 DM (eigene Berechnung nach LANDESHAUPT-STADT STUTTGART, STATISTISCHES AMT 1992, S. 292) ergeben sich nach der Zielgebietsanalyse 9.835 durch den Tagestourismus geschaffene "Dauerarbeitsplätze".

5.4 Sekundäreffekte und Multiplikatoreffekt des Tagestourismus

Die Ausgaben der Touristen führen nicht nur zu Einnahmen auf der Angebotsseite, sondern setzen darüber hinaus eine "Kette sekundärer Verbraucherausgaben" (SAMUELSON 1964,

---

[18] Die Wertschöpfungsquote ist definiert als Einkommensanteil an den Umsätzen.

S. 348) in Bewegung. Jede eingenommene "Touristenmark" wird zu einem gewissen Teil wieder dem volkswirtschaftlichen Kreislauf zugeführt und erzeugt wiederum Einkommen. Dieser Multiplikatoreffekt muß bei der Quantifizierung der wirtschaftlichen Auswirkungen des Fremdenverkehrs berücksichtigt werden. Als "Touristischer Multiplikator" wird demnach diejenige Meßzahl bezeichnet, die den durch "Touristen-Ausgaben" bewirkten zusätzlichen Einkommenszuwachs angibt (vgl. BECKER 1984, S. 109). BECKER/KLEMM haben in einer Studie über die "Regionalen Wirkungen der Wirtschaftsstrukturförderung" bei Fremdenverkehrsbetrieben einen Multiplikator von 1,43 ermittelt, bei Fremdenverkehrseinrichtungen von 1,15 (vgl. BECKER 1984, S. 109). Da sich die Ausgaben der Tagestouristen sowohl auf Fremdenverkehrsbetriebe (z.B. Gastronomie) als auch auf Fremdenverkehrseinrichtungen (z.B. Museen) verteilen, wird von einem durchschnittlichen Multiplikator von 1,3[19] ausgegangen.

Die gesamte Wertschöpfung (1. und 2. Umsatzstufe) ergibt sich demnach aus der Multiplikation der Wertschöpfung der 1. Umsatzstufe mit dem Multiplikator von 1,3. Für die Wertschöpfung ergeben sich die in Tabelle 33 angegebenen Werte.

Tab. 33:   Wertschöpfung der 1. und 2. Umsatzstufe

Untersuchung	Wertschöpfung 1. Umsatzstufe in Mio.	Wertschöpfung 2. Umsatzstufe in Mio.[20]	Wertschöpfung insgesamt in Mio.
Zielgebietsanalyse	404,4	121,3	525,7

Quelle: eigene Berechnungen 1993 (Zielgebietsanalyse)

Analog bedeutet der Multiplikator von 1,3 für die Beschäftigtenstruktur, daß neben 10 "Dauerarbeitsplätzen", die unmittelbar im Fremdenverkehrsgewerbe durch die Ausgaben der Touristen geschaffen worden sind, weitere 3 Arbeitsplätze geschaffen werden. Bei einem zu berücksichtigenden Multiplikator von 1,3 sowie unter Zugrundelegung eines Bruttojahresverdienstes von 41.120 DM ergeben sich in Stuttgart etwa 12.785 (Zielgebietsanalyse)[21] durch den Tagestourismus geschaffene "Dauerarbeitsplätze"[22].

---

[19] Für die Wertschöpfung bedeutet ein Multiplikator von 1,3, daß aus 10 DM Einkommen - die durch die Ausgaben der Tagestouristen direkt entstehen- weitere 3 DM Einkommen resultieren. Das zusätzlich geschaffene Einkommen von 3 DM entspricht der Wertschöpfung der 2. Umsatzstufe.

[20] Die Wertschöpfung der 2. Umsatzstufe ergibt sich aus der Differenz der gesamten Wertschöpfung und der Wertschöpfung der 1. Umsatzstufe.

[21] 1991 wurden insgesamt 388.060 Beschäftigte in Stuttgart registriert, so daß die 12.785 berechneten Arbeitsplätze ca. 3 % der Gesamtbeschäftigten ausmachen (vgl. dazu LANDESHAUPTSTADT STUTTGART, STATISTISCHES AMT 1992, S. 73).

[22] Die Anzahl der geschaffenen "Dauerarbeitsplätze" ergibt sich aus Division der gesamten Wertschöpfung (1. und 2. Umsatzstufe) durch den durchschnittlichen Bruttojahreslohn.

5.5   Steuereinnahmen durch den Tagestourismus

Neben der Wertschöpfung bzw. Schaffung von Einkommen, der Sicherung von Arbeitsplätzen sowie der Erhöhung der Umsatzsteuereinnahmen dient der Fremdenverkehr auch der städtischen Steuereinnahme. Im wesentlichen geht es um das Aufkommen an Gewerbe- und Grundsteuer sowie anteiliger Lohn- und Einkommensteuer (vgl. DWIF 1992, S. 61). Da eine getrennte Erfassung dieser Steuerarten aus dem Tourismus nicht vorliegt, müssen Hilfsrechnungen angewandt werden, die jedoch im Ergebnis brauchbare Schätzwerte liefern (vgl. DWIF 1992, S. 62).

Bei der Berechnung des touristisch bedingten Aufkommens an Gewerbe- und Grundsteuer liefern die Kostenstrukturen nach Branchen gute Bewertungsgrundlagen. In allen Branchen, in denen auf Tourismus zurückzuführende Umsätze entstehen, entfallen ca. 85 % der entrichteten Betriebssteuern auf Gewerbesteuer, wovon jedoch 50 % Gewerbesteuerumlage abzuziehen sind. Das DWIF (1992, S. 62) ermittelte einen allgemeinen Betriebssteuermultiplikator[23] von 0,00575, wonach das Betriebssteueraufkommen für Stuttgart wie folgt veranschlagt werden kann. Bei einem Nettoumsatz von 1.075,4 Mio. DM und einem Multiplikator von 0,00575 sind dies ca. 6,2 Mio. DM (0,00575 x 1.075,4 Mio. DM) Steuereinnahmen aus Betriebssteuern.

Zur Berechnung der anteiligen Lohn- und Einkommensteuer muß die Nettowertschöpfung mit dem durchschnittlichen Steuersatz der Lohn- und Einkommensteuerpflichtigen von ca. 18 %[24] multipliziert werden, d.h. 18 % des Einkommens (Wertschöpfung) sind als Einkommensteuer zu entrichten. Da der Stadt Stuttgart nicht die gesamte Einkommensteuer zufließt, muß der Anteil der Stadt an diesem Steueraufkommen berechnet werden. Im Jahre 1991 betrug das Einkommensteueraufkommen Stuttgarts insgesamt 960,72 Mio. DM, wobei der Stadt ein Anteil (Gemeindeanteil der Stadt) von 460,87 Mio. DM bzw. 47,9 % zukam (vgl. LANDESHAUPTSTADT STUTTGART, STATISTISCHES AMT 1992, S. 291ff).

Der aus dem Tagestourismus resultierende Anteil Stuttgarts an der Lohn- und Einkommensteuer berechnet sich wie folgt:

| Anteil an Lohn- und Einkommensteuer = Wertschöpfung   x   0,18   x   0,479 |

Stuttgarts Anteil an der Lohn- und Einkommenssteuer, der aus den Ausgaben der Tagestouristen resultiert, beträgt nach der Zielgebietsanalyse 34,87 Mio. DM (404,4 Mio. DM x 0,18 x

---

[23] Zur Ermittlung des Betriebssteuermultiplikators vgl. DWIF 1992, S. 62.
[24] Der durchschnittliche Steuersatz errechnet sich aus dem Anteil (i.v.H.) der zu entrichtenden Jahreslohnsteuer am Bruttojahreslohn. Der Wert von 18 % ergibt sich nach Berechnungen der Angaben des STATISTISCHES AMTES DER LANDESHAUPTSTADT STUTTGART 1992, S. 292.

0,479). Dies bedeutet, daß 7,6 % des gesamten Gemeindeanteils an der Lohn- und Einkommensteuer (461 Mio. DM) durch die Ausgaben der Tagestouristen erwirtschaftet werden. Betriebssteuern und anteilige Einkommensteuer sind daher für das Jahr 1991 mit rund 41,1 Mio. DM (6,2 Mio. DM + 34,87 Mio. DM) anzusetzen. Dieser Wert entspricht ca. 0,3 % der gesamten Steuereinnahmen (15.585,6 Mio. DM) (1991) Stuttgarts (vgl. LANDES-HAUPTSTADT STUTTGART, STATISTISCHES AMT 1992, S. 290f).

5.6   Vergleich zwischen der wirtschaftlichen Bedeutung des Tagestourismus in Stuttgart, Hamburg und München

Obwohl für Stuttgart die wenigsten Tagestouristen pro Jahr ermittelt wurden, verzeichnet die Stadt bezüglich des Index (Tagestouristen pro Einwohner) mit 41 Tagestouristen pro Einwohner den größten Wert vor München (39 Tagestouristen pro Einwohner) und Hamburg (23 Tagestouristen pro Einwohner). Der höchste, touristisch bedingte Nettoumsatz pro Einwohner wird in München (2.480 DM/Einwohner) erreicht, vor Stuttgart (1.850 DM/Einwohner) und Hamburg (1.110 DM/Einwohner). Es zeigt sich, daß Stuttgart bei den übrigen Kennzahlen (Wertschöpfung pro Einwohner, Betriebssteuereinnahmen pro Einwohner und Lohn- und Einkommensteuereinnahmen pro Einwohner) zwar besser als Hamburg, aber stets schlechter als München abschneidet.

Tab. 34:   Vergleich zwischen der wirtschaftlichen Bedeutung des Tagestourismus in Stuttgart, Hamburg und München

	Stuttgart [1] 1991	Hamburg 1991	München 1987
Anzahl der Tagestouristen (in Mio.)	23,66	38,6	49,8
Anzahl der Tagestouristen pro Einwohner	41	23	39
Ø-Ausgaben pro Person (in DM)	52,24	56,35	74
Nettoumsatz (in Mio. DM)	1.075,4	1.828,7	3.180,4
Nettoumsatz pro Einwohner (in DM)	1.850	1.110	2.480
Wertschöpfung (1. Umsatzstufe; in Mio.)	404,4	527,2	926,5
Wertschöpfung pro Einwohner (in DM)	696	320	725
Betriebssteuereinnahmen (1. Umsatzstufe in Mio.)	6,2	10,52	28,35
Betriebssteuereinnahmen pro Einwohner (in DM)	10,7	6,4	22,2
anteilige Lohn- und Einkommensteuer (in Mio.)	34,87	39,71	k.A.
anteilige Lohn- und Einkommensteuer pro Einwohner (in DM)	60	24	k.A.

[1]   Für Stuttgart werden die Ergebnisse der Zielgebietsanalyse dargestellt, da es sich bei den Untersuchungen in Hamburg und München ebenfalls um Zielgebietsanalysen handelte.

Quelle: eigene Erhebungen und Berechnungen 1992/93; DWIF 1989, S. 2ff und 1992, S. 47ff

6. Zusammenfassung

Das vorliegende Kapitel hat sich mit dem Phänomen des Tagestourismus in Stuttgart in quantitativer und qualitativer Form beschäftigt.

Im Anschluß an die Grundlagendefinitionen des Großstadt- und Tagestourismus wurden die verschiedenen Erscheinungsformen des Tagestourismus erläutert.

Einen Schwerpunkt der Arbeit bildete die Angebotsanalyse des Stuttgarter Tagestourismus. Anhand von Kennzahlen (z.B. Sitzplatzkapazitäten u.ä.) konnte nachgewiesen werden, daß Stuttgart über ein umfassendes touristisches Angebot verfügt. Bei der anschließenden Bewertung des Angebotes zeigte sich, daß insbesondere Einkaufsmöglichkeiten, Park- und Grünanlagen, landschaftliche Umgebung und das kulturelle Angebot Stuttgarts überzeugen.

Mit Hilfe der Zielgebietsanalyse konnte eine quantitative Bestimmung der Tagestouristen vorgenommen werden. Für das Jahr 1991 wurde eine Zahl von ca. 23,6 Millionen Tagesgästen ermittelt, wovon etwa die Hälfte auf Tagesgeschäftsreisen zurückzuführen ist. Es zeigte sich, daß es sich in Stuttgart überwiegend um einen primären Tagestourismus handelt, da nur ca. 2 % der Ausflüge von einem anderen Urlaubsort aus stattfanden. Anhand der Registrierung der KFZ-Kennzeichen wurden die Einzugsbereiche des Tagestourismus ermittelt. Dabei sind insbesondere die Region "Mittlerer Neckar" und die umliegenden Regionen als Hauptquellgebiete des Stuttgarter Tagestourismus auszumachen.

In der Untersuchung wurde ferner nachgewiesen, daß der Tagestourismus nur geringen saisonalen Schwankungen unterliegt.

Aufgrund der Tatsache, daß der touristische Aufenthalt in Stuttgart einerseits eher spontan getroffen wird, andererseits das Hauptinformationsmedium in den Anregungen von Freunden/Bekannten besteht, ist der Tourismusmarkt durch Marketingstrategien nur schwer zu erschließen. Daher muß der Betreuung der Gäste vor Ort besondere Aufmerksamkeit geschenkt werden.

Bei der Beurteilung der Stadt durch die Auskunftspersonen wurden als Stärken vor allem Park- und Grünanlagen und die landschaftliche Umgebung aufgeführt. Kritik wurde insbesondere an der Verkehrssituation und am gastronomischen Angebot geübt.

In einem Maßnahmenkatalog, der u.a. auf die von den Tagesgästen empfundenen Schwächen Stuttgarts aufbaut, werden in Kapitel IX verschiedene Möglichkeiten zur Erhöhung der Zufriedenheit der Gäste aufgezeigt.

Die wirtschaftlichen Auswirkungen des Tagestourismus zeigen, daß bei einem Nettoumsatz von ca. einer Milliarde DM insgesamt ca. 10.000 Arbeitsplätze geschaffen bzw. erhalten werden können.

Abschließend läßt sich festhalten, daß vorliegende Untersuchung zwar die momentane Bedeutung des Tagestourismus für die Stadt Stuttgart aufzeigen konnte, daß sich jedoch aufgrund der sich ändernden Angebots- und Nachfragesituation Veränderungen ergeben können. Daher sollten in gewissen Zeitabständen ähnliche Untersuchungen durchgeführt werden, um aktuellere Daten zu erhalten.

Kapitel VI
BEHERBERGUNGSWESEN

Angelika Vomend

1. Das Beherbergungswesen im Licht der bisherigen Analysen zum Städtetourismus der Stadt Stuttgart

Die Beherbergungsanalyse stellt eine von insgesamt sieben Teiluntersuchungen dar, die das Geographische Institut der Universität Mannheim im Auftrag des ehemaligen Amtes für Touristik (AfT) der Landeshauptstadt Stuttgart - der heutigen Stuttgart Marketing GmbH - zum Städtetourismus in Stuttgart durchführte. Im Vorfeld der Beherbergungsanalyse wurde im Rahmen des Forschungsprojektes Städtetourismus Stuttgart bereits die Einstellung der Stuttgarter Bevölkerung gegenüber dem Phänomen des Tourismus, seinen Vor- und Nachteilen und Ausbaumöglichkeiten untersucht (Akzeptanzanalyse 1991). Daran schloß sich eine Analyse des Images der Stadt Stuttgart im Vergleich mit dem anderer deutscher Großstädte an, die bundesweit durchgeführt wurde (Imageanalyse 1992). Als weiterer Teilschritt dieser Grundlagenstudie diente eine Expertenbefragung dazu, die Innenperspektive der touristischen Brennpunkte - jedoch diesmal aus Sicht einer ausgewählten Runde von Fachleuten aus den verschiedensten Bereichen des öffentlichen Lebens - darzustellen. Sie ermöglichte u.a., das derzeitige, wünschenswerte und unter realistischen Annahmen zukünftige touristische Erscheinungsbild Stuttgarts zu definieren (Expertenbefragung 1993).

In jedem dieser drei Teilbereiche finden sich bereits Erkenntnisse zum Beherbergungswesen der Stadt, die hier hinführend zu den Ergebnissen der Beherbergungsanalyse kurz andiskutiert werden sollen.

Das wichtigste Resultat der Akzeptanzanalyse bestand in der Aussage, daß 86,7 % der telefonisch befragten 924 Stuttgarter Bürger eine positive Einstellung gegenüber dem Städtetourismus haben, weil sie mehrheitlich überwiegend Vorteile durch den Fremdenverkehr sehen. Die Akzeptanz der Stuttgartbewohner gegenüber den Touristen variiert jedoch bezüglich verschiedener Besuchergruppen, wobei dem übernachtenden Fremdenverkehr auch wegen seiner wirtschaftlichen Effekte gegenüber dem Tagestourismus der Vorzug gegeben wird.

In bezug auf die Gastronomie und Hotellerie lieferte die Akzeptanzanalyse aber auch insofern interessante Aussagen, als sich 6,8 % der Nennungen über Freizeitaktivitäten der Stuttgarter Bürger auf diesen Bereich bezogen, selbstredend natürlich stärker auf die Gastronomie. So wurden häufig Besuche von Kneipen, Restaurants und Cafés als Freizeitbeschäftigungen genannt. Als es darum ging einzuschätzen, welche Angebote denn für die Touristen in Stuttgart wichtig seien, sprachen die Stuttgarter jedoch anderen Aspekten - wie z.B. Sehenswürdigkeiten usw. - eine weit größere Bedeutung zu als dem Bereich der Gastronomie und Hotellerie, die nur in 2,2 % der Fälle als wichtiges touristisches Potential genannt wurden. Der Bevölkerung ist insofern die herausragende Bedeutung des Hotel- und Gaststättenwesens für den Ausbau des Tourismus anscheinend nicht in vollem Umfang bewußt.

Andererseits schätzte man die Branche auch nicht als sehr nachfrageorientiert und erfolgreich ein, sie sei z.T. nicht in der Lage, den Anspüchen der Einheimischen und der Touristen zu genügen. So wurden auf die Frage nach fehlenden Freizeiteinrichtungen und Veranstaltungen an erster Stelle Aspekte der Hotellerie und Gastronomie genannt (12,1 % der Angaben). Da hierbei für die befragten Stuttgarter naturgemäß das Hotelgewerbe von geringerem Interesse ist, bezog sich die Mehrzahl der Aussagen auf Cafés, Restaurants, Kneipen usw. Diejenigen Bürger, die durch die Unterbringung ihrer privaten oder geschäftlichen Gäste Einblick in die Beherbergungsbranche haben, bezogen ihre Kritik jedoch auch auf das Hotelwesen.

In der bundesweit durchgeführten Imageanalyse war zunächst von Interesse, was man mit Stuttgart assoziiert, d.h. womit man die Stadt gemeinhin in Verbindung bringt. Um ein Eigen-, Nahbereichs- und Fernbereichsimage erstellen zu können, wurde nach den Befragungsgebieten Stuttgart, Region Stuttgart, Baden-Württemberg und Bundesrepublik Deutschland differenziert. Auf die Frage, was den Interviewpartnern spontan einfällt, wenn sie an Stuttgart denken, wurde nach anderen Aspekten auch das Gastgewerbe genannt, und zwar an neunter Stelle einer Liste von Überbegriffen, die zu den konkreten Einzelnennungen der Befragten gebildet wurden. Diese Assoziation (Stuttgart - Aspekte des Gastgewerbes) wurde sowohl von den Interviewpartnern aus Stuttgart, der Region, aus Baden-Württemberg, als auch von den bundesweit Befragten gleichermaßen hergestellt. Während aufgrund der großen inhaltlichen Bandbreite der in dieser Frage genannten Begriffe diejenigen mit Bezug auf das Gastgewerbe prozentual nur ca. eine von hundert Nennungen ausmachten, wurde diesem Teil des touristischen Angebots in einem anderen Zusammenhang eine größere Bedeutung beigemessen.

Was den Befragten, die schon einmal in Stuttgart waren, gut gefallen habe, lautete die Frage, bei der das Gastgewerbe je nach Befragungsgebiet auf den fünften (Region und Baden-Württemberg), sechsten (BRD) oder siebten (Stuttgart) Platz der Überbegriffe kam, und zwar hier mit drei bis vier Prozent aller genannten Faktoren, die den Besuchern positiv in Erinnerung geblieben waren.

An dieser Stelle stößt man jedoch auf einen Bruch, denn ungefähr den gleichen Stellenwert erreichte das Gastgewerbe in der gegenteiligen Frage, was den schon einmal in Stuttgart Gewesenen nicht gefallen habe. Ebenfalls auf den Rangplätzen fünf bis sieben - mit leichten Unterschieden in den vier Befragungsgebieten - finden sich kritische Antworten, die sich dem Überbegriff des Gastgewerbes zuordnen lassen. Zwar läßt diese summarische Angabe keine eindeutige Zuordnung zum gastronomischen oder zum Beherbergungssektor zu, da aber ein großer Anteil der schon einmal in Stuttgart Gewesenen auch dort übernachtet hat, sind die positiven und negativen Eindrücke sicher sowohl auf Gaststätten, als auch auf Übernachtungsstätten zu beziehen. Daran wird erkennbar, daß dieser Teil des touristischen Potentials in der Imageanalyse extrem kontrovers beurteilt wurde.

Welchem Bereich - Beherbergungswesen oder Gastronomie - die hier angeführte Kritik zuzuordnen ist, wird noch deutlicher, wenn man die von den Befragten vergebenen Noten für bestimmte Aspekte des Stuttgarter Angebots näher betrachtet. Hier hat jedoch die Einschränkung zu gelten, daß die obengenannte Kritik von den ehemaligen Stuttgartbesuchern geäußert wurde, während die Noten für die einzelnen Aspekte - als Imagenoten - auch von denjenigen Befragten vergeben wurden, die die Stadt nur vom Hörensagen kennen. Trotzdem spricht die Tatsache für sich, daß aufgrund der erzielten Durchschnittsnoten (zwischen eins und fünf) das Gastronomiegewerbe in allen vier Befragungsgebieten bessere Beurteilungen erfuhr als das Beherbergungsgewerbe. Dabei wurde die Gastronomie in der bundesweiten Auswertung mit einer Durchschnittsnote von 1,96 und einem dritten Platz (von 15) am wohlwollendsten beurteilt, in den anderen Gebieten kam die Güte der Stuttgarter Gaststätten auf die Ränge sechs oder sieben mit Noten zwischen 2,23 und 2,39. Deutlich schlechter ist die Beurteilung des Beherbergungswesens, das in drei Befragungsgebieten auf dem zehnten, in einem auf dem achten Platz landete. Auch die erzielten Durchschnittsnoten für das Hotelgewerbe liegen mit zwischen 2,37 bis 2,69 um ca. 0,2 bis 0,5 Punkte unter denen des Restaurantgewerbes.

Die in der Expertenbefragung interviewten 62 Vertreter des öffentlichen Lebens der Stadt Stuttgart waren in den mit ihnen geführten Gesprächen z.T. ebenfalls mit dem Themenkreis des Beherbergungswesens konfrontiert. Daß die Mehrzahl von ihnen dem Phänomen des Städtetourismus nach eigener Aussage positiv gegenübersteht, wurde u.a. auch damit begründet, daß der Fremdenverkehr eine Lebensgrundlage von Gastronomie und Hotellerie sei und zur Belebung der Nachfrage in diesem Bereich beitrage.

Desweiteren wurde das Beherbergungswesen als wichtiger imagebildender Faktor genannt, denn das Bild von einer Stadt werde besonders dort geprägt, wo die Gäste sich aufhalten und hoffentlich wohlfühlen.

Über den qualitativen Standard des Hotelgewerbes in Stuttgart existierten unterschiedliche Ansichten. So wurde das Beherbergungswesen einerseits als Stärke des Stuttgarter Angebots im Städtetourismus genannt, zumal Hotellerie und Gastronomie in bezug auf die Geschäftsreisenden auch die Funktion eines Kommunikationsmomentes hätten. Zugleich wurde das Hotelgewerbe jedoch auch als eine der Schwächen des touristischen Stuttgart angesehen, insbesondere im Bereich der Mittelklassehotels.

Kontrovers wurde auch die weitere Ausweitung der Hotelkapazitäten diskutiert. Ungefähr ein Drittel der Gesprächspartner sprach sich dafür, das andere Drittel dagegen aus, wobei die Befürworter einer fortgesetzten Ansiedlung bzw. Vergrößerung von Hotels argumentierten, daß mehr Hotels auch mehr Gäste mit sich brächten, weil durch die Marketingmaßnahmen und Angebote der Unternehmen (z.B. im Tagungsbereich) mehr Aufmerksamkeit auf die Stadt gelenkt würde. Die Gegner der Kapazitätsausweitung befürchteten jedoch durch ein größeres Angebot schlechtere Auslastungszahlen, stärkere Konkurrenz und einen Preisverfall.

Nachdem die Ergebnisse der vorangegangenen Analysen dieses Forschungsprojektes noch einmal einleitend unter dem Blickwinkel der für das Beherbergungswesen relevanten Erkenntnisse beleuchtet wurden, sollen nun die Untersuchungen zum Hotelwesen selbst in den Vordergrund gerückt werden. Die Beherbergungsanalyse besteht zum einen aus einer Befragung der Anbieter, d.h. der Inhaber bzw. Pächter von Beherbergungsbetrieben, zum anderen aus einer Untersuchung der Nachfrager, die sich mit den Übernachtungsgästen in Stuttgart befaßt.

Im Anschluß an die Akzeptanzanalyse, die Imageanalyse und die Expertenbefragung wandte sich das Forschungsprojekt Städtetourismus Stuttgart einzelnen Segmenten des Fremdenverkehrs in Stuttgart zu. Neben dem Beherbergungswesen wurde in einer umfangreichen Untersuchung zum Tagestourismus auch der nicht übernachtende Fremdenverkehr untersucht. Dem Stuttgarter Messe- und Kongreßwesen galt das Interesse eines weiteren umfassenden Teilgebiets der Analyse. Zudem wurde das Kur- und Bäderwesen einer näheren Betrachtung unterzogen. Die jeweiligen indirekt sicher auch beherbergungsrelevanten Ergebnisse dieser Untersuchungteilschritte sollen jedoch nicht Thema dieser Einführung sein.

2.   Die Befragungen zum Beherbergungswesen

2.1   Die Methode der Befragungen

Anbieterbefragung

Die Befragung der Anbieter im Beherbergungswesen unterscheidet sich von den bisherigen Untersuchungen des Forschungsprojektes insofern, als sie eine Totalerhebung darstellt. Um die Gesamtheit der Anbieter im Hotelgewerbe Stuttgarts zu erfassen, wurden zunächst aus dem Hotelverzeichnis der Stadt bzw. aus dem Branchen-Telefonbuch alle Hotels, Gasthöfe, Gasthäuser, Hotel-Restaurants usw. erfaßt. Die so ermittelten 126 Betriebe wurden schriftlich vom Vorhaben dieser Erhebung in Kenntnis gesetzt und gebeten, einen geeigneten Termin für ein ca. einstündiges Gespräch zu vereinbaren. Von den 126 angeschriebenen Unternehmen erklärten sich jedoch nur 111 zu einem Interview bereit, was einer Ausfallquote von 11,9 % entspricht. Gemeinsam mit den Inhabern bzw. Pächtern dieser 111 Hotels wurde dann ein Fragebogen ausgefüllt, der zahlreiche Aspekte wie die Zimmer- und Bettenkapazität, die Vermarktungsstrategien, die Konkurrenz- und Beschäftigungssituation, die Standorttreue der Betriebe und vieles mehr in offenen und geschlossenen Fragen behandelte.

Gästebefragung

Um Auskunft zu bekommen über die Struktur der Stuttgarter Übernachtungsgäste, ihre Reise-anlässe, ihr Buchungs- und Informationsverhalten, ihre Ausgaben vor Ort, ihre Zufriedenheit mit Stuttgart und der Unterkunft und vieles andere mehr wurde ein Fragebogen erstellt, der 15 Fragen zu den genannten Themen enthielt. In 28 Hotels, die sich in der Anbieterbefragung ausdrücklich dazu bereit erklärt hatten, eine Gästebefragung zu unterstützen, wurden diese Fragebögen entweder direkt an der Rezeption an die Gäste verteilt oder sie wurden in den Zimmern ausgelegt. Bei diesen Hotels handelt es sich um einen Querschnitt durch alle mög-lichen qualitativen und preislichen Kategorien von Übernachtungsbetrieben, wobei zusätzlich darauf geachtet wurde, daß möglichst viele Stadtteile abgedeckt waren. In einem Zeitraum von Oktober 1992 bis Mai 1993 wurden von 270 Gästen ausgefüllte Fragebögen an das Geo-graphische Institut zurückgeschickt. Diese wurden einerseits alle zusammen, andererseits im Hinblick auf manche Fragestellungen auch getrennt nach der Lage (Innenstadthotels, etwas außerhalb gelegene Hotels) oder der Preiskategorie der Hotels ausgewertet.

2.2   Ziel und Inhalt der Befragungen

Anbieterbefragung

Gegenstand der Anbieterbefragung ist die Struktur des Stuttgarter Beherbergungswesens. Da-bei geht es zunächst um die aktuelle Anbietersituation, also um die Anzahl der Betriebe und ihre Verteilung über das Stadtgebiet. Dabei soll eine lokale Differenzierung ergeben, in wel-chen Stadtteilen sich die Unternehmen des Beherbergungswesens heute konzentrieren und um welche Art von Hotels, d.h. Vollhotel oder Hotel garni usw., es sich jeweils handelt. Ein wei-terer Aspekt der Organisationsform der Übernachtungsstätten betrifft die juristische Form, die sich die Häuser gegeben haben. Darüber hinaus ist die Korrelation der Rechtsform mit der Betriebsgröße von Interesse.

Im Zentrum einer diachronen Betrachtung des Beherbergungswesens steht das Alter der Be-triebe, wobei untersucht werden soll, in welchen Jahren Stuttgart als Ganzes - und die einzel-nen Stadtteile im speziellen - bevorzugt Orte von Betriebsgründungen der Hotelbranche waren.

Die Lage der Hotels wird auch insofern von Interesse sein, als die Zufriedenheit der Hoteliers mit dem Standort ihres Unternehmens erörtert werden soll, und zwar unter der Fragestellung, ob in bestimmten Stadtteilen allgemein Gunst- oder Ungunstlagen für das Beherbergungswesen vorherrschen bzw. ob bestimmte Betriebsgrößen auf Lagegunst oder Lageungunst generell sensibler oder unsensibler reagieren. Um die Selbsteinschätzung der Hoteliers ging es jedoch nicht nur in der Frage nach der Standortzufriedenheit, sondern auch im Zusammenhang mit der Beurteilung der Konkurrenzsituation, wobei eine Unterscheidung zwischen potentieller Konkurrenz aus Stuttgart und der Region getroffen werden sollte.

Desweiteren wird in dieser Untersuchung der Hotelstandort Stuttgart auch bezüglich der Betriebsgrößen und ihrer Genese beleuchtet, wobei interessant ist, ob die verschiedenen Betriebsgrößenklassen sich in charakteristischer Weise erstens in bestimmten Stadtteilen finden und zweitens aus bestimmten Gründungsjahren stammen. Die aktuelle Betten- bzw. Zimmerzahl soll jedoch nicht nur als Indikator für die Einteilung der Betriebsgrößenklassen dienen, sondern auch bezüglich ihrer Genese betrachtet werden.

Hier interessiert nicht nur das Ausmaß eventueller Veränderungen der Zimmer- bzw. Bettenzahl, sondern auch der Zeitpunkt der Umstrukturierung und die Gründe dafür. Da sie als charakteristisch für die aktuelle Situation des Beherbergungswesens in Stuttgart gelten können, sollen auch die Ausstattungs- und Qualitätsmerkmale der Zimmer bzw. des Betriebes erarbeitet werden. Um die Dynamik im Kampf um die Wettbewerbsfähigkeit zu verdeutlichen, werden jedoch auch zurückliegende und rezente und zukünftig vorgesehene Investitionen in die Instandsetzung und Instandhaltung der Häuser in dieser Untersuchung thematisiert.

Für die städtetouristischen Aktivitäten der Stuttgartbesucher legt das Hotelwesen insofern einen Grundstein, als es eine Multiplikatorfunktion für Informationen über die Stadt hat. Daher befaßt sich diese Untersuchung auch mit der Qualität und der Quantität des von den Hotels bereitgehaltenen Informationsmaterials, das auf das Angebot der Stadt aufmerksam machen soll und sie dem Besucher erst erschließt.

Bedeutsam für die Stadt sind zweifelsohne die Beschäftigungeffekte, die von den Betrieben der Hotelbranche ausgehen. Hier soll untersucht werden, wieviele Vollbeschäftigte, Teilzeitbeschäftigte und stundenweise Aushilfskräfte von den entsprechenden Unternehmen gebunden werden, wobei auch die Zahl der beschäftigten Familienangehörigen von Interesse ist, und zwar auch unter dem Aspekt der betriebsgrößentypischen Neigung, Familienangehörige zu beschäftigen.

In einer Untersuchung über die Anbieter im Beherbergungswesen einer Stadt dürfen natürlich auf keinen Fall die Strukturen des Umsatzes vernachlässigt werden. Diese Studie versucht, ein Umsatzsplittung darzustellen, d.h. zu welchen Teilen die Umsätze der Hotels direkt aus dem Beherbergungsteil oder dem gastronomischen Teil des Betriebes stammen. Innerhalb der gastronomischen Umsätze soll wiederum unterschieden werden, zu welchen Teilen diese durch Einheimische oder durch Touristen erzielt werden.

Um die Wettbewerbsfähigkeit auch auf einem enger werdenden Markt zu behaupten, wenden die Hoteliers verschiedene Strategien an. Inwieweit die Häuser diesbezüglich mit anderen Hotels oder auch Reisemittlern bzw. Reiseveranstaltern zusammenarbeiten, versucht diese Untersuchung genauso zu erfassen, wie die Rolle und Effektivität des ehemaligen AfT als Instanz der Zimmervermittlung. Inwieweit die Stuttgarter Hotels das Instrumentarium betriebseigener Pauschalen oder solcher zusammen mit anderen Anbietern nutzen oder zu nutzen beabsichtigen, ist darüber hinaus ebenfalls von Interesse bei der Einschätzung der Innovationsbereitschaft der Beherbergungsbranche.

Untersucht werden soll zudem, inwiefern Buchungs- oder Reservierungssysteme die Vermarktung der Stuttgarter Hotels erleichtern und welche Größenklassen von Hotels sich diese Technologie zunutze machen. Grundsätzlich kommt dabei dem Faktor EDV-Einsatz bei der Beurteilung des Beherbergungswesens und seiner einzelnen Betriebsgrößenklassen eine große Bedeutung zu. Ein Augenmerk verdient im Zusammenhang mit der Vermarktung und ihrer Effektivität auch die von den Unternehmen betriebene Werbung, und zwar sowohl die Medien, als auch die Reichweite und der Etat der Öffentlichkeitsarbeit. Nicht zuletzt soll auch der Absatzweg der Kontingentierung betrachtet werden, wobei von Interesse ist, wieviele Hotels welchen Unternehmen Kontingente einräumen und wie diese gehandhabt werden.

Zuletzt ist für eine Anbieteruntersuchung auch die Gästestruktur der Stuttgarter Hotelbetriebe von Belang, wobei der durchschnittlichen Aufenthaltsdauer einerseits und dem überwiegenden Reiseanlaß der Gäste die größte Bedeutung zukommt. Daneben ist auch der Anteil der Stammgäste am Gesamtgästeaufkommen ein Indiz für die Beurteilung der Anbieterstruktur im Stuttgarter Beherbergungswesen.

Gästebefragung

Ziel der Gästebefragung ist es zum einen, derzeitige Determinanten der getätigten Reisen festzustellen, zum anderen beziehen sich die gestellten Fragen auf Faktoren, die die zukünftigen Reiseziel- und Reisedauerentscheidungen betreffen könnten. Als grundlegend wird zunächst die Kenntnis über die Buchungs- und Informationswege erachtet, die die Stuttgart-Besucher beschreiten, weil so deutlich wird, durch welche Einflüsse die Reisenden auf ihr Ziel und auf die Unterkunft aufmerksam wurden und wie sich der konkrete Zugriff darauf gestaltet. Daneben versucht die Untersuchung zu erfassen, um welche Art von Reisenden es sich überhaupt handelt, d.h. ob es eher Alleinreisende, Reisegruppen, Gruppen von Kollegen o.ä.

sind, die in Stuttgart übernachten. Im Zusammenhang damit ist auch die Frage nach dem Aufenthaltsgrund zu sehen, die Aufschluß geben soll über die allgemeine und spezielle berufliche oder private Motivation der Reisenden. Dabei sollen vor allem Korrelationen gefunden werden zwischen verschiedenen Arten von Reisenden, ihrem Info- und Buchungsverhalten und ihren Reiseanlässen.

Desweiteren ist von Interesse, wie den Städtetouristen ihr Aufenthalt gefallen hat, das heißt, wie sie Stuttgart und ihre Unterkunft bewerten und was ihnen daran gut bzw. nicht so gut gefallen hat. Die genaueren Umstände der Reise sollen auch bezüglich der Planung betrachtet werden. Hier interessiert besonders, wie lange im voraus der Stuttgart-Aufenthalt schon feststand. Die Umstände der Anreise und des Transportes innerhalb der Stadt sind ein weiteres Thema der Befragung, das auch dahingehend prospektiv behandelt wird, als die Gäste ein Votum für oder gegen ein im Übernachtungspreis enthaltenes ÖPNV-Ticket abgeben können. Für etwaige zukünftige Reisen ist auch von Interesse, unter welchem Umständen die Reisenden eine Aufenthaltsverlängerung ins Auge fassen würden bzw. was sie davon abhalten würde, länger zu bleiben als ursprünglich geplant. Abschließend soll auch das Ausgabeverhalten der Stuttgartbesucher betrachtet werden.

3. Die Ergebnisse der Anbieterbefragung

3.1 Die Standorte und das Alter der Beherbergungsbetriebe

Die Lage der Betriebe im Stadtgebiet

Ein großer Teil der 111 befragten Hotelbetriebe - nämlich 41,1 % - konzentriert sich in der Innenstadt Stuttgarts. Weitere Schwerpunkte der Hotelstandorte sind Vaihingen, Möhringen, Feuerbach, Zuffenhausen und Weilimdorf, die zusammen mit der Innenstadt 75,6 % der Betriebe aufweisen.

Dabei stellt Vaihingen mit seinen 10 Hotels 9 % der in die Untersuchung eingegangenen Beherbergungsunternehmen, Möhringen mit 9 Betrieben 8,1 %, während in Feuerbach 8 (7,2 %) und in Zuffenhausen 6 (5,4 %) Hotelbetriebe zu finden sind. Andere wichtige Standorte sind Weilimdorf mit 5 Häusern (4,5 %), desweiteren Wangen und Stammheim mit je 4 Hotels oder Gasthöfen. Weniger als 3 % aller Beherbergungsbetriebe finden sich in Untertürkheim (3), Bad Cannstatt (3), Plieningen (2), Degerloch (2) und Birkach (2). Nur jeweils einen Betrieb gibt es in Botnang, Obertürkheim, Rohr, Rohracker, Rotenberg, Uhlbach und am Flughafen.

Das Alter der Beherbergungsbetriebe

Betrachtet man nun das Alter der befragten Betriebe unabhängig von der Kontinuität ihrer Pächter oder Besitzer, so stellt man fest, daß einige Hotels schon sehr lange bestehen. So wurden 4,5 % der Hotels bereits vor 1900 eröffnet, weitere 1,8 % der Unterkünfte stammen aus den Jahren zwischen 1902 und 1920 und 9,9 % wurde zwischen zwischen 1921 und 1940 gegründet. Eine große Anzahl der heute noch bestehenden Hotels (22,5 %) wurde in den Jahren 1941 bis 1960 in Betrieb genommen, so daß für 38,7 % der heutigen Stuttgarter Anbieter im Beherbergungswesen von einer Entstehungszeit von vor 1960 ausgegangen werden kann.

In dem darauffolgenden Zeitraum zwischen 1960 und 1980 öffneten 34,2 % der befragten Hotels ihre Pforten für die Übernachtungsgäste, wobei in den sechziger Jahren 16,2 % und in den siebziger Jahren 18 % der Betriebe entstanden. Der größte Prozentsatz der heute noch bestehenden Unternehmen, nämlich 18,9 %, stammt aus der Dekade von 1981 bis 1990. Seit 1991 wurden 4,5 % der befragten Beherbergungsunternehmen eröffnet, so daß immerhin 23,4 % der Häuser nach 1981 in Betrieb genommen wurden (siehe dazu auch Abb. 60).

Abb. 60: **Das Alter der Betriebe**

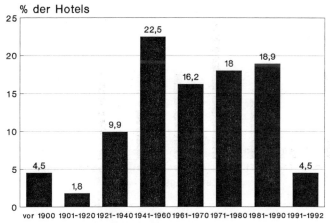

Jahre der Hotelgründungen

Quelle: Eigene Erhebungen 1992/93

Die Standortwahl in historischer Sicht

Nachdem nun die derzeitigen Standorte der Hotels und ihre Altersstruktur dargestellt wurde, soll veranschaulicht werden, wo im Laufe der Zeit die räumlichen Schwerpunkte der Hotelgründungen lagen. Die ältesten der Beherbergungsbetriebe Stuttgarts, die schon vor 1900 gegründet wurden, befinden sich in den Stadtteilen Innenstadt, Vaihingen und Weilimdorf. Zwischen 1901 und 1920 kam ein Hotel in Untertürkheim hinzu, seit 1921 wurden weitere Unterkünfte in Bad Cannstatt, Botnang, Zuffenhausen und Möhringen gebaut. Für Möhringen beginnt damit eine Standorttradition, die in den folgenden Jahren, schwerpunktmäßig aber in den siebziger und achtziger Jahren, noch weitere Betriebe in den Stadtteil bringt.

In Feuerbach setzten seit 1941 die Hotelniederlassungen oder -gründungen ein, die bis in die Gegenwart anhielten. Die Innenstadt erlebte die Mehrzahl der Hotelentstehungen in den Jahren 1940 bis 1990, nach 1990 wurde keines der dort befragten Unternehmen gegründet. Dasselbe gilt für die Betriebe in Vaihingen, die mehrheitlich aus der Phase 1940 bis 1990 stammen, während danach keine neuen hinzu kamen. Erst in oder seit den Siebzigern entstanden Hotels in Birkach, Rohracker, Uhlbach, seit den Achtzigern wurden dann auch Obertürkheim und Plieningen als geeignete Standorte von Hotels entdeckt.

Abb. 61:   Die Betriebsgründungen nach Stadtteilen

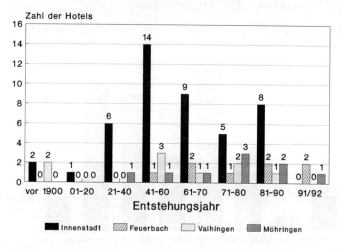

Betriebsgründungen einzelner Stadtteile

Quelle: eigene Erhebungen 1992/93

Die jüngsten der befragten Betriebe, die nach 1991 eröffnet wurden, liegen in Feuerbach (2), Möhringen, Plieningen und Wangen (siehe dazu auch Abb. 61).

Die Standortzufriedenheit der Betriebe

Die Hotelstandorte weisen unterschiedliche Gunst- bzw. Ungunstfaktoren auf, die hier nicht anhand von objektivierbaren Merkmalen wie landschaftliche Lage, Autobahnanschluß, Citynähe usw. klassifiziert werden sollen, sondern durch die Einschätzung der Hotelbetreiber.

Auf die Frage, wie sehr sie mit dem Standort ihres Betriebes zufrieden sind, antwortete fast die Hälfte der Befragten mit "sehr zufrieden" (49,5 %). 37,8 % bezeichneten sich als "zufrieden" und 10,8 % als "weniger zufrieden" mit der Lage ihres Betriebes. Als Beurteilungskriterien wurde einerseits die Zentralität der Lage, z.b. die Entfernung zur Innenstadt oder zu anderen Zielen der Gäste angesehen, andererseits aber auch die Qualität der Lage bezüglich Verkehrslärm oder landschaftlicher Umgebung. Diejenigen 12 Unternehmen, die sich als weniger zufrieden mit dem Standort bezeichneten, sind zumeist kleinere bis mittlere Betriebe mit bis zu 50 Betten, allein 5 der 12 haben zwischen 11 und 20 Betten. Als weniger zufrieden mit dem Standort bezeichneten sich jedoch auch 2 Betriebe mit zwischen 101 und 150 Betten. Abgesehen von der Betriebsgröße korreliert die Standortzufriedenheit auch mit der Lage in bestimmten Stadtteilen.

So stammt die Aussage der geringeren Zufriedenheit mit dem Standort nur selten aus der Innenstadt, wo nur 8,7 % der dort befragten Betriebe diese Antwort gaben, während z.b. in Untertürkheim eines von drei Hotels, in Wangen und Stammheim jeweils eines von vieren weniger zufrieden mit seiner Lage ist.

3.2 Die Organisationsstruktur der Betriebe

Die Betriebsart

Die hier getroffene Hauptunterscheidung ist diejenige zwischen einem Hotel garni und einem Vollhotel. Darüber hinaus wurde jedoch differenziert zwischen Gasthöfen, Gasthäusern, Pensionen usw., wobei die Namen der Betriebe Rückschlüsse auf die Art des über die Übernachtung hinausgehenden Angebots oder den Charakter und Stil des Unternehmens erlauben. Von den 111 befragten Stuttgarter Hotelbetrieben bezeichnet sich nur je einer als "Gästehaus" bzw. als "Gasthof". Dagegen gibt es die Namenskombination "Hotel-Gasthof" in drei Fällen und in vier Fällen die Bezeichnung als "Pension". Sieben der Betriebe (6,4 %) tragen einen zusammengesetzten Namen, der über die Kombination eines Hotels mit einem Restaurant hinausreicht, wie z.B. Hotel-Tagungsstätte, Hotel-Café usw. Dazu kommen die "Hotel-Restaurants" bzw. "Hotel-Gaststätten", von denen es in Stuttgart 28 gibt, so daß 25,7 % der Betriebe sich als solche bezeichnen. 23 Häuser (21,1 %) heißen schlichtweg "Hotel", worunter ein Vollhotel mit Beherbergungs- und gastronomischem Angebot zu verstehen ist. 42 (38,5 %) der 111 befragten Betriebe sind jedoch ein "Hotel garni". Weiterhin sind als Sonderformen die Jugendherberge und das Jugendgästehaus zu nennen.

Die Betriebsart "Hotel garni" findet sich zwar in allen Stadtteilen, in der Innenstadt z.B. bieten 39,1 % der Betriebe diesen Service, jedoch nicht in allen Größenklassen von Hotels. So bieten alle Unterkünfte mit mehr als 150 Betten Kost und Logis an, die garni-Hotels haben allesamt weniger als 150 Betten. Aber auch die 28 Hotel-Restaurants sind der Größenordnung bis 200 Betten zuzuordnen.

Die Rechtsform der Betriebe

Die Frage nach der Rechtsform des Betriebes wurde nicht von allen Befragten sinngemäß beantwortet, weshalb die Nennung "keine Angabe" mit 10,8 % häufiger vorkommt als in anderen Fällen. Während unter den Stuttgarter Beherbergungsbetrieben nur eine OHG, eine Körperschaft und eine GmbH & Co., KG zu finden ist, sind zwei der Hotels als AG, vier als e.V. und vier als KG organisiert. Neun der Betriebe (8,1 %) haben dagegen die juristische Form einer G.d.b.R., 26,1 % der Unternehmen die einer GmbH, die Mehrzahl sind mit 43,2 % erwartungsgemäß Privatunternehmen mit persönlicher Haftung. Dabei liegen die Bettenzahlen der Einzelunternehmen bei unter 150, größere Betriebe sind meist als GmbH oder in je einem Fall als KG oder AG strukturiert.

Die Beschäftigten im Beherbergungswesen

In den in der Befragung untersuchten Hotels arbeiten insgesamt 2238 Personen, wobei auf Vollbeschäftigte 1830, auf Teilzeitbeschäftigte 218 und auf Aushilfskräfte 190 Stellen entfallen. In manchen Hotels gehören Familienangehörige zu den Beschäftigten, und zwar sind insgesamt 5,6 % (103) der Vollzeitkräfte, 10,1 % (22) der Teilzeitkräfte und 3,7 % (7) der stundenweisen Aushilfskräfte Familienangehörige.

Anhand der Quoten der familienzugehörigen Vollbeschäftigten soll nun verdeutlicht werden, in welchen Größenklassen von Hotels die Beschäftigung von Familienmitgliedern vorherrscht. In 38,7 % der Betriebe (43) arbeiten überhaupt keine Familienangehörigen mit, was sich nicht nur auf Hotels mit über 151 Betten bezieht, dort aber verstärkt und in den Hotels über 251 Betten ausschließlich der Fall ist.

Dem entgegen stehen in Stuttgart 25 Hotels (22,5 %), in denen alle Vollbeschäftigten Familienmitglieder sind. Diese finden sich in der Größenklasse zwischen einem und 100 Betten. Ähnliches gilt für diejenigen Unternehmen, in denen die Vollbeschäftigten zu mehr als 50 % aus der Familie stammen; diese Betriebe gehören der Größenklasse unter 50 Betten an.

Aber auch Hotels mit einer Kapazität von zwischen 101 und 250 Betten setzen z.T. Angehörigen als Arbeitskräfte ein. So sind in fünf Häusern der genannten Größe bis zu 25 % der Vollbeschäftigten Familienangehörige.

3.3   Das Angebot der Hotelbetriebe

Die Bettenzahl

Für die Bestimmung von Hotelgrößenklassen, für die Berechnung von Auslastungszahlen, aber auch für die diachrone Betrachtung von Beherbergungskapazitäten ist nicht die Anzahl der Hotels, als vielmehr ihre Bettenzahl von großer Bedeutung. Die befragten Stuttgarter Beherbergungsbetriebe haben eine durchschnittliche Bettenzahl von 72. Eine Gliederung der Betriebe in verschiedene Größenklassen zeigt die folgende Verteilung. Etwa ein Drittel der Betriebe (34,2 %) weist zwischen 21 und 50 Fremdenbetten auf, 18 % sogar nur zwischen 11 und 20. Weitere 20,7 % haben zwischen 51 und 100 Betten. Nimmt man die Betriebe mit bis zu 10 Betten hinzu (6,3 %), so ergibt sich, daß 79,2 % der befragten Stuttgarter Anbieter im Beherbergungswesen unter 100 Betten anzubieten haben, 58,5 % sogar nur bis zu 50. Daran wird die mittelständische Struktur dieses Wirtschaftszweiges bereits deutlich (Abb. 62).

Abb. 62:   Die Bettenzahlen

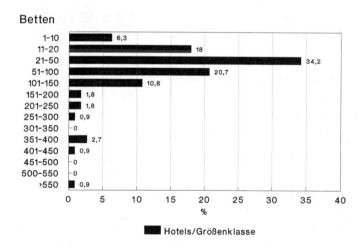

Quelle: Eigene Erhebungen 1992/93

Die 20,8 % der Unternehmen, deren Bettenzahl über 100 liegt, gliedern sich in die folgenden Größenklassen. Die größte Gruppe bilden hier mit 10,8 % die Hotels mit zwischen 101 und 150 Betten. Die restlichen 10 % werden von 11 Betrieben bestritten, von denen jeweils zwei zwischen 151 und 200 bzw. zwischen 201 und 250 Betten aufweisen, ein weiterer 251 bis 300. Die folgende Größenklasse zwischen 301 und 350 Betten ist in Stuttgart nicht vertreten, die nächstfolgende von 351 bis 400 dagegen dreimal, d.h. 2,7 % aller Betriebe gehören dieser Kategorie von Großbetrieben an. Einen Betrieb - was einem Prozentsatz von 0,9 % entspricht - gibt es darüber hinaus jeweils in den Größenklassen 401 bis 450 und über 550 Betten. Insgesamt haben also sechs der befragten Stuttgarter Betriebe (2,7 %) mehr als 300 Gästebetten aufzuweisen.

a)   Die Verteilung der Betriebsgrößenklassen im Stadtgebiet

Für die Beherbergungstruktur einer Stadt ist jedoch nicht nur ausschlaggebend, welche Größenklassen von Betrieben wie stark repräsentiert sind, sondern auch, in welchen Stadtteilen sich welche Betriebsgrößenklassen konzentrieren. Die kleinsten Betriebe mit zwischen einem und 10 Betten finden sich in den Stadtteilen Untertürkheim, Vaihingen, Weilimdorf und Innenstadt, wobei all diese Stadtteile daneben auch weit größere Hotels aufweisen. Die größeren der in der Untersuchung berücksichtigten Unternehmen, nämlich diejenigen über 251 Betten, konzentrieren sich mit Ausnahme des Flughafenhotels in der Innenstadt, in Stammheim und in Vaihingen. Die meisten Stadtteile - nämlich Bad Cannstatt, Birkach, Botnang, Degerloch, Plieningen, Rohr, Rohracker, Rotenberg, Stammheim, Uhlbach, Untertürkheim, Vaihingen, Weilimdorf und Zuffenhausen - weisen hingegen Unterkünfte bis maximal 100 Gästebetten auf. In Obertürkheim, Möhringen, Feuerbach und in der Innenstadt ist hingegen neben kleineren Betrieben auch die Kategorie zwischen 101 und 250 Betten anzutreffen.

b)   Die Entstehungszeit der unterschiedlichen Größenklassen von Hotels

Da sich die Darstellung der Genese der unterschiedlichen Größenklassen von Hotels auf die Daten dieser Untersuchung bezieht, sind Hotels, die nur zwischenzeitlich Bestand hatten bzw. mittlerweile geschlossen wurden, hier nicht berücksichtigt.

Die sieben Hotelbetriebe, die schon seit mindestens 1920 bestehen, wiesen eine maximale Bettenzahl von 100 auf. Erst in der Zeit zwischen 1921 und 1940 wurden größere Betriebe errichtet, und zwar einer mit 101 - 150 Betten und einer aus der Kategorie zwischen 151 und 200 Betten. In der Phase zwischen 1941 und 1960 entstanden von den heute noch bestehenden Betrieben einer mit 201 - 250 Betten und einer in der darauffolgenden Größenklasse zwischen 251 und 300 Betten. Der Zuwachs an Hotels mit sehr großen Kapazitäten hielt in den darauffolgenden Jahren noch an; so wurde in der Dekade 1961 bis 1970 ein Unternehmen mit zwischen 351 und 400 Betten eröffnet, in der folgenden Phase zwischen 1971 bis 1980 zu einem weiteren dieser Größenordnung noch eines mit über 550 Betten. Zwischen 1981 und 1990 entstanden von den Großhotels zwei, und zwar eines mit zwischen 351 und 400 Betten und eines mit zwischen 401 und 450.

Alle fünf der in den Jahren 1991 und 1992 entstandenen Betriebe der Hotelbranche weisen jedoch wieder kleinere Größenordnungen auf; keines hat mehr als 250 Betten. Erwähnenswert ist, daß parallel zu der bevorzugten Entstehung von großen Hotelunternehmen - besonders zwischen 1961 und 1990 - immer auch kleine und mittlere Betriebe hinzukamen, besonders solche mit einer Bettenzahl zwischen 21 und 50 oder bis zu 100.

Abb. 63:   **Größe und Alter der Betriebe**

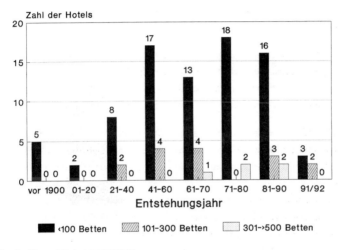

Quelle: Eigene Erhebungen 1992/93

Die Entwicklung der Betten- und Zimmerzahl

Gerade im Vergleich zu den unterschiedlichen Phasen der bevorzugten Entstehung größerer oder kleinerer Hotelunternehmen sind die von den bestehenden Betrieben vorgenommenen Kapazitätsveränderungen von Interesse. Hier wurde zunächst untersucht, wieviele der Hotels derartige Veränderungen vorgenommen haben und wann diese schwerpunktmäßig stattgefunden haben. In ca. drei Viertel der befragten Stuttgarter Hotelbetriebe (76,6 %) ist in den letzten Jahren die Zimmer- oder Bettenzahl jedoch nicht verändert worden, d.h. auch das Verhältnis zwischen Einbett- und Mehrbettzimmern ist gleichgeblieben. Die Veränderungen, die von den restlichen 26 Hotels (23,4 %) genannt wurden, datieren aus den Jahren 1976 bis 1992, wobei sechs Unternehmen diese Umstrukturierungen bereits bis 1984 abgeschlossen hatten, die anderen 20 Häuser erst zwischen 1985 und 1992. Einen Schwerpunkt der Kapazitätsveränderung bildeten dabei die Jahre 1988 bis 1990, während derer 10 Häuser, d.h.

9 % der befragten Stuttgarter Beherbergungsbetriebe, die Betten- bzw. Zimmerzahl verändert haben.

Grundsätzlich lassen sich zwei Arten von Veränderungen unterscheiden, nämlich die Kapazitätsausweitung und die Kapazitätsreduzierung. Dabei können - müssen aber nicht - alle Veränderungen einhergehen mit geänderten Besitzverhältnissen. Als Grund für die Verringerung der Betten- und Zimmerkapazitäten wurde zum einen die Steigerung des Komforts der Zimmer genannt. In diesen Fällen wurde entweder die Größe der Zimmer selbst durch Zusammenlegung von mehreren kleineren gesteigert oder aber deren Standard, indem z.B. Zimmer aufgelöst wurden, um Platz für Bäder und WC zu gewinnen. Somit wurde also die Kapazität gesenkt, um den Komfort zu steigern.

Die Gründe für die Ausweitung der Kapazitäten liegen meist in einem gestiegenen Bedarf an Zimmern. Daneben können aber auch andere Faktoren eine Rolle spielen, wie z.B. ein attraktives Angebot für den Kauf eines benachbarten Grundstücks, das im Falle einer unterlassenen Betriebserweiterung unter Umständen von der Konkurrenz genutzt worden wäre.

In welchem Umfang die Zimmer- und Bettenkapazität verändert wurde, läßt sich anhand der durchgeführten Befragung exemplarisch an einigen Betrieben aufzeigen. 14 der 26 Hotels, die überhaupt diesbezügliche Veränderungen vorgenommen haben, hatten demnach eine Kapazitätssteigerung zu verzeichnen. Wie stark diese Kapazitätssteigerung war, bezifferten manche der Häuser in Betten-, andere in Zimmerzahlen: so gewannen acht der 14 Betriebe, deren Kapazität stieg, in den letzten Jahren insgesamt 286 Zimmer dazu. Darüber hinaus steigerte sich die Bettenzahl in weiteren zwei Häusern um 36. Dies beziffert natürlich nur die Zimmer- bzw. Bettenzunahme durch Erweiterung von bestehenden Kapazitäten und berücksichtigt nicht den Neubau von Betrieben.

Dem gegenüber steht in sieben Hotels ein Rückgang der Zimmerzahlen um insgesamt 15, weitere fünf Betriebe gaben an, durch Maßnahmen der Komfortsteigerung oder der flexibleren Gestaltung der Zimmer die Bettenzahl in den Zimmern "etwas" gesenkt zu haben, z.B. indem Doppelzimmer zu Einzelzimmern wurden. Diese Veränderung wurde auch mit einer größeren Nachfrage nach Einzelzimmern begründet.

Bezug nehmend auf diejenigen Hoteliers, die die Veränderungen quantifizieren konnten, kann man zusammenfassend sagen, daß sich die Zahl der angebotenen Hotelzimmer in den befragten Betrieben in den letzten Jahren um insgesamt 271 gesteigert hat.

Die Ausstattung der Zimmer bzw. des Betriebes

Die folgenden Angaben über die qualitative Ausstattung der Betriebe basieren ebenfalls auf Ergebnissen der Befragung. In Prozentzahlen der Betriebe werden immer diejenigen angegeben, die das betreffende Ausstattungsmerkmal aufweisen. Zusätzlich wird angegeben, wenn die befragten Häuser die betreffende Ausstattung "teilweise", d.h. in manchen Zimmern vorzuweisen haben.

Die qualitative Ausstattung der Zimmer ist wie folgt zu beschreiben. Ca. zwei Drittel der Hotelunternehmen ermöglichen es, ein Kinderbett in den Zimmern aufzustellen (65,8 %). Telefon auf dem Zimmer haben in 73,0 % der Häuser alle Zimmer, in 2,7 % ein Teil der Zimmer. In 23,3 % der Betriebe haben die Zimmer einen Balkon oder eine Terrasse, in weiterer 23,4 % gibt es diesen Komfort zum Teil. Radio auf dem Zimmer haben 50,5 % der Übernachtungsstätten, in 4,5 % ist dies auf manchen Zimmern anzutreffen. Einen Fernseher gibt es sogar in 66,7 % der Betriebe, während 7,2 % auf manchen Zimmern einen TV haben. Die Mehrzahl der Häuser (80,1 %) vermietet Zimmer mit Bad/Dusche und WC, weitere 6,3 % haben diese Ausstattung in manchen Zimmern. 47,7 % der Hotels bieten ihren Gästen auf dem Zimmer einen Kühlschrank oder eine Minibar, weitere 3,6 % haben diese Ausstattung nur in einigen Zimmern.

Nach eigenen Angaben weisen 77,5 % der befragten Hotels einen Parkplatz für ihre Gäste auf, 53,2 % sogar eine Garage; einen Fahrstuhl haben 46,8 % der Betriebe. Einen Kinderspielplatz können 11,7 % der Hoteliers ihren jungen Gästen anbieten, 9,0 % zählen Sportanlagen zu ihrer Ausstattung, 16,2 % auch eine Sauna bzw. ein Solarium. Während 58,6 % der Betriebe als Treffpunkt für ihre Gäste einen Aufenthaltsraum aufweisen und 31,5 % eine Hausbar, sind Gästeküchen nur in wenigen Betrieben (8,1 %) anzutreffen, in 2,7 % der Häuser ist es in machen Zimmern jedoch möglich, eine Kitchenette aufzustellen. Weiterhin ist es in 39,6 % der Betriebe möglich, Diät- oder Schonkost zu erhalten. Haustiere sind in der Mehrzahl der befragten Unternehmen (70,3 %) in der Regel willkommen.

Wirklich behindertengerecht sind nach eigener Auskunft und im Sinne von Zugang, Aufzug, Zimmer, Türen, Bad und evtl. Restaurant nur 9 % der Übernachtungsstätten, die restlichen erfüllen nur teilweise die Anforderungen an eine behindertengerechte Unterkunft. Als Service für Geschäftsreisende und Tagungsteilnehmer bieten 24,3 % der Hotels ihren Gästen die Benutzung oder Mitbenutzung eines Büros an, 16,2 % eine Videoanlage für Schulungen usw., 70,3 % ein Faxgerät, das entweder eigens den Gästen zur Verfügung steht oder von ihnen mitbenutzt werden kann. Einen speziellen Tagungsraum haben 49,5 % der in Stuttgart befragten Übernachtungsstätten. Zur Information der Gäste über die Stadt und ihre touristische Infrastruktur hängt in 30,6 % der Hotels eine Infotafel; welche Informationsangebote die Hotels ihren Gästen im einzelnen zur Verfügung stellen, wurde in einem anderen Zusammenhang gesondert behandelt.

Die von den Betrieben getätigten Investitionen

Um einen Betrieb wettbewerbsfähig zu halten und das Angebot der veränderten Nachfrage anzupassen, wurden neben den Veränderungen der Zimmer- und Bettenkapazitäten auch andere Innovationen unternommen. Die in den letzten Jahren von den befragten Stuttgarter Hotels getätigten außerordentlichen Investitionen belaufen sich nach Angaben der Hoteliers auf zusammen ca. 80.340.000 DM. Da 39 Betriebe (35,1 %) die Höhe und Art der Investitionen angeben konnten, d.h. 64,9 % entweder keine außerordentlichen Investitionen getätigt oder sie nicht genannt haben, kommt auf jeden Betrieb, der erwirtschaftetes Geld in die Instandsetzung oder -haltung seines Hotels gesteckt hat, ein durchschnittlicher Betrag von 723.783 DM.

Dabei ist jedoch keine dahingehende Korrelation zwischen den getätigten Investitionen und dem Alter der Betriebe festzustellen, daß etwa ältere Häuser eine stärkere Investitionstätigkeit aufweisen als jüngere. Ebensowenig hängt die Bereitschaft zu investieren von der Hotelgröße ab, freilich jedoch die Höhe der investierten Summen.

Betrachtet man nun die Bereiche, in die die Investitionen geflossen sind, so stellt man fest, daß es sich in 7,4 % der Nennungen um einen Totalumbau des Hauses handelt. Der Anbau bzw. die Aufstockung eines Gebäudes macht 5,7 % der Antworten aus; seltener (1,6 %) war ein Neubau für die hohen Investitionskosten verantwortlich. Der Innenausbau bzw. allgemeine Modernisierung- und Renovierungsmaßnahmen zeichneten in 6,6 % der Fälle verantwortlich für die entstandenen Kosten.

Den zweifellos größten Posten bei den getätigten Investitionen machen diejenigen aus, die direkt in die Zimmer, deren Ausstattung und Komfortangleichung fließen. 28,7 % der Nennungen bezogen sich auf Vorhaben wie die Renovierung (12,3 %) oder Neumöblierung der Zimmer (8,2 %), was z.B. die Anschaffung neuer Vorhänge, neuer Matratzen oder Betten, neuer (Teppich-) Böden oder Polstergarnituren beinhaltete.

Bei der Erhöhung des Standards der Zimmer schlagen jedoch auch Instandhaltungen, Instandsetzungen und Renovierungen der Bäder erheblich zu Buche (13,1 % der Fälle). Weitere 3,3 % der Antworten beziehen sich auf den Einbau neuer, teilweise schall- bzw. wärmeisolierender Fenster. Auf den Einbau neuer Heizungen bzw. die Renovierung der bestehenden hoben weitere 2,5 % der Angaben über die in der letzten Zeit getätigten außergewöhnlichen Investitionen ab. Andere Modernisierungen, die sich auf den technischen Standard des Hauses beziehen, betrafen z.B. Erneuerungen der Elektro- und Telefonanlage, der Bau von Anlagen zum Empfang von Kabel- bzw. Satellitenfernsehen und die Installation von EDV-Anlagen, die zusammen 5,7 % der Antworten ausmachen.

Auf die Gestaltung von Gemeinschaftsräumen für die Gäste wurden in 13,9 % der Nennungen die Investitionen verwendet, und zwar auf den Neubau bzw. die Renovierung des Restaurants (4,9 %) und auf die Renovierung von Hotelhalle bzw. Eingangsbereich (4,1 %). Speziell auf die Erneuerung und den Ausbau der Rezeption bezogen sich 2,5 % der Nennungen, weitere 2,5 % auf Investitionen, die im Speisezimmer oder dem Frühstücksraum getätigt wurden. Der Erweiterung bzw. Modernisierung von Bankett- oder Konferenzräumen kamen in 2,5 % der Fälle die Renovierungs- bzw. Modernisierungsmaßnahmen zugute. Ebensohäufig wurden als Investitionen die Renovierung des Treppenhauses bzw. der Einbau eines Personenauf-zuges angeführt. Die Investitionen im Küchenbereich machen 4,1 % aller Modernisierungen aus; seltener genannt (1,6 %) wurden Kosten für die Gestaltung oder Umgestaltung der Außenanlagen wie z.B. der Parkplätze und Grünflächen.

Während die Bereitschaft zu investieren nicht mit dem Alter der Betriebe und somit einer eventuellen objektiven Notwendigkeit für Modernisierungen korreliert, scheinen die Hotels in manchen Stadtteilen bezüglich Modernisierungen und außerordentlichen Renovierungen akti-ver zu sein als andere. So haben z.B. in Bad Cannstatt alle drei, in Degerloch alle zwei und in Zuffenhausen alle sechs ansässigen Hotels durch entsprechende Maßnahmen versucht, ihre Attraktivität und Wettbewerbsfähigkeit zu erhalten oder zu steigern. Außerordentliche Inve-stitionen haben auch alle befragten Häuser in den Stadtteilen Botnang, Flughafen, Rohracker, Rotenberg und Uhlbach getätigt.

In Weilimdorf haben 4 von 5 Hotels (80 %) kapitalintensive Renovierungen bzw. Modernisie-rungen unternommen, in der Innenstadt 79,9 % der 46 dort ansässigen Betriebe, in Untertürk-heim 2 von 3 (66,6 %), in Feuerbach 5 von 8 (62,5 %) Unternehmen.

Etwas uneinheitlicher war die Investitionsbereitschaft in den Stadtteilen Plieningen, Stamm-heim und Vaihingen, wo jeweils die Hälfte der dort ansässigen 16 Häuser größere Summen für Modernisierungen oder Renovierungen aufgewendet haben. Weniger investitionsbereit (d.h. weniger als 50 % der Betriebe haben investiert) waren im Schnitt die Hotels in Rohr, Obertürkheim, Birkach, Wangen, und Möhringen, was nur z.T. darauf zurückzuführen ist, daß die Häuser erst in den letzten Jahren eröffnet wurden.

Die für die Zukunft vorgesehenen Investitionen
Während 65,8 % der Betriebe in absehbarer Zeit nicht vorhaben, größere Summen in außer-ordentliche Renovierungen bzw. Modernisierungen zu stecken, werden von den restlichen Hoteliers schwerpunktmäßig ähnliche Investitionen ins Auge gefaßt, wie die von anderen

Betrieben schon getätigten. Einen Anbau, eine Aufstockung bzw. Erweiterung der Hotelkapazitäten streben demnach in den nächsten Jahren acht Betriebe an (7,2 %), während einer seinen Restaurantbetrieb erweitern möchte. Einen umfassenden Umbau des gesamten Unternehmens hatten vier Häuser ins Auge gefaßt, andere planen technische Neuerungen wie den Einbau einer Klimaanlage (1), einer EDV-Anlage (1) oder einer neuen Heizung (1). Garagenbau (1) oder Parkhaussanierung (1) soll in anderen Betrieben zur Hebung des Standards und zur Wahrung der Attraktivität und Wettbewerbsfähigkeit beitragen. Neben Renovierungen oder Modernisierungen der Frühstücksräume (3), der Rezeption (3), der Konferenzräume (1) oder des Eingangsbereichs des Hotels (1) soll auch die Ausstattung der vorhandenen Zimmer mit Bad/Dusche/WC vorangetrieben werden (3). Der Einbau von Schallschutzfenstern (3) nimmt einen ähnlichen Stellenwert bei den zukünftigen Investitionen ein, seltener wurden spezielle Vorhaben wie die Einrichtung eines Billard-Zimmers (1), die Ausweitung des Fitness-Bereiches (1) und der Bau eines Dampfbades oder Whirlpools (1) genannt. Insgesamt zeigt sich somit die Bereitschaft von 34,2 % der befragten Stuttgarter Hotels, auch in den nächsten Jahren mit außerordentlichen Investitionen dazu beizutragen, daß die Stuttgarter Unternehmen im Beherbergungswesen durch die Wahrung eines hohen Qualitätsstandards konkurrenzfähig bleiben.

Das vom Hotel bereitgehaltene Informationsmaterial über die Stadt

Das touristische Angebot einer Stadt wird nur genutzt, wenn die Gäste - und das gilt besonders für die in den Stuttgarter Hotels zahlenmäßig dominanten Geschäftsreisenden - diesbezügliche Informationen und Anregungen ohne großen Aufwand bekommen können. Daher spielen die Hotels als Multiplikatoren dieser Informationen eine große Rolle. Folglich ist es zu begrüßen, daß die meisten der befragten Betriebe Informationsmaterial für ihre Gäste bereithalten; nur 5,4 % der Hotels tun dies nicht. Dabei orientiert sich das Angebot stark an dem des ehemaligen Amtes für Touristik. 19,4 % der konkreten Nennungen lauteten in dieser Frage, daß die Hoteliers all das anbieten, was das AfT zur Verfügung stellt.

Das am weitesten in den Hotels verbreitete Informationsmedium stellte jedoch mit 34,2 % der Nennungen der nicht mehr bestehende "Monatsspiegel" dar, der in 35,1 % der Übernachtungsstätten auslag. Häufig (7,7 % der Nennungen) steht den Gästen auch ein Theaterplan bzw. ein Theaterprogramm zur Verfügung oder es wird die Veröffentlichung "Zur Sache Stuttgart" (7,1 % der Nennungen) angeboten. Stadtpläne machen 5,1 % der Nennungen im Zusammenhang mit bereitgestelltem Informationsmaterial aus, gefolgt vom Programm des Staatstheaters (2,6 %) und dem "Amtsblatt" (2,6 %). Zu erwähnen sind darüber hinaus zahlreiche andere Auslagen wie z.B. Plakate, ÖPNV-Pläne, die Broschüre "Stuttgart 92", Spielpläne des Wangener Theaterhauses, das Stuttgart-Handbuch, allgemeine Prospekte über Veranstaltungen usw. Zusammenfassend kann man jedoch sagen, daß das Informationsangebot der Hotels lediglich aufgrund der Zusammenarbeit mit Veranstaltern und dem AfT aufrecht erhalten werden kann, wobei die Hoteliers bei der Beschaffung dieser Materialien teilweise eine eher passive Rolle spielen.

Weitere 2,5 % der Äußerungen bezogen sich speziell auf die Verfügbarkeit von Informationsmaterial, wobei bemängelt wurde, daß die Broschüren vom AfT teilweise sehr spät oder gar nicht verschickt werden bzw. in zu geringer Anzahl.

Betriebsinterne Gästestatistiken

Um einen Überblick zu bekommen über Auslastungszahlen des jeweiligen Betriebes, Herkunftsregionen der Gäste, deren durchschnittliche Aufenthaltsdauer, den Anteil von Privat- und Geschäftsreisenden u.v.a.m., führen 40,5 % der Stuttgarter Hotelbetriebe eine eigene Gästestatistik. Darin werden im Falle von Stammkunden auch besondere Wünsche bezüglich der Zimmerausstattung usw. registriert.

Üblich ist diese Art der innerbetrieblichen Selbstkontrolle jedoch erst seit den siebziger Jahren; damals führten 9 Betriebe (8,1 %) eine solche Statistik. Davor haben nur wenige (4,5 %) der befragten Unternehmen solche Aufstellungen gemacht, diese jedoch teilweise schon seit den vierziger Jahren. In den Achtzigern stützten sich bereits 18,0 % der Beherbergungsbetriebe in Stuttgart auf eine eigene Gästestatistik, seit 1991 kamen nochmal 7,2 % dazu. Zukünftig wird die regelmäßige Einsicht in die Auslastungsquoten und in die Gästestruktur zunehmend eine Voraussetzung erfolgreichen Wirtschaftens in der Hotelbranche sein, so daß sowohl im Einsatz der EDV als auch im Führen einer Gästestatistik wichtige Potentiale auch der kleineren und mittleren Betriebe liegen.

3.4   Umsatz und Vermarktung der Betriebe

Die Umsätze der Beherbergungsunternehmen

Die Umsätze der Unternehmen sind hier nicht in der Form Untersuchungsgegenstand, als ihre Höhe eingeschätzt werden sollte, sondern eher hinsichtlich ihrer Herkunft. Untergliedert in Umsätze aus dem gastronomischen oder dem Beherbergungsteil der Unternehmen sollen die Schwerpunkte der gastgewerblichen Tätigkeit derjenigen Betriebe ermittelt werden, die Übernachtung und Verpflegung als getrennte Leistung anbieten.

Die befragten Stuttgarter Beherbergungsbetriebe beziehen ihren Umsatz durchschnittlich zu 75 % aus dem Beherbergungsteil ihres Unternehmens, zu 25 % aus dem gastronomischen Bereich. Dazu ist anzumerken, daß die Hotels-garni, obwohl sie auch mit dem Frühstück Gewinn erwirtschaften, als zu 100 % aus dem Beherbergungsteil profitierend verzeichnet wurden.

Immerhin 42 % der Hotels ziehen zwischen 91 und 100 % ihres Umsatzes aus dem Beherbergungsangebot, so daß diese Unternehmen am gastronomischen Umsatzpotential kaum partizipieren. Bei weiteren 36 % kommen zwischen 51 und 90 % des Umsatzes aus der Beherbergung, insgesamt 22 % der Hotels profitieren mehr oder zu gleichen Teilen aus dem gastronomischen Teil.

Dabei kann der Umsatz aus der Gastronomie je nach Lage, Struktur und Angebot des Unternehmens zu sehr unterschiedlichen Anteilen von Touristen, d.h. Gästen des eigenen oder eines anderen Beherbergungsbetriebes bzw. Tagestouristen einerseits, oder Einheimischen andererseits erzielt werden. In Stuttgart findet man die Hotel-Restaurants, die hauptsächlich von den Touristen profitieren, d.h. mehr als 50 % des Umsatzes durch Touristen erlangen, genauso häufig wie diejenigen, deren Hauptumsatz aus der Bewirtung von Einheimischen stammt. Beide Gruppen stellen ungefähr ein Drittel der 111 Betriebe, von denen ja ein weiteres Drittel garni-Betriebe sind, die aus der Gastronomie keine Umsätze erzielen.

Die Einschätzung der Konkurrenzsituation

Anläßlich der Hotelneubauten und Kapazitätsausweitungen der letzten Jahre wurde häufig die Gefahr eines ruinösen Wettbewerbs im Beherbergungswesen diskutiert. Im Rahmen einer Einschätzung der bestehenden Konkurrenzsituation sehen die Stuttgarter Beherbergungsbetriebe ihre Mitbewerber um Übernachtungsgäste weniger in der Region als in Stuttgart selbst. So fürchten 44,1 % der Befragten eine Konkurrenz innerhalb Stuttgarts, 55,9 % teilen diese Meinung nicht. Während 75,7 % keinen Anlaß zur Besorgnis über Mitbewerber aus der Region sehen, halten 24,3 % die Region durchaus für eine ernstzunehmende Konkurrenz.

Dies wurde z.T. mit den dort entstehenden Hotelneubauten begründet, die zu einem Überangebot an Beherbergungskapazität führen könnten, das wiederum eine Niedrigpreis-Politik nach sich ziehe. Manche der Befragten nahmen speziell auf die Wochenendgäste Bezug, um die ein Kampf zu entstehen drohe.

36,9 % der Befragten sahen für ihren Betrieb weder in Stuttgart noch in der Region Konkurrenz. Diese Meinung wurde von Betreibern oder Inhabern von Hotels unterschiedlicher Größe und Lage vertreten.

Die Zusammenarbeit mit anderen Betrieben

Die befragten Hotels arbeiten in 62,2 % aller Fälle mit anderen Hotels oder Restaurants zusammen, wobei man unter dieser Zusammenarbeit keine vertraglich fest vereinbarte zu verstehen hat. Es handelt sich dabei vielmehr um Absprachen über gegenseitige Vermittlung von Gästen, wenn das eigene Haus ausgebucht ist, oder um Arrangements, z.B. große Reisegruppen zusammen zu beherbergen, wenn die eigenen Kapazitäten nicht ausreichen. Kooperation findet auch statt, indem garni-Hotels ihre Essensgäste an Vollhotels oder Restaurants in der Nähe verweisen. Über diese "Nachbarschaftshilfe" hinaus gibt es unorganisierten und organisierten Erfahrungsaustausch bezüglich Einkauf, Vermarktung, Werbung usw., wobei die organisierte Kooperation z.b. vom "incoming-pool" praktiziert wird. Neben anderen überregionalen Formen der Zusammenarbeit etwa durch die IHA (Internationale Hotelassoziation), den VCH (Verband Christlicher Hotels) oder die Silence Gruppe - um nur einige zu nennen - gibt es auch die nicht vertragliche Vermittlung von Kapazitäten in die Region bzw. anderweitige Kooperation mit der Region Stuttgart.

Die Zusammenarbeit der befragten 111 Hotels beschränkt sich jedoch nicht nur auf die Kooperation mit anderen Hotels oder Restaurants, sondern erstreckt sich auch auf vertragliche oder nicht vertragliche Verbindungen mit Reiseveranstaltern oder Reisebüros. Während jedoch - wie bereits gesagt - 62,2 % der Betriebe mit anderen Hotels oder Restaurants kooperieren, bestehen nur bei 39,6 % der Unternehmen Kontakte zu Reiseveranstaltern oder Reisebüros. Manche dieser Häuser haben Verträge mit DER, der DZT oder anderen europäischen und außereuropäischen Reisbüros, andere kooperieren mit Hapag-Lloyd oder ortsansässigen Reisebüros oder -mittlern wie z.B. Rominger. Unter den 39,6 % der Hotels, die die Frage nach der Zusammenarbeit bejaht haben, kooperieren jedoch einige (ca. 10 % von 111) nur selten, bedingt oder nach Anfrage mit Reisebüros oder Reiseunternehmen, zumal durch die vom Hotel zu zahlenden Provisionen einigen Betrieben diese Art des Vertriebs nicht lukrativer zu sein scheint als der direkte Vertrieb.

Die von den Hotelbetrieben angebotenen Pauschalen

Um ihren Beherbergungsbetrieb besser zu vermarkten und Gäste anzuziehen, bieten Hotelunternehmen verstärkt Pauschalen an, die z.B. Übernachtungen in Zusammenhang mit einer anderen innerbetrieblichen Hauptleistung wie Buffet o.ä. beinhalten. Von den befragten Stuttgarter Hotelbetrieben haben jedoch nur 36 % ein solches Angebot; 64 % der befragten Hotelunternehmen bieten keine eigenen Pauschalen an.

Diejenigen 36 % der Betriebe, die die Frage nach betriebsinternen Pauschalen positiv beantworteten, verstanden jedoch z.T. unter Pauschale nicht definitionsgemäß die Verknüpfung mehrerer Hauptleistungen, sondern einen Modus des Preisnachlasses. So beziehen sich 67,7 % der Konkretisierungen von Pauschalen auf Rabatte, und zwar aufgrund monatlicher Vermietung (7,5 %), wegen einer bestimmten Anzahl von Übernachtungen oder einer bestimmten Anzahl gemeinsam angereister Gäste (15,1 %), Preisnachlässe für Stammkunden oder Stammfirmen (7,5 %) oder Vergünstigungen während der Sommerferien (3,7 %), am Wochenende (30,2 %) oder anläßlich von Veranstaltungen (3,7 %).

Echte Pauschalen - im Sinne einer Kombination verschiedener Leistungen wie Übernachtung, Buffet oder anderes gastronomisches Angebot, Teilnahme an einem Tanzabend o.ä. - wurden nur in 32,3 % der Fälle genannt. Diese Pauschalangebote finden z.B. an Fasching, Weihnachten, Silvester oder Ostern statt und bieten meistens zusätzlich zu Übernachtung und Verpflegung entsprechende Unterhaltungsprogramme, oder es handelt sich um eine Pauschale aus besonderem Anlaß wie etwa dem einer Tagung.

Die betriebsübergreifenden Pauschalen

Wie bei den innerbetrieblichen Pauschalen, so beteiligen sich an den gemeinsam mit anderen Anbietern organisierten auch nur etwa ein Drittel der befragten Hotelunternehmen (29,7 %). Die restlichen 70,3 % haben keine betriebsübergreifenden Pauschalarrangements aufzuweisen.

Bei den genannten Pauschalen spielt das AfT als Kooperationspartner der Hotelbranche eine entscheidende Rolle; nur wenige Reisepakete basieren auf direkten Verträgen zwischen den Hotels und Busunternehmen, Reiseveranstaltern oder Reisebüros. Die am häufigsten genannte überbetriebliche Pauschale ist das "Stuttgarter Rößle" (mit einem Anteil von 42,1 % an allen Pauschalnennungen mit anderen Veranstaltern), das "Stuttgarter Viertele" (13,3 %) und die "IGA Pauschale" mit 11,1 % aller angebotenen Arrangements. Daneben wurden in geringerem Maße auch die anläßlich der Rad-WM '91 und der WM '93 geschnürten Reisepakete erwähnt. Auffallend ist jedoch die große Bedeutung, die das ehemalige AfT als Partner bei der Realisierung von Pauschalarrangements hatte.

Die Einstellung gegenüber zukünftigen Pauschalen

Während ungefähr die Hälfte (50,5 %) der befragten Betriebe sich durchaus vorstellen kann, zukünftig Pauschalarrangements anzubieten, um die Auslastung am Wochenende oder in den Sommermonaten zu erhöhen, lehnen 37,8 % der Unternehmen derartige Überlegungen rundweg ab oder äußerten sich nicht zu diesem Vorschlag (11,7 %). Darunter sind z.B. Häuser zu rechnen, die zu einem hohen Prozentsatz mit Montag bis Freitag-Gästen belegt sind, wobei die Betreiber des Hauses u.U. kein Interesse daran haben, ihre Auslastung durch das Anbieten von Wochenendpauschalen zu steigern.

Die Gästevermittlung durch das ehemalige AfT

Das AfT ist für die Anbieter im Stuttgarter Beherbergungswesen auch insofern von Bedeutung, als es eine Anlaufstelle für Zimmersuchende darstellt. Von den 111 befragten Stuttgarter Hotelbetrieben werden laut eigenen Angaben 84,7 % diesbezüglich vom AfT bzw. seiner Zimmervermittlung unterstützt, nur 15,3 % der Häuser kooperieren nicht auf diesem Wege mit dem ehemaligen AfT.

Ca. 30 % der befragten Unternehmen können jedoch entweder über die Zahl der durch das AfT vermittelten Gäste keine Angaben machen oder bekommen auf diesem Wege überhaupt keine Gäste. Dabei ist zu beachten, daß dies nicht immer an fehlenden Vermittlungsversuchen des AfT liegen muß, sondern z.T. auch auf gute Auslastung der Häuser zurückzuführen ist, so daß die Vermittlungsangebote gar nicht angenommen werden können.

Diejenigen Häuser, die diesbezüglich vom AfT profitieren, gaben die zusätzlichen Gästezahlen teils in Prozent, teils in absoluten Werten an. Da diese Werte sich nicht vergleichen lassen, sollen sie hier getrennt wiedergegeben werden.

Abb. 64:   **Die Gästevermittlung des ehemaligen AfT**

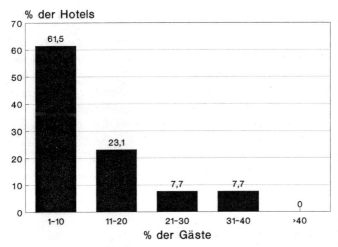

Gästevermittlung durch AfT

Quelle: Eigene Erhebungen 1992/93

25 % der Hotels, die ihre durch das AfT erhaltenen Gäste in absoluten Zahlen ausdrückten, bekommen durch diese Vermittlung zwischen einem und 20 Gästen pro Jahr. Weitere 28,8 % der Häuser erhält durch die Dienste des AfT zwischen 21 und 50 Übernachtungsgäste im Jahr, so daß die Mehrzahl der befragten Hotels (53,8 %) bis zu 50 Gäste pro Jahr mehr hat als ohne das Zutun des ehemaligen Amtes für Touristik. Für die Mehrzahl der Häuser ist somit die Zimmervermittlung kein besonders effektives Instrumentarium zur Vermarktung ihres Produktes. 13,0 % der befragten Betriebe hatten durch das AfT ein Gästemehraufkommen von zwischen 51 und 150 pro Jahr zu verzeichnen, 7,7 % zwischen 151 und 300: drei Viertel aller Hotelbetriebe profitierten also im Umfang von bis zu 300 Gästen pro Jahr und nur ein Viertel

der Hotels darüber hinaus. Dabei bekamen 9,6 % der Betriebe durch das AfT einen Gäste-
zuwachs von 301 bis 500, 5,8 % der Hotels von zwischen 501 und 1000 und immerhin 3,8 %
mehr als 3000 Gäste durch die Vermittlung des ehemaligen AfT.

Drückt man die Gästevermittlung in relativen Werten aus - wie 26 Häuser es handhaben - so
stellt man fest, daß 61,5 % der Hotels durch die Aktivitäten des AfT eine 1-10%ige Steigerung der Gästezahl erfuhren, 23,1 % der befragten Unternehmen eine 11-20%ige und je 7,7 %
eine zwischen 21 und 30 % bzw. 31 und 40 % liegende Erhöhung der Gästeankünfte.

Summa summarum kann man sagen, daß eine kleine Anzahl von 17 Betrieben stark (größer
20 % der Gästezahlen bzw. mehr als 301 Gäste pro Jahr) von der Zimmervermittlung profitiert hat, während die Mehrzahl der Häuser nur wenige Gäste auf diesem Vertriebsweg erhielt
(vgl. dazu auch Abb. 64).

Kontingentierung

Da die Stuttgarter Hotelbetriebe z.T. einen sehr hohen Anteil an Geschäftsreisenden bestimmter Stammfirmen haben, ergibt sich prinzipiell die Möglichkeit, Kapazitäten für diese
regelmäßigen Nachfrager zu bestimmten Konditionen zurückzuhalten. Bei den befragten
Stuttgarter Hotels ist es jedoch zum größten Teil (82,0 %) nicht üblich, Kontingente für Geschäftsreisende bestimmter Firmen bereitzuhalten. Diejenigen 20 Betriebe, die dies tun, arbeiten im Modus der Kontingentierung sowohl mit kleineren Wirtschaftsunternehmen als
auch mit der Großindustrie zusammen. So wurden als Abnehmer der Kontingente u.a. Daimler-Benz, Bosch, IBM, Nixdorf, SEL, Porsche, aber auch die Fluggesellschaften, die DB, verschiedene Versicherungen, die LVA, Großbanken, Reisebüros, die Messegesellschaft und die
Universität genannt.

Dabei ist die Größe der bereitgehaltenen Kapazitäten im Verhältnis zur Hotelgröße sehr unterschiedlich. Ein Hotel gab an, alle Betten auf diesem Weg zu vermarkten, die anderen eine
variable Anzahl von Zimmern und dies teilweise nur zu bestimmten Zeiten des Jahres.

Diejenigen Häuser, die nicht den Weg der Kontingentierung gehen, haben z.T. andere Über-
einkünfte mit ihren Stammgästen oder Stammfirmen getroffen. Diese Absprachen sind als
einmalige oder dauerhafte mündliche oder schriftliche Vereinbarungen fixiert, teilweise in
Form von Rahmenverträgen zwischen den Hotels und ihren Stammkunden. Die darin ein-
geräumten Konditionen sehen meistens vor, ab einer bestimmten Zahl von Übernachtungen
pro Jahr oder einer bestimmten Anzahl von gleichzeitig gebuchten Zimmern Preisnachlässe
zu gewähren.

Die Anwendung der EDV in der Stuttgarter Hotelbranche

In vielen Bereichen modernen Hotelmanagements ist es heute üblich, mittels elektronischer Datenverarbeitung betriebliche Abläufe zu vereinfachen. Im Falle der befragten Stuttgarter Hotels befinden sich diejenigen, die in irgendeinem Bereich ihres Betriebes die EDV einsetzen, noch in der Minderzahl. 42,3 % benutzen die EDV, und zwar z.b. in der Buchführung, der Warenbestandsregistration oder auch zum Erstellen einer internen Gästestatistik, 57,7 % der Hotels greifen nicht oder noch nicht auf dieses technische Hilfsmittel zurück.

Wie zu erwarten, korreliert die Anwendung der EDV mit der Größe der Hotels, d.h. sie ist in Häusern mit mehr als 200 Betten stark verbreitet; neun von zehn Häusern dieser Kategorie führen ihren Betrieb unter Zuhilfenahme der EDV. Von den Betrieben mit zwischen 51 und 150 Betten haben ca. 60 % EDV-Zugang, bei den kleineren Betrieben mit 21 bis 50 Betten gerade noch etwas mehr als ein Drittel (35,1 %). Unterkünfte mit weniger als 20 Betten weisen eine Computerisierungsquote von unter 15 % auf. Da zukünftig die Möglichkeit unkomplizierter direkter Abfrage und Buchung von Kapazitäten einen großen Vorteil im Wettbewerb um eine bessere Auslastung sein wird, sind Kenntnisse über die Anwendung der EDV im Zusammenhang zu sehen mit dem Innovationspotential der Stuttgarter Hotelanbieter.

Die Verbreitung von Buchungs- oder Reservierungssystemen

Beim Vertrieb von Beherbergungskapazitäten spielen Buchungs- und Reservierungssysteme eine immer größere Rolle. Von den befragten Stuttgarter Hoteliers gaben jedoch 58,3 % an, keine Buchungs- oder Reservierungssysteme zu benutzen, um die Kapazitäten ihres Hauses zu vermarkten. 41,7 % nannten jedoch eines oder mehrere Systeme, wobei sich die folgende Häufigkeitsverteilung ergibt.

In 34,5 % der Hotels, die auf ein Buchungs- oder Reservierungssystem zurückgreifen, ist dies TIBS. Dabei ist festzustellen, daß die meisten TIBS-Anwender nur dieses eine System verwenden, die Hotels mit mehreren anderen Buchungssystemen verwenden TIBS hingegen eher nicht. Daraus ergibt sich bereits die Verbreitung dieses Systems, die zudem korreliert mit einer Betriebsgröße von zwischen 21 und 150 Betten. Größere Häuser verwenden TIBS seltener und wenn, dann zusätzlich zu anderen Systemen.

Ein recht verbreitetes Instrumentarium ist auch START, das in 9,1 % der Übernachtungsstätten (5) Anwendung findet, wohingegen UTELL in 3 Häusern (5,5 %) zum Einsatz kommt. Die anderen genannten Buchungssysteme sind bezüglich der Häufigkeit der Nennung als marginal zu bezeichnen. In je zwei Fällen - entsprechend 3,6 % der Antworten - wurden genannt: Amadeus, Apollo, Lufthansa, Sobre und Supranational. In je einem Fall - jeweils entsprechend 1,8 % der Antworten - Bestwestern, BTX, DZT-Kontingente, HRS, Horres, Galileo, IPH, IEH, HSR, DJH-Buchungssystem, Kölnprivate, Mitsubishi, SRS, Topinternational,

Überseedistribution, Wordspan, Resinter und Global. Zusätzlich wurden als Reservierungssysteme Neptun, ADS, und das Mövenpick-System Finres genannt.

Von den 77 Hotels (58,3 %), die der Umfrage zufolge keine Buchungs- oder Reservierungssysteme benutzen, überschreiten nur 2,6 % die Größenordnung von 150 Betten, so daß man sagen kann, daß mit zwei Ausnahmen alle Häuser mit mehr als 150 Betten diese Technologie anwenden. Die kleineren Betriebe stellen also das Gros der nicht angeschlossenen Hotels, wobei von den 27 Häusern mit bis zu 20 Betten nur eines über ein Buchungssystem verfügt. Von den Hotels mit zwischen 21 und 100 Betten haben nur knapp 30 % einen Zugang zu einem Buchungssystem, in der darauffolgenden Größenklasse (101 - 150 Betten) immerhin 63,6 %. Von den restlichen 10 größeren Häusern haben umgekehrt nur 2 keine solchen System aufzuweisen.

Die Werbeaktivitäten der einzelnen Betriebe

Um sich auf dem Beherbergungsmarkt zu etablieren oder zu behaupten, entfalten viele Hotels werbliche Aktivitäten. Die Frage nach der Werbung der befragten Unternehmen wurde auf mehreren Ebenen behandelt. Zum einen waren die finanziellen Aufwendungen für diesen Zweck von Interesse, zum anderen die Medien, in denen die Werbung geschaltet wird, und nicht zuletzt ihre Reichweite.

a)   Der Werbeetat

Bezüglich der Höhe ihres Werbeetats konnten oder wollten 71 der 111 in der Untersuchung berücksichtigten Unternehmen (74 %) keine Angaben machen oder es steht diesen Betrieben kein feststehender Betrag für diesen Zweck zur Verfügung. 3,6 % der Hotels haben zwar keinen eigenen Etat für Öffentlichkeitsarbeit, gehören aber einer Hotelkette an, die die Werbung zentral schaltet. Die restlichen Unternehmen beantworteten die Frage nach der Höhe des Werbeetats entweder in absoluten Zahlen oder relativ als Anteil des Umsatzes. Durchschnittlich geben diejenigen 15 Betriebe, die in relativen Beträgen antworteten, 2,8 % ihres Umsatzes für Werbung und Öffentlichkeitsarbeit aus.

Die 21 Betriebe, die ihre Werbeausgaben in DM-Beträgen angaben, investieren pro Jahr durchschnittlich 17 161 DM für den Bereich der Werbung und Öffentlichkeitsarbeit. Dabei schwanken die jährlichen Ausgaben von Betrieb zu Betrieb stark, nämlich zwischen 1000 und 200.000 DM, wobei so extreme Werte selten genannt werden.

b)   Die Reichweite der werblichen Aktivitäten

Während 46,8 % der Hotels entweder keine Öffentlichkeitsarbeit betreiben oder ihren Wirkungsradius nicht angeben konnten, erstrecken sich die Werbeaktivitäten der anderen Be-

triebe zu 17,1 % auf die in ganz Stuttgart verbreiteten Medien. Dazu kommen mit 2,7 % diejenigen Anzeigen, deren Zielgebiet sich sogar auf einzelne Stadtteile beschränkt.

Abb. 65: **Die Werbeaktivitäten**

Werberegion

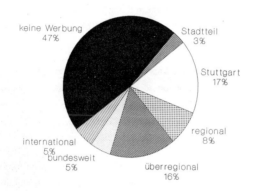

keine Werbung 47%
Stadtteil 3%
Stuttgart 17%
regional 8%
international 5%
bundesweit 5%
überregional 16%

Quelle: Eigene Erhebungen 1992/93

Regionale Verbreitung haben 8,1 % der von den Hoteliers durchgeführten Maßnahmen zur
Bekanntmachung ihres Betriebes, überregionale Reichweite 16,2 % der Medien, in denen die
Stuttgarter Übernachtungsstätten ihre Produkte anpreisen. Weitere 4,5 % betreiben für ihr
Unternehmen bundesweit Werbung, ebenso viele sogar international (vgl. dazu auch
Abb. 65).

c) Die Werbemedien

Die konkrete Betrachtung der einzelnen Werbeträger zeigt eine deutliche Bevorzugung der
Print-Medien. 13,7 % der Antworten bezogen sich allgemein auf Zeitungen, weitere 6,2 % auf
regionale Zeitungen, so z.B. auf die Stuttgarter Zeitung (1,9 %) und die Stuttgarter Nachrichten (0,6 % der Nennungen) sowie auf das Wochenblatt (4,3 %) und das Filderschaufenster
(1,2 %), so daß die sich auf regionale Zeitungen beziehenden Nennungen 14,2 % aller Angaben ausmachen. In 3,1 % der Fälle wurden allgemein gesprochen Magazine als Veröffent-
lichungsorgane von Werbung genannt, dazu kommen konkret der Spiegel, der Prinz, das Ma-
nager Magazin mit je 0,6 % und das Merian-Heft mit 1,2 % der Antworten. Weiterhin wurden
Fachzeitschriften der Hotelbranche (2,2 %) als Plazierungsort der Werbung genannt, andere

spezielle Zeitschriften in 3,7 % der Fälle. Darüber hinaus sind der Shell-Atlas mit 5,0 % der Nennungen, die Veröffentlichungen von Michelin (3,1 %), Aral (1,9 %), ADAC (1,2 %), AVIS (0,6 %) sowie die verschiedenen Gäste-, Hotel- und Reiseführer (8,7 %) und das Schlemmerlexikon beliebte Medien, um Werbung im Hotel- und Gaststättenbereich zu schalten. Auf Inserate auf dem Stadtplan oder dem Messeplan bezogen sich weitere 4,5 % der Antworten auf diese Frage. Genannt wurde aber auch der Stadt- und Industrieatlas (1,9 %), die "Gelben Seiten" (2,5 %), die Verkaufsbroschüre "Sales Guide" (1,9 %) usw.

Nicht auf Printmedien, sondern auf Rundfunkwerbung wurde in 3,7 % der Nennungen Bezug genommen, im Fernsehen wirbt jedoch nur ein Betrieb (0,6 %), im Kino lediglich zwei der Stuttgarter Anbieter im Beherbergungswesen.

Weitere 5,5 % der Antworten hatten die Messen als Werbeträger zum Inhalt, wobei auch speziellere wie die ITB, die WTM in London oder die Incentive Messe in Tokyo genannt wurden. Neben den Werbetafeln am Flughafen (2,5 %) und dem Schaukasten am Bahnhof (0,6 %) wurde darüber hinaus das direct-mailing angesprochen, und zwar in 3,7 % der Antworten bezüglich der betriebseigenen Werbung.

Aber auch durch Förderung der Mundpropaganda (0,6 %), durch das Ausgeben von Werbegeschenken an Reisemittler (0,6 %) oder durch Öffentlichkeitsarbeit innerhalb der Wirtschafts-unternehmen selbst wird versucht, auf die Stuttgarter Hotels aufmerksam zu machen.

3.5   Die Gästestruktur

Die durchschnittliche Aufenthaltsdauer der Übernachtungsgäste

Ein wichtiges Indiz für die Struktur des Stuttgarter Beherbergungswesens ist die Verweildauer der Gäste. Nach Angaben der befragten Hoteliers beträgt die durchschnittliche Zahl der Gästeübernachtungen in Stuttgart ca. 5 (4,97) Tage (entsprechend 4 Nächte). Dabei gliedern sich die Angaben wie folgt.

In ca. einem Viertel der Unterkünfte (23,4 %) bleiben die Gäste demnach 2,0 - 2,9 Tage, während 21,6 % der Hoteliers eine durchschnittliche Aufenthaltsdauer von zwischen 1,0 und 1,9 Tagen zu verzeichnen haben. Fast genauso viele Betriebe (19,8 %) weisen eine durchschnittliche Verweildauer von 3,0 bis 3,9 Tagen auf. Somit kann das Gros der Häuser - nämlich 64,8 % - mit einem durchschnittlichen Gästeaufenthalt zwischen einem und knapp unter vier Tagen rechnen. Eine Verweildauer von mehr als vier Tagen ist in etwas mehr als einem Drittel der Hotels zu beobachten. Dabei sind 9,9 % der Betriebe durch eine Aufenthaltsdauer von 4,0 bis 4,9 Tagen gekennzeichnet, während von 12,6 % der Häuser zwischen 5,0 und 5,9 Tagen angegeben wurde, womit häufig die Wochengäste (von Montag bis Freitag) gemeint sind. Nur in 0,9 % der Hotels liegen die Aufenthalte zwischen 6,0 und 6,9 Tagen, während in weiteren 2,7 % der Hotels sogar zwischen 7,0 und 7,9 Tage erreicht werden. Insgesamt 5,4 % der Häuser haben noch längere Zeitspannen genannt, die von zwei Wochen bis hin zu drei Monaten reichen. Diese Betriebe halten ihre Zimmer beispielsweise mit Wohnungssuchenden, Monteuren oder anderen Langzeitgästen belegt. Zu ergänzen ist noch, daß auch Häuser mit durchweg kürzerer Verweildauer manchmal einen Teil ihres Beherbergungsangebots, z.B. die Appartements, für Langzeit- oder Wochengästen reserviert haben. Diese Ausnahmen sind jedoch nicht in die Gesamtberechnung der durchschnittlichen Aufenthaltsdauer der Stuttgartgäste von 4,97 Tagen eingeflossen (vgl. dazu auch Abb. 66).

Abb. 66: **Die Aufenthaltsdauer der Gäste**

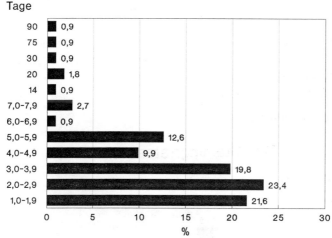

Quelle: Eigene Erhebungen 1992/93

Der Reiseanlaß

Während 3,6 % der Betriebe die eigenen Gäste bezüglich des vorherrschenden Reiseanlasses nicht einschätzen konnte, hat ca. die Hälfte der befragten Betriebe (47,8 %) einen deutlichen Überhang an Geschäftsreisenden (zwischen 81 und 100 %) aufzuweisen. In einem weiteren knappen Drittel der Hotels (32,4 %) halten sich zwischen 61 und 80 %, in 11,7 % der Häuser zwischen 41 und 60 % Gäste aus geschäftlichem Reiseanlaß auf. Nur 4,5 % der befragten Übernachtungsstätten beherbergen also mehr private als beruflich motivierte Reisende, haben also weniger als 40 % Geschäftsreiseanteil.

Der Anteil der Stammgäste

Von den Gästen der befragten Hotels, die - wie bereits aufgezeigt - zum größeren Teil aus geschäftlichem Reiseanlaß kommen, sind einige Stammgäste der Beherbergungsbetriebe. Dabei liegen die Anteile der Stammgäste bei einem knappen Drittel der Hotels (30,6 %) entweder unter 30 bzw. über 70 %. Wenige Stammgäste (unter 20 %) haben nur 9 % der Hotels, während 8,1 % der Betriebe einen Anteil von zwischen 21 und 30 % aufweisen. Für die Hälfte der Stuttgarter Hotels (50,4 %) liegt der Anteil der regelmäßig wiederkehrenden Gäste also bei zwischen 31 und 70 %, wobei 19,8 % der Häuser zwischen 41 und 50 % Stammgäste und 17,1 % der Betriebe zwischen 51 und 60 % und regelmäßig wiederkehrende Gäste angaben. Mit einem Durchschnittswert von 49,6 % Stammgäste in bezug auf alle in die Befragung eingegangenen Betriebe läßt sich somit eine recht große Abhängigkeit von bestehenden Kunden-Hotel-Verbindungen ableiten, die umgekehrt die Bedeutung von herkömmlichen Werbemaßnahmen zur Gewinnung neuer Gäste etwas schmälert, zumindest für die Häuser, die mehr als die Hälfte ihrer Kunden als Stammgäste haben. Inhaltlich ergänzen muß man die Aussage über die Stammkunden noch durch die teilweise getroffenen Feststellung, daß es sich nicht immer um individuelle Stammgäste, sondern in manchen Fällen auch um Stammfirmen handelt, die zwar wechselnde Gäste schicken, was für den Hotelier jedoch nur von geringem Belang ist. Eine deutliche Korrelation zwischen einem bestimmten Anteil von Stammgästen und einer bestimmten Größenklasse von Hotels ist nicht feststellbar (vgl. dazu auch Abb. 67).

Abb. 67:   Der Anteil der Stammgäste

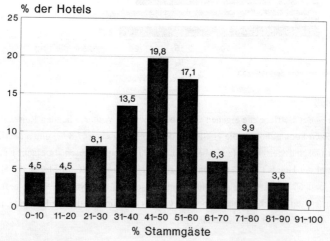

Quelle: Eigene Erhebungen 1992/93

3.6 Die Tourismuspolitik der Stadt

Die Tourismuspolitik der Stadt ist häufig ins Kreuzfeuer der Kritik geraten. Gerade in den Kapiteln über die Vermarktung der Betriebe und über die Wettbewerbssituation wurden zwei Dinge deutlich. Zum einen bestätigte sich, daß das Beherbergungswesen sich immer wieder auf neue Bedingungen des Marktes und des Marketings einstellen muß. Zum anderen wurde klar, daß die Betriebe aufgrund ihrer unterschiedlichen Struktur nicht die gleichen Voraussetzungen haben, Anpassungsprozesse zu vollziehen, was sich auch an ihrer unterschiedlichen Abhängigkeit von und Bindung an das ehemalige AfT belegen läßt. Daraus wurde ersichtlich, daß die Arbeit der mit dem Tourismus betrauten Organisationen wichtige Weichen für das weitere Bestehen und Gedeihen der Beherbergungsbranche zu stellen vermag.

4. Die Ergebnisse der Gästebefragung im Beherbergungswesen

Im folgenden sollen in der gebotenen Kürze die wichtigsten Ergebnisse der im Rahmen des Forschungsprojektes zum Städtetourismus durchgeführten Befragung der Hotelgäste vorgestellt werden. Die Daten basieren auf einer Grundlage von 270 Interviews, die schriftlich mittels eines Fragebogens, der von Oktober 1992 bis Mai 1993 in 28 Stuttgarter Hotelbetrieben ausgelegt war, durchgeführt wurden.

Tab. 35: Die ausgewählten Hotelbetriebe

Name	Stadtteil	Name	Stadtteil
Adler	Möhringen	Märklin	Innenstadt
Am Feuersee	Innenstadt	Messe- u. Kongreßh. Europe	Feuerbach
Arche	Innenstadt	Morlock	Weilimdorf
Bergheim	Weilimdorf	Mückestüble	Weilimdorf
Birke	Birkach	Münchner Hof	Innenstadt
Brita	Obertürkheim	REMA-Hotel Astoria	Innenstadt
Bronni	Untertürkheim	Rotenberg Hotel	Untertürkheim
Gästehaus Wenninger	Zuffenhausen	Sautter	Innenstadt
Garni Siegel	Zuffenhausen	Traube	Stammheim
Geissler	Bad Cannstatt	Waldhotel Degerloch	Degerloch
Hafner	Zuffenhausen	Wangener Post	Wangen
Ketterer	Innenstadt	Wartburg Hospiz	Innenstadt
Koetzle	Zuffenhausen	Wörtz zur Weinstraße	Innenstadt
Kronen-Hotel	Innenstadt		

Quelle: Eigene Erhebungen 1992/93

4.1 Das Buchungsverhalten der Hotelgäste

Bedeutsam ist die Kenntnis des Buchungsverhaltens der Übernachtungsgäste einer Stadt insofern, als hier Ansatzpunkte einer Beeinflussung des Gästeverhaltens zu finden sind. Die vorliegende Befragung ergab, daß 43 % der Stuttgarter Übernachtungsgäste direkt beim Hotel buchen, ohne eine Vermittlungsinstanz in Anspruch zu nehmen. Bedingt durch den hohen Anteil Geschäftsreisender wird für weitere 35 % der Gäste die Unterkunft über den Arbeitgeber bzw. die entsprechende Reisestelle des Betriebes vereinbart. Dies gilt vor allem für Hotels, die in der Innenstadt liegen und einer eher mittleren bis niedrigeren Preisklasse zuzurechnen sind. Lediglich 7 % der Buchungen werden durch das ehemalige AfT (5 %) oder durch ein Reisebüro (2 %) abgewickelt. Während 10 % der Gäste sonstige Buchungswege angaben, fiel für 5 % der Stuttgartbesucher die Entscheidung für die Unterkunft erst vor Ort, d.h. nachdem sie durch ein Hinweisschild auf einen Hotelbetrieb aufmerksam geworden waren. Diese Art der spontanen Entscheidung scheint vor allem für die Gäste der etwas außerhalb gelegenen Hotelbetriebe zutreffend zu sein. Niemand der Befragten hatte die Unterkunft über eine Fluggesellschaft, die Bundesbahn oder zusammen mit einem Pauschalarrangement gebucht, wobei im weiteren Verlauf der Befragung deutlich wurde, daß durchaus eine Bedarf an Pauschalangeboten besteht, v.a. wenn es darum geht, ein privates Wochenende an einen geschäftlichen Aufenthalt anzuschließen (siehe auch Kapitel VI.4.9).

4.2 Das Informationsverhalten der Hotelgäste

Entsprechend dem hohen Anteil der Buchungen direkt beim Hotel erscheint auch bei der Frage, wodurch der Gast auf die Unterkunft aufmerksam geworden ist, häufig (28 %) die Antwort: "Kenne das Hotel schon länger". Für weitere 18 % der Hotelgäste besteht nicht unbedingt eine persönliche Erfahrung oder Tradition, sondern das Hotel ist als Stammhotel der Firma ausgewählt worden. Dies gilt wiederum besonders für die Gäste der etwas preiswerteren Innenstadthotels. Darüber hinaus sind weitere 17 % der Befragten aufgrund persönlicher Empfehlung auf die gewählte Unterkunft gestoßen, was nun besondere Gültigkeit besitzt für die Gruppe der Reisenden, die etwas außerhalb der Innenstadt untergebracht sind.

All dies bestätigt einerseits den in der Imageanalyse gewonnenen Eindruck, daß persönliche Empfehlungen und Erfahrungen für Reisezielentscheidungen wichtiger sind als Werbung und Vermarktung. Andererseits geben diese Daten nur Aufschluß über den status quo und es wäre sicherlich wünschenswert, wenn Informationen des ehemaligen AfT (derzeit für 4 % der befragten Gäste die Infoquelle) oder durch das Hotelverzeichnis (6 %) bzw. Reise- oder Hotelführer (derzeit 10 %) verstärkt Gäste in die Stadt locken und auf die Unterkünfte aufmerksam machen könnten. Umgekehrt ist die persönliche Empfehlung und die "multiplizierte Zufriedenheit" natürlich eine große Chance für die Hoteliers, durch guten Service die Gäste von Morgen ohne weitere Werbung zu erhalten und neue zu rekrutieren.

Einen weiteren Ansatzpunkt für die Werbung neuer Hotelgäste bietet die Feststellung, daß zwar für 35 % der Hotelgäste der Arbeitgeber gebucht hat, daß aber nur für 18 % der Arbeitgeber die Entscheidung über das Hotel gefällt hat. Dies bedeutet, daß auch auf dem Markt der Geschäftsreisenden nicht von unverrückbaren Verhältnissen ausgegangen werden kann, sondern daß die Präferenzen von Geschäftsreisenden von den Arbeitgebern wohl in einem bestimmten Rahmen berücksichtigt werden. Werbung oder Information in diesem Marktsegment erscheinen also sinnvoll.

4.3   Art und Größe der Reisegruppen, Soziodemographie der Befragten

Entsprechend dem hohen Anteil der Geschäftsreisenden ergab die Befragung der Stuttgarter Hotelgäste einen hohen Anteil Alleinreisender (68 %), während die Familie mit Kindern, die für andere Urlaubsziele typisch ist, praktisch nicht vertreten ist. Wenn der Stuttgartaufenthalt nicht alleine stattfand, so waren es mehrheitlich Kollegen (23 %), die einander begleiteten, bedeutend seltener Freunde und Bekannte (3 %) oder Partner/Ehepartner (5 %). Reisegruppen wurden in der Befragung nicht erfaßt, wie u.a. das Fehlen der Pauschalreisen als Buchungsform ergeben hatte. Die Gruppe von Kollegen stellt besonders in den Innenstadthotels etwas einfacherer Ausstattung mit einem Drittel der Hotelgäste die größte Fraktion, was mit der häufigen Nennung der Firma als Infoquelle und Buchungsweg korreliert.

Ausdruck des Überhanges an Geschäftsreisenden in Stuttgart ist auch die Geschlechterverteilung in der Stichprobe; so sind 77 % der Befragten Männer und nur 23 % Frauen. Hinsichtlich ihrer Stellung im Beruf dominieren die Angestellten mit 64 % gefolgt von je 13 % Beamten und Selbständigen. Arbeiter sind in dieser Stichprobe mit 4 % der Befragten vertreten. Altersmäßig lassen sich die befragten Stuttgartgäste einerseits kennzeichnen als diejenige Gruppe, die als zwischen 25- und 54jährige sicherlich im Beruf stehen, denn diese Gruppe macht zusammengenommen (24 % ist zwischen 25 und 34 Jahren alt; 29 % zwischen 35 und 44; 24 % zwischen 45 und 54) 57 % aus. Daneben befinden sich 4 % der Befragten im Alter unter 18, 6 % zwischen 18 und 24 Jahren und 12 % zwischen 55 und 64. Älter als 64 sind nur 1,5 % der befragten Übernachtungsgäste.

Signifikant ist in dieser Stichprobe auch der hohe Anteil der Übernachtungsgäste, die einen Hochschulabschluß (44 %) oder das Abitur (21 %) haben. Damit weist diese Untersuchung die Schwäche auf, die für schriftliche Befragungen geradezu als charakteristisch zu gelten hat, nämlich einen Überhang der besser Gebildeten, was mit deren Bereitschaft, an schriftlichen Befragungen mitzuwirken, zu tun hat.

4.4 Das Informationsmaterial über Stuttgart und die Attraktivität von Stadt und Unterkunft

Knapp drei Viertel (71 %) der befragten Hotelgäste beurteilte das in den Hotels bereitgestellte Informationsmaterial über die Stadt als vollkommen ausreichend, nur 29 % fanden es ungenügend. Zu unterscheiden gilt es hierbei jedoch, daß die Unzufriedenheit mit dem bereitgestellten Material am größten war in der Gruppe der preiswerteren Innenstadthotels, also bei der Klientel, die mit Kollegen auf Geschäftsreise unterwegs ist. Dabei scheint bedeutend, daß diejenigen, die das Informationsmaterial als ungenügend einstuften, der Stadt Stuttgart auch deutlich schlechtere Noten gaben als diejenigen, die sich als mit Informationen gut versorgt bezeichneten. Insofern kommt der Funktion des ehemaligen AfT, die Hotelgäste via Hoteliers mit Prospekten, Veranstaltungskalendern usw. zu versorgen, eine bedeutende Rolle zu. Insgesamt wurde Stuttgart mit einer Durchschnittsnote von 2,4 etwas schlechter bewertet als die einzelnen Hotels mit einer Note von 2,3, und zwar wie gesagt am schlechtesten in den preiswerteren Innenstadthotels (2,6), am besten in den teuren Innenstadthotels (2,3) und mit 2,5 in den etwas außerhalb gelegenen Häusern. Dazu ist anzumerken, daß einige der Befragten die Stadt nicht zu beurteilen vermochten, weil sie sie nicht gut genug kennen. Hier wäre ein Ansatzpunkt, den auf der Durchreise Befindlichen Anreize zu geben, sich wenigstens eine Facette der Stadt anzusehen, und zwar so, daß die Gäste keinen großen organisatorischen Aufwand erbringen müssen.

Die Note für die Hotels unterschied sich in den verschiedenen Preis- und Qualitätskategorien der Innenstadt interessanterweise nicht, sowohl die besseren als auch die einfacheren erhielten von ihren Gästen die Note 2,2. Daran läßt sich ablesen, daß die Gäste in ihre Beurteilung eine Kosten-Nutzen-Analyse mit einfließen lassen, so daß von preiswerteren Hotels keine Spitzenleistungen erwartet werden. Lediglich die etwas außerhalb liegenden Häuser wurden mit 2,9 bedeutend kritischer beurteilt.

4.5 Die Zufriedenheit mit der Unterkunft

Auf die offenen Fragen "Was hat Ihnen an Ihrer Unterkunft gut gefallen/nicht gefallen?" wurden Antworten gegeben, die in Kategorien eingeordnet wurden. In der folgenden Übersicht gibt die Reihenfolge der Nennungen die Häufigkeit der Kategorien wieder, auf die Bezug genommen wurde.

Tab. 36:   **Zufriedenheit mit der Unterkunft**

gut gefallen	nicht gefallen
Freundlichkeit der Personals	Rundfunk/Fernsehen
Zimmerausstattung	Zimmerausstattung
Frühstück	Lärm draußen
Sauberkeit	Preis-Leistungs-Verhältnis
Service	mangelnde Freundlichkeit
zentrale Lage	
ruhige Lage	
Ruhe allgemein	
Essen	
Zimmergröße	
Preis-Leistungs-Verhältnis	

Quelle: Eigene Erhebungen 1992/93

4.6   Der oder die Anlässe der Reise nach Stuttgart

Wie bereits aus den Antworten auf die Fragen nach dem Buchungsweg (Arbeitgeber 35 %) und der Informationsquelle über das Hotel (Arbeitgeber 18 %) deutlich wurde, ist ein großer Anteil der Stuttgarter Hotelgäste Geschäftsreisende. Betrachtet man nun die einzelnen Reiseanlässe, so ist summarisch ein Geschäftsreisendenanteil von über 76 % festzustellen. In den Innenstadthotels beläuft sich der Anteil der Geschäftsreisenden sogar auf 80 - 81 %.

Dabei sind jedoch verschiedene Hauptreiseanlässe zu unterscheiden, wobei bei den geschäftlichen neben der allgemeinen Aussage "geschäftlich" (35 %) folgende konkrete Nennungen dominieren: geschäftliche Besprechung (12 %), Konferenz (10 %), Schulung (9 %), Kundenbesuch (5 %), Montage (4 %) und Messe (3 %). Daneben wurden als private Hauptreiseanlässe (insgesamt 5 % plus zusammen ca. 6 % für die folgenden Einzelnennungen) der Besuch von Freunden, Essen gehen, der Stadtbummel und Einkaufen genannt.

Ähnlich verhält es sich bei den Nebenanlässen, die die Hotelgäste abgesehen vom Hauptgrund der Reise zu der Fahrt nach Stuttgart bewogen haben. Hier dominiert mit 17 % der Stadtbummel, gefolgt von Essen gehen (16 %), dem Kneipenbesuch (12 %), dem Einkaufen (10 %) und dem Besuch von Freunden und Bekannten (7 %). In der entsprechenden Jahreszeit kommt als gewichtiger Nebenanlaß einer Reise nach Stuttgart auch der Besuch des Weihnachtsmarktes hinzu, in dieser Stichprobe gaben 6 % der Befragten diesen Reisegrund neben einem Hauptreiseanlaß an. Unter 5 % der Nennungen entfielen in der Reihenfolge der Aufzählung auf den Besuch von Museen, Kinos, Theatern, des Volksfestes, der Mineralbäder, der Sportveranstaltungen und auf Ausflüge.

Betrachtet man die Hauptreiseanlässe getrennt nach den einzelnen Kategorien von Hotels, so wird deutlich, daß die Geschäftsreisenden, die auf Montage in Stuttgart sind, hauptsächlich in den etwas preiswerteren Innenstadthotels untergebracht sind (hier gaben 23 % der Befragten diesen Reiseanlaß an). Messebesucher wählen ebenfalls bevorzugt die Innenstadthotels als Unterkunft, dabei verteilen sie sich jedoch auf beide Preiskategorien etwa gleichmäßig.

4.7   Die sonstigen Reisegewohnheiten der Stuttgart-Gäste

Um die Kunden der Stuttgarter Hotelbetriebe hinsichtlich ihrer Bedürfnisse und Erwartungen besser einschätzen zu können, hilft nicht nur die Kenntnis ihrer Reiseanlässe, sondern auch die Art und Weise, wie oft sie im Jahr verreisen und wohin, d.h auch, wie routinemäßig sie eine Stadt, eventuell sogar Stuttgart selbst besuchen. Hier ergab sich das folgende Bild: Bezogen auf das jeweilige Hotel, in dem die Daten erhoben wurde, fällt ein hoher Anteil von Gästen auf, die ein- oder mehrmals im Monat (13 %) oder mindestens mehrmals im Jahr (36 %) in diesem Hotel übernachten. Nimmt man noch diejenigen Kunden hinzu, die einmal im Jahr (7 %) oder etwas seltener (4 %) den entsprechenden Hotelbetrieb aufsuchen, so stellt man fest, daß 60 % der Kunden als regelmäßige Kunden zu bezeichnen sind, auch wenn sie sich hinsichtlich der Besuchsintervalle unterscheiden. Entsprechend antworteten nur 40 % der Befragten, daß die Übernachtung hier eine einmalige Angelegenheit sei. Bezieht man die Stammkundschaft nicht nur auf den Hotelbetrieb, sondern auf die Stadt an sich, so steigt der Anteil der schon einmal Dagewesenen bzw. der regelmäßig Wiederkehrenden noch weiter an. Nur 27 % der Befragten bezeichneten ihren Aufenthalt in Stuttgart als einmalig, und allein der Anteil derjenigen, die Stuttgart mindestens mehrmals im Jahr aufsuchen, beläuft sich auf 56 %. D.h., daß die überwiegende Mehrzahl der Gäste der Stuttgarter Hotels erstens Erfahrung mit dem entsprechenden Hotel und zweitens in noch viel stärkerem Maße Erfahrung mit Stuttgart selbst hat. Dabei verbringen 45 % der Befragten nur ein bis zwei Nächte in Stuttgart bzw. in dem entsprechenden Hotel, aber immerhin 24 % der Gäste gaben an, drei bis sieben Tage zu bleiben. Eine Aufenthaltsdauer von acht bis vierzehn Tagen trifft immerhin auf 12 % der Befragten zu. Fast genauso viele, nämlich 10 % der Befragungsteilnehmer, zählen mit über 35 Tagen Aufenthaltsdauer zu den Langzeitgästen.

Abgesehen von den Reisen nach Stuttgart unternehmen 53 % der Befragten mehrmals im Jahr andere Reisen, die mit Übernachtungen in Hotels u.ä. verbunden sind. Nicht ersichtlich ist aus dieser Antwort, ob es sich hier vornehmlich um Urlaubs- oder um Geschäftsreisen handelt. Trotzdem kann geschlußfolgert werden, daß die Gäste der Stuttgarter Hotels eine reiseerfahrene Klientel ist, die Angebote aufgrund von Erfahrung gut mit anderen vergleichen kann. Wollte man diese Reisenden etwa zu zusätzlichen Reisen stimulieren oder sie zu einer Aufenthaltsverlängerung bewegen, bedürfte es entsprechend attraktiver Angebote.

4.8 Das Ausgabeverhalten der Hotelgäste

Daß es sich lohnen würde, die Hotelgäste länger in der Stadt zu halten, trifft nicht nur aus der Perspektive der Hoteliers zu, wie eine Betrachtung des Ausgabeverhaltens der Gäste zeigt, das pro Kopf und Tag erhoben wurde: Der größte Teil der Ausgaben entfällt demnach auf die Anreise, nämlich 42 %, das entspricht einem Wert von durchschnittlich 227 DM. Die Übernachtungskosten schlagen in der Reisekasse mit 26 % des Budgets zu Buche und betragen damit im Schnitt 140 DM, gefolgt von den Verpflegungskosten mit durchschnittlich 59 DM, was einem Anteil von 11 % der Gesamtausgaben entspricht. Während die Nutznießer der Anreisekosten je nach Transportmittel schwer zu identifizieren sind (vgl. dazu Kapitel VI.4.11), stellen die Hoteliers und Gastronomen die Branche, der 37 % der gesamten Reisekosten der Übernachtungsgäste zugute kommt.

Während für den Transport innerhalb der Stadt (3,3 % der Ausgaben bzw. 18 DM) und für geschäftliche Einkäufe (2,6 % des Budgets entspricht 14 DM) mit Ausnahme einer Einzelinvestition von 100.000 DM, die nicht in den Durchschnitt eingerechnet wurde, normalerweise nur kleinere Beträge ausgegeben werden, entfallen auf private Einkäufe immerhin 10 % der Ausgaben, was einem Wert von 52 DM pro Person entspricht. Dazu kommen noch einmal 31 DM (8 %) aus der Reisekasse, die für die Freizeitgestaltung während des Stuttgartaufenthaltes ausgegeben werden. Eine Gruppe von Übernachtungsgästen fällt jedoch wegen ihrer hohen Ausgaben im Freizeitbereich besonders auf, nämlich die Gäste der etwas außerhalb gelegenen Hotels. Diese sind stärker als die Gäste der Innenstadthotels aus privatem Reiseanlaß in Stuttgart und sie investieren 21 % der Ausgaben, d.h. 87 DM, in die Freizeitgestaltung. Summa summarum belaufen sich die Ausgaben eines Stuttgartreisenden auf durchschnittlich 540 DM.

4.9 Die potentielle Verlängerung des Aufenthaltes

Wie könnte man nun im Interesse der Stadt, d.h. der Hoteliers und Gastronomen, der Kulturschaffenden, des Einzelhandels usw. bewerkstelligen, daß Stuttgartgäste ihren Aufenthalt in der Stadt verlängern. Die Frage, welche Voraussetzungen erfüllt sein müßten, damit sie dies tun, wurde den befragten Hotelgästen gestellt, die für verschiedene Aussagen den Grad ihres Zutreffens auf einer fünfteiligen Skala (1 bedeutet trifft ganz genau zu; fünf bedeutet trifft gar nicht zu) ankreuzen sollten. Dabei ergab sich folgendes Antwortenprofil: Am häufigsten und stärksten (mit einem Wert von 2,0) wurde die Aufenthaltsverlängerung von einem Faktor abhängig gemacht, auf den die Tourismusplaner so gut wie keinen Einfluß haben, nämlich die dem Gast zur Verfügung stehende Zeit. Bereits an zweiter Stelle der Antwortenhäufigkeit (2,7) steht jedoch eine Aussage, die direkt in ein Marketingkonzept umgesetzt werden könnte, nämlich: "Zu einer Geschäftsreise müßte ich zu günstigen Bedingungen meine(n) Partner(in) mitbringen können." Diese Aussage mag sogar in Zusammenhang mit der ersten zu sehen sein, denn keine Zeit zu haben bedeutet sicherlich in vielen Fällen einfach nur, das Wochenende lieber mit Partner oder Familie verbringen zu wollen. Böte sich Geschäftsreisenden die Möglichkeit, an eine Geschäftsreise ein attraktives privates Wochenende anzuhängen, so würde dies sicherlich genutzt. Dafür spricht auch die Tatsache, daß die Befragten die Stadt nicht als zu unattraktiv für eine Aufenthaltsverlängerung ansehen. Die Aussage "Stuttgart müßte eine attraktivere Stadt sein" (3,4) wurde zusammen mit "Ich hätte vor Antritt der Reise mehr Informationen über Stuttgart gebraucht, um mich dazu zu entschließen" (3,9) auf die letzten beiden Plätze hinsichtlich der Plausibilität der Aussagen gesetzt. Mit Werten von 3,0 bzw. 3,2 fanden jedoch zwei weitere statements, nämlich "Das Hotel müßte billiger sein" und "Es müßte attraktivere Pauschalangebote geben" einigen Anklang, wobei diese Vorschläge in Kombination mit einer attraktiven Wochenendpauschale für "Verlängerer" sicherlich einen gangbaren Weg aufzeigen.

4.10   Die Planungsdauer im Vorfeld der Reise

Bevor jedoch darüber nachgedacht werden kann, wie man Kunden im Vorfeld der Reise mit Informationsmaterial versorgt oder wie man mit Angeboten über eine Aufenthaltsverlängerung an sie herantreten kann, muß berücksichtigt werden, wie lange die Reise im Vorfeld überhaupt geplant wurde. Dabei wird deutlich, daß insgesamt nur 2 % der Befragten zu einer spontanen Reise aufgebrochen waren, wobei sich dieser Personenkreis zudem in den etwas außerhalb gelegenen Häusern konzentriert, wo generell mehr Besucher mit rein privatem Reiseanlaß zu finden sind. Auch die Zeitspanne eins bis sieben Tage vor der Abreise gaben nur relativ wenige der Befragten (8 %) als Planungszeitraum an. In den häufigsten Fällen scheint die Reise bereits schon seit mehr als vier Wochen festzustehen, denn 44 % der Befragten gaben eine längerfristige Planung an. 15 % der Gäste entschlossen sich vier bis sieben Tage vor der Abreise, 31 % zwei bis vier Wochen davor zu ihrem Aufenthalt in Stuttgart. Daraus wird ersichtlich, daß in der Mehrzahl der Fälle die Planung der Stuttgartbesucher vorausschauend genug ist, um entsprechende Angebote zur Nutzung von "angehängten Wochenenden" o.ä. in den Horizont der Reisenden zu rücken.

4.11   Die tatsächliche und potentielle Benutzung von Verkehrsmitteln bei Anreise und innerhalb der Stadt

Wie zu erwarten war, ist ein großer Teil der befragten Hotelgäste mit dem PKW angereist (47 %), allerdings liegt der Anteil der Bahnreisenden mit 38 % erstaunlich hoch, vor allem bei den Gästen der teureren Innenstadthotel, von denen 53 % mit der Bahn und nur 36 % mit dem PKW nach Stuttgart kamen. Analog zum Fehlen von Reisegruppen kamen in der Befragung keine Gäste zu Wort, die mit dem Reisebus angereist sind, dafür aber Flugreisende mit immerhin 14 % der Befragten.

Innerhalb der Stadt bewegt sich ein gutes Drittel (34 %) der Befragten mit dem Öffentlichen Personennahverkehr fort, weitere 30 % zu Fuß, 14 % mit dem Taxi und nur 21 % greifen bei Wegen innerhalb der Stadt auf den PKW zurück.

Gerade der mit 34 % recht hohe Anteil der ÖPNV-Nutzer innerhalb der Stadt läßt im Nachhinein das Bestreben sinnvoll erscheinen, die Bereitschaft der Stuttgartgäste zu ermitteln, auf den ÖPNV umzusteigen. Auf die Frage "Würden Sie es begrüßen, wenn in einem 3-5 DM höheren Übernachtungspreis die unbegrenzte Benutzung des ÖPNV in Stuttgart enthalten wäre?" antworteten knapp drei Viertel (74 %) der Befragten mit Ja. Mit einer solchen Maßnahme wären vermutlich mehrere Ziele gleichzeitig zu erreichen: erstens würde der Individualverkehr verringert und zweitens würden die Geschäftsreisenden nach Feierabend den Aufbruch ins Stadtzentrum nicht so beschwerlich finden, wenn sie nicht noch an Parkplatzsuche zu denken hätten.

5. Zusammenfassung und Bewertung der Ergebnisse

Anbieterbefragung

Die vorliegende Beherbergungsanalyse wurde im Rahmen einer umfassenden Fremdenverkehrsuntersuchung vom Geographischen Institut der Universität Mannheim im Auftrag des ehemaligen Amtes für Touristik der Landeshauptstadt Stuttgart (der heutigen Stuttgart Marketing GmbH) durchgeführt. Sie gliedert sich in eine Analyse der Anbieter und der Nachfrager im Beherbergungswesen. Im folgenden sollen die wesentlichen Ergebnisse der Anbieterbefragung kurz beleuchtet werden.

Die aktuelle Anbietersituation im Stuttgarter Beherbergungswesen ist wie folgt gekennzeichnet: in entsprechenden Verzeichnissen waren zum Untersuchungszeitpunkt 126 Stuttgarter Hotels aufgeführt, wobei sich die hier vorgestellten Daten jedoch nur auf diejenigen 111 Betriebe beziehen, die an der Hotelbefragung teilgenommen haben.

Das Beherbergungswesen ist durch eine relativ starke Konzentration auf das Stadtzentrum gekennzeichnet - gut 40 % der befragten Hotels befinden sich in der Innenstadt. Nennenswerte Anteile - zwischen fünf und zehn Prozent - am Hotelaufkommen Stuttgarts haben auch die Stadtteile Vaihingen, Möhringen, Feuerbach, Zuffenhausen und Weilimdorf, wo sich mit jeweils mehr als 5 Hotels kleinere Konzentrationen der Beherbergungsbranche befinden. Die Innenstadt, Vaihingen und Weilimdorf sind zugleich die Hotelstandorte mit der längsten Tradition: ca. 5 % aller befragten Häuser können auf eine seit der Jahrhundertwende bestehende

Standortkonstanz verweisen. Weitere 10 % der Unternehmen, die aus den zwanziger und dreißiger Jahren stammen, und 23 % aus den vierziger und fünfziger Jahren lassen auf eine recht ausgeprägte Standort- und Nutzungskonstanz schließen, die ihren Ausdruck auch darin findet, daß jedes dritte Unternehmen vor 1960 entstanden ist. Ein weiteres gutes Drittel der Hotels stammt aus den Jahren zwischen 1960 und 1980, die restlichen Häuser (24 %) wurden später in Betrieb genommen.

Die späteren Betriebsgründungen erschlossen bestimmte Stadtteile erstmals als Hotelstandorte; so wurden erst seit den Siebzigern Hotels in Birkach, Rohrbach und Uhlbach eröffnet. In den Achtzigern kamen die Standorte Obertürkheim und Plieningen hinzu.

Dabei ist nicht allein der Stadtteil, sondern auch die konkrete Lage der Betriebe verantwortlich für die Standortzufriedenheit: die Hälfte der befragten Hoteliers ist mit ihrem Standort sehr zufrieden, was vor allem auf die Innenstadt zutrifft. Die geringere Standortzufriedenheit korreliert jedoch weniger mit der Lage in bestimmten Stadtteile, als vielmehr mit konkreten Kriterien wie Verkehrsanbindung, Belastung durch Verkehrslärm, landschaftliche Lage usw. Zudem wurde Kritik am Standort tendenziell eher von kleineren Hotels mit bis zu 50 Betten geäußert. Hingegen scheinen die seit den Siebzigern von der Hotelbranche neu erschlossenen Stadtteile den Erwartungen der Unternehmen in zufriedenstellendem Maße zu entsprechen, da in diesen Stadtteilen keine diesbezügliche Unzufriedenheit artikuliert wurde.

Die Untersuchung der Angebotsstruktur der befragten Hotels ergibt weiterhin, daß knapp 40 % der Betriebe in der Hotellandschaft Stuttgarts Hotel garnis sind, wobei es sich meist um Häuser mit weniger als 150 Betten handelt. Die Hotels mit mehr als 200 Betten sind entweder Vollhotels (21 %) oder ausgesprochene Hotel-Restaurants (26 %).

Bezüglich der Rechtsform der Betriebe kann man sagen, daß knapp die Hälfte der Hotels - und zwar eher die mit kleinerer Bettenzahl - als private Einzelunternehmen geführt werden, während 8 % als GbR und 26 % als GmbH organisiert sind, wobei letzteres besonders auf Betriebe mit über 150 Betten zutrifft.

Die Beschäftigungseffekte der Stuttgarter Hotelunternehmen sind gekennzeichnet durch 2238 Erwerbstätige, wovon 218 als Teilzeitbeschäftigte und 190 als Aushilfskräfte fungieren. Insgesamt befinden sich darunter in gut 60 % der Hotels zwischen 4 und 10 % Familienangehörige, besonders im Falle der Teilzeitbeschäftigten und in Hotels mit weniger als 150 Betten. Daß in jedem fünften Stuttgarter Hotel alle Vollbeschäftigten Familienmitglieder sind, verdeutlicht die Bedeutung von Familienmitgliedern besonders beim Betreiben eines kleineren Beherbergungsunternehmens.

Daß in Stuttgart die kleineren Betriebsgrößenklassen dominieren und die durchschnittliche Bettenzahl gerade bei 72 liegt, ist neben der gängigen Praxis der Beschäftigung von Familienangehörigen ein Indiz für die mittelständische Struktur des hiesigen Beherbergungswesens: ca. ein Drittel aller Betriebe weist nur bis zu 50 Fremdenbetten auf, mehr als drei Viertel haben unter 100 Betten. Dabei konzentrieren sich die größeren der befragten Hotels - diejenigen mit über 250 Betten - in der Innenstadt, in Stammheim, in Vaihingen und am Flughafen. Die Hotels in den meisten anderen Stadtteilen bleiben unter einer Bettenzahl von 100.

Eine diachrone Betrachung der Betriebsgrößenstruktur zeigt, daß in Stuttgart Beherbergungsunternehmen mit über 200 Betten erst seit den Vierziger Jahren, solche mit über 300 Betten sogar erst seit den Sechzigern entstanden. Die Betriebsgrößenklasse mit über 550 Betten ließ sich dann in den Siebzigern in Stuttgart nieder. Der Trend zu immer größeren Betriebsgrößen hielt jedoch nicht unvermindert an, denn seit 1991 wurden verstärkt auch wieder kleinere Hotels eröffnet.

Neben dem Neubau von Beherbergungsbetrieben wird die Anbietersituation auch von Kapazitätsveränderungen der bestehenden Häuser beeinflußt. Ca. ein Viertel der befragten Betriebe hat in den letzten Jahren die Beherbergungskapazität verändert. Dabei war für die Steigerung der Zimmer- bzw. Bettenzahl zumeist größerer Bedarf, für die Kapazitätsreduzierung zumeist eine Komfortsteigerung verantwortlich, wenn z.B. Zimmer zu Bädern umfunktioniert wurden. Bilanziert man diese Veränderungen für die befragten Stuttgarter Betriebe, so überwiegt der Zugewinn an Betten bzw. Zimmern den Verlust, so daß Stuttgart durch die Umstrukturierungen der bestehenden Hotels insgesamt an Übernachtungskapazitäten gewonnen hat.

Neben der Komfortsteigerung durch die Verbesserung der sanitären Anlagen sind auch andere Maßnahmen zum Erhalt der Wettbewerbsfähigkeit getroffen worden, die von der Renovierung von Zimmern bis zum Totalumbau des Hauses reichen. Die in den letzten Jahren diesbezüglich investierten Summen belaufen sich auf durchschnittlich 723.783 DM pro Hotel, wobei ca. zwei Drittel der befragten Betriebe keine außerordentlichen Investitionen getätigt haben. Während ca. zwei Drittel der Betriebe auch zukünftig nicht vorhaben, Investitionen zum Erhalt oder der Steigerung ihrer Wettbewerbsfähigkeit zu tätigen, hat ein Drittel der befragten Hotels Renovierungen oder Modernisierungen ins Auge gefaßt. Somit kann man sagen, daß ca. zwei Drittel der Betriebe entweder in den letzten Jahren größere Summen in die Wahrung eines gewissen Qualitätsstandards gesteckt haben oder dies in der nahen Zukunft vorhaben, was die Investitionsbereitschaft der Stuttgarter Hotelbranche unterstreicht.

Neben dem eigentlichen Beherbergungsangebot gehört zum Service eines Hotels auch die Information der Gäste über den Aufenthaltsort. Daß die Informiertheit der Städtetouristen über das touristische Angebot in engem Zusammenhang mit seiner Nutzung steht, ist hinlänglich bekannt. In Stuttgart trugen zum Untersuchungszeitpunkt fast alle Hoteliers - wenn auch in unterschiedlichem Maße - dazu bei, daß ihre Gäste über die touristische Infrastruktur und das Unterhaltungsangebot im Bilde waren. Dabei ist jedoch anzumerken, daß sich das bereitgestellte Informationsmaterial stark an dem orientierte, was das ehemalige AfT den Hoteliers zusandte. Dies bezieht sich auch auf den in jedem fünften Hotel zur Verfügung stehenden, mittlerweile nicht mehr erscheinenden Monatsspiegel.

Darüber hinaus beschäftigte sich die Anbieteruntersuchung in Beherbergungswesen auch mit den Umsätzen der befragten Stuttgarter Betriebe. Sie stammen durchschnittlich zu drei Vierteln aus dem Beherbergungsteil des Unternehmens, jedoch immerhin zu einem Viertel aus dem gastronomischen Teil, wobei fast 40 % aller Unternehmen garni Betriebe sind, die ihren Umsatz ausschließlich aus der Beherbergung schöpfen. Wenn Hotels durch ein angegliedertes Restaurant gastronomische Umsätze erzielen, dann sowohl durch Einheimische als auch durch Touristen, wobei hier keine eindeutigen Schwerpunkte feststellbar sind.

Der schon angesprochene Zuwachs an Beherbergungskapazitäten durch Hotelneubauten und Kapazitätsausweitungen wird seit Jahren von lebhaften Diskussionen um eine nicht mehr tragbare Wettbewerbsverschärfung begleitet. Die befragten Betriebe nahmen diesbezüglich kontroverse Einschätzungen vor: während ca. 40 % weder in Stuttgart selbst noch in der Region Konkurrenz für ihren Betriebe sahen, fürchtete ein Viertel der Befragten die Mitbewerber der Region und sogar die Hälfte der Hoteliers die Konkurrenz aus Stuttgart selbst.

Um wettbewerbsfähig zu bleiben, sind die Hotels z.T. bestrebt, Aufschluß über ihre Gästestruktur zu bekommen. Um das Angebot besser an die Nachfragerstruktur anpassen zu können, führen ca. 40 % der Stuttgarter Hoteliers eine Gästestatistik.

Die Betriebe unterstützen sich in ihrem Streben nach Wettbewerbsfähigkeit auch gegenseitig: rechnet man eine lose, nicht vertragliche Zusammenarbeit mit ein, so kooperieren ca. zwei Drittel der befragten Hotels mit anderen Hotels und Restaurants, was sich inhaltlich von gegenseitiger Gästevermittlung und Erfahrungsaustausch bis hin zu gemeinsamer Werbung und Vermarktung in oder außerhalb von Verbänden oder anderen Organisationen erstreckt. Auf vertikaler Ebene, d.h. mit Reiseveranstaltern oder Reisebüros, kooperieren nur noch ca. 40 % der befragten Unternehmen, ein Teil davon wiederum nur sehr extensiv und selten.

Andererseits werden mittels verschiedener Vermarktungsstrategien mehr oder weniger effektive Aktivitäten entfaltet, um konkurrenzfähig zu bleiben. Der Vermarktungsweg der Pauschalen wird von ca. einem Drittel der Stuttgarter Übernachtungsbetriebe beschritten, wobei häufiger innerbetriebliche Pauschalen - wie z.B. Silvesterbanketts mit Übernachtung - genannt wurden als solche zusammen mit Reiseveranstaltern, Reisebüros o.ä. Teilweise wurde jedoch unter den innerbetrieblichen Pauschalen auch nur ein Modus des Preisnachlasses verstanden, ohne daß mehrere Leistungen des Betriebes zu einem eigentlichen Pauschalangebot verknüpft wurden. Bei den Pauschalen zusammen mit anderen Anbietern spielten diejenigen zusammen mit dem ehemaligen AfT eine dominierende Rolle.

Auch als Anlaufstelle für Zimmersuchende, d.h. in seiner Funktion als Zimmervermittler, spielte das ehemalige AfT für ca. 85 % der befragten Betriebe eine Rolle, wenn auch die Mehrzahl der Hotels nur eine geringe prozentuale Steigerung der Gästezahlen durch die Aktivitäten des AfT erfuhr. Immerhin ca. 8 % der befragten Häuser konnten jedoch durch das AfT zwischen 30 und 40 % mehr Gäste aufweisen als ohne Vermittlung.

Unüblich ist es in der Stuttgarter Hotelbranche, Kontingente für Gäste bestimmter Stammfirmen bereitzuhalten, nur 18 % der befragten Betriebe betreiben Kontingentierung.

Die elektronische Datenverarbeitung ist zur Unterstützung der betrieblichen Abläufe in 43 % der Stuttgarter Hotelbetriebe gang und gäbe. Noch ausbaufähig ist der Einsatz von Buchungs- und Reservierungssystemen, die nur von ca. 42 % der Häuser genutzt werden. Der Einsatz von EDV und Buchungs- bzw. Reservierungssystemem korreliert mit der Größe der Unternehmen und setzt bei einer Bettenzahl von etwa 150 bis 200 ein.

Die Werbeaktivitäten der befragten Beherbergungsbetriebe unterscheiden sich stark voneinander. Während drei Viertel der Hotels keinen feststehenden Werbeetat zu haben scheinen, gibt der Rest durchschnittlich 2,8 % seines Umsatzes für Maßnahmen der Öffentlichkeitsarbeit aus. Wenn Werbung geschaltet wird, dann zumeist in Zeitungen, die in Stuttgart erscheinen, oder in regionalen Zeitungen. Als Werbemedien kommen für manche Hotels jedoch auch Fachzeitschriften, Gäste- und Hotelführer, bundesweit erscheinende Zeitschriften und Magazine, Rundfunk, Fernsehen und Messen in Betracht.

Neben dem eigentlichen Schwerpunkt der Untersuchung, nämlich der Anbieterstrukur im Stuttgarter Beherbergungswesen, liefert diese Befragung die Einschätzung der Hoteliers bezüglich ihrer Gästestruktur. Die durchschnittliche Aufenthaltsdauer der Übernachtungsgäste beträgt demnach in den befragten Hotels 5 Tage, wobei sie in einem Fünftel der Häuser unter zwei Tagen liegt, in einem Viertel zwischen zwei und drei Tagen. Manche Hotels haben einen Teil ihrer Kapazitäten auch an Langzeitgäste wie Monteure oder Wohnungssuchende vermietet. Bezüglich des Reiseanlasses dominieren die Geschäftsreisenden, die in der Hälfte der befragten Betriebe zwischen 80 und 100 % ausmachen, wohingegen nur ca. 5 % der Unternehmen mehr privat motivierte Reisende beherbergen. Dabei sind in jedem zweiten Hotel zwischen 30 und 70 % Stammgäste, durchschnittlich die Hälfte aller Gäste sind also wiederkehrende Kunden oder wurden von Stammfirmen geschickt.

Die Zufriedenheit der Hoteliers mit der Tourismuspolitik der Stadt stellt sich wie folgt dar: ca. ein Drittel bezeichnete sich als zufrieden, ein weiteres Drittel als weniger zufrieden und nur 8 % als sehr zufrieden.

Zusammenfassend kann man also sagen, daß Stuttgart ein Beherbergungswesen mit langer Standorttradition aufweisen kann, das einerseits geprägt ist von kleineren bis mittleren Betriebsgrößen, andererseits von größeren oder Großbetrieben. Die kleineren Betriebe, in denen ein nennenswerter Anteil von Familienangehörigen beschäftigt ist, sind technischen Neuerungen gegenüber zurückhaltender und nutzen die betrieblichen Werbungs- und Vermarktungsstrategien - wohl aus wirtschaftlichen Gründen - nicht aus. Trotzdem zeigen sie Investitionsbereitschaft und das Bestreben, ihre Wettbewerbsfähigkeit zu erhalten und zu steigern. Die größeren und großen Beherbergungsunternehmen werden nach modernen betriebswirtschaftlichen Gesichtspunkten geführt, bieten verstärkt Pauschalen an und entfalten z.T. erhebliche Marketingaktivitäten, wodurch sie sicherlich dem Bekanntheitsgrad der Stadt und ihrem Image besser dienen als die kleinen Betriebe. Trotzdem sollte die Tourismuspolitik der Stadt die Hotels mit kleineren Kapazitäten nicht aus den Augen verlieren, zumal sie sowohl eine große Bereitschaft als auch ein großes Potential zeigen, Stuttgart städtetouristisch unverwechselbar zu präsentieren.

Gästebefragung

Die zwischen Oktober 1992 und Mai 1993 in 28 Stuttgarter Hotelbetrieben durchgeführte Gästebefragung erbrachte im wesentlichen die folgenden Ergebnisse, die sich auf einen Rücklauf von 270 ausgewerteten Fragebogen aus Hotels der verschiedensten Stadtteile und Preiskategorien beziehen.

Bei den befragten Übernachtungsgästen handelt es sich zu mehr als zwei Dritteln (68 %) um Alleinreisende oder um Gruppen, die aus "Geschäftspartnern/Kollegen" (22 %) bestehen, was der Tatsache entspricht, daß Stuttgart ein typisches Ziel für den geschäftlich motivierten Reiseverkehr ist. Private Gruppen wie "Paare/Ehepaare" (5 %) oder "Freunde/Bekannte" (3 %) bilden unter den übernachtenden Stuttgarter Städtetouristen eher die Minderheit. Mit dieser Charakterisierung der Übernachtungsgäste geht die Beobachtung einher, daß ein gutes Drittel der Befragten als Reiseanlaß nach Stuttgart allgemeine geschäftliche Gründe nannte. Dazu müssen jedoch noch diejenigen Aussagen addiert werden, die sich auf konkrete geschäftliche Unternehmungen beziehen wie z.B. (in der Reihenfolge der Häufigkeit der Nennungen) Besprechungen, Konferenzen, Schulungen, Kundenbesuche, Montage, Messe usw.

Zusammen machen die allgemeinen und die konkreten geschäftlichen Hauptreiseanlässe ca. 80 % der Nennungen aus. Dem gegenüber bleiben private Hauptreiseanlässe deutlich im Hintergrund. Dies schließt jedoch nicht aus, daß private oder freizeitliche Unternehmungen den Aufenthalt aller Stuttgartbesucher in erheblichem Maße prägen. So wurden von privat wie geschäftlich motivierten Reisenden als Freizeitunternehmungen vor allem "Essen gehen", "Freunde besuchen", "einen Stadtbummel machen", "Einkaufen" oder "sonstige private Unternehmungen" genannt. Dabei sind unter letzterer Rubrik auch der Besuch von Sportveranstaltungen, der Kneipenbesuch, der Besuch der Mineralbäder, Ausflüge in die Umgebung und vieles mehr enthalten.

Auswirkungen hat die Dominanz der geschäftlichen Reiseanlässe unter anderem auch auf das Buchungs- und Informationsverhalten der Stuttgarter Übernachtungsgäste. So wurden allein 18 % der Befragten auf die gewählte Unterkunft aufmerksam, weil sie das Stammhotel der Firma ist, für die die Betreffenden arbeiten. Für eine noch größere Anzahl von Befragten wurde die Unterkunft sogar über den Arbeitgeber gebucht (35 %). Insgesamt fällt auf, daß Reisemittler wie das ehemalige Amt für Touristik oder Reisebüros nur einen geringen Anteil am Buchungsaufkommen haben, denn allein 43 % der Übernachtungen kamen in direkter Absprache mit dem Hotel zustande. Dahingegen wurden so gut wie keine Reisen als Pauschalreisen gebucht, obwohl in der Frage, wodurch die Stuttgartreisenden zu einer Verlängerung des Aufenthaltes zu bewegen wären, attraktive Pauschalangebote als nennenswerte Möglichkeit bewertet wurde.

Ähnlich wie bei den Buchungswegen so gilt auch für die von den Übernachtungsgästen beschrittenen Informationswege, daß hier persönliche Erfahrung (28 %) und persönliche Empfehlung (17 %) zusammen mit der Empfehlung durch die Firma (18 %) klar gegenüber dem Einfluß durch Medien oder Reisemittlern dominieren.

Daraus läßt sich schlußfolgern, daß es ein kleines Spektrum von Gästen gibt, die in ihrem Verhalten hinsichtlich der Wahl der Unterkunft beeinflußbar sind, da sie ihre Informationen über Medien oder Institutionen beziehen, auf die sie auch zur Buchung zurückgreifen. Das Gros der Gäste gestaltet seinen Aufenthalt, indem es auf eigene persönliche oder auf Erfahrungen von Bekannten bzw. der Firma zurückgreift. Dies bedeutet für das Beherbergungsgewerbe zwar einerseits, daß zufriedene Kunden nicht erneut beworben werden müssen, da sie ohnehin wiederkommen, verheißt allerdings wenig Einflußmöglichkeiten auf den Markt. Diese würden jedoch darin bestehen, gezielt Geschäftsreisende anzusprechen, und sei es über die entsprechenden Firmen selbst.

Dabei wäre es eine beachtliche Chance, die vorhandenen Geschäftsreisenden zu einer Verlängerung ihres Aufenthaltes zu bewegen, zum Beispiel über das Wochenende. Daß die Befragten dazu am ehesten bereit wären, wenn sie zu einer solchen Gelegenheit zu günstigen Bedingungen ihre Partnerin/ihren Partner mitbringen könnte, ergab die Studie ebenso wie die Tatsache, daß Pauschalarrangements bzw. günstigere Übernachtungsangebote die Gäste dazu bewegen könnten.

Es darf hierbei jedoch nicht vergessen werden, daß auch noch ein privat motiviertes Marktsegment vorhanden ist, das seinen Aufenthalt aufgrund von Informationen aus Reiseführern oder Hotelverzeichnissen gestaltet. Diese Gäste wären im Hinblick auf die Auswahl ihres Hotels sowie auf die allgemeine Gestaltung des Aufenthalts sicherlich leichter ansprechbar als die doch relativ festgelegten Geschäftsreisenden.

In bezug auf die Zielgruppe der Geschäftsreisenden wäre jedoch eine andere Strategie denkbar, die nicht daran ansetzt, die Hotelauswahl zu beeinflussen, sondern daran, das Freizeitverhalten während einer Geschäftsreise zu verändern, um die beruflich motivierten Reisenden aktiver am städtetouristischen Angebot teilnehmen zu lassen. Auf die Frage, wie den Übernachtungsgästen Stuttgart denn gefallen habe, antworteten viele der Befragten, daß sie zu wenig Gelegenheit hätten, die Stadt und ihre touristischen Angebote kennenzulernen. Diejenigen, die etwas in Stuttgart unternommen hatten, bewerteten das Angebot mit einer Note von 2,4 jedoch als gut. Daher scheint es sinnvoll, nach Wegen zu suchen, wie die Geschäftsreisenden nach Ende ihrer Tätigkeit die Stadt und ihre Sehenswürdigkeiten kennenlernen können, ohne daß dies mit einem großen organisatorischen Aufwand verbunden wäre. Interessant ist überdies, daß diejenigen Befragten, die sich über die Stadt durch in den Hotels ausliegendes Informationsmaterial ausreichend informiert fühlten, die Stadt auch besser beurteilten als diejenigen, die das Informationsmaterial als ungenügend beschrieben. Zwei Schlußfolgerungen wären daraus zu ziehen. Erstens sollte angestrebt werden, die Besucher - und besonders auch die Geschäftsreisenden besser über die Highlights der Stadt zu informieren und zweitens sollte ihnen das Kennenlernen der Stadt erleichtert werden. Könnte man dies verknüpfen mit einer Aufenthaltsverlängerung mancher Geschäftsreisender, so wären wichtige Schritte auf dem richtigen Weg gegangen.

Kapitel VII

MESSETOURISMUS

Martina Herber-Dieterle

1. Einleitung

Der Messetourismus gilt als wichtiger Teilbereich des Städtereiseverkehrs (vgl. Kap. I, Abb. 1). Nach Angaben des Deutschen Reisemonitor (EMNID 1991) machen Besuche von Messen und Ausstellungen immerhin 11 % der Reiseaktivitäten bei Städtereisen aus. Messen und Ausstellungen sind in gewisser Hinsicht ja nichts anderes als Großveranstaltungen, die ortsfremde Besucher zu einem Aufenthalt in einer Stadt veranlassen können. Die Grenzen zu anderen Formen des Städtetourismus sind fließend. So kann einerseits differenziert werden zwischen Messebesuchen mit oder ohne Übernachtung (Tagestourismus/Übernachtungsreiseverkehr); andererseits kann der Messetourismus genauso gut als Sonderform des Geschäftsreiseverkehrs angesehen werden wie als Ausprägung des privat motivierten Ausflugs- und Städtebesuchsverkehrs und der Freizeitgestaltung. Überschneidungen insbesondere von privater und beruflicher Motivation sind hierbei häufig zu finden.

Aufgrund fehlender Trennschärfe, was die Definition der Begriffe 'Messe' und 'Ausstellung' betrifft, werden beide Bezeichnungen in der Literatur meist ohne Differenzierung synonym verwendet (vgl. zur Definition MÖLLER 1989, S. 50 u. BECKER 1986, S. 3). Die wichtigsten Funktionen sind bei Messen und Ausstellungen gleich: es handelt sich hierbei um Marktveranstaltungen, die historisch gesehen auch häufig aus Märkten entstanden sind, Informationsbörsen, die der Präsentation von Innovationen, Neuentwicklungen und Modetrends dienen, und Kommunikationsbörsen, als Treffpunkte von Fachleuten und kompetenten Entscheidungsträgern. "Es ist somit folgerichtig, im Verbund mit Messen und Ausstellungen Tagungen und Kongresse durchzuführen, die über die Funktion des reinen Absatzinstrumentes hinaus Treffpunkte darstellen, an denen fast alle kompetenten Entscheidungsträger einer Branche oder eines Wirtschaftszweiges teilnehmen" (MÖLLER 1989, S. 17). Die Gesamtuntersuchung des Forschungsprojektes "Städtetourismus Stuttgart" umfaßt neben einer Analyse des Messereiseverkehrs auch eine Untersuchung zum Kongreßwesen der Stadt Stuttgart. Aus Gründen des Umfangs müssen sich die hier gemachten Ausführungen jedoch auf eine Kurzfassung der Analyse des Messetourismus beschränken.

Welche Bedeutung hat nun die Stuttgarter Messe für den Fremdenverkehr in der Landeshauptstadt? In der Liste der 'Besuchermagnete' 1990 standen die Messeveranstaltungen am Killesberg mit 2,7 Mio. Besuchern auf dem dritten Rang nach dem Cannstatter Volksfest

(5,2 Mio.) und dem Weihnachtsmarkt (2,8 Mio.), aber noch vor der Wilhelma mit 1,7 Mio. Besuchern (STUTTGARTER NACHRICHTEN vom 06.07.91 und STUTTGARTER ZEI-TUNG vom 10.07.91 nach Angaben des AMTES FÜR TOURISTIK DER LANDES-HAUPTSTADT STUTTGART). In diesen Zahlen sind allerdings auch diejenigen Besucher mit enthalten, die in Stuttgart selbst wohnen. Nach inoffiziellen Angaben der Stuttgarter Messe- und Kongreßgesellschaft mbH (SMK) sind jedoch ca. 25 % aller Übernachtungen in Stuttgart allein auf den Messereiseverkehr zurückzuführen. Die Stuttgarter Messe nennt sich selbst 'Drehscheibe für 36 Branchen', was die Bedeutung der Veranstaltungen für die Wirtschaft hervorhebt. In diesem Zusammenhang sei auf die wichtigste Differenzierung von Messearten hingewiesen: die Unterscheidung nach Besuchergruppen zwischen Fachmessen, die nur einem begrenzten Fachpublikum offenstehen, und Publikums- bzw. Verbrauchermessen, die als Messen für jedermann eine breitere Besucherschicht ansprechen. Weitere Unterscheidungsmöglichkeiten orientieren sich an der Art des Vertriebs (Warenmesse, Mustermesse/Ordermesse) oder an der Streubreite oder Art des Angebotes (Fachmesse für eine bestimmte Branche, Mehrbranchen- oder Universalmesse; Konsumgütermesse oder Investitionsgütermesse). Auch hier sind Überschneidungen der einzelnen Arten möglich.

Im Programm der Messe Stuttgart überwiegen nach der Zahl der Veranstaltungen die reinen Fachmessen, verständlicherweise ziehen jedoch die Publikumsmessen die größeren Besucherströme an. Einige Ausstellungen stehen sowohl Fach- als auch Privatbesuchern offen. Meist werden dann einzelne Veranstaltungstage als sogenannte Fachbesuchertage ausgewiesen, um die Anzahl der Messebesucher in diesem Zeitraum einzuschränken und dem Fachpublikum in ruhigerer Atmosphäre eine bessere Information zu ermöglichen, während an den übrigen Messetagen allgemeines Publikum zugelassen ist.

Veranstalter der Messen in Stuttgart ist die bereits erwähnte Stuttgarter Messe- und Kongreß-gesellschaft mbH (SMK), die jedoch ein rein städtisches Unternehmen darstellt, da die Landeshauptstadt Stuttgart selbst als Gesellschafter fungiert. Das Messegelände befindet sich im Stuttgarter Stadtteil Killesberg oder - wie der Volksmund sagt - "auf dem Killesberg". Diese Lage des Messegeländes hat den Vorteil der relativ guten Erreichbarkeit für den auswärtigen PKW-Verkehr über die Autobahn Heilbronn (A 81) oder Karlsruhe/München (A 8). Durch die dennoch gegebene Zentrumsnähe ist auch eine gute Verbindung zum Hauptbahnhof mit einer eigenen Messe-Buslinie gewährleistet. Schwachpunkt war lange Jahre die Anreise per Flugzeug, da es keine direkte Anbindung vom Flughafen auf den südlich von Stuttgart gelegenen Filderhochflächen zum nördlich des Stuttgarter Talkessels aufsteigenden Killesberg gab. Seit 1993 ist dieses Manko jedoch durch eine durchgängige S-Bahnlinie behoben.

Wichtigste Standortvoraussetzung für das Stuttgarter Messewesen ist die wirtschaftliche Vor-
rangstellung von Stadt und Region Stuttgart nicht nur in Baden-Württemberg sondern in der
gesamten Bundesrepublik. Der Stellenwert der Stuttgarter Messe im Vergleich der größten
deutschen Messestandorte ist dagegen vergleichsweise gering. Mit 59 500 m^2 verfügbarer
Hallenfläche liegt Stuttgart in der Bundesrepublik nur auf dem 11. Rang nach Hannover,
Frankfurt, Köln, Düsseldorf, Leipzig, München, Berlin, Nürnberg, Essen und Hamburg, gefolgt von Friedrichshafen, das bis zur Erweiterung des Stuttgarter Messegeländes 1988/89 in
der Rangliste sogar noch vor Stuttgart lag (G + J-BRANCHENBILD 1991, S. 5 u. 1995, S. 3).

Abb. 68:   Skizze des Stuttgarter Messegeländes am Killesberg

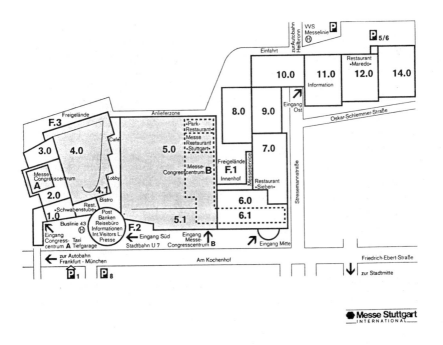

Quelle: Stuttgarter Messe- und Kongreßgesellschaft mbH o.J.

Aufgrund der schwierigen Topographie am Killesberg mit beträchtlichen Höhenunterschieden
im Bereich des Stuttgarter Messegeländes verteilt sich die Ausstellungsfläche auf mehrere
Ebenen, so daß die verschiedenen Hallen sich auf unterschiedlichem Niveau befinden und
durch ein verwirrendes System von Treppen, Rampen und Aufzügen miteinander verbunden
sind (Abb. 68). Umgeben ist das Messegelände vom Höhenpark Killesberg einerseits und
einigen bevorzugten Wohngebieten andererseits. Unter anderem befindet sich auch die wegen

ihrer Architektur berühmte Weissenhofsiedlung ganz in der Nähe. Es ist verständlich, wenn die Bewohner des Stuttgarter Stadtbezirks Nord das extrem hohe PKW-Aufkommen an bestimmten Messetagen als Belästigung empfinden.

Neben der bereits angesprochenen Verkehrsinfrastruktur und der speziellen Infrastruktur (Ausstellungshallen) für das Messewesen in Stuttgart ist unter den Standortvoraussetzungen im weiteren Sinn auch die "touristische" Infrastruktur (Hotellerie, Gastronomie, aber auch kulturelle Angebote als Rahmenveranstaltungen) zu nennen.

2. Empirische Untersuchungen zum Stuttgarter Messewesen

Zur Analyse des Stuttgarter Messewesens wurden im Zeitraum von Januar 1992 bis Oktober 1992 bei vier verschiedenen Messen einerseits der Einzugsbereich der Veranstaltungen anhand von Parkplatzzählungen (KFZ-Kennzeichen) festgestellt und andererseits umfangreiche Besucherbefragungen durchgeführt.

Um ein möglichst umfassendes Bild verschiedener Messearten in Stuttgart zu erhalten, wurden bewußt sehr unterschiedlich strukturierte Messen und Ausstellungen für die empirischen Erhebungen ausgewählt.

Als erstes Beispiel wurde im Januar die Stuttgarter **CMT 92** untersucht, eine "Internationale Ausstellung für **C**aravan, **M**otor, **T**ouristik", die seit 1968 jährlich stattfindet und an neun Öffnungstagen in der Regel mehr als 200.000 Besucher anzieht.[1] Die CMT ist als Publikumsmesse der Tourismusbranche **der** Start ins neue Reisejahr und die Besucher erwarten entweder Anregungen für die Auswahl eines Urlaubsortes oder nähere Informationen über ein bereits gewähltes Reiseziel. Die Befragungen der CMT-Besucher fanden an zwei verschiedenen Tagen statt, um mögliche Differenzen zwischen Wochentagen und Wochenenden erfassen zu können.

Als "Internationale Fachausstellung für das Hotel-, Gaststättengewerbe und Konditorenhandwerk" bietet die **INTERGASTRA**, die im zweijährigen Turnus 1992 zum 16. Mal stattfand, neben zwei allgemeinen Besuchertagen vier reine Fachbesuchertage an, um so den Andrang von Privatbesuchern einzuschränken. Die Gesamtzahl der INTERGASTRA-Besucher liegt jeweils bei ca. 70.000. Auch hier wurden die Erhebungen an zwei verschiedenen Tagen durchgeführt, um mögliche Unterschiede des Publikums an Fachbesuchertagen und allgemeinen Öffnungstagen festzustellen.

Die dritte untersuchte Veranstaltung bildete im Mai des Erhebungsjahres die CAT - QUALITY - IDENT/VISION '92 (im folgenden kurz 'QUALITY' genannt), eine Kombination von vier "Internationalen Fachmessen" für Computerunterstützte Technologien, Qualitätssiche-

---

[1] Die Angaben über durchschnittliche Besucherzahlen der ausgewählten Messen sind den AUMA-Infoblättern Februar/März 1992 entnommen.

rung, Automatische Identifikation und Sensorik sowie für Industrielle Bildverarbeitung und Künstliche Intelligenz. Diese Fachmessen wurden ergänzt durch die gleichzeitig stattfindenden Fach- bzw. Anwenderkongresse, so daß die Besucherbefragungen zur QUALITY sowohl in den Messehallen als auch im Kongreßzentrum des Messegeländes durchgeführt werden konnten. Zur QUALITY kommen an vier Öffnungstagen gewöhnlich ca. 30.000 Besucher; die Erhebungen an dem von uns ausgewählten Tag wurden jedoch stark durch den gleichzeitig stattfindenden Streik der Gewerkschaft ÖTV beeinflußt, der die Erreichbarkeit des Stuttgarter Messezentrums mit öffentlichen Verkehrsmitteln stark beeinträchtigte.

Die Erhebungen zur **telematica/das moderne büro** wurden an einem Befragungstag Anfang Oktober 1992 durchgeführt. Es handelt sich hier um die Kombination der "Internationalen Messe für Telekommunikation mit Fachkongreß" und der "Messe für Bürogestaltung und Bürotechnik", die früher abwechselnd im zweijährigen Turnuns abgehalten wurden, seit 1990 jedoch alle zwei Jahre gemeinsam veranstaltet werden. Die durchschnittlichen Besucherzahlen an vier Öffnungstagen liegen bei ca. 20.000.

2.1   Herkunft der Messebesucher

Besucherbefragungen

Die Frage nach der Herkunft der Messebesucher zeigt deutlich die unterschiedlich großen Einzugsbereiche der einzelnen Messeveranstaltungen. Während bei CMT und INTERGASTRA jeweils mehr als 80 % der Befragten aus Baden-Württemberg kommen, liegt die Anzahl der baden-württembergischen Besucher bei QUALITY und telematica zwischen 65 % und gut 70 % (vgl. Abb. 69 u. 70).

Den Großteil dieser baden-württembergischen Messebesucher stellen mit 30-60 % der insgesamt Befragten wiederum die Gäste aus der Planungsregion Mittlerer Neckar, die auch Stuttgart selbst (20-30 % der Befragten) und die engere Region Stuttgart (Landkreise Ludwigsburg, Waiblingen, Esslingen, Böblingen: 10-30 % der Befragten) umfaßt.

Entsprechend dem - chronologisch gesehen - sinkenden Anteil an Besuchern aus Baden-Württemberg steigt der Anteil der Messebesucher aus anderen Bundesländern von 10 % bei der CMT auf 30 % bei der telematica, wobei die an Nachbarländer Baden-Württembergs, Bayern, Rheinland-Pfalz und Hessen, am stärksten vertreten sind. Der Anteil ausländischer Besucher bleibt jedoch mit maximal etwa 3 % der Befragten verschwindend gering.

Es kann also festgehalten werden, daß es sich trotz aller Bemühungen um Internationalität bei den Stuttgarter Messeveranstaltungen auf der Besucherseite eher um regionale Veranstaltungen handelt.

Abb. 69: **Einzugsbereich der untersuchten Stuttgarter Messen in der Bundesrepublik**

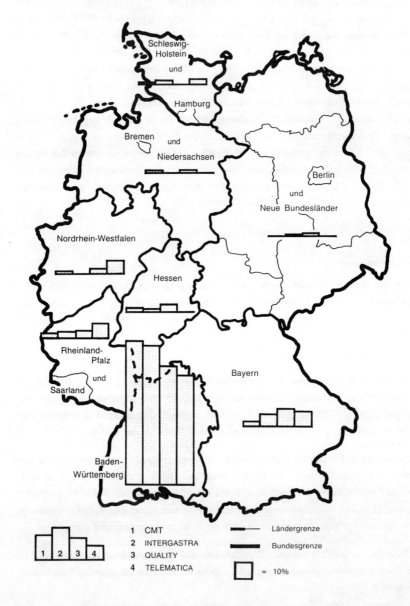

Quelle: eigene Erhebungen 1992   Kartographie: A. Pfeiffer

Abb. 70: **Einzugsbereich der untersuchten Stuttgarter Messen in Baden-Württemberg**

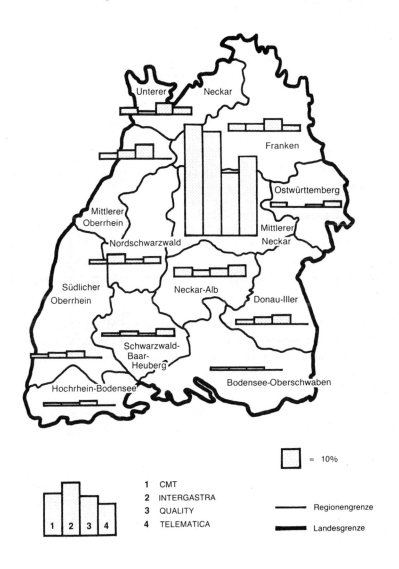

Quelle: eigene Erhebungen 1992   Kartographie: A. Pfeiffer

Parkplatzzählungen

Vergleicht man die Ergebnisse der Besucherbefragungen mit den Ergebnissen der parallel durchgeführten Parkplatzzählungen, so ist festzustellen, daß vor allem der Anteil der aus Stuttgart (5-10 %), der Region Stuttgart (20-30 %) und der Region Mittlerer Neckar (30-50 %) kommenden PKW deutlich unter dem entsprechenden Anteil der befragten Besucher liegt. Dadurch liegt auch der baden-württembergische Anteil der PKW z.T. erheblich niedriger als bei den Befragten.

Dies erklärt sich einerseits dadurch, daß die Bewohner der näheren Umgebung verstärkt auf die Benutzung des PKW zur Anreise verzichten und mit Öffentlichen Verkehrsmitteln zur Messe fahren. Andererseits konnte bei der Parkplatzzählung nicht unterschieden werden, ob es sich bei den gezählten Fahrzeugen um die PKW von Messebesuchern oder von Ausstellern bzw. Standpersonal handelte.

2.2 Verkehrsmittel

Das für den Messebesuch mit Abstand am häufigsten benutzte Verkehrsmittel ist der "PKW", der i.d.R. als am kostengünstigsten eingeschätzt wird. Sein Anteil an allen benutzten Transportmitteln schwankt zwischen knapp 55 % bei der CMT und gut 75 % bei der QUALITY (Abb. 71).

Diese Extreme sind dadurch zu erklären, daß einerseits bei der CMT für die Besucher das sog. "Kombi-Ticket" angeboten wird, d.h. wer eine Eintrittskarte zur CMT kauft, hat damit gleichzeitig ein kostenloses Ticket für die Öffentlichen Verkehrsmittel des Verkehrsverbundes Stuttgart (VVS) gelöst. Die CMT-Kombikarte ist aus diesem Grunde auch an den Verkaufsstellen der Verkehrsbetriebe erhältlich.

Andererseits fiel die Befragung der QUALITY-Besucher unglücklicherweise mit dem Streik der Gewerkschaft ÖTV zusammen, wovon vor allem die Öffentlichen Verkehrsmittel betroffen waren. Einige Befragte wiesen beim Interview ausdrücklich darauf hin, daß sie andernfalls mit der Bundesbahn und/oder dem ÖPNV angereist wären.

Diese Verhältnisse spiegeln sich auch in den Werten für das Verkehrsmittel "Bundesbahn" wider, das bei der QUALITY mit nur knapp 4 % am geringsten vertreten ist. Bei der telematica liegt der Wert mit fast 14 % am höchsten. Weil bei dieser Messe die Mehrzahl der Besucher aus beruflichen Gründen anreisen (s.u.) und die Fahrkosten vom Arbeitgeber erstattet werden, hat man hier die bequemere Alternative zum PKW gewählt. Der mit fast 10 % relativ hohe Anteil der Bundesbahn bei den CMT-Besuchern erklärt sich wiederum durch das Angebot des Kombi-Tickets, dessen Reichweite auch die umliegenden Landkreise mit einschließt.

Abb. 71: **Verkehrsmittel der Messebesucher**

Mit welchem Verkehrsmittel sind Sie angereist?

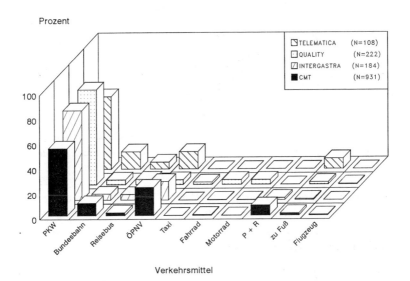

Verkehrsmittel

Quelle: eigene Erhebung 1992

Mit der Kategorie "Reisebus" sollte erfaßt werden, ob und in welchem Umfang organisierte Gruppen mit Reisebussen zu den einzelnen Messen reisen. Es handelt sich bei diesen Gruppen meist um (Berufs-)Schulklassen oder die Mitarbeiter großer Betriebe, die gemeinsam die Messeveranstaltung besuchen. Ihr Anteil ist jedoch mit max. 5,5 % ziemlich gering.

Der "ÖPNV" (Öffentliche Personennahverkehr) zeigt mit einem Anteil von knapp 4 % (QUALITY) bis über 20 % (CMT) eine relativ große Spannbreite, die man - wie bereits erwähnt - jedoch dahingehend relativieren muß, daß der niedrige Wert bei der QUALITY durch den Streik im Öffentlichen Dienst bedingt ist und der hohe Wert der CMT sicher nur durch das Angebot des Kombi-Tickets erreicht werden konnte. Die bei INTERGASTRA und telematica fast gleich hohen Werte lassen vermuten, daß ohne extreme äußere Einflußfaktoren der ÖPNV einen Anteil um die 15 % erreicht.

Andererseits machen diese Verhältniszahlen auch deutlich, daß das Angebot eines Kombi-Tickets den Anteil des ÖPNV an allen benutzten Verkehrsmitteln um fast 10 % steigern kann. Im Hinblick auf die Parkplatznot und die Verkehrsverhältnisse in der Umgebung des Stuttgarter Messegeländes wäre es also eine Überlegung wert, auch bei anderen Messeveranstaltungen ein Kombi-Ticket anzubieten.

Interessant wäre es auch, festzustellen, inwieweit die Eröffnung einer Messelinie der Stuttgarter S-Bahn im Frühjahr 1993, die das Messegelände direkt mit der Innenstadt und von dort mit dem Flughafen verbindet, die Akzeptanz des ÖPNV für die Messebesucher erhöht hat.

Das Verkehrsmittel "Taxi" war als Antwortkategorie bei der CMT nicht vorgegeben. Doch auch bei den anderen Befragungen wurde es kaum genannt. Ausnahme bildet hier nur die QUALITY mit knapp 2 %, wohl aufgrund des bereits mehrfach erwähnten Streiks im ÖPNV. Es ist jedoch nicht auszuschließen, daß andere Messebesucher nur das Verkehrsmittel nannten, mit dem sie nach Stuttgart angereist sind (z.B. Bundesbahn oder Flugzeug), obwohl sie möglicherweise mit dem Taxi vom Bahnhof oder Flughafen zum Messegelände gekommen sind.

Auch die Verkehrsmittel "Fahrrad" und "Motorrad" werden fast nur bei der QUALITY (knapp 4 %, sonst unter 1 %) genannt. Der Ausfall des Öffentlichen Personennahverkehrs durch den Streik der ÖTV hat offensichtlich auch ein Ausweichen auf - für den Messebesuch - eher unübliche Verkehrsmittel bewirkt.

Die Verkehrsmittelkombination "Park + Ride" (P+R) wird in der Hauptsache von CMT-Besuchern genutzt (ca. 8 %); vermutlich aufgrund des am Wochenende kostenlos angebotenen Pendelverkehrs von den Großparkplätzen Cannstatter Wasen und Universität Vaihingen zum Messegelände am Killesberg.

Zwischen 1 % und etwa 8 % der Besucher kamen "zu Fuß" zur Messe. Es ist jedoch möglich, daß manche der Befragten damit den Weg vom Hotel zur Messe meinten und die Anreise nach Stuttgart dabei vernachlässigten. Das "Flugzeug" kann als Verkehrsmittel für die Anreise zur Messe Stuttgart mit max. 0,5 % ebenso außer acht gelassen werden.

2.3   Kontinuität der Messebesucher

Betrachtet man die Frage, ob die Besucher schon einmal auf der untersuchten Messe waren, so ist festzustellen, daß die Mehrzahl der Befragten als 'Stammgäste' der jeweiligen Messe bezeichnet werden können. Immerhin 30 % bis 45 % der Interviewpartner waren bereits "mehrmals" auf der gleichen Stuttgarter Messe. Zwischen 8 % und 24 % besuchen die entsprechende Messe "jedesmal". Zählt man diejenigen hinzu, die bereits "einmal" auf der gleichen Veranstaltung waren, so sind 55 % bis 70 % der Besucher zum wiederholten Male auf der gleichen Messe zu finden, was durchaus als Ausdruck der Zufriedenheit mit der entsprechenden Veranstaltung zu werten ist.

2.4 Personenzahl und Art der Besuchergruppen

Bei der Frage nach der Zahl der Personen, die die Interviewpartner zur Messe begleiten, wird der Unterschied zwischen den reinen Fachmessen (QUALITY und telematica) und den mehr oder weniger publikumsorientierten Messeveranstaltungen (CMT und INTERGASTRA) deutlich (vgl. Abb. 72). Während bei CMT und INTERGASTRA der größte Anteil der Befragten zusammen mit dem "(Ehe-)Partner" oder der Partnerin anreisten (ca. 45 % bzw. 30 %), ist die Mehrzahl der Besucher von QUALITY (ca. 45 %) und telematica (knapp 70 %) "alleine" zur Messe gekommen. Zur CMT und INTERGASTRA kamen nur 15 % bis 20 % der Gäste alleine. Um die 15 % lag bei diesen beiden Messen auch die Kategorie "Familie mit Kindern", die bei QUALITY und telematica erwartungsgemäß überhaupt nicht vertreten ist. Die Rubrik "Gruppe (Verein/Freunde)" liegt mit knapp 15 % bis knapp 20 % bei allen Befragungen ähnlich hoch; hierbei kann jedoch nicht differenziert werden, ob es sich bei der genannten Gruppe eher um beruflich oder privat verbundene Personen handelt. Bei der Antwortvorgabe "Kollegen" ist dies jedoch eindeutig: hier liegt das Maximum mit 30 % bei der QUALITY, INTERGASTRA erreicht mit ca. 13 % einen mittleren Rang und bei CMT und erstaunlicherweise auch telematica spielt die Besuchergruppe "Kollegen" mit weniger als 5 % eine unbedeutende Rolle (Abb. 72).

Abb. 72:   Personenzahl und Besuchergruppen

Mit wie vielen Personen sind Sie zu dieser Messe gekommen ?

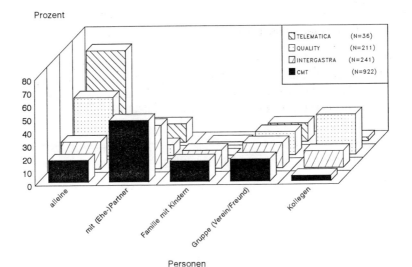

Quelle: eigene Erhebung 1992

Interessant ist bei dieser Frage auch der Vergleich der Besuchergruppen an verschiedenen Wochentagen. CMT- und INTERGASTRA-Besucher wurden sowohl am Wochenende (Samstag bzw. Sonntag) als auch an einem Montag befragt. Beiden Veranstaltungen ist gemeinsam, daß am Wochenende mehr "Familien mit Kindern" die Messe besuchen (Sa/So: ca. 20-30 %; Mo: max. 10 %). Dagegen kommen an Werktagen mehr Besucher "alleine" zur Messe (Mo: ca. 20-30 %; Sa/So: ca. 5-15 %). Die Anzahl der Personen, die mit ihrem "(Ehe-) Partner" die Messe besuchen, ist bei der CMT an beiden Tagen fast gleich (45-50 %), bei der INTERGASTRA liegt dieser Wert am Sonntag mit fast 40 % jedoch deutlich höher als am Montag mit knapp 30 %. Die Besuchergruppen, die mit "Kollegen" anreisten, sind montags bei der CMT etwas häufiger als samstags (7 % statt 2,5 %), liegen bei der INTERGASTRA montags jedoch wesentlich über dem Sonntagswert (fast 17 % statt 7 %). Hier zeigt sich neben dem 'Wochenend-Effekt', der auch bei der CMT sichtbar ist, noch die Deklaration der INTERGASTRA-Werktage als 'Fachbesuchertage'. Da über die Zusammensetzung der "Gruppen" keine Daten vorliegen (Schulklasse, Verein o.ä.), kann über die entsprechenden Anteile an beiden Befragungstagen (10-20 %) keine erklärende Aussage gemacht werden.

2.5 Dauer des Messebesuches

Die Frage, ob sie an einem oder an mehreren Tagen die Messe besuchen, beantworteten die meisten Interviewpartner mit "an einem Tag". Der Anteil derjenigen, die mehr als einen Tag auf der Messe verbringen, steigt jedoch in der Chronologie der untersuchten Veranstaltungen mit zunehmender Fachspezialisierung von weniger als 10 % bei der CMT auf fast 20 % bei der telematica.

2.6 Übernachtung/Unterkunft

Daß die befragten Messebesucher nur wenig zur Steigerung der Stuttgarter Übernachtungszahlen beitragen, läßt sich einerseits schon aus der vorangegangenen Aussage schließen, da die überwiegende Mehrzahl der Befragten nur einen Tag auf der jeweiligen Veranstaltung verbringt. Bei INTERGASTRA, QUALITY und telematica wurde dennoch die Frage nach einer Unterkunft aufgenommen, um differenzieren zu können, ob und in welchem Umfang Messebesucher als Übernachtungsgäste in Stuttgart oder in der Region, in Beherbergungsbetrieben oder als Privatbesucher bei Freunden, Bekannten und Verwandten wirksam werden.

Diejenigen Interviewpartner, die mehr als einen Tag auf der Messe verbringen, sind nicht unbedingt auch Übernachtungsgäste. Zwischen 5 % und 10 % der Befragten reisen täglich an, wobei sie aufgrund ihrer Herkunft meist nur geringe Entfernungen zurücklegen müssen (vgl. Kap. VII.2.1). Von den INTERGASTRA-Besuchern übernachten nur 1-2 % in Beherbergungsbetrieben Stuttgarts oder der Region. Bei QUALITY und telematica sind es immerhin

7-8 % der Befragten, die in einem Stuttgarter Hotel oder Gasthof Quartier nehmen, hinzu kommen 2-5 % der Besucher, die von einem Hotelleriebetrieb der Region aus diese Stuttgarter Messen besuchen. Das Übernachten bei Freunden/Bekannten/Verwandten in Stuttgart oder der Region ist mit max. 1-1,5 % eine fast zu vernachlässigende Größe.

Allgemein ist festzustellen, daß die Übernachtungswirksamkeit der untersuchten Stuttgarter Messeveranstaltungen von eher untergeordneter Bedeutung ist. Dem widerspricht die Aussage eines Messefachmannes im Rahmen der Expertenbefragung des Forschungsprojektes "Städtetourismus Stuttgart", daß "ca. 25 % der Übernachtungen in Stuttgart allein auf den Messereiseverkehr zurückzuführen" seien (JENTSCH u.a 1993, S. 38). Mögliche Übernachtungen durch Aussteller und Standpersonal sind jedoch in der hier vorgestellten Besucherbefragung nicht enthalten.

2.7   Motivation der Besucher (privat oder beruflich)

Bei der Frage nach der beruflichen oder privaten Motivation der Befragten, die betreffende Messe zu besuchen, tritt die CMT mit fast 90 % rein privat motivierten Besuchern deutlich als Publikumsmesse hervor (vgl. Abb. 73). Die Besucher der INTERGASTRA kommen immerhin noch zu fast 40 % aus privatem Anlaß, über 50 % kommen aus beruflichem Interesse zu dieser Messe. Betrachtet man diese beiden Veranstaltungen differenziert nach Wochentagen und Wochenende, so zeigt sich bei der CMT kein Unterschied in der Besuchermotivation zwischen Montag und Samstag. Bei der INTERGASTRA wird jedoch die Differenzierung zwischen dem Familienbesuchstag am Wochenende (vgl. auch Kap. VII.2.4) und dem als Fachbesuchertag ausgewiesenen Montag recht deutlich. Während sonntags mehr als 50 % der Besucher aus privatem und ca. 40 % der Besucher aus beruflichem Interesse zur INTERGASTRA kommen, ist das Verhältnis montags umgekehrt: nur noch gut 30 % der Besuche sind privat motiviert, aber über 60 % der Besucher kommen aus beruflichem Interesse. Der Anteil der Personen, die privates und berufliches Interesse bei ihrem Messebesuch miteinander verbinden, liegt an beiden Tagen bei den CMT-Besuchern um ca. 3 % und bei der INTERGASTRA zwischen 6 % und 7 %.

Besonders deutlich wird die Bestimmung zur Fachmesse jedoch bei QUALITY und telematica. Hier liegt der Anteil der aus beruflichen Gründen Angereisten zwischen 60 % und 80 %, zählt man die sowohl beruflich als auch privat Interessierten hinzu, kommt man auf über 80 % berufliche Motivation. Der Anteil der rein privat interessierten Messebesucher liegt hier mit ca. 16 % weit unter dem Level der beiden anderen Messen.

Abb. 73: **Motivation der Messebesucher**

Kommen Sie aus privatem oder beruflichem Interesse zu dieser Messe ?

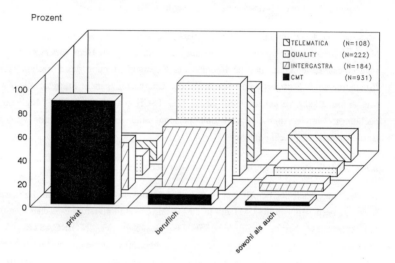

Privates/Berufliches Interesse

Quelle: eigene Erhebung 1992

2.8 Messespezifische Interessen der Besucher

Mit der Frage "Was interessiert Sie besonders auf der CMT/INTERGASTRA ?" bzw. bei QUALITY und telematica "Welche der angebotenen Veranstaltungen interessiert Sie besonders ?" sollten die Schwerpunkte des Besucherinteresses der jeweiligen Messe erfaßt werden. Bei CMT und INTERGASTRA wurde hierbei die geschlossene mit der offenen Fragestellung kombiniert, so daß die Interviewpartner Gelegenheit hatten, ihre "speziellen" oder "sonstigen" Interessen zu artikulieren; Mehrfachnennungen waren möglich.

CMT

Etwa ein Drittel der CMT-Besucher nannten als häufigstes Interesse die "Touristikangebote allgemein", sie wollten sich also ohne konkrete Zielvorgaben über das vorhandene Angebot informieren. Gut ein Fünftel der auf der CMT Befragten interessierte sich besonders für die "Caravan-Schau", was die Bedeutung dieses Ausstellungsbereichs für die Messe unterstreicht. Etwa ebensoviele nannten "Touristikangebote speziell" als Hauptinteresse ihres Messebesuchs, wobei die Auswertung der offenen Antworten als räumliche Schwerpunkte Europa und die Mittelmeerländer ermittelte (50 von 68 Nennungen; davon 16 Mittelmeerraum und 10 Deutschland), den thematischen Schwerpunkt bildeten spezielle Reiseformen (z.B. Fernreisen). Die Themenbereiche "Motorsport" (traditionell die dritte Säule der C-"M"-T) und "Wassersport" (erstmals auf der CMT '92 vertreten) sind mit jeweils nur knapp 10 % des Besucherinteresses als wenig bedeutsam zu bezeichnen. Angebotene "Veranstaltungen" und "Sonstiges" (zusammen kaum über 5 %) seien der Vollständigkeit halber hier erwähnt.

INTERGASTRA

Auch die Besucher der INTERGASTRA interessieren sich überwiegend für "Angebote allgemein" (knapp 30 % der Antworten). Die "Angebote für Gastronomie" locken mit gut 20 % etwa doppelt so viele Besucher wie die "Angebote für Hotellerie" (ca. 10 %). Der Bereich "Einrichtung/Ausstattung" liegt im Interesse der Befragten knapp vor der Rubrik "Nahrungs-/Genußmittel" (beides um 10 %). "Konditoreiangebote" und "Sonderschauen" sind mit weniger als je 3 % nachrangig einzustufen. Die Kategorie "Sonstiges" umfaßt mit den "Speziellen Einzelnennungen" weniger als 10 %. Die zuletzt genannten offenen Antworten der Interviewpartner beziehen sich vor allem auf Innovationen/Trends und (Großküchen-)Technik. Insgesamt kann man sie auch dem Bereich der "Einrichtung/Ausstattung" zurechnen.

QUALITY

Die Befragten der QUALITY - wobei hier nochmals darauf hingewiesen sei, daß unter dem Stichwort QUALITY immer die Messekombination QUALITY '92 - CAT '92 - IDENT - VISION zu verstehen ist - zeigen mit über 50 % der Antworten das größte Interesse an der CAT '92. Jeweils etwa 20 % interessieren sich besonders für die QUALITY und die IDENT-VISION. Nur knapp 5 % der Antworten bei den Messebesuchern beziehen sich auf ein Interesse am dazugehörigen Kongreß.

telematica

Bei der telematica - auch hier noch einmal der Hinweis auf die Kombination dieser Veranstaltung mit der Messe das moderne büro - deutet fast die Hälfte der Antworten auf ein verstärktes Interesse an der Ausstellung das moderne büro hin. Die telematica folgt auf dem zweiten Rang mit unter 40 %; immerhin 12 % der Messebesucher interessieren sich für den dazugehörigen Kongreß.

2.9   Beurteilung der Kombination von Messe und Kongreß

Im Erhebungsbogen für QUALITY und telematica wurden zwei Fragen neu aufgenommen, die sich mit der Kombination von Messen und Kongressen beschäftigen. Zunächst wurden die

Interviewpartner gebeten, anhand einer dreiteiligen Skala eine Beurteilung für eine solche Kombination abzugeben. Während die überwiegende Mehrheit der telematica-Besucher (über 60 %) dieser Verknüpfung "eher positiv" gegenüber steht und sich etwa ein Drittel mit "weder positiv noch negativ" indifferent äußert, liegen die Verhältnisse bei der QUALITY genau anders herum: hier äußern sich mehr als 60 % indifferent, während nur ein Drittel der Befragten gegenüber der Kombination von Messe und Kongreß positiv eingestellt ist. In beiden Befragungen sind die Gegner solcher Kombinationen, die sich "eher negativ" äußern, mit weniger als 5 % in der Minderheit.

2.10 Inanspruchnahme der Kombination von Messe und Kongreß

In engem Zusammenhang mit der vorhergehenden Beurteilung ist auch die Frage zu sehen, ob der Messebesuch mit einem Besuch der angebotenen Kongresse kombiniert wird. Bei der QUALITY (hier äußerten sich ca. 30 % prinzipiell positiv zur Kombination) nahmen nur etwa 13 % der Messebesucher die Gelegenheit wahr, gleichzeitig an einem Kongreß teilzunehmen; bei der telematica waren dies mit über 20 % fast doppelt so viele (hier äußerten sich auch über 60 % positiv zum Messe-Kongreß-Arrangement). Es scheint also ein Zusammenhang zu bestehen zwischen der Einstellung der Messebesucher zu gleichzeitig stattfindenden Kongreßveranstaltungen und dem Besuch derselben. Es darf jedoch nicht vergessen werden, daß die Teilnahme an einem der Kongresse mit einem ungleich höheren Kostenaufwand verbunden ist als ein Messebesuch. Während für die Eintrittskarte zur jeweiligen Messe 10-20 DM berechnet werden, liegen die Teilnahmegebühren der Kongresse zwischen 200 DM und 800 DM je Einzelveranstaltung (QUALITY '92, CAT '92, IDENT/VISION) bzw. 400 DM und 900 DM für die ein- bis dreitägige Teilnahme an den Fachkongressen zur telematica (MobilFunk '92, NetCom '92, MultiMedia 200, VoiceCom '92). Außerdem waren die Kongresse während der telematica wesentlich stärker besucht als die QUALITY-Veranstaltungen, die außerdem unter dem Streik des ÖPNV zu leiden hatten. Auch dies erklärt, warum bei der telematica die 'Kombinierer' und somit die Befürworter von Messe-Kongreß-Kombinationen häufiger zu finden sind.

2.11 Beurteilung der Qualität der Veranstaltungen

Die Frage nach dem Qualitätsurteil, das die Besucher der jeweiligen Messeveranstaltung abgeben, muß aufgrund unterschiedlicher Fragestellungen bei der CMT und den drei anderen Messen differenziert betrachtet werden. Allgemein ergibt sich eine recht positive Bewertung (vgl. Abb. 74).

Abb. 74:   **Qualität der Messeveranstaltungen**

Wie beurteilen Sie die Qualität der angebotenen Veranstaltungen ?

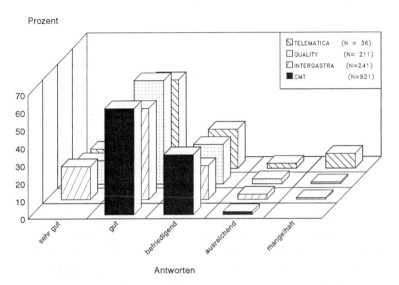

Quelle: eigene Erhebung 1992

Bei INTERGASTRA, QUALITY und telematica benotet mindestens die Hälfte der Befragten die besuchte Veranstaltung mit "gut", zwischen 10 % und 20 % sogar mit "sehr gut". Weitere 20 % der Interviewpartner finden das Angebot "befriedigend". Lediglich knapp 3 % der Befragten beurteilen die Messen mit nur "ausreichend", die Note "mangelhaft" wird bei INTERGASTRA und QUALITY in weniger als 1 % der Fälle vergeben, bei der telematica jedoch in 8 % der Fälle, was 3 von 36 Befragten entspricht.

Die Besucher der CMT hatten auf die Frage nach ihrer Zufriedenheit mit dem Messeangebot nur drei Antwortmöglichkeiten. Doch auch hier wird eine durchaus positive Bewertung deutlich. In 60 % der Fälle lautete die Antwort "sehr zufrieden", 34 % der Befragten äußerten sich "relativ zufrieden" und nicht einmal 2 % waren "gar nicht zufrieden".

Die Durchschnittswerte der Benotungen liegen zwischen 2,0 und 2,5, wobei die Skala von 1 bis 5 reicht. Aufgrund der unterschiedlichen Skalierung muß der CMT-Wert jedoch separat betrachtet werden. Die übrigen Durchschnittsnoten zeigen mit steigender Fachspezifikation der Messe eine tendenziell schlechtere Bewertung, d.h. der Anteil kritischer Besucher scheint mit zunehmender Spezialisierung anzusteigen.

2.12 Ausgaben der Besucher

Auch bei diesem Thema weichen Fragestellung und Antwortvorgaben des CMT-Fragebogens von denjenigen der anderen Befragungen ab. Bei der CMT wurde nur die Gesamtsumme der Ausgaben befragt und es waren Antwortkategorien vorgegeben, die sich im nachhinein als unzureichend erwiesen (z.B. höchste Antwortkategorie "über 50 DM"). Daher wurde bei den übrigen Befragungsaktionen die Erhebung der Ausgaben nach Kosten für "Anreise", tägliche "Fahrkosten", "Verpflegung/Tag", "Übernachtung/Tag", "betriebliche Anschaffungen", "private Einkäufe", "Freizeit (Kultur/Sport)" und "Sonstiges" differenziert (vgl. Tab. 37). Außerdem sollten hierbei ohne Antwortvorgaben die jeweiligen DM-Beträge genauer erhoben werden, um Durchschnittsberechnungen durchführen zu können.

Leider sind bei der Beantwortung dieser Frage einzelne Mängel aufgetreten. Einerseits ist nicht auszuschließen, daß trotz der eindeutigen Fragestellung die Angaben nicht immer "pro Person" gemacht wurden, sondern z.B. bei Familien die gesamten Ausgaben genannt wurden, die auf den Familienvorstand bei einem solchen Messebesuch zukommen. Andererseits haben z.B. diejenigen Messebesucher, die aus beruflichen Gründen angereist sind und deren Unkosten vom Arbeitgeber erstattet werden, häufig keine Angaben gemacht, da ihnen persönlich ja keine Kosten entstanden sind. Des weiteren haben einige Interviewpartner nur pauschale Angaben über ihre Gesamtausgaben gemacht, so daß konkretere Aussagen über den Verwendungszweck dieser Aufwendungen nicht gemacht werden können. Die im folgenden aufgeführten Ergebnisse können daher nur als Trendaussagen gewertet werden.

Ausgaben insgesamt

Aus Gründen der Vergleichbarkeit mit der CMT sollen zunächst die Gesamtausgaben der Besucher betrachtet werden. Die Häufigkeitsverteilung der "Ausgaben insgesamt" in den verschiedenen Klassen zeigt einen deutlichen Unterschied zwischen der CMT und den anderen drei Befragungen (vgl. Tab. 37). Während bei der CMT die maximale Häufigkeit in der Kategorie "11-20 DM" zu finden ist, liegt das Maximum bei INTERGASTRA und QUALITY im Bereich "51-100 DM", bei der telematica sogar noch darüber ("100-500 DM"). Faßt man die Rubriken zusammen, so wird der Gegensatz noch deutlicher (vgl. Tab. 37): fast 70 % der CMT-Besucher geben weniger als 30 DM am Tag für den Messebesuch aus; entsprechend geben 30 % dieser Befragtengruppe mehr Geld aus, jedoch nur 10 % geben an, daß ihre Ausgaben 50 DM übersteigen. Dagegen liegen die Unkosten bei den Besuchern von INTERGASTRA, QUALITY und telematica nur zu 30 % unter 30 DM; 25-40 % der Befragten auf diesen Messen geben zwischen 30 und 100 DM am Tag aus. Bei knapp 10-25 % erreichen die Kosten eine Höhe von bis zu 500 DM, wobei hierin teilweise die Aufwendungen für eine Unterkunft in Stuttgart enthalten sind (s.u.). Die Gesamtausgaben im Bereich über 500 DM beinhalten in der Regel betriebliche oder auch private Anschaffungen, die besonders bei QUALITY und telematica bis in die Zehntausende gehen können (s.u.).

Dies erklärt auch die extrem hohen Durchschnittswerte der beiden letzten Messen: während die Ausgaben bei der INTERGASTRA im Mittel bei knapp 400 DM liegen, erreicht der entsprechende Wert bei QUALITY und telematica über 4.000 DM bzw. fast 6.000 DM. Berechnet man jedoch diese Durchschnitte ohne die betrieblichen Anschaffungen, erreicht das arithmetische Mittel der Ausgaben bei der INTERGASTRA zwar immer noch 332,36 DM, die durchschnittlichen Ausgaben bei QUALITY und telematica sinken jedoch auf 137,63 DM bzw. 181,94 DM. Diese nun verhältnismäßig niedrigen Werte lassen sich vor allem dadurch erklären, daß die Besucher der letztgenannten Veranstaltungen meist aus beruflichen Gründen zur Messe gekommen sind und ihre vom Arbeitgeber erstatteten Unkosten nicht immer in die Kalkulation miteinbezogen haben; außerdem entfällt für diejenigen Messebesucher, die gleichzeitig am entsprechenden Kongreß teilnehmen, ein Teil der Verpflegungskosten.

Anreise

Betrachtet man nun von den speziellen Kosten für den Messebesuch zunächst die Ausgaben für die "Anreise" zum Messegelände, so muß man leider feststellen, daß die Mehrzahl der Messebesucher (30-50 %) hierzu keine Angaben gemacht hat. Dies liegt einerseits daran, daß viele PKW-Fahrer sich die Kosten für eine einzelne Fahrt nicht bewußt machen, andererseits an dem bereits mehrfach erwähnten Aspekt, daß Berufsreisende die vom Arbeitgeber übernommenen Kosten nicht als Ausgaben geltend machen. Faßt man die vorhandenen Daten zusammen (vgl. Tab. 37), so zeigt sich dennoch die Tendenz, daß - wohl aufgrund der meist geringen Anfahrtsdistanz - die Mehrzahl der Besucher (30-45 %) weniger als 30 DM für die Anreise zur entsprechenden Stuttgarter Messe aufwenden müssen. Die übrigen Befragten (ca. 15-25 %) hatten in der Regel Unkosten zwischen 30 DM und 100 DM, nur maximal 6 % der Angaben lagen darüber.

Fahrkosten/Tag

Der Faktor der täglichen Fahrkosten, z.B. Aufwendungen für Öffentliche Verkehrsmittel vom Hotel zum Messegelände, aber auch Kosten für Fahrten vom Heimatort zur Messe, wenn diese an mehreren Tagen besucht wird, fallen im Vergleich zu den Gesamtausgaben kaum ins Gewicht. In über 90 % der Fälle sind zu dieser Frage keine Angaben gemacht worden, denn mehr als 80 % der Besucher kommen nur an einem Tag zur Messe (vgl. auch Kap. VII.2.5).

Tab. 37:   Ausgaben der Messebesucher [1]

Antwort	CMT Anzahl	%	INTERGASTRA Anzahl	%	QUALITY Anzahl	%	telematica Anzahl	%
Ausgaben insgesamt								
bis 30 DM	625	67,9	73	30,3	69	32,7	11	30,5
31-100 DM	277[2]	30,1	94	38,9	73	34,6	9	25,0
101-500 DM	-	-	18	7,5	26	12,3	9	25,0
501 - 10.000 DM	-	-	9	3,7	24	11,4	5	13,9
keine Angaben	19	2,0	47	19,5	19	9,0	2	5,6
Σ der Ausgaben	-		76.977 DM		849.149 DM		196.186 DM	
∅ aller Nennungen	-		396,79 DM		4.422,65 DM		5.770,18 DM	
∅ ohne "Betriebl. Anschaff."	-		332,36 DM		137,63 DM		181,94 DM	
Anreise								
bis 30 DM	-	-	109	45,2	87	41,2	12	33,3
31-100 DM	-	-	35	14,5	50	23,6	6	16,7
über 100 DM	-	-	5	2,1	13	6,2	0	0
keine Angaben	-	-	92	38,2	61	28,9	18	50,0
Fahrtkosten/Tag [3] (o.Anreise)								
bis 30 DM	-	-	4	1,7	8	3,8	3	8,3
31-100 DM	-	-	0	0	3	1,4	0	0
über 100 DM	-	-	0	0	2	0,9	0	0
keine Angaben	-	-	237	98,3	198	93,8	33	91,7
Verpflegung/Tag								
bis 30 DM	-	-	69	28,6	82	38,8	14	38,9
31-100 DM	-	-	62	25,7	38	18,0	7	19,4
über 100 DM	-	-	1	0,4	5	2,4	1	2,8
keine Angaben	-	-	109	45,2	86	40,7	14	38,9
Übernachtung/Tag								
bis 30 DM	-	-	0	0	0	0	0	0
31-100 DM	-	-	4	1,7	4	1,9	0	0
101-500 DM	-	-	1	0,4	11	5,2	5	13,9
über 500 DM	-	-	0	0	1	0,5	0	0
keine Angaben	-	-	236	97,9	195	92,4	31	86,1

(Fortsetzung nächste Seite)

Tab. 37: **Ausgaben der Messebesucher** [1] (Fortsetzung)

Antwort	CMT Anzahl	%	INTERGASTRA Anzahl	%	QUALITY Anzahl	%	telematica Anzahl	%
Betriebliche Anschaffungen								
bis 30 DM	-	-	0	0	1	0,5	0	0
31-100 DM	-	-	0	0	0	0	0	0
101-1.000 DM	-	-	0	0	10	4,7	0	0
1.001-5.000 DM	-	-	3	1,2	2	0,9	0	0
5.001-10.000 DM	-	-	1	0,4	1	0,5	1	2,8
10.001-50.000 DM	-	-	0	0	2	0,9	3	8,3
50.001-100.000 DM	-	-	0	0	0	0	0	0
über 100.000 DM	-	-	0	0	0	0	1	2,8
keine Angaben	-	-	237	98,3	195	92,4	31	86,1
Σ "Betriebl. Anschaff."			ca. 12.500 DM		822.725 DM		190.000 DM	
Ø– der Nennungen			ca. 3.500 DM		51.420 DM		38.000 DM	
Private Einkäufe								
bis 30 DM	-	-	5	2,1	1	0,5	1	2,8
31-100 DM	-	-	5	2,1	1	0,5	1	2,8
101-500 DM	-	-	2	0,8	1	0,5	0	0
501-1.000 DM	-	-	0	0	2	0,9	0	0
über 1.000 DM	-	-	0	0	3	1,4	0	0
keine Angaben	-	-	229	95,0	203	96,2	34	94,4
Freizeit (Kultur/Sport)								
bis 30 DM	-	-	0	0	1	0,5	0	0
31-100 DM	-	-	0	0	3	1,4	0	0
über 100 DM	-	-	0	0	0	0	0	0
keine Angaben	-	-	241	100	207	98,1	36	100
Sonstiges								
bis 30 DM	-	-	1	0,4	1	0,5	0	0
31-100 DM	-	-	1	0,4	5	2,4	0	0
über 100 DM	-	-	0	0	0	0	0	0
keine Angaben	-	-	239	99,2	205	97,1	36	100
Σ der Befragten	921	100	241	100	211	100	36	100

[1] CMT - Frage 9: "Wieviel Geld werden Sie (o. Eintritt/p.Pers.) vermutlich auf der CMT ausgeben ?"; INTER-GASTRA - Frage 10, QUALITY und telematica - Frage 12: "Wieviel Geld werden Sie (o.Eintritt/p.Pers.) vermutlich während Ihres Aufenthaltes anläßlich der INTERGASTRA/QUALITY/telematica ausgeben für... ?"

[2] bei der CMT lautete die höchste Rubrik "über 50 DM"

[3] entfällt meist, da überwiegend Eintages-Besucher

Quelle: eigene Erhebung 1992

Die Differenz erklärt sich einerseits dadurch, daß die Übernachtungsgäste teilweise in fuß-läufiger Entfernung zum Messegelände untergebracht sind und ihnen daher keine weiteren Fahrkosten entstehen. Andererseits werden auch hier häufig keine Angaben gemacht, wenn z.B. der Arbeitgeber die Unkosten übernimmt, oder wenn diese Kosten als irrelevant, weil zu gering, erachtet werden.

Wie Tabelle 37 zeigt, liegen die "Fahrkosten/Tag" in der Mehrzahl unter 30 DM. Die Ausnahmen bei der QUALITY könnten auch hier durch den Streik im ÖPNV (Benutzung von teuren Taxis statt preiswerter Öffentlicher Verkehrsmittel) bedingt sein.

Verpflegung/Tag

Bei den Kosten für Verpflegung zeigt sich ein deutlicher Unterschied zwischen der thema-tisch auf das Gastgewerbe und kulinarische Genüsse ausgerichteten INTERGASTRA und den technikbezogenen Messen QUALITY und telematica. Während die Ausgaben der Gastrono-mie-Messebesucher zu ca. 30 % unter dem 30 DM-Limit bleiben, liegen die Befragten der Technik-Messen zu etwa 40 % unter dieser Grenze. Entsprechend geben auf der INTER-GASTRA etwa 25 % der Besucher zwischen 30 und 100 DM für Verpflegung aus, bei QUA-LITY und telematica sind dies nur knapp 20 %. Mehr als 100 DM für Speisen und Getränke (gefragt war nach den Pro-Kopf-Kosten) geben nur max. 3 % der Besucher am Tag aus, dies sind jedoch eher die Geschäftsreisenden der QUALITY und telematica als die Besucher der INTERGASTRA.

Übernachtung/Tag

Die Angaben zu den Übernachtungskosten der Messebesucher sind wiederum durch eine sehr geringe Fallzahl bestimmt, da insgesamt die Anzahl der übernachtenden Gäste unter den Be-fragten kaum 10 % übersteigt (vgl. auch Kap. VII.2.6). Außerdem wurden bei manchen die Kosten für die Unterkunft nicht separat aufgelistet. Die wenigen verwertbaren Antworten deuten jedoch den Trend an, daß die Besucher der INTERGASTRA eher ein Hotel zum Preis unter 100 DM/ÜN bevorzugen, während die Übernachtungsgäste, die zur QUALITY oder telematica anreisen, meist zwischen 100 DM und 500 DM für ihre Unterkunft auszugeben bereit sind (vgl. auch Tab. 37).

Betriebliche Anschaffungen

Betriebliche Anschaffungen werden von bis zu 15 % der Befragten auf der Messe direkt ge-tätigt. Dieser Wert schwank jedoch beträchtlich: nur 2 % der INTERGASTRA-Besucher ge-ben an, betriebliche Anschaffungen zu machen, bei der QUALITY sind es immerhin 8 % und bei der telematica fast doppelt so viele. Die Aussage, ob bei einem Messebesuch entspre-chende Geschäfte abgewickelt werden oder nicht, wird um so interessanter, wenn man sich die Höhe der getätigten Investitionen betrachtet (vgl. Tab. 37). Sind dies bei der IN-TERGASTRA durchschnittlich "nur" 3.500 DM, so erreichen diese Werte bei QUALITY und telematica immerhin 40.000-50.000 DM. Die Auswirkungen des Messebesuchs auf das Nachmessegeschäft der vertretenen Firmen müssen hierbei jedoch außer acht gelassen werden.

Private Einkäufe

Die Angaben über private Einkäufe erreichen ebenfalls nur geringe Häufigkeiten (max. 5 %), außerdem liegt die Höhe der Ausgaben verständlicherweise wesentlich niedriger als bei den betrieblichen Anschaffungen. Bei INTERGASTRA und telematica erreichen sie kaum mehr als 100 DM, lediglich bei der QUALITY geben auch private Investoren schon 'mal Beträge über 500 DM oder gar 1.000 DM aus (vgl. Tab. 37).

Freizeit/Sonstiges

Der Kostenfaktor "Freizeit" im Zusammenhang mit dem Messebesuch (gemeint sind Ausgaben für Kultur oder Sport) tritt nur bei den Besuchern der QUALITY und auch hier nur bei 2 % der Befragten in Erscheinung. Er übersteigt jedoch in keinem Fall die 100 DM-Grenze. Ebenso liegen die Ausgaben für "Sonstiges", die bei INTERGASTRA und QUALITY in max. 3 % der Interviews genannt werden, unter dieser Marke (vgl. Tab. 37).

2.13   Weitere Unternehmungen

Im Hinblick auf die städtetouristische Wirksamkeit der Stuttgarter Messe ist eine der wichtigsten Fragen wohl diejenige nach Unternehmungen, die außer dem Messebesuch in Stuttgart stattfinden. Auf die Frage, ob und was die Befragten außer dem Besuch auf der Messe noch in Stuttgart unternehmen, lauteten die häufigsten Antworten allerdings "Nein/Nichts" (vgl. Abb. 75). Die CMT-Besucher sind zu mehr als 70 % mit ihrem Messebesuch voll ausgelastet, so daß weitere Aktivitäten unterbleiben. Bei den anderen Messen sind dies etwa 40 % bis 45 %.

Die zweithäufigste Rubrik ist bei CMT, INTERGASTRA und QUALITY die Sammelrubrik "Sonstiges" (ca. 15 %-30 %). Dies läßt sich dadurch erklären, daß in den Fragebögen zu den beiden ersten Messen die Kategorie "Gastronomie" noch nicht vorgegeben war. Antworten wie 'Essen gehen' wurden daher unter sonstige Aktivitäten eingereiht. Bei der QUALITY ebenso wie bei der telematica (nur dort mit geringerer Fallzahl) fallen unter diese Rubrik häufig auch Firmen- oder Kundenbesuche in Stuttgart.

Wie sinnvoll die Erweiterung des Fragebogens um die Antwortvorgabe "Gastronomie" war, zeigt sich darin, daß sowohl bei QUALITY als auch bei der telematica die dritthöchsten Werte in dieser Rubrik zu finden sind (ca. 15 %).

Bei der telematica lag jedoch die Antwort "Einkaufen" mit über 16 % in der Rangfolge noch vor dem Gastronomiebesuch. Mit 7 %-9 % erreichte diese Unternehmung bei den anderen Befragungen die dritt- bzw. viertgrößte Häufigkeit.

Abb. 75:   Weitere Unternehmungen der Messebesucher in Stuttgart

Unternehmen Sie außer dem Besuch auf der Messe heute noch etwas in Stuttgart ?

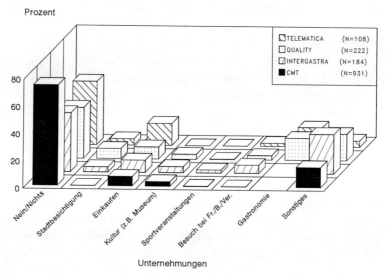

Quelle: eigene Erhebung 1992

2.14   Verbesserungsvorschläge

Die Frage "Was könnte bei künftigen Veranstaltungen dieser Art verbessert werden ?" wurde als offene Frage gestellt, um das Spektrum der möglichen Antworten nicht einzuschränken. Den meisten Befragten fiel jedoch nichts Konkretes zu diesem Thema ein, manche antworteten auch, sie seien mit den bisherigen Veranstaltungen so zufrieden, daß sie keine Änderungen wünschten. Die Anzahl der Nennungen liegt im Verhältnis zur Anzahl der Befragten bei ca. 20-30 %, d.h. nur etwa jeder fünfte Besucher hat Verbesserungsvorschläge zu machen, lediglich bei der telematica liefert im Schnitt jeder zweite Interviewpartner Anregungen. Die Vielzahl der unterschiedlichen Antworten machte es erforderlich, für die vergleichende Auswertung thematische Gruppen zu bilden.

Hierbei wird deutlich, daß die größte Häufigkeit der Nennungen (25-45 %) beim Themenbereich "Übersichtlichkeit/Organisation" zu finden ist. Diese Rubrik umfaßt sämtliche Aussagen, die sich auf die Beschilderung, Wegbeschreibung und sonstige Orientierungshilfen (z.B. Übersichtspläne) innerhalb des Messegeländes bezogen. Außerdem wurden Hinweise auf eine bessere thematische Gliederung der Hallen (insbesondere bei der CMT) zu dieser Kategorie gezählt.

Mit Ausnahme der QUALITY, wo die Erreichbarkeit des Messegeländes ("Verkehrsanbindung") aufgrund des Streiks im Öffentlichen Nahverkehr einen besonders dringlichen Problembereich für die Besucher darstellte, beziehen sich die zweithäufigsten Nennungen auf den Themenkomplex der "Qualität des Angebots und der Informationen". Dazu zählen genannte Mängel sowohl der Ausstellungsinhalte als auch ihrer Präsentation. Teilweise wurde auch die schlechte Qualifikation des Standpersonals gerügt.

Wie bereits angesprochen ist die "Verkehrsanbindung" für die Besucher der QUALITY mit fast 30 % der Nennungen der zweitwichtigste Themenbereich, für den Verbesserungswünsche vorgebracht werden. Bei den anderen Messen liegen die entsprechenden Prozentwerte mit knapp 10 % bis gut 15 % auf den Rangplätzen drei bis fünf. Bemängelt wird die Zufahrt zum Messegelände ebenso wie die Parkplätze und die Öffentlichen Nahverkehrsmittel sowie die Kombinationsmöglichkeit der beiden letztgenannten in Form von Park + Ride. Die große Bedeutung des Verkehrsthemas bei der QUALITY ist sicherlich dem Streik im ÖPNV zuzurechnen, der viele Besucher dazu zwang, auf den eigenen PKW zurückzugreifen. Daß dieses Thema bei der CMT den geringsten Stellenwert hat, läßt sich vermutlich durch die hohe Akzeptanz der Kombikarte erklären, die es den Besuchern ermöglicht, die Öffentlichen Nahverkehrsmittel mit ihrer Messe-Eintrittskarte kostenlos zu benutzen.

Wesentlich wichtiger ist den CMT-Besuchern eine Verbesserung - also Absenkung - des "Preisniveaus": fast 16 % der Nennungen beschäftigen sich mit diesem Thema (Rangplatz drei); bei INTERGASTRA und QUALITY sind dies nur je 7 % (Rangplätze fünf und sechs), bei der telematica wird dieser Aspekt überhaupt nicht genannt. Neben dem allgemeinen Preisniveau für Eintritt und Verpflegung monieren die CMT-Besucher vor allem die Toiletten-Gebühren, die bei anderen Messeveranstaltungen nicht erhoben wurden.

Bei der INTERGASTRA wird dagegen der "Service" (18 %) an dritter Stelle der Mängelliste geführt (mit je ca. 10 % Rangplatz vier bei den anderen Veranstaltungen). Darunter subsumiert sich unter anderem die Bemängelung des Gastronomischen Angebotes, der Öffnungszeiten und der Umweltfreundlichkeit (Einweggeschirr). Die Besucher der übrigen Messen beanstanden außerdem fehlende Sitzgelegenheiten und einen Mangel an behindertengerechter und kindgerechter Ausstattungen.

Der letzte Themenbereich "Messegelände" umfaßt Aussagen, die im wesentlichen das Raumklima und die Platzverhältnisse in den Messehallen beklagen. Mit Werten unter 10 % und den Rangplätzen fünf und sechs ist dieser Gegenstand jedoch nur wenig relevant.

Die Rubrik "Sonstiges" schließlich enthält u.a. Beschwerden, die sich sowohl auf viele als auch zu wenige Besucher beziehen und ist sicherlich nicht nur wegen der geringen Häufigkeiten (< 5 %) eine zu vernachlässigende Größe.

2.15 Soziodemographie

Abschließend sollen die soziodemographischen Merkmale der Besucherstruktur des Stuttgarter Messewesens betrachtet werden. Fragen zur Soziodemographie wurden nur im Rahmen der Untersuchungen zur INTERGASTRA, QUALITY und telematica gestellt, wobei jedoch die Angaben zur telematica aufgrund der relativ geringen Fallzahl nur eingeschränkt verwertbar sind.

Bezüglich des **Geschlechts** der Messebesucher läßt sich die unterschiedliche Verteilung männlicher und weiblicher Gäste besonders deutlich am Vergleich von INTERGASTRA und QUALITY zeigen. Während bei der INTERGASTRA immerhin fast 35 % der Befragten Frauen waren, erreichte ihr Anteil bei der QUALITY nicht einmal 20 %. Dies erklärt sich dadurch, daß die INTERGASTRA in starkem Maße auch von privat motivierten Paaren und Familien besucht wird und außerdem im Gastgewerbe der Anteil der Frauen unter den Erwerbstätigen relativ hoch ist; der Anteil erwerbstätiger Frauen, die in ihrem Unternehmen höherrangige Positionen einnehmen und zu deren Tätigkeitsfeld es auch gehört, sich auf Messen und Ausstellungen direkte Informationen über technische Innovationen zu verschaffen, ist dagegen vergleichsweise gering.

Die **Altersverteilung** der Messebesucher zeigt nicht ganz so starke Unterschiede. Zwar weisen die Ergebnisse der INTERGASTRA-Besucher die breiteste Streuung in den verschiedenen Altersgruppen auf (hier gibt es auch noch Besucher im Rentenalter), doch sind in allen drei Befragungen die Altersgruppen der 25- bis 34jährigen am stärksten besetzt, gefolgt von den 35- bis 45jährigen.

Was den **Familienstand** betrifft, so überwiegt auf den drei hierzu untersuchten Messen der Anteil der Verheirateten mit fast 60 % bei der INTERGASTRA und gut 50 % bei QUALITY und telematica. Der Anteil der Singles liegt bei den beiden letztgenannten Veranstaltungen mit ca. 40 % entsprechend höher als bei der INTERGASTRA mit 30 %.

Eine Betrachtung von **Haushaltsgröße** und **-zusammensetzung** zeigt, daß die Besucher der INTERGASTRA zu gut 15 % in Single-Haushalten, während dieser Anteil bei der QUAL-

TITY mit fast 30 % deutlich höher liegt. Zwei-Personen-Haushalte sind mit 25 % (QUALITY und telematica) bzw. 30 % vertreten; die Zahl der in Drei- bis Vier-Personen-Haushalten Lebenden liegt zwischen 35 % und 40 %. Die Anzahl der Haushalte mit Kindern unter 16 Jahren liegt bei der INTERGASTRA mit 70 % deutlich höher als bei der QUALITY mit 50 %.

Die Erfassung der **Staatsangehörigkeit** der Messebesucher sollte die Frage nach der Internationalität der besuchten Veranstaltungen auf der Nachfragerseite beleuchten. Jedoch gaben nur 5-10 % der Befragten eine andere als die deutsche Staatsangehörigkeit an.

Beim **Schulabschluß** zeigt sich dagegen ein stärker differenziertes Bild. Unter den INTER-GASTRA-Besuchern war eine breite Streuung festzustellen: knapp 20 % hatten einen Volks- bzw. Hauptschulabschluß und ca. 30 % die Mittlere Reife, jeweils rund 20 % waren mit Berufs/Fachschule oder (Fach-)Abitur vertreten, während 7 % einen (Fach-)Hochschulabschluß besaßen (Differenz zu 100 % sind "keine Angaben"). Bei QUALITY und telematica haben jedoch mehr als 70 % der Befragten (Fach-)Abitur oder gar einen (Fach-)Hochschulabschluß.

Auch bei der **Berufstätigkeit** zeigen sich Unterschiede. Der Anteil der Selbständigen liegt in allen Befragungen zwischen 20 % und 30 %; die Angestellten sind mit 45 % bis 55 % vertreten, wobei eine zusätzliche Differenzierung der Fragestellung bei QUALITY und telematica ergab, daß von den Angestellten ca. ein Drittel in leitender Position beschäftigt ist. Während die übrigen Berufsbilder von Beamten über Arbeiter, Auszubildenden, Schülern/Studenten, Rentnern, Hausfrauen zu Wehr- oder Zivildienstleistenden bei der INTER-GASTRA relativ gleichmäßig besetzt sind, findet man bei QUALITY und telematica neben Selbständigen und Angestellten fast nur Schüler und Studenten.

Insgesamt zeigen sich die Unterschiede der untersuchten Messeveranstaltungen also recht deutlich im differenzierten soziodemographischen Bild ihrer Besucher. Während die INTER-GASTRA neben Selbständigen und Angestellten (vermutlich aus familiären Gastronomiebetrieben) auch von einer breiteren Bevölkerungsschicht besucht wird, überwiegen bei QUA-LITY und telematica die höhergebildeten Berufstätigen in guter Position, neben Familienvätern häufig auch die Young Urban Professional People (Yuppies) und sogenannte DINKS (Double Income - No Kids).

3. Schlußfolgerungen

Wie die vorangegangenen Ausführungen zeigen, ist die Beurteilung des Stuttgarter Messetourismus eine vielschichtige Angelegenheit. Die unterschiedlichen Aspekte zeigen sich auch im Vergleich der Ergebnisse, die die verschiedenen Untersuchungsteilschritte des Forschungsprojektes "Städtetourismus Stuttgart" bezüglich des Messewesens aufweisen. Im Rahmen der Akzeptanzanalyse (vgl. Kap. II) wird insbesondere bei der Gegenüberstellung der stadtteilbezogenen Akzeptanz verschiedener Besuchergruppen deutlich, daß die Stuttgarter Messe am Killesberg mit ihrem zeitweise enormen Besucherandrang für die Bewohner des

Stuttgarter Stadtbezirks Nord eher eine Belastung als eine Attraktion darstellt. Die Image-analyse (Kap. III) dagegen verdeutlicht, daß rennomierte Messen und Ausstellungen neben persönlichen Kontakten und allgemeinen Geschäftsreisen einen wichtigen Ansatzpunkt dar-stellen, um auf eine Stadt überhaupt erst aufmerksam zu werden. Auch unter den mit Stuttgart verbundenen spontanen Assoziationen sind die Begriffe "Messe-/Kongreßstadt" oder "Killes-berg" häufig zu finden. Als Aufenthaltsgrund diente ein Tagungs- oder Messebesuch etwa 10 % der in der Imageanalyse befragten Personen, was je nach Befragungsgebiet dem 5. bzw. 6. Rang unter den Reiseanlässen entspricht. Bei der Gästebefragung im Beherbergungswesen (Kap. VI) tritt der Reiseanlaß "Messebesuch" mit nur 3 % der Nennungen jedoch nicht so deutlich hervor. Dies bestätigt zwar die in der Untersuchung zum Messewesen festgestellte geringe Übernachtungshäufigkeit der Messebesucher, widerspricht jedoch der anfangs er-wähnten Aussage eines Messe-Fachmanns, daß ca. 25 % der Übernachtungen in Stuttgart durch die Messe bedingt seien.

In der Expertenbefragung (Kap. IV) werden Messen und Kongresse lobend als Bausteine städtetouristischer Attraktivität erwähnt. Das geringe Angebot an internationalen oder über-regionalen Messen wurde jedoch als Schwäche Stuttgarts angesehen. Dem entspricht, daß auch in der Untersuchung zum Messewesen der Stadt Stuttgart trotz aller propagierten Inter-nationalität der Einzugsbereich für die Besucher der Messen doch eher regional begrenzt ist (vgl. Abb. 69 und 70) und zeigt sich ebenso in der Imageanalyse, wo die Bezeichnung "Messe- und Kongreßstadt" unter den Befragten in Stuttgart, der Region Stuttgart und Baden-Württemberg als deutlich zutreffender bewertet wurde (Ränge sieben, sechs und fünf) denn in der übrigen Bundesrepublik (Rang zehn). Dies mag damit zusammenhängen, daß bedeutende Fachmessen in der Öffentlichkeit nicht so sehr ins Bewußtsein dringen wie stark besuchte Publikumsmessen, durch die andere Städte ihre Bekanntheit als Messestadt erlangen. Auch die Befragten der Expertenanalyse halten den Titel "Messe- und Kongreßstadt" derzeit für eine wenig plausible Bezeichnung für Stuttgart. In diesem Bereich kommt der Imagepolitk Stuttgarts eine große Bedeutung zu.

Als Teilmarkt des Städtetourismus wird dem "Messereiseverkehr" von den Experten derzeit ebenfalls eine nur mäßige Bedeutung zugemessen, um das wünschenswerte Maß zu erreichen sei ein großer Handlungsbedarf vorhanden. Dabei wurde die derzeitige Situation sowie die zukünftige Entwicklung des "Messereiseverkehrs" als insbesondere vom Standort des Messe-geländes abhängig beurteilt. Die Topographie am Killesberg wird allgemein als Hindernis ge-sehen. Eine Vergrößerung und Verlagerung des Messegeländes auf die Filder-Hochfläche südlich von Stuttgart wird derzeit in Stadt und Region ernsthaft diskutiert und bietet in Zu-kunft eine Chance für die weitere Profilierung Stuttgarts als Messestadt.

Kapitel VIII
KUR- UND BÄDERWESEN

Rainer Lukhaup

Die vorliegende Zusammenfassung der Diplomarbeit "Freizeit- und Fremdenverkehr im urbanen Raum: das Beispiel Stuttgart unter besonderer Berücksichtigung des Kur- und Bäderwesens in Stuttgart-Bad Cannstatt" behandelt als Teilaufgabe des Forschungsprojektes "Städtetourismus Stuttgart" Fragestellungen nach der Bedeutung des Großstadtangebotes Kur- und Bäderwesen für den Stuttgarter Fremdenverkehr. Die übergeordnete Bedeutung der Mineralbäder v.a. für den Freizeitverkehr im Wohnumfeld sowie eine Betrachtung der allgemeinen Freizeitgewohnheiten der Stuttgarter Bevölkerung stellen einen weiteren Schwerpunkt des empirischen Teils der Diplomarbeit dar und sollen in ihren Aussagen als Ergänzung zu den projektbezogenen Aufgaben verstanden werden.

1.   Die Kur- und Bäderstadt Stuttgart

1.1   Die Entwicklung der Mineralbäder in Stuttgart-Bad Cannstatt und -Berg

Aus der Geschichte der Mineralbäder und Quellen von Cannstatt und Berg ist bekannt, daß manche der Quellen schon durch die Römer im 2. und 3. Jahrhundert genutzt wurden. Die Römer beherrschten das Gebiet etwa von der Zeitwende bis 260 u.Z. Bedeutende römische Bäder waren in Badenweiler, Baden-Baden, Wiesbaden und Cannstatt. Am Neckarort Cannstatt war schon in jenen Zeiten ein wichtiger Flußübergang, durch ein Kastell bewacht, in dessen Schutz allmählich auch eine größere Ansiedlung sowie Thermalanlagen entstanden. Reste römischer Badeanlagen sind 1818 bei den Instandsetzungsarbeiten an den Quellen "Männlein" und "Weiblein" entdeckt worden.

Im Jahre 1299 wurden die Mineralquellen erstmals schriftlich erwähnt. Weitere Überlieferungen über einen Badebetrieb stammen aus dem 14. Jahrhundert (CARLÉ 1961, S. 199). Bereits 1330 verlieh König Ludwig der Bayer Cannstatt das Stadtrecht, was einen wirtschaftlichen Aufschwung zur Folge hatte. In den Folgejahren wurden die Badeanlagen wiederholt zerstört. Aus den salzhaltigen Wässern Cannstatts wurde in der Vergangenheit immer wieder versucht, Salz zu gewinnen. So erhielt Gottfried Demmler 1739 die Erlaubnis, aus sämtlichen Quellen Cannstatts Salz gewinnen zu dürfen, wofür er unter anderem auch ein Verbot aller Salzeinfuhren nach Württemberg auf 10 Jahre verlangte (FRANK u.a. 1968, S. 6). 1773 sollte bei der alten Mineralquelle am Sulzerrain eine Saline errichtet werde. Die hierzu erbohrte Quelle war jedoch nicht genügend salzhaltig; statt einer Saline entstand somit Deutschlands ältester artesischer Bohrbrunnen, der spätere Wilhelmsbrunnen.

Durch den schon im 17. Jahrhundert bekannten Sauerbrunnen auf der Insel (später Inselquelle) entwickelte sich Berg seit dem Anfang des 18. Jahrhunderts als Badeort. Die zeit-
genössischen Beschreibungen lassen die damalige Bedeutung der Mineralwässer erkennen:
"Es scheint, als hätte die Natur allhier allen ihren Vorrat von mineralischen Wassern auf einmal ausschütten wollen: denn es finden sich außer den beiden Quellen, welche zum Badhaus
gehören, noch mehrere ..." (GESNER 1749, in: FRANK u.a. 1968).

Cannstatt entwickelte sich vor allem nach den napoleonischen Kriegen zu einem Badeort von
überregionalem Rang. Seit 1790 wurden in Cannstatt Kurgastlisten veröffentlicht. Der Ab-
druck erfolgte meistens in der "Schwäbischen Chronik" oder in eigenen Badeblättern und
Chroniken. Im Jahre 1790 wurden 140 Badegäste aufgeführt, nach dem Wiener Kongreß stieg
die Zahl dann stetig an, wobei in den Chroniken nur "reguläre" Badegäste von gesellschaftli-
chem Rang gezählt wurden. Neben diesen gab es noch die "Passanten", die teils wegen nied-
rigerem Stand oder zu kurzer Verweildauer (1-2 Tage) nicht gezählt wurden (SCHMID 1989,
S. 85). Im Jahr 1821 registrierte man bereits 633 Badegäste, 1845 dann 1.684 und zwischen
1868 und 1872, während der Höhepunkte des Cannstatter Badelebens, jährlich fast 3.500 Gäste. Verglichen mit den Bevölkerungszahlen läßt sich die Bedeutung des Kurwesens in Cannstatt erkennen: 1869 hatte die Stadt 9.345 Einwohner, 1875 bereits 14.948 - wobei hier schon
die Auswirkungen der Industrialisierung erkennbar werden. Den Hauptanteil der Gäste beher-
bergten die Hotels "Frösner" und "Hermann", andere Hotels und Gasthäuser, sowie mehrere
Privatunterkünfte in der Stadt.

Insbesondere König Wilhelm I. (1781-1864) förderte den Kur- und Bäderbetrieb in Cannstatt.
So wurde z.B. 1821 der Brunnenverein gegründet und finanziell vom König unterstützt. Die
Bedeutung des Bades wird in den Folgejahren durch die Ansiedlung von Ärzten verstärkt.
1836 eröffnete Dr. Albert Veiel seine "Heilanstalt für Hautkrankheiten", Dr. Jakob Heine
nutzte die "Obere Sulz" für sein 1829 eingerichtetes "Orthopädisches Institut". Das Badeleben
in Cannstatt und Berg ist seit der Mitte des 19. Jahrhunderts an die Namen Koch, Heimisch
und Neuner geknüpft. 1842 eröffnete das Mineralbad Koch, heute Mineralbad Leuze, das die
Stadt Stuttgart 1919 von Ludwig Leuze erwarb. 1856 eröffnete das "Stuttgarter Mineralbad"
bei Berg (Besitzer Heimisch und Neuner, heute Mineral-Bad Berg, in privatem Besitz).

Neben den Badeanstalten entstanden im renommierten Weltbad Cannstatt des beginnenden
19. Jahrhunderts mit dem Kursaal und Kurpark weitere Kureinrichtung. Die Gestaltung des
Sulzerrains als Parkanlage hatte zum Ziel, die Attraktivität des Kurortes und des Kuraufent-
haltes zu erhöhen. 1819 wurde im Bereich der Sulzerrainquelle ein Pavillion errichtet und im
Jahre 1821 eine Promenadenallee vom Hotel Wilhelmsbad zur Sulzerrainquelle. 1835 erfolgte
die Fertigstellung des Kursaales nach einem Plan von Thouret. Mit großer finanzieller Unter-

stützung durch König Wilhelm I. begann der schwierige Wegebau und Parkausbau am Steilhang des Sulzerrain, um die daran angrenzenden Hochflächen für eine weitere Parkgestaltung zu erschließen. Als der Park 1915 schließlich fertiggestellt war, war die Blütezeit des Mineralbades schon vorbei. Der Park, der in seiner Anfangsform die Park- und Gartengestaltungsmerkmale dreier Epochen verband (SCHMID 1989, S. 92), bekam 1960 aufgrund von Umbaumaßnahmen ein völlig neues Bild. Das klassizistische Ensemble mit Kursaalgebäude und axial dazu verlaufender Allee, Elemente der Romantik im oberen und unteren Teil der Anlage sowie Jugendstilelemente (z.B. weißer Lattenlaubengang, Pavillions u.a.) wurden durch den schematisierten Stil der 60er Jahre ersetzt. Die Kursaalallee, einst Promenadenallee und Mittelpunkt der Kurgäste, somit kultureller Mittelpunkt Bad Cannstatts im 19. Jahrhundert, wurde entfernt, das Ensemble Kursaalgebäude und Kursaalallee damit zerstört.

Die Entwicklung Cannstatts - somit auch des Kur- und Bäderlebens - steht in unmittelbarem Zusammenhang mit der Entwicklung des Wirtschaftsstandortes entlang der traditionellen Verkehrswege am mittleren Neckar. Die Industrialisierung brachte auch im Sozialstatus der Kur- und Badegäste eine Änderung mit sich. Die hauptsächlich an die Residenzstadt Stuttgart angelehnte höfische Kurgaststruktur wurde zunehmend von Schichten des Bürgertums, der Angestellten und später auch Arbeiter ersetzt. Der Wandel von der Kur- zur Industriestadt wurde seit Ende des 19. Jahrhunderts stark gefördert. Die Festschrift anläßlich der Einweihung der König-Karls-Brücke im Jahre 1893 formuliert diesen Übergang so: "Als Fabrikstadt nimmt Cannstatt heute eine der ersten Stellen im Lande ein. Seine zentrale Lage im Herzen des Landes, an den bedeutendsten Eisenbahnlinien, die großen Wasserkräfte des Neckars und die dichte Bevölkerung seiner Umgebung, welche Arbeitskräfte genug liefert, begünstigen die Anlagen von Fabriken so sehr, daß eine ganze Reihe von zum Teil großartigen Etablissements hier entstanden sind" und eine Beschreibung des Oberamtes Cannstatt bestätigt 1895, daß sich "in den letzten Jahrzehnten die völlige Umwandlung der Stadt aus einer Badestadt in eine Industriestadt vollzogen hat" (SCHMID 1989, S. 96). Diese Entwicklung belegen auch die Beschäftigtenzahlen der Industrie und des Handwerks: 1832 wurden in Cannstatt, Berg und Stuttgart 1060 Industiearbeiter und 4.600 Handwerker bei 620 Badegästen in Cannstatt gezählt, 1861 hatten diese Orte bereits 12.000 Industriebeschäftigte bei 2.200 Badegästen, 1907 wurden über 62.000 Beschäftigte registriert und 1925 über 109.000.

1933 erhielt der Stuttgarter Stadtteil Cannstatt das Prädikat "Bad". Die Prädikatisierung wird auch heute aufgrund der zunehmenden Umweltbelastungen häufig in Frage gestellt. Das große Bevölkerungspotential des industriellen Ballungsraumes Stuttgart erfordert und ermöglicht auch weiterhin die Aufrechterhaltung des Kur- und Badebetriebes (in Form der als "Stuttgarter Kur" definierten ambulanten Kur). Verlorengegangene Kurortbedeutung und -atmosphäre sollen wenigstens teilweise durch das neue Kur- und Heilmittelzentrum (ab 1994) beim bisherigen Mineralbad Cannstatt wieder aufleben. Die beiden Traditions-Mineralbäder Leuze und Berg haben indes unterschiedliche Entwicklungen mitgemacht. Nachdem das Mineralbad Leuze 1944 zerstört wurde, konnte es zunächst als behelfsmäßiges Freibad nach Kriegsende wiedereröffnet werden. Bis 1965 entwickelte es sich zum Hallen-/Freibad mit Kurmittelhaus. 1973 wurde in Zusammenarbeit mit der Allgemeinen Ortskrankenkasse die ambulante Kur zwischen Wohnung und Arbeitsplatz, die "Stuttgarter Kur", eingeführt. Nach Umbaumaßnahmen zu Beginn der 80er Jahre wurde das Mineralbad Leuze 1983 als "Mineralbad mit attraktivem Gesundheits- und Freizeitangebot" wiedereröffnet (Informationsprospekt des Kur- und Bäderamtes Stuttgart) - einen Schritt, den das Mineral-Bad Berg nach der Wiederinbetriebnahme nach 1945 nicht vollzogen hat. Dieses Bad orientiert sich vorwiegend an den traditionellen Strukturen, so daß sich auch die Besucherklientel der beiden Bäder anhand des unterschiedlichen Angebotes unterscheidet. Dieses unterschiedliche Angebot ist für die Bevölkerung durchaus von Vorteil. Die Badetradition beider Betriebe kann jedoch nur durch Kooperation der Anbieter im heutigen Konkurrenzkampf der Standorte gesichert werden.

Vor dem ereignisreichen historischen Hintergrund des Cannstatter Badelebens soll eine andere Tatsache nicht außer acht gelassen werden. Die meisten der in der Vergangenheit gefaßten und erbohrten artesischen Mineralwasserbrunnen kamen primär nicht dem Kurbetrieb zugute, sondern der Salzgewinnung und der stetig wachsenden Industrialisierung. Siedeversuche in Cannstatt hat es bereits während der Keltenzeit gegeben. Das keltische Wort für Salz heißt "Hal". Es erscheint heute noch in einem Flurnamen: eine zwischen dem Neckartal und dem Burgholz liegende Verebnung mit dem Namen "Hallschlag" (CARLÉ 1961, S. 205). Die vor allem während der Neuzeit erfolgten Bohrungen brachten auch nicht den erhofften Erfolg in der Salzgewinnung aus dem Mineralwasser. Vielmehr gewannen die schüttungsreichen Quellen Bedeutung als Antriebskraft für die Spinnereien in Cannstatt und Berg.

1.2   Die Entstehung des Mineral-Bades Berg

Zum Betrieb seiner mechanischen Spinnerei versuchte der Fabrikant Bockshammer 1830, am Hang der Villa Berg artesisches Wasser zu gewinnen. Da das erbohrte Wasser warm war, verhinderte es die Eisbildung am Wasserrad im Winter, was für den Betrieb vorteilhaft war. Die in einer Tiefe von 37-46 m erbohrten fünf Quellen fließen heute noch. Bis 1855 wurde das Wasser von der Spinnerei zum Treiben des Wasserrades benutzt. Als das Anwesen von Heimisch und Neuner 1855 gekauft wurde (ab 1906 in Besitz der Familie Blankenhorn), begann man mit dem Bau des "Stuttgarter Mineralbades" bei Berg. 1922 wurde die Stuttgarter Mineralbad Berg AG mit der Absicht gegründet, über das Badgelände eine Verbindung von der Villa Berg zum Rosensteinpark herzustellen und dadurch eine einheitliche große Mineralbadanlage zu schaffen. Aufgrund der wirtschaftlichen Entwicklung bekamen in der Folgezeit und vor allem nach dem Zweiten Weltkrieg verkehrsbauliche Maßnahmen den Vorzug vor der Verwirklichung dieses Planes, der auch die Mineralbadanlage Leuze zu einem großen Kur- und Erholungspark im Zentrum des Ballungsraumes hätte miteinbeziehen können.

Abb. 76: **Quellen, Brunnen und Badehäuser in Cannstatt und Berg**

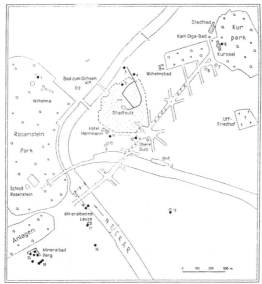

Abb. 1: Quellen, Brunnen und Badehäuser in Cannstatt und Berg

1 Wilhelma-Brunnen / 2 Ochsenquelle / 3 Zais'scher Brunnen = Mühlgrün-Brunnen / 4 Geßwein'scher Brunnen / 5 Keller'scher Brunnen / 6 Sulzerrain-Brunnen = Wilhelms-Brunnen und Gottlieb-Daimler-Quelle / 7 Wiesenquelle = Zoller'sche Quelle / 8 Carlsquelle / 9 Weiblein / 10 Männlein / 11 Frösner'scher Brunnen = Herrmann'scher Brunnen = Schiffmann'scher Brunnen / 12 Heine'scher Brunnen / 13 Trommelwiesen-Quelle = Veiel-Brunnen / 14 3 Brunnen der Spinnerei Berg (verfüllt) / 15 5 Brunnen der Spinnerei Berg = Mineralbad Berg / 16 2 Brunnen der Kunstmühle Berg / 17 Klotz'scher Brunnen = Berger Sprudel / 18 Inselquelle
Ringe = natürliche Quellaustritte, heute versiegt
Punkte = erbohrte Mineralwasser-Brunnen

2 Zeitschrift für Württembergische Landesgeschichte II/81

Quelle: CARLÉ 1961, S. 201

1.3   Die Entstehung des Mineralbades Leuze

Nachdem in den Jahren 1830/32 für den Spinnereibetrieb in Berg warmes artesisches Wasser erschlossen wurde, wurde 1833 von der Tuch- und Wollwarenfabrik Klotz in der Nähe der Inselquelle ebenfalls ein Bohrversuch unternommen. Man beabsichtigte mit Hilfe des erbohrten warmen Wassers die Treibräder der Fabrik vom Eis freizuhalten (FRANK u.a. 1968, S. 11f).

Bis 1839 wurde das Wasser als Antriebskraft für das Wasserrad verwendet. Erst als die Quellen 1839 in den Besitz des Fabrikanten Koch kamen, wurde das Wasser nach umfangreichen Baumaßnahmen zu Bade- und Kurzwecken verwendet. Von 1851 bis 1919 war das Bad in Besitz der Familie Leuze, deren Namen es heute noch trägt, seit 1919 ist es in städtischem Besitz. Im Jahre 1928 ging die Inselquelle durch die Arbeiten am Neckarkanal verloren. Der Quellaustritt liegt im heutigen Kanalbett, dicht neben der linken Ufermauer. Zur Aufrechterhaltung des Badebetriebes mit qualitativ hochwertigem, d.h. nicht chloriertem Wasser, wurden in den Folgejahren aufwendige Neubohrungen unternommen. Neben den Mineralquellen der Bäder Berg und Leuze sind die bereits erwähnten Quellen des Kurbereiches von Cannstatt (der Wilhelmsbrunnen mit den Quellen Sulzerrain, Wilhelmsbrunnen I und II, Gottlieb-Daimler-Quelle) für die Kur- und Badetradition Stuttgarts bedeutend.

1.4 Herkunft und Entstehung des Mineralwassers

Das Mineralwasservorkommen von Stuttgart-Bad Cannstatt und Berg hat nach Budapest das größte Schüttungsvolumen in Europa. Aus 21 Mineralwasserbohrungen und einem natürlichen Quelltopf treten aus dem oberen Muschelkalk auf eng begrenztem Raum rund 230 l/s aus. Zusammen mit einem auf 50 l/s geschätzten, in den Neckarkies übertretenden Anteil an den westlichen, oberstromigen Entnahmestellen der Industriebrunnen von ca 70 l/s wird die gesamte Schüttung auf 300-400 l/s geschätzt (PLÜMACHER 1993, S. 56f). Die zeitliche Einstufung von Sauerwasserkalken (Travertin) am Neckartalhang von Münster, Bad Cannstatt bis Untertürkheim, die als Ausschichtung gelöster Stoffe aus Mineralwasser erklärt werden, belegen, daß das Mineralwassersystem mindestens seit der Cromer-Warmzeit vor 500.000 Jahren (GEYER/GWINNER 1986) aktiv ist. Während das Mineralwasser früher in natürlichen Quellen austrat, ist es heute mit Ausnahme der Mombachquelle durch artesische Brunnen erschlossen.

Nach der von den meisten Autoren vertretenen - heute jedoch nicht mehr unumstrittenen - These (PLÜMACHER 1993, UFRECHT 1993) erklärt sich die voneinander abweichende Mineralisation und Temperatur der Wässer durch zwei unterschiedlich verlaufende Fließwege vom Einzugs- zum Aufstiegsgebiet (vgl. auch Abb. 77).

Die Schichtlagerungen sind neben der Tektonik für das Zustandekommen und das Auftreten des Mineralwassers bei Cannstatt und Berg von ausschlaggebender Bedeutung. Die ehemals horizontal gelagerten Schichten wurden sowohl gehoben als auch mehr oder weniger verbogen und örtlich an Verwerfungen gegeneinander verstellt. Nach CARLÉ (a.a.O.) und anderen Autoren besteht aufgrund der südwestdeutschen Schichtstufenlagerungen ein Zusammenhang zwischen den Mineralwässern von Cannstatt, Bad Liebenzell, Wildbad und Baden-Baden.

Diese vier Badeorte beziehen ihr Wasser aus der gleichen tektonischen Einheit, dem schwäbisch-fränkischen Schichtsattel.

Demnach liegt das Einzugsgebiet der Cannstatter und Berger Mineralwässer in einem ca. 150 qkm großen Gebiet des Strohgäu zwischen Markgröningen und Weil der Stadt. Für das niedrig konzentrierte Wasser (z.B. Kellerbrunnen, Mombachquelle, Aubrunnen) wird ein nördlicher Fließweg über das Glemstal (gegenstromig aufgrund der Verwerfungen), Feuerbach und Zuffenhausen nach Cannstatt angenommen. Im Untergrund wird Gips und Anhydrit gelöst, aber nicht Steinsalz, das aufgrund der geringen Bedeckung bereits ausgelaugt ist. Die hier entstehenden Wässer sind karbonat- und sulfatreich, jedoch chloridarm. Der südliche Fließweg führt aus dem Raum Renningen-Leonberg-Gerlingen unter den Keuperbergen und den Solitude-Wäldern nach Cannstatt. Unter den Solitude-Wäldern ist das Steinsalz noch vorhanden, sowie Gips und Anhydrit im anstehenden Mittleren Muschelkalk. Da das Wasser hier höhere Chloridkonzentrationen hat, kann auch mehr Sulfat gelöst werden (Berger-Urquell, Insel-Quelle, Leuze-Quelle, Veiel-Quelle, Wilhelmsbrunnen und Gottlieb-Daimler-Quelle). Die Gottlieb-Daimler-Quelle gehört zu den seltenen Natrium-Calcium-Chlorid-Quellen Deutschlands. Ihre Entstehung wird durch die Mineralisierung des ruhenden Tiefenwassers durch Ionenaustausch mit dem umliegenden Gestein begründet.

Der Kohlensäurezutritt im Aufstiegsgebiet der Mineralwässer ist für die Cannstatter und Berger Mineralquellen von ganz besonderer Bedeutung, zumal dadurch ein wichtiger Faktor in der balneologischen Kuranwendung begründet ist und die Mineralquellen der Großstadt Stuttgart von denen anderer Großstädte mit Kurtradition (Wiesbaden, Budapest) unterscheidet. Außer dem hier nur sehr kurz dargestellten Chemismus der Mineralwässer soll noch der Faktor Wassertemperatur angesprochen werden. Die unterschiedliche Temperatur bei unterschiedlichem Chemismus der Wässer ist auf die verschieden hohe Überdeckung der beiden Fließwege zurückzuführen (FRANK u.a. a.a.O.). Den in 350 m Tiefe maximalen Fließwegen des Wassers entspricht in diesem Gebiet eine geothermische Tiefenstufe von 25 m/1°C. Dem nördlichen Fließweg entspricht somit eine Erwärmung bis auf 16°C (an der Austrittstelle; die Brunnen, die im Westen näher an den mächtigeren Keuperdecken liegen, sind folglich auch wärmer). Der mächtiger überdeckte südliche Fließweg fördert mit Temperaturen an der Austrittstelle von 17°C-21°C auch die wärmeren Quellen (Leuze, Berg, Veiel u.a.).

Bei einer angenommenen Schüttung von 400 l/s, einem Fließweg von 15 km und einer Durchflußfläche von 10.000 qm läßt sich nach CARLÉ (a.a.O) sowie anderen Autoren eine Verweildauer der Wässer von 13 Jahren in den Aquiphärschichten für den nördlichen und 19 Jahren für den südlichen Fließwanderweg bestimmen (PLÜMACHER 1993).

294

Abb. 77: Herkunft der Mineralwässer in Stuttgart - Bad Cannstatt

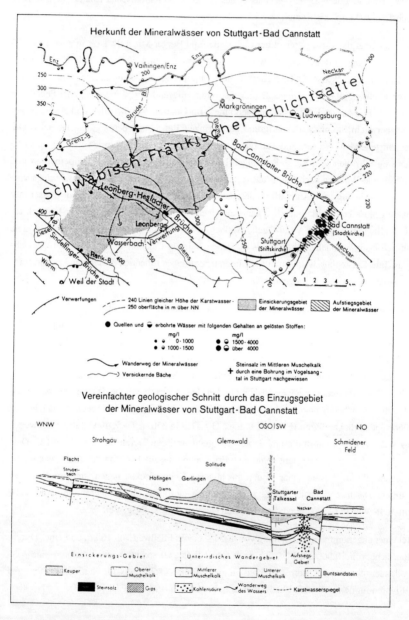

Quelle: FRANK u.a. 1968, S. 61

1.5   Die Gefährdung der Qualität der Mineralwässer

Die Mineralwasservorkommen im industriellen Ballungsraum Stuttgart unterliegen wie auch die anderen Umweltfaktoren standortspezifischen Einflüssen. Dabei wird die umwelt-bezogene Diskussion in Stuttgart - wie in anderen Großstädten und Ballungsräumen auch - von der Altlastenproblematik und der zunehmenden Luft- und Bodenverschmutzung durch Verkehr, Industrie und Haushalte beherrscht. Die hier nur kurz dargestellte vielfältige Genese der Stuttgarter Mineralwässer ist von diesen Problemen gleichfalls betroffen. Durch Grund-wasseruntersuchungen aus mehr als 2500 Grundwasseraufschlüssen, durch historische Erkun-dungen, umfangreiche Bodenluftuntersuchungen in öffentlichen und privaten Bereichen so-wie durch Eingriffe in den Untergrund im Zuge von Baumaßnahmen (Berger Tunnel, Groß-baustelle am Hauptbahnhof u.a.) wurden im Stadtgebiet etwa 70 Altstandorte und 80 konta-minierte Standorte bekannt, bei denen eine Grundwasserverunreinigung eingetreten ist (UFRECHT 1993). Die Untersuchung des Muschelkalkgrundwassers oberhalb der Mineral-quellen belegen in einem Großteil der Aufschlüsse eine konstante Verunreinigung mit CKW (Chlor-Kohlenwasserstoffe). Aufgrund der komplexen hydrogeologischen Verhältnisse im Muschelkalk und der langsamen Fließgeschwindigkeit in den Aquiphärschichten sind die Schadstoffinfiltrationsstellen und somit eventuelle Verursacher kaum ermittelbar. Die Gefah-renabwehr richtet sich somit v.a. auf zukunftsgerichtete Vorbeuge- und lokale Sanierungs-maßnahmen. Der CKW-Umschlag hat sich von 5750 t (1983) auf 1550 t (1992) reduziert. Dieses ist sowohl auf den geänderten Einsatz im industriellen Verbrauch zurückzuführen, als auch auf Betriebs- (und somit auch Problem-)verlagerungen aus Stuttgart v.a. in die Region. Die Prioritäten der städtischen Wasserversorgung (v.a. durch Aufbohrungen von Notbrunnen bis in die mineralwasserführenden Schichten) liegen in der Sicherstellung des Trinkwassers auch für den Notfall (heute bezieht Stuttgart das Wasser über die Fernwasser-Zweckverbände hauptsächlich aus der Bodensee-Wasserversorgung) (BORCHERDT 1991, S. 231). Damit nimmt die Problematik der Mineralwasserqualität und deren Verwendung im erholungs- und gesundheitsorientierten Bereich einen zwar bedeutenden, aber doch nur zweitrangigen Rang im Planungsgefüge der Großstadt ein.

1.6   Die balneologische Bedeutung der Mineralquellen in Stuttgart-Bad Cannstatt und Stuttgart-Berg

Baden-Württemberg ist mit seinen 60 Heilbädern, Heilklimatischen Kurorten, Kneipp-kurorten und Orten mit Heilquellen-Kurbetrieb das größte Bäderland Deutschlands.[1]

Die Mineralquellen in den Stadtteilen Bad Cannstatt und Berg nehmen in mehrerer Hinsicht eine Sonderstellung unter den Mineralwasservorkommen Deutschlands ein. Aus 19 Quellen

---

[1]   HEILBÄDERVERBAND BADEN-WÜRTTEMBERG 1993, S. 1f.

fließen täglich über 22 Millionen Liter Mineralwasser. Elf davon sind staatlich anerkannte Heilquellen, wovon sechs (Wilhelmsbrunnen, Inselquelle, Leuzequelle, Veielquelle, Gottlieb-Daimler-Quelle und Berger-Urquell) die städtischen Mineralbäder Cannstatt und Leuze sowie das private Mineral-Bad Berg versorgen. Neben diesen Quellen stehen der Bevölkerung 14 weitere öffentliche Mineralwasser-Trinkbrunnen zur Verfügung (vgl. auch Abb. 76).

In gewisser Diskrepanz zu diesem natürlichen Reichtum steht die Prädikatisierung der Quellaustritts-Orte: Bad Cannstatt und Berg besitzen "lediglich" das Prädikat "Ort mit Heilquellen-Kurbetrieb". Der wesentliche Unterschied zu den höher prädikatisierten Kurorten besteht darin, daß hier ein Bestimmungsmerkmal für Kurorte nicht erfüllt wird: Heilbäder müssen neben den infrastrukturellen Einrichtungen und natürlichen Kurmitteln zusätzlich einer Prüfung der Lage und des Witterungsklimas für die Gesundheits- und Erholungsmöglichkeiten standhalten. Unzureichende Kurorteinrichtungen und v.a. die ständig zunehmenden Umweltbelastungen im Großraum Stuttgart sind dafür verantwortlich, daß bereits in Erwägung gezogen wurde, den beiden Stuttgarter Stadtteilen die Prädikatisierungen und den Ortsnamenszusatz "Bad" zu entziehen.[2] Für 1994 ist die Eröffnung eines modernen Kur- und Heilmittelzentrums am Mineralbad Cannstatt geplant, so daß infrastrukturelle Mängel teilweise behoben werden können und neben dem zur Zeit ambulanten Kurbetrieb auch stationäre Kurbehandlungen (wieder) möglich werden sollen.

Die Mineralbäder und Kureinrichtungen der beiden Stadtteile liegen im Neckartal, 220 m NN. und haben ein gemäßigtes Klima. Die Heilwässer haben für folgende Heilanzeigen Bedeutung: Herz- und Gefäßerkrankungen, Stoffwechselerkrankungen, Erkrankungen der Atemorgane, allgemeine Schwächezustände, Rekonvaleszenz nach Operationen und Organerkrankungen sowie bei Nervenerkrankungen. Bei den Bad Cannstatter und Berger Quellen hat in der medizinischen Wirkung außer den im Wasser aufgelösten Mineralstoffen auch die Kohlensäure anerkannte Bedeutung.

Als spezielle Kurform bieten die städtischen Mineralbäder (einschl. des Leo-Vetter-Bades) in Zusammenarbeit mit der Allgemeinen Ortskrankenkasse eine ambulante Kur unter ärztlicher Leitung als "Stuttgarter Kur" an. Diese Maßnahme soll nicht nur an alte Kurtraditionen dieser Orte anknüpfen, sondern auch den bestehenden Bedarf an ambulanter Kurbehandlung berücksichtigen.

Das Stuttgarter ambulante Kurmodell beruht auf der Möglichkeit, am Heimatort eine Kur anzutreten, so daß einerseits kein Arbeitsausfall entsteht, andererseits der "soziale Bereich" (Familie, Freunde) nicht belastet wird und zum Kurerfolg mit beitragen kann, bei der Mög-

---

[2] Mündliche Mitteilung des Umweltamtes der Landeshauptstadt Stuttgart, Juni 1993

lichkeit, daß die Kurkosten von den Leistungsträgern (Krankenkassen oder private Träger, wie z.B: Caritas, Müttergenesungswerk) im gesetzlich festgelegten Rahmen mitgetragen werden. Vorteilhaft wirkt sich noch aus, daß bei den ambulanten Kuren die 3jährige Wartefrist bis zu einem wiederholten Kuraufenthalt wegfällt. Die nach dem Stuttgarter Modell ambulant durchgeführten Kuren können jedoch v.a. bei Berufstätigen eine zusätzliche Belastung darstellen, denn ambulante Kur heißt nicht gleichzeitig Krankschreibung, so daß einigen Faktoren der Kurbehandlung - Ruhe und Entspannung bei angepaßter Ernährung - zu kurz kommen. Dieses mag ein Grund dafür sein, daß die Stuttgarter Kur verhältnismäßig selten von Stuttgarter Ärzten empfohlen wird. Zu berücksichtigen ist in diesem Zusammenhang auch der Wunsch vieler Patienten nach einem "Kurlaub", einem Kuraufenthalt mit allen Annehmlichkeiten eines klassischen Kurortes mit stationärer Behandlung. So nehmen auch über 2/3 der Kurpatienten der städtischen Mineralbäder das Kurangebot nicht aufgrund einer Indikation des Arztes wahr, sondern hauptsächlich aus Eigeninteresse. Die fehlenden Angebote stationärer Behandlung führen auch dazu, daß sich der Einzugsbereich des Kurangebotes von Bad Cannstatt und Berg ausschließlich auf den Großraum Stuttgart beschränkt.[3]

Aufgrund des ausschließlich auf ambulanten Kurbetrieb ausgerichteten Kur- und Heilmittelangebotes in Stuttgart-Bad Cannstatt und Berg sowie den daran gebundenen Einzugsbereich kann auch nicht von einem Kur- und Bädertourismus als Fremdenverkehrsmerkmal der Landeshauptstadt Stuttgart gesprochen werden. Das Bäderangebot der Stadt - 9 städtische Hallenschwimmbäder, 5 städtische Freibäder, 2 städtische Mineralbäder sowie ein Mineralbad in privater Trägerschaft - tragen jedoch wesentlich zu einer Aufwertung der freizeit- und gesundheitsorientierten Aktionsmöglichkeiten im Wohnumfeld bei.

2. Stuttgart im Städtevergleich

Obwohl die Bereitstellung von Bädern eine freiwillige Aufgabe der Kommunen ist - genauso wie die Aufgabe, Tourismuswerbung zu betreiben - sind in der "alten" Bundesrepublik über 5 000 Bäderanlagen in Betrieb.[4] Diese sind hauptsächlich Teil des Versorgungsangebotes der Kommunen an ihre Bürger. Baden und Schwimmen ist eine der beliebtesten Freizeitaktivitäten der Bevökerung. Im Rahmen des Forschungsprojektes zum Städtetourismus Stuttgart wurde die Stuttgarter Bevölkerung in einer telefonischen Repräsentativbefragung zu den beliebtesten Freizeiteinrichtungen in Stuttgart befragt (JENTSCH u.a. 1991). Von allen Einrichtungen werden die kulturellen Angebote am häufigsten genutzt, gefolgt von Schwimmbädern, Parks und Grünanlagen, den Möglichkeiten, selbst Sport zu treiben, sowie dem natürlichen Angebot der Umgebung Stuttgarts. Somit ist eine Dominanz der an

---

3 Mitteilung des Kur- und Bäderamtes der Landeshaptstadt Stuttgart.
4 Mitteilung des Kur- und Bäderamtes der Landeshauptstadt Stuttgart 1992.

natürliche Ausstattung geknüpften Aktivitäten gegeben. Auch die von der Universität Stuttgart im Mai 1990 vorgelegte Studie "Sport und Freizeit in Stuttgart" kommt zu dem Ergebnis, daß Schwimmen bei den bevorzugten Sportarten an vorderster Stelle steht.

Die folgenden Ausführungen beziehen sich im wesentlichen auf Angaben des Statistischen Jahrbuchs Deutscher Gemeinden (Hrsg.: DEUTSCHER STÄDTETAG), Jahrgänge 78 (1991) und 79 (1992). Sie sollen einen quantitativen Vergleich im Bereich Hallen- und Freibäder der 13 größten deutschen Städte (zusätzlich werden noch Mannheim und Wiesbaden aufgeführt) liefern. Um die Attraktivität beurteilen zu können, wären weitere - für die meisten Städte dem Verfasser bzw. allgemein nicht verfügbare - qualitative Aussagen notwendig (Ausstattungs-merkmale und Nachfragerbeurteilungen).

Nach den Kriterien des Deutschen Städtetages[5] zählen zu den Badeanlagen neben den reinen Freibädern und Hallenbädern auch "Kombibäder". Dieses sind Badeanlagen, die über Becken sowohl in der Halle als auch im Freien verfügen. Die Freibadteile wurden den Freibädern, die Hallenbadteile den Hallenbädern zugerechnet. Mit Traglufthallen überdeckte Becken zählen zu den Freibädern. Zu den Kur-, Heil- und Thermalbädern wurden die Bäder gezählt, bei denen die medizinische Anwendung und Gesundheitsaspekte im Vordergrund stehen. Dane-ben werden noch Sportbäder (ohne zusätzliche Freizeiteinrichtungen, v.a. für schulische, sportliche und gesundheitliche Nutzung), Freizeitbäder und Spaßbäder (bei eingeschränkten Sportmöglichkeiten stehen die Merkmale "Vergnügen am und im Wasser" im Vordergrund) aufgeführt. Als Naturbäder werden Badeeinrichtungen geführt, die über Sanitäranlagen und/ oder eine Aufsicht verfügen.

Auffallend ist die Ausstattung Hamburgs mit insgesamt 46 Badeanlagen und der größten Wasserfläche. Stuttgart belegt in dieser Liste den 7. Platz. Obwohl München und Frankfurt weniger Badeanlagen besitzen, verfügen sie in diesen über eine größere Wasserfläche. In der Ausstattung mit Freizeit- und Spaßbädern belegt Stuttgart einen hinteren Rang. Die Stärken im Angebot liegen eindeutig bei der Gruppe der "Kur-, Heil- und Thermalbäder". Die Her-vorhebung lokaler Charakteristika im Gesamtangebot ist für zukünftige Planungsmaßnahmen von übergeordneter Bedeutung.

Bei der Aufstellung von neuen Bäderkonzepten orientieren sich die Städte immer häufiger an den Wertvorstellungen der Gesellschaft. Um diese auf lokaler Ebene zielgruppengerecht um-setzen zu können, sind Nachfrageruntersuchungen notwendig, wie sie z.B. Hamburg vor der Erstellung eines neuen Bäderkonzeptes durchführen ließ.[6] Dabei wurde festgestellt, daß sich die Prioritäten von eher gesundheitsmotivierten Bäderbesuchen hin zu erlebnis- und spaßmo-tivierten Bäderbesuchen gewandelt haben.

---

[5] DEUTSCHER STÄDTETAG 1991, S. 228
[6] Mitteilung des Kur- und Bäderamtes der Landeshauptstadt Stuttgart.

Tab. 38:   Stuttgart im Städtevergleich: Badeanlagen (1990)

Gemeinde	Badeanstalten		Freibäder	Hallenbäder				
	Anz.	Wasserfl. m²	Anz.	Anz.	Sport-bäder	Freizeit- u. Spaßbäder	Kur-, Heil-, Thermalb.	Natur-bäder
1 Berlin(W)	36	46.026	13	23	21	2	-	8
2 Hamburg	46	50.005	21	25	19	6	-	7
3 München	16	27.703	8	8	7	1	-	-
4 Köln	29	22.930	6	23	22	-	1	2
5 Frankfurt	15	37.190	8	7	5	2	-	-
6 Essen	20	24.609	7	13	11	2	-	-
7 Dortmund	21	20.041	8	13	10	3	-	-
8 Düsseldorf	34	17.656	8	26	15	9	2	2
9 Stuttgart	**24**	**18.744**	**10**	**14**	**11**	**1**	**2**	**-**
10 Bremen	14	22.114	6	8	-	8	-	-
11 Duisburg	22	22.274	8	14	13	1	-	3
12 Hannover	31	22.774	7	24	2	13	9	5
13 Nürnberg	16	29.993	9	7	7	-	-	2
17 Mannheim	13	12.541	7	6	5	1	-	2
21 Wiesbaden	9	10.959	4	5	-	4	1	-

Die Reihenfolge der Gemeindeauflistung entspricht ihrer Größe nach der Einwohnerzahl für das Jahr 1990.

Quelle: eigene Zusammenstellung nach: DEUTSCHER STÄDTETAG 1991, S. 255

Stuttgart liegt im Vergleich der städtischen Ausgaben für Sport- und Badeanlagen an führender Stelle. Dabei muß allerdings berücksichtigt werden, daß zur Zeit in Stuttgart große Investitionen für den Bau des Kur- und Heilmittelzentrums getätigt werden, sowie im letzten Jahr hohe Beträge für die Sanierung und Modernisierung bestehender Anlagen ausgegeben wurden.

Die Gesamtsportausgaben[7] werden am stärksten von den Ausgaben für Badeanlagen belastet. Der größte Teil der Ausgaben für Badeanstalten entfällt auf die Bezuschussung der laufenden Ausgaben (nachgewiesen werden die Ausgaben des Verwaltungshaushaltes abzüglich der Einnahmen). Dieser hohe Zuschußanteil an den Gesamtausgaben schlägt sich auch in der Preispolitik der städtischen Bäder nieder, die somit z.B. günstigere Eintrittspreise veranschlagen kann als privatwirtschaftliche Betriebe. In Stuttgart sind diese Unterschiede auf engstem Raum feststellbar: Mineralbad Leuze als städtisches Bad und Mineral-Bad Berg als privates Bad.

Durch zunehmende Ausgliederung von Badeanstalten aus dem Gemeindehaushalt und deren Umwandlung in Eigenbetriebe oder Eigengesellschaften werden die Ausgaben in diesem Bereich geringer als tatsächlich ausgewiesen. In Stuttgart stehen zur Zeit ähnliche Überlegungen zur Diskussion.

---

[7] zu den Sportausgaben werden die Aufwendungen für Sportstätten (Sport- und Tennisplätze, Eisplätze, Sportschulen u.a.) und Badeanlagen (Hallen- und Freibäder, Saunen, jedoch ohne Ausgaben für Schulsportanlagen) gezählt.

Geographisches Institut
der Universität Kiel

3. Öffentliche Hallen- und Freibäder in Stuttgart: eine kritische Bestandsaufnahme

Für die Kommunen bedeutet die Unterhaltung von Bädern keinen kostendeckenden oder gar gewinnbringenden Betrieb. Das Ziel besteht jedoch darin, bei einem möglichst hohen Kostendeckungsgrad den Bedürfnissen der Bevölkerung gerecht zu werden. In Stuttgart enthält der Sportstättenleitplan 1977 auch die Belange der städtischen Hallen-, Frei- und Mineralbäder.

Bäder mit vielfältigem, nicht nur zum Baden und Schwimmen aussgerichtetem Angebot, sind v.a. seit den 70er Jahren als "Freizeitbäder" oder "Erlebnisbäder" entstanden. So plant auch ein Investor für Stuttgart ein Erlebnisbad: bei Möhringen soll von der Deyhle-Gruppe neben einer neuen Music-Hall, einem Hotelneubau und der grundlegenden Sanierung des Hotels Stuttgart International eine große Bade- und Saunalandschaft entstehen. Das Bevölkerungspotential und die Wirtschaftskraft der Region versprechen aufgrund anderer Beispiele eine gute Auslastung.

Nach dem Bäderbau-Boom, von dem sich in der Bundesrepublik fast alle Kommunen mitreißen ließen - in Stuttgart wurden in den 70er Jahren fünf der 16 öffentlichen städtischen Hallen- und Freibäder gebaut - kam es in den 80er Jahren auch in Stuttgarts Hallenbädern zu einem Besucherrückgang von über 30 %! (1980-1991). Dieses ist auf mehrere Ursachen zurückzuführen: das gößere Angebot vor allem neuer und erlebnisorientierter Bäder in der Stadt und der Region trägt ebenso dazu bei, wie die rückläufige Einwohner- und Schülerzahl in Stuttgart und die teils verregneten Sommer. Lediglich die beiden städtischen Mineralbäder, v.a. das "Leuze", konnten ein bedeutendes Besucherwachstum in den 80er Jahren aufweisen. Von 1980 (364.016 Besucher) bis 1989 (1.048.888) ergibt dieses ein Wachstum von 168 %! Dieses hängt mit den umfassenden Modernisierungsmaßnahmen 1983 im Mineralbad Leuze zusammen (u.a. die Erweiterung des Angebotes um die Saunalandschaft) und sicherlich auch mit dem neuen, naturorientierten Bewußtsein in der Bevölkerung. Dabei sei noch die städtisch zentrale Lage des Bades zu erwähnen, die es für einen Kurzbesuch vor oder nach dem Dienst bzw. Schulbesuch und als zentralen Treffpunkt attraktiv macht.

Der Rückgang der Besucherzahlen während der letzten beiden Jahre auch im Mineralbad Leuze dürfte auf ein gestiegenes Angebot an Erlebnisbädern in der Region, sowie auf ausbleibende Kurgästen aufgrund der Gesundheitsreformgesetze von 1989 und 1992 zurückzu-

Abb. 78:   Das Besucheraufkommen der öffentlichen Hallen- und Freibäder Stuttgarts

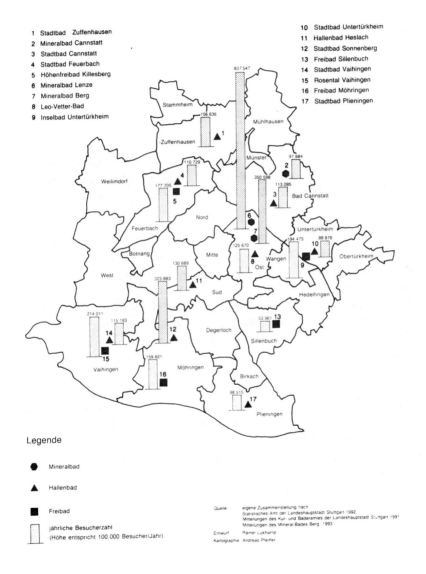

1   Stadtbad Zuffenhausen
2   Mineralbad Cannstatt
3   Stadtbad Cannstatt
4   Stadtbad Feuerbach
5   Höhenfreibad Killesberg
6   Mineralbad Lenze
7   Mineralbad Berg
8   Leo-Vetter-Bad
9   Inselbad Untertürkheim

10   Stadtbad Untertürkheim
11   Hallenbad Heslach
12   Stadtbad Sonnenberg
13   Freibad Sillenbuch
14   Stadtbad Vaihingen
15   Rosental Vaihingen
16   Freibad Möhringen
17   Stadtbad Plieningen

Legende

●   Mineralbad

▲   Hallenbad

■   Freibad

▯   jährliche Besucherzahl
    (Höhe entspricht 100.000 Besucher/Jahr)

Quelle   eigene Zusammenstellung nach
           Statistisches Amt der Landeshauptstadt Stuttgart 1992
           Mitteilungen des Kur- und Baderamtes der Landeshauptstadt Stuttgart 1991
           Mitteilungen des Mineral-Bades Berg 1993

Entwurf   Rainer Lukhaup

Kartographie Andreas Pfeiffer

führen sein. Auch im Mineral-Bad Berg wirken sich die letzten Sparmaßnahmen im Kurmittelbereich negativ aus: die Kurmittelabgaben betragen nur noch 20-30 % im Vergleich zum Vorjahresvergleichszeitraum[8]. Die ambulante Kurbehandlung ist von den Unsicherheiten bei den Sparmaßnahmen genauso stark betroffen wie die stationäre Kurbehandlung[9], obwohl laut DEUTSCHEM BÄDERVERBAND (1989, S. 3) die Ausgaben der Krankenversicherungen für Kuren nur 1 % der Gesamtausgaben ausmachen und die der Rentenversicherung 3,5 % der Gesamtausgaben.

Heute ist fast in jedem Stuttgarter Stadtteil ein Hallen- oder Freibad vertreten (vgl. Abb. 78). Ein Vergleich der Bäder zeigt eine deutlich hervorgehobene Stellung der Mineralbäder in der Gunst der Badegäste. Vergleicht man die Grundausstattung der Bäder, die zur Verfügung stehenden Wasserflächen im Verhältnis zu der Besucherzahl (Nutzungsintensität), so lassen sich zwischen den einzelnen Bädern große Unterschiede erkennen. Der Nutzungsintensitätsfaktor hebt hervor, daß auch Bäder mit relativ kleinen Wasserflächen, jedoch einer zeitgemäß attraktiven Ausstattung, einen hohen Auslastungsgrad erreichen.

So haben z.B. die Hallenbäder Vaihingen und Zuffenhausen gleichgroße Schwimmbecken bei jedoch qualitativ unterschiedlichem Angebot: in Zuffenhausen ist zusätzlich eine Sauna und eine Sonnenwiese vorhanden. Ein weiterer Faktor ist die qualitative Ausstattung der benachbarten Bäder. Auf die Besucherzahl des Hallenbades Vaihingen dürfte sich somit das große Angebot des Hallenbades Sonnenberg auswirken. Dieses besitzt neben erlebnisorientierten Einrichtungen (Rutsche, Sauna, Dampfbad, Riesenpilz, u.a.) eine Kinder- bzw. "Mutter+Kind-freundliche" Ausstattung (z.B. Babyschwimmen). Damit erreicht das Hallenbad Sonnenberg trotz einer kleinen Wasserfläche eine hohe Nutzungsintensität, die nur vom Traditionsbad Mineralbad Cannstatt überschritten wird (dieses wird zur Zeit zu einem Kur- und Heilmittelzentrum umgebaut). Das besondere Angebot der Mineralbäder (naturbelassene kohlensäurehaltige Mineralwässer bei erlebnisorientierter Ausstattung v.a. des "Leuze") sowie die zentrale Lage in der Großstadt sind bereits erwähnt worden. Bei den Freibädern ist der gleiche Trend wie bei den Hallenbädern festzustellen: eine Nutzungsoptimierung wird erst bei vielfältigem Angebot erreicht und nicht nur durch große Wasserflächen. Die tägliche Besucherzahl des Inselbades Untertürkheim (Freibad) ist im Vergleich zu anderen Bädern sehr hoch - bei jedoch überproportional größerer Wasserfläche zu diesen Bädern. Ein Vergleich mit dem Freibad Möhringen (zweitgrößte Wasserfläche) zeigt, daß wiederum das zusätzliche Angebot die Nutzungsauslastung vergrößert: während das Inselbad Untertürkheim ein sport- und wettkampforientiertes Bad ist, besitzt das Freibad Möhringen ein reichhaltiges und kinderfreundliches Angebot, was dessen Nutzungsintensitätsfaktor ebenfalls steigert.

---

[8] mündl. Mitteilung Hr. Blankenhorn, Mineral-Bad Berg, Juni 1993.
[9] mündl. Mitteilung Frau Dr. Dahl, Ärzteschaft Stuttgart, Juni 1993

4. Ergebnisse der Untersuchung zum Freizeitverhalten der Stuttgarter Bevölkerung unter besonderer Berücksichtigung des Kur- und Bäderwesens in Stuttgart-Bad Cannstatt

4.1 Durchführung der Untersuchung und Untersuchungsmethoden

Der empirische Teil der vorliegenden Arbeit basiert auf umfassenden Primärerhebungen bei der Stuttgarter Bevölkerung, den Badegästen des Mineralbades Leuze sowie auf Expertengesprächen. Daneben wurden Angaben der amtlichen und nicht-amtlichen Sekundärstatistik zum Vergleich sowie zur Ergänzung der eigenen Daten herangezogen. Die Zielgruppen der Untersuchung sind zum einen die Besucher des Mineralbades Leuze und zum anderen die Bevölkerung Stuttgarts als hauptsächliche Nachfrager der Mineralbäder.

4.1.1 Die Befragung der Mineralbadbesucher

Bei der Planung der Untersuchung wurde davon ausgegangen, Befragungen in den Stuttgarter Mineralbädern Leuze und Berg durchzuführen. Die Befragung konnte letztlich nur im städtischen Mineralbad Leuze durchgeführt werden, da das private Mineral-Bad Berg einerseits in den Entscheidungsfindungsprozeß und die Untersuchungsbeauftragung nicht mit einbezogen wurde und andererseits einer Befragung in seinem Bereich ablehnend gegenüberstand.

Die Befragung der Mineralbadbesucher fand in der Zeitspanne 27. Februar-12. März 1993 statt. Die Auswahl der Zielpersonen erfolgte mittels einer reinen Zufallsstichprobe. Während des Befragungszeitraumes wurden im Eingangsbereich des Mineralbades Leuze Badegäste gebeten, an der schriftlichen Befragung teilzunehmen. Aufgrund deren großer Teilnahmebereitschaft war eine zufallsgesteuerte Auswahl möglich. Der Befragungserfolg ist mit 502 zurückgeschickten und ausgefüllten Fragebögen von insgesamt 810 ausgeteilten Fragebögen sehr hoch. Dieses entspricht einer Erfolgsquote von 62 %, so daß die Ergebnisse eine hohe Aussagekraft haben.

In der Zeitspanne 27.02.-05.03.1993 wurde eine mündliche Zusatzbefragung (Zufallsstichproben unter den das Bad verlassenden Badbesuchern) zum Einzugsbereich des Bades unternommen.

Trotz der hohen Erfolgsquote der Befragung sollen die Ergebnisse als aussagekräftige Trend-Ergebnisse und nicht als Repräsentativ-Ergebnisse für das Besucheraufkommen des Mineralbades Leuze gesehen werden. Für den Befragungszeitraum ist aufgrund der angewendeten Methoden die Repräsentativität gewährleistet. Allgemein repräsentativ wäre die Befragung jedoch erst, wenn sie über den Zeitraum eines ganzen Jahres verteilt und in größerem Umfang durchgeführt worden wäre. Dies scheiterte v.a. an finanziellen und personellen Mitteln.

4.1.2 Die Befragung von Stuttgarter Bürgerinnen und Bürgern zum Freizeitverhalten unter besonderer Berücksichtigung des Besuches von Mineralbädern

Diese Befragung soll ein Bild über den Stellenwert der Bäder in der Freizeitgestaltung allgemein sowie im Wohnumfeld der Stuttgarter Bevölkerung ergeben. Diese Befragung ist notwendig, um nicht nur die tatsächlichen Mineralbad-Besucher zu berücksichtigen, sondern auch die Meinung potentieller Besucher zu erfahren. Hiermit wurde es auch möglich, den Aktionsraum des Freizeitverhaltens der Stuttgarter Bevölkerung zu berücksichtigen. Vor allem die unterschiedlichen Angebote und Möglichkeiten der Freizeitgestaltung in der Region Stuttgart - unter Berücksichtigung der Bäderbesuche - verdeutlichen die engen Verknüpfungen der Großstadt Stuttgart mit ihrem Umland.

Bei dieser Befragung handelt es sich um eine schriftliche Befragung in drei Versandwellen. Die Auswahl der Zielpersonen erfolgte nach einem geschichteten systematischen Zufallsprinzip. Unter der Voraussetzung, daß im aktuellen Stuttgarter Telefonbuch 98 % aller Haushaltungen vertreten sind, somit also jede potentielle Zielperson die Möglichkeit hatte, bei der Stichprobenziehung berücksichtigt zu werden, wurden 935 Adressen als Bruttostichprobe ermittelt. Abzüglich der unzustellbaren Fälle (6,5 %, "unbekannt verzogen", verstorben) bleibt eine Nettostichprobe von 878 Fällen. Um eine der Grundgesamtheit möglichst nahekommende Stichprobe zu erzielen, wurde innerhalb der angeschriebenen Haushalte eine weitere Auswahl nach der statistisch erprobten und anerkannten Methode der Auswahl jenes Interviewpartners unter den Haushaltsmitgliedern angestrebt, der zuletzt Geburtstag hatte und älter als 16 Jahre ist. Die Ungleichverteilung der soziodemographischen Merkmale Geschlecht, Alter und Staatsangehörigkeit liegt darin begründet, daß zum einen diese Auswahlvorgaben von den Zielpersonen bzw. den angeschriebenen Haushalten nicht immer berücksichtigt wurden (eine Schwachstelle der schriftlichen Befragung stellt die fehlende Kontrolle der Zielpersonenauswahl dar) und daß zum anderen die Bereitschaft bestimmter Bevölkerungsschichten, an Untersuchungen teilzunehmen, sehr gering ist. Von diesen Mängeln sind auch die Untersuchungen anderer Institute betroffen, so daß es sich um eine allgemein bekannte Erscheinung handelt, die bei demoskopischen Umfragen, die auf freiwilliger Auskunftsbasis stattfinden, in Kauf genommen werden muß. Aus bereits beschriebenen Gründen wurde folglich auch bei dieser Untersuchung auf die Hochrechnung der Ergebnisse auf die Grundgesamtheit verzichtet, was die Aussagekraft jedoch nicht wesentlich schwächt.

Unter Berücksichtigung von flankierenden Maßnahmen der Befragung (Preisausschreiben) wurde ein Rücklauf von 55,8 % der Bruttostichprobe erzielt (490 Fragebögen). Diese Erfolgsquote ist zufriedenstellend und erlaubt somit wissenschaftlich fundierte Auswertungen. Im Vergleich zu den soziodemographischen Merkmalen der Grundgesamtheit sowie anderen Untersuchungsergebnissen verspricht dieses Rücklaufergebnis eine hohe Aussagekraft.

4.1.3 Expertengespräche

Während des Untersuchungszeitraumes wurden Gespräche mit maßgeblichen Experten der Freizeit- und Fremdenverkehrsbranche sowie im Bereich des Kur- und Bäderwesens mit Vertretern einzelner Einrichtungen geführt. Aufschlußreich waren auch die Gespräche im Umweltamt der Stadt Stuttgart bezüglich der standortgebundenen Problematik des Mineralwasservorkommens sowie der Mineralwasserqualität. Die Expertengespräche wurden als offene Gespräche geführt und werden in der Bewertung des aktuellen und zukunftsorientierten Angebotes der Bereiche Freizeitverkehr und Mineralwässer/-bäder berücksichtigt. Die ergänzenden Informationen aus diesen Gesprächen waren für die Problemformulierungen und die detaillierten Kenntnisse der Sachlage von großer Bedeutung.

4.1.4 Sekundärstatistische Auswertungen

Hier spielen die Angaben der amtlichen Statistiken auf Bundesebene, v.a. jedoch die Angaben des Statistischen Amtes der Landeshauptstadt Stuttgart (der Fremdenverkehrsstatistik und der Statistik des Kur- und Bäderwesens), eine große Rolle. Gleichfalls wurden Aussagen relevanter Untersuchungen anderer Forschungsinstitute berücksichtigt (z.B. Studienkreis für Tourismus Starnberg, EMNID/IPK Bielefeld, DWIF München, DZT Frankfurt, Deutscher Städtetag Köln, Deutscher Bäderverband e.V. Bonn, Bäderverband Baden-Württemberg e.V. Freiburg, Untersuchungen des Geographischen Institutes der Universität Mannheim zum Städtetourismus Stuttgart).

4.2 Die inhaltlichen Schwerpunkte der Fragebögen

Kennzeichnend für die unterschiedlichen Zielgruppen und die zu ermittelnden Aussagen haben die beiden Fragebögen unterschiedliche Schwerpunkte. Fragen, die die allgemeine Werteinschätzung und Nutzung der Bäder in Stuttgart und der Region Stuttgart ermitteln sollen, sind zwecks Vergleichbarkeit der Ergebnisse in beiden Fragebogenvarianten gleichlautend.

Die Schwerpunkte bei der Befragung der Stuttgarter Bevölkerung:

- die Ermittlung der Reiseintensität, Reisehäufigkeit und der Reisemotivation der Haupturlaubsreisen sowie der Tagesausflüge in die Region/Umgebung Stuttgarts;
- die Erwartungshaltung an Reiseziele sowie die Reise beeinflussende Merkmale;
- Ermittlung der beliebtesten Freizeitaktivitäten im Wohnumfeld sowie Verbesserungswünsche an die freizeit- und wohnumfeldrelevante städtische Infrastruktur;
- die Verkehrsmittelwahl bei Freizeitaktivitäten im Wohnumfeld sowie eine kritische Beurteilung des ÖPNV;
- die freizeitbezogenen Ausgaben der Befragten;
- Bekanntheitsgrad des Begriffes "Stuttgarter Kur";
- die Beurteilung der Großstadtangebote Mineralquellen, Kur- und Bädereinrichtungen als Stuttgart-Charakteristika;

-   die Ermittlung der Bäderbesuche in der Region Stuttgart sowie die Beurteilung dieser im Vergleich zu den Bädern Stuttgarts;
-   allgemeine Kritik zu dem Bereich "Freizeit und Erholung in Stuttgart".

Die Schwerpunkte des Fragebogens der Mineralbadbesucher-Befragung:

-   die zeitliche Einordnung sowie Motivation für den Badbesuch;
-   die Häufigkeit der Mineralbadbesuche;
-   die kritische Bewertung des Angebotes im Mineralbad;
-   Verbesserungsvorschläge;
-   die Verkehrsmittelwahl für den Mineralbadbesuch;
-   Bekanntheitsgrad des Begriffes "Stuttgarter Kur" sowie eigene Erfahrungen mit diesem Angebot;
-   die Beurteilung der Großstadtangebote Mineralquellen, Kur- und Bädereinrichtungen als Stuttgart-Charakteristika;
-   die Ermittlung der Bäderbesuche in der Region Stuttgart sowie die Beurteilung dieser im Vergleich zu den Bädern Stuttgarts.

Mittels der Zusatzbefragung wurde der Einzugsbereich des Mineralbades Leuze festgestellt. Um eine für diese Befragung möglichst hohe Aussagekraft zu erzielen, wurde die persönliche Befragung der schriftlichen Befragung (diese mit einer Verweigerungsquote von 38 %) vorgezogen. Die Ergebnisse rechtfertigen diesen Schritt, da die Antwortbereitschaft auf die (einzige) gestellte Frage bei ca. 90 % lag. Damit kann der Einzugsbereich des Mineralbades - als Merkmal zentralörtlicher Funktion - ermittelt werden. Die Schwachstelle dieses Vorgehens liegt darin, daß zwischen den Antworten im Fragebogen für die Mineralbad-Besucher und der Zusatzbefragung nicht direkte Korrelationen hergestellt werden können. Im Sinne der Untersuchung haben diese Querverbindungen auch einen untergeordneten Stellenwert. Einzelne Ergebnisse werden dadurch untermauert bzw. ergänzt.

4.3   Ausgewählte Untersuchungsergebnisse

4.3.1   Die soziodemographische Struktur der Befragten im Bereich Mineralbad Leuze

Bei der Untersuchung im Mineralbad Leuze handelt es sich um eine Zielgruppe, die mit der Grundgesamtheit der Bevölkerung Stuttgarts bzw. der Region als Einzugsgebiet des Mineralbades nicht vergleichbar ist. Da über die soziodemographischen Daten der Gesamtbesucherzahl des Mineralbades, als der zu vergleichenden Grundgesamtheit, dem Verfasser keine Angaben vorliegen (da sie von der Bäderverwaltung nicht erhoben werden bzw. werden können), liegen lediglich Vergleichswerte zugrunde, die durch Beobachtungen der Badegäste zustandekamen. So ist in der Stichprobe die Altersgruppe 46-56 Jahre am stärksten vertreten (40,7 %), gefolgt von der Altersgruppe der über 65jährigen mit 33,2 %. Die Altersgruppen der unter 45jährigen ist mit 21,8 % relativ grundgesamtheitskonform vertreten. Große Abweichungen ergeben sich bei der Altersgruppe der unter 26jährigen. Diese Gruppe stellt zum einen auch nicht die tatsächlich größte Besuchergruppe dar, zum anderen kennzeichnet sie sich durch eine größere Gleichgültigkeit Befragungen gegenüber, als die kritischen, zum großen Teil als Stammgäste des Bades relevanten Hauptbesuchergruppen der über 45jährigen. Die Geschlechterverteilung zeigt eine annähernde Übereinstimmung mit der Verteilung in der Stuttgarter Bevölkerung. Mit 50,3 % ist die Zahl der männlichen Interviewpartner im Verhältnis zur Stuttgarter Grundgesamtheit (48,4 %) nur leicht überrepräsentiert. Das Übergewicht derjenigen, die nicht in Stuttgart geboren wurden, macht sich auch in der Stichprobe mit 53 % bemerkbar.

Die größte Besuchergruppe gab beim Merkmal "Familienstand" die Ausprägung "verheiratet" an (59 %, Grundgesamtheit Bundesrepublik Deutschland[10]: 43,2 %). Die am häufigsten genannte Haushaltsgröße ist der 2-Personen-Haushalt (49 %, BRD: 30 %), gefolgt von dem 1-Personen-Haushalt (25,3 %, BRD: 35 %). Dieses entspricht auch den Antworten auf die Frage nach der Kinderzahl im Haushalt, die jünger als 16 Jahre sind: 83 % (BRD: 75 %) gaben an, keine Kinder unter 16 Jahren im Haushalt zu haben. Bei dem Merkmal "höchster Schulabschluß" überwiegt mit 26 % die Zahl der Fach- und Hochschulabsolventen. Die Ausrichtung des Mineralbades auf gesundheitsorientierte Angebote schlägt sich nicht nur in der Struktur der Altersgruppen nieder, sondern auch in der Struktur der Berufsgruppen: so überwiegt die Zahl der nicht mehr Berufstätigen (Rentner) mit 33,9 %, gefolgt von der Gruppe der Angestellten mit 29,3 %. Der Bevölkerungsanteil der ausländischen Mitbürger ist im Verhältnis zu der Stuttgarter Bevölkerung unterrepräsentiert: nur 4 % gaben an, nicht die deutsche Staatsbürgerschaft zu besitzen. Dieser geringe Anteil der Ausländer in der Stichprobe ist sowohl auf Sprach- und Verständigungsschwierigkeiten zurückzuführen, wie auch auf die generelle Zurückhaltung bei Befragungen. Auch aus diesen Gründen wird die Gruppe der in Deutschland lebenden Ausländer von den meisten Umfrageinstituten nicht berücksichtigt.

4.3.2 Die soziodemographische Struktur der Interviewpartner im Befragungsgebiet Stuttgart

Die bereits angesprochenen Schwierigkeiten schriftlicher Befragungen schlagen sich auch im Befragungsgebiet Stuttgart nieder. So ist die Gruppe der männlichen Ansprechpartner mit 55,6 % überrepräsentiert (Grundgesamtheit ist Stuttgart: 48,4 %). Der Anteil der nicht in Stuttgart Geborenen macht sich in dieser Befragung deutlicher bemerkbar als in der Mineralbad-Befragung: 66 % gaben an, nicht in Stuttgart geboren worden zu sein. Dieses entspricht auch der amtlichen Statistik. Der geringere Anteil der Stuttgart-Zugereisten an der Leuze-Befragung hängt sicherlich auch mit der größeren Verbundenheit der Stuttgarter Bevölkerung

---

[10] dem Verfasser sind diese Angaben für Stuttgart nicht bekannt. Da im Verdichtungsraum Stuttgart der überwiegende Bevölkerungsanteil der Gruppe der aus anderen Landesteilen Zugereisten angehört, ist ein Vergleich mit der Grundgesamtheit Bundesrepublik Deutschland vertretbar. Angaben nach: STATISTISCHES BUNDESAMT 1991, Wiesbaden.

mit diesem Traditionsbad zusammen. In der Alterstruktur der Stichprobe überwiegt die Gruppe der 26-45jährigen mit 39,1 % (Stuttgart[11]: 31,8 %), gefolgt von der Gruppe der 46-65jährigen mit 28,8 % (Stuttgart: 26,1 %) und der Gruppe der über 66jährigen mit 20,4 % (Stuttgart: 16,1 %). Aus bereits angesprochenen Gründen ist die Gruppe der 16-25jährigen mit 4,8 % am Stichprobenanteil unterrepräsentiert (Stuttgart: 13,4 %).

Die Gruppe der Verheirateten ist sowohl in der Stichprobe, als auch in der Grundgesamtheit Bundesrepublik am größten: 56,7 % in der Stichprobe, 43,2 % in der Grundgesamtheit BRD. Mit 39,4 % ist der 2-Personen-Haushalt in der Stichprobe am häufigsten vertreten (BRD: 29,8 %), gefolgt vom 1-Personen-Haushalt (24,1 %/35,3 % BRD). Die Haushaltsgrößen mit 3, 4 und mehr als 4 Personen entspricht der Verteilung in der BRD: 15 %, 11,5 %, 4,7 % in der Stichprobe, 16,8 %, 12,6 % und 5,3 % in der BRD. Bei der Anzahl der Kinder unter 16 Jahren im Haushalt ergeben sich noch deutlichere Parallelen zur Grundgesamtheit Bundesrepublik Deutschland: keine Kinder unter 16 haben 78,2 % der Stichproben-Haushalte (75,1 % BRD), 1 Kind haben 10, 3 % (13,3 % BRD), 2 Kinder 7,7 % (8,9 % BRD) und 3 und mehr Kinder haben 3,9 % (2,8 % BRD).

Bei dem Merkmal Schulbildung ergibt sich für die Stuttgart-Stichprobe ein deutliches Übergewicht der Probanden mit höherem Schulabschluß: 29,2 % haben Hochschul- bzw. Fachhochschulabschluß (BRD: 7,4 %). Dieses läßt sich aufgrund soziologischer Untersuchungen auch dadurch erklären, daß bei steigendem Bildungsgrad auch die Bereitschaft zunimmt, an wissenschaftlichen Untersuchungen teilzunehmen. Weiterhin muß noch berücksichtigt werden, daß ein Merkmal des Verdichtungsraumes Stuttgart der hohe Anteil an hochqualifizierten Arbeitsplätzen an der Gesamtstruktur der Arbeitsplätze ist, was sich auch in der Bevölkerungsstruktur niederschlägt. Dieses wirkt sich auch auf die Struktur der Berufstätigkeit unter den Befragten aus. Die größte Gruppe wird mit 37,8 % von den Angestellten gebildet (BRD [12]: 41,9 %), gefolgt von der Gruppe der Rentner mit 23,1 %, den Hausfrauen/-männern mit 8,6 %, den Selbständigen und Beamten mit 8 % bzw. 7,4 % (BRD: 8.9 % bzw. 8,7 %). Auch bei dieser Untersuchung sind die Ausländer mit 4,5 % (BRD: 6,4 %, Stuttgart: 20,5 %) unterrepräsentiert.

Die Vergleiche mit der Grundgesamtheit ergeben in vielen Bereichen Ähnlichkeiten, so daß von einer aussagekräftigen Stichprobe gesprochen werden kann.

Im folgenden werden die wesentlichen Ergebnisse der Befragung kurz erläutert und teilweise graphisch dargestellt. Als Basis für die Berechnung der Prozentanteile dient entweder die absolute Zahl der Befragten oder die Gesamtzahl der einzelnen Nennungen bei Fragestellungen mit Mehrfachnennung bzw. bei den offenen Fragestellungen.

---

[11] nach Angaben in: Jahrbuch Deutscher Gemeinden, Hrsg: DEUTSCHER STÄDTETAG Köln 1992.
[12] Anteile an den Erwerbstätigen

4.4 Merkmale des allgemeinen Freizeitverhaltens

4.4.1 Rahmenbedingungen des Freizeit- und Fremdenverkehrs: Befragungsgebiet Stuttgart

Die Reiseintensität drückt den Anteil der Reisenden an der Gesamtstichprobe aus. Demnach gaben 92,3 % von den 490 Befragten für 1992 an, mindestens eine Reise mit einer oder mehreren Übernachtungen unternommen zu haben. 16,4 % gaben an, 1992 vier Reisen mit mindestens einer Übernachtung gemacht zu haben, 15,2 % sind zweimal verreist und 12,2 % dreimal. 52,4 % sind somit ein- bis viermal verreist. Eine Reise mit mehr als drei Übernachtungen während des Jahreshaupturlaubes ist für 77 % der Befragten attraktiver, als mehrere Kurzreisen (bis zu drei Übernachtungen) zu unternehmen. Im Vergleich zu der Reisedauer von Reisen der Bundesbürger sind die Stuttgarter Befragten reisefreudiger: EMNID/IPK ermittelte 1991 für die Bundesrepublik von allen durchgeführten Reisen 58,7 % Reisen mit mehr als drei Übernachtungen.

Bemerkenswert ist der Anteil von 13 % der Befragten, die angegeben haben, ihren Jahreshaupturlaub in Stuttgart verbracht zu haben. Kurzurlaubsreisen und Ausflüge spielen hingegen mit 9 % eine geringere Rolle in der Gestaltung des Jahreshaupturlaubes.

Abb. 79: Möglichkeiten am Urlaubsort

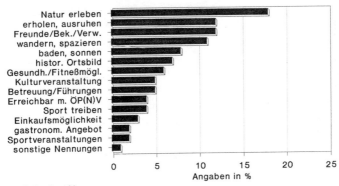

Stuttgart-Befragung Freizeitverhalten
Reiseziel:
Möglichkeiten am Urlaubsort

Summe Befragte: 490
Summe Nennungen: 2278

Quelle: eigene Erhebungen 1993

Die Kriterien "Natur erleben" und die Möglichkeiten, naturnahe Aktivitäten durchzuführen (wandern, spazierengehen, sich sonnen und baden), sind bei der Reisezielauswahl der Stuttgarter Befragten am wichtigsten (vgl. Abb. 79). Die kulturellen und sportlichen Angebote nehmen hingegen nur mittlere bzw. hintere Ränge ein. Die große individuelle Mobilität macht sich auch dadurch bemerkbar, daß lediglich 4 % das Kriterium "Erreichbarkeit mit ÖP(N)V-Mitteln" als wichtiges Entscheidungsmerkmal angegeben haben.

Die große Bedeutung der Beurteilung des möglichen Urlaubsortes durch Verwandte, Bekannte oder Freunde wird auch durch die gewählte Reiseform deutlich: 65 % der Befragten gaben an, den Urlaub am liebsten selbst zu planen. Dieser Umstand verdeutlicht den besonderen Stellenwert, der der Öffentlichkeitsarbeit durch touristische Leistungsträger zukommt. Durch gezielte PR-Maßnahmen kann ein bestehendes Image beeinflußt oder "korrigiert" werden. Dieses schlägt sich nachhaltig positiv bei der Reisezielauswahl potentieller Besucher nieder.

Bemerkenswert ist der hohe Stellenwert der Stuttgarter Parks und Naherholungsanlagen für die Freizeitgestaltung. Ein attraktives Angebot im Wohnumfeld führt somit auch dazu, daß die Bevölkerung einen Teil ihrer Freizeit am Wohnort verbringt. Dieser Aspekt soll ebenfalls vor dem Hintergrund der positiven Auswirkungen auf die lokale freizeitrelevante Infrastruktur (z.B. Gaststätten und Geschäfte) betrachtet werden. Bedeutung bei der Auswahl von Tagesausflugszielen haben auch die Schwimmbäder und Seen in Stuttgart und der Umgebung.

Die enge Verflechtung Stuttgarts mit der Region wird durch die Betrachtung der Entfernung der Tagesausflugsziele von Stuttgart deutlich. Über die Hälfte der Befragten (52,1 %) wählen lokale oder regionale Ausflugsziele (Entfernung bis zu 30 km von Stuttgart). 35 % nehmen Fahrtstrecken bis 100 km in Kauf und nur 11,4 % fahren während eines Tagesausfluges auch weiter als 100 km (v.a. Schwäbische Alb und Schwarzwald). Bei den Kurzurlaubs- und Urlaubszielen dominiert Bayern vor Baden-Württemberg, Österreich, Italien, Frankreich und der Schweiz; Städtereisen unternehmen die Stuttgarter Befragten vor allem nach Berlin, gefolgt von Hamburg, München, Frankfurt am Main, Köln und Paris - um an dieser Stelle nur die häufigsten Nennungen wiederzugeben.

Von den Befragten verbringen 61,4 % einen Teil ihrer Freizeit als aktives Mitglied in einem Verein oder einem sonstigen organisierten Rahmen. Davon nehmen die Sportvereine mit 31,9 % der Nennugen den ersten Rang ein, gefolgt von Tätigkeiten in kirchlichen und karitativen Vereinen (18,7 %), kulturellen Vereinen (18,4 %) und Veranstaltungen der Volkshochschule (10,7 %). Der hohe organisierte Aktionsgrad hebt die Bedeutung eines vielfältigen Freizeitangebotes am Wohnort hervor.

311

Die Investitionswünsche für Freizeit-Infrastrukturverbesserungen (vgl. Abb. 80) in Stuttgart beziehen sich hauptsächlich auf die Verbesserung der Lebensraumqualität der Stadt: 38 DM von 100 DM würden die Befragten dafür ausgeben. Die hohen Investitionswünsche im Bereich ÖPNV belegen die Unzufriedenheit bzw. das mangelhafte Angebot des ÖPNV. Angebote für "sozial schwächer Gestellte" und zwar für Kinder, ältere Leute und Behinderte sind mit 13 % der Gesamtausgaben ebenfalls bedeutend. Die 1990 in Stuttgart durchgeführte Bürger-Umfrage[13] kommt zu ähnlichen Ergebnissen. Der Schwerpunkt dieser Befragung lag auf der Beurteilung der Wohnsituation in Stuttgart und auf Verbesserungsvorschlägen des allgemeinen wohnumfeldbezogenen Angebotes. So entfielen auch 33,8 % auf Verbesserungswünsche im Bereich Wohnungsmieten und Preise. Die folgenden Ergebnisse weisen allerdings Parallelen zu der vorliegenden Untersuchung auf. Die Verbesserung der Umweltsituation in der Stadt und die Förderung des ÖPNV belegen mit zusammen 34,5 % der Ausgaben den zweiten und dritten Rang - in der vorliegenden Untersuchung mit zusammen 38 % der Investitionswünsche den ersten und zweiten Rang.

Abb. 80: **Wenn ich Bürgermeister wäre...**

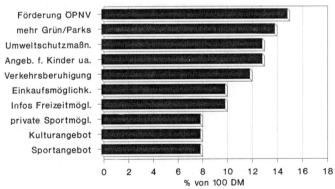

Summe Befragte: 305

Quelle: eigene Erhebungen 1993

---

[13] LANDESHAUPTSTADT STUTTGART, STATISTISCHES AMT (Hrsg.) in Zusammenarbeit mit dem Institut für Sozialforschung der Univ. Stuttgart

4.4.2 Die Rezeption und Akzeptanz der Mineralbäder durch die beiden Zielgruppen der Befragung

Auf die im Bereich der Mineralbad-Leuze-Befragung gestellten Frage zur zeitlichen Einordnung des Badbesuches in den allgemeinen Tages- oder Wochenablauf gaben 42 % der Befragten an, daß sie während ihrer Freizeit am Wochenende in das Mineralbad kamen. 35 % konnten sich die Besuchszeit aufgrund der Tatsache, daß sie nicht bzw. nicht mehr berufstätig sind, ungezwungener auswählen. 10 % der Besucher kamen vor Dienstbeginn (das Bad hat täglich von 6-20 Uhr geöffnet). Während ihres Urlaubes besuchten 6 % der in Stuttgart oder in der Region wohnenden Befragten das Bad. Die Bedeutung des Mineralbades für den Geschäfts- und Urlaubsreiseverkehr nach Stuttgart ist sehr gering: 3 % der Befragten gaben an, das Bad während eines Dienstreiseaufenthaltes in Stuttgart besucht zu haben und nur 2 % waren Stuttgart-Städtetouristen. Somit spielt das Mineralbad für den Städtetourismus Stuttgart nur eine geringe Rolle. Bei der großen Beliebtheit von Schwimmen, Baden und naturnahen gesundheitsorientierten Angeboten ist dieses (allgemein erwartete) Ergebnis sehr unbefriedigend.

Holt man sich Anregungen über Freizeiteinrichtungen oder Reiseziele, so zählt der Rat des Verwandten- und Bekanntenkreises am meisten. Der Werbung der Angebotsseite kommt aus mehrfacher Sicht eine große Bedeutung zu: fortlaufende Informationen über das Angebot belegen dessen Aktualität und führen gleichzeitig zur Bildung des Images vom Mineralbad - in diesem Falle - bei der einheimischen Bevölkerung sowie bei potentiellen Stuttgart-Besuchern.

Sehen die Befragten aufgrund der Bädertradition bzw. des Mineralwasservorkommens in Bad Cannstatt und Berg in der Landeshauptstadt auch eine Kurstadt? 43 % der befragten Badegäste glauben, daß Stuttgart nach wie vor eine bedeutende Kur- und Bäderstadt ist, wobei 42 % behaupten, daß dieses Merkmal auf Stuttgart nicht zutrifft. Anders im Befragungsgebiet Stuttgart: der geringere Bekanntheitsgrad der Mineralbäder unter der Bevölkerung Stuttgarts und somit die geringere Sensibilisierung für diesen Bereich schlägt sich auch darin nieder, daß 55,5 % der Befragten der Meinung sind, daß das Prädikat "Kur- und Bäderstadt" für Stuttgart unzutreffend ist. Daß für das Ansehen Stuttgarts als Kur- und Bäderstadt mehr gemacht werden sollte und daß die Mineralbäder in ihrem Angebot und Service verbessert werden sollten, befürworten gleichermaßen die Befragten beider Befragungsgruppen.

Die Antworten auf die Frage, ob die Mineralquellen und Mineralbäder ein Wahrzeichen der Stadt wären, heben wieder den Unterschied zwischen der Gruppe der Nutzer und Kenner des Angebotes und den im Durchschnitt weniger sensibilisierten Probanden des Befragungsgebietes Stuttgart hervor: betrachten 56 % der Leuze-Besucher die angesprochenen Merkmale als ein Wahrzeichen Stuttgarts, so sehen nur 27 % der Stuttgart-Befragungsgruppe in den Mineralquellen und -bädern ein Stuttgart-Wahrzeichen.

313

Abb. 81:   Stuttgart - Kurstadt? (Befragung Freizeitverhalten)

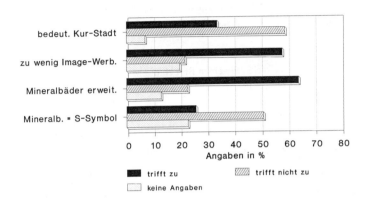

Summe Befragte: 305
Summe Nennungen: 290/300/280/285
Quelle: eigene Erhebungen 1993

Abb. 82:   Stuttgart - Kurstadt? (Befragung Leuze-Besucher)

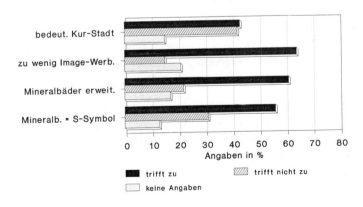

Summe Befragte: 500
Summe Nennungen: je Merkmal 500
Quelle : eigene Erhebungen 1993

In Analogie zu den oben dargestellten Ergebnissen sind auch die Antworten auf die Frage nach dem Bekanntheitsgrad des Begriffes "Stuttgarter Kur - die Kur zwischen Wohnung und Arbeitsplatz" zu sehen. Die Befragten des Mineralbades Leuze kennen zu 81 % diesen Begriff (wobei nur 13 % das Angebot auch wahrnehmen). Von den Stuttgart-Befragten kennen hingegen nur 43 % diesen Begriff, 39 % kennen ihn nicht und 17 % können dazu keine Angabe machen.

4.4.3 Die Entscheidungskriterien für einen Besuch des Mineralbades Leuze: Befragungsgebiet Mineralbad Leuze

Eigeninteresse steht mit 96 % bei den Befragten obenan. Die gesundheitsorientierten Angebote, das Baden in naturbelassenem Mineralwasser sowie die Erholung vom Alltagsstreß stehen bei den einzeln aufgeführten Motivationen im Vordergrund.

Daß das Mineralbad v.a. eine große Bedeutung im Freizeit- und Erholungsverkehr im Wohnumfeld hat, belegt die große Zahl derjenigen Gäste, die einmal oder mehrmals in der Woche zum Baden kommen: 42,9 bzw. 36,3 % der Befragten.

Die Verkehrsmittelauswahl der Besucher des Mineralbades Leuze weicht nicht wesentlich von der Verkehrsmittelwahl der Befragten der Stuttgart-Stichprobe ab. Obwohl das Mineralbad sehr günstig an den ÖPNV angeschlossen ist, kommen 52 % der Befragten mit dem PKW. Von allen Befragten sind ebenfalls 52 % nicht bereit, auf den ÖPNV umzusteigen. Dafür geben sie hauptsächlich Infrastrukturschwächen des ÖPNV an (ungünstige Verbindungen, Zeitverlust durch Umsteigen und Wartezeiten).

Die günstige Erreichbarkeit der Mineralbäder Leuze und Berg mit ÖPNV-Mitteln bewegt 52 % der PKW-Fahrer trotzdem nicht zum Umsteigen. Öffentlichkeitsarbeit in diesem Bereich ist auch unter dem Aspekt der Reduzierung des privaten PKW-Verkehrs im Wohnumfeld zu sehen.

Die Verbesserungsvorschläge beziehen sich sowohl auf die Grundausstattung des Bades, als auch auf die zielgruppengerechte Gestaltung und Modernisierung des Bades. So ist eine Verbesserung der Duschräume und des Umkleidebereiches für 28 % der Besucher am wichtigsten. 13 % wünschen sich eine attraktivere Saunalandschaft.

4.4.4 Der Einzugsbereich des Mineralbades Leuze

In Verbindung mit den Angaben zur zeitlichen Einordnung des Badbesuches stehen auch die Antworten der Zusatzbefragung zum Einzugsbereich des Mineralbades Leuze. 77,8 % der Befragten kommen aus Stuttgart, 22,8 % aus den angrenzenden Landkreisen. Bei den Besu-

chern, die aus Stuttgart kommen, überwiegt die Gruppe der Befragten, die im inneren Stadtgebiet wohnt, gefolgt von der Gruppe der Befragten der Stadtgebiete Nordost und Nordwest.
Die Bewohner der südlichen Stadtgebiete sind schwächer vertreten. Dieses liegt zum einen an
der kleineren Einwohnerzahl dieser Stadtgebiete und zum anderen an der Orientierung der
Bewohner auf die Angebote im südlichen Raum Stuttgarts (mit dem Freizeitbad Sonnenberg
und den Erlebnisbädern Fildorado in Filderstadt sowie der Böblinger Mineraltherme als besondere Angebote).

Von den Besuchern, die aus der Region Stuttgart kommen, überwiegen diejenigen aus den
Ortschaften mit der stärksten Pendlerverflechtung mit Stuttgart: Esslingen, Waiblingen und
Ludwigsburg.

4.5 Das Großstadtpotential Mineralquellen und Mineralbäder: ein Stärken- und Schwächenprofil

Das beschriebene Großstadtangebot Mineralquellen und -bäder besitzt Vorzüge, die im
Standortwettbewerb der Städte und Regionen von ausschlaggebender Bedeutung sein können.
Diese Vorteile beruhen einerseits auf dem originären, natürlichen Angebot, andererseits auf
der Lage der Quellen und Mineralbäder in direkter Nähe und Nachbarschaft zu den Stuttgarter
"High-Lights".

4.5.1 Die Stärken des Angebotes "Mineralquellen und -bäder"

Das natürliche Angebot "Mineralwasser, naturbelassen in den Schwimmbecken" wird hauptsächlich von Bewohnern Stuttgarts genutzt. Bei den Badbesuchern steht die gesundheitsorientierte Motivation somit im Vordergrund. Zu beachten wäre, daß den freizeitorientierten
Angeboten in diesem Falle eine eher untergeordnete Bedeutung zukommt, wie die Verbesserungsvorschläge der Besucher belegen. Diese Hervorhebung des gesundheitsorientierten Potentials, bei einer freizeitorientierten Erweiterung (Saunalandschaft), bringt Standortvorteile
im Vergleich zu anderen lokalen und regionalen Angeboten. Die große Bedeutung des Bades
für den Freizeitverkehr im Wohnumfeld wird - neben den bereits angesprochenen Aspekten -
auch durch Abbildung 83 veranschaulicht.

Zu den Vorteilen des Bades zählen neben dem natürlichen Angebot "naturbelassenes kohlen-
säurehaltiges Thermal- und Mineralwasser" auch die unmittelbare Nähe zu Einrichtungen hoher Zentralität. Stuttgart-Bad Cannstatt bietet neben den Mineralquellen und -bädern sowie
dem Kursaal mit Kurpark weitere Attraktionen von lokaler, regionaler und überregionaler
Bedeutung (nach SCHLEUNING 1985, S. 273f; LANDESHAUPTSTADT STUTTGART,
AMT FÜR TOURISTIK 1992; REGION STUTTGART 1992).

316

Abb. 83: Vorzüge des Mineralbades Leuze

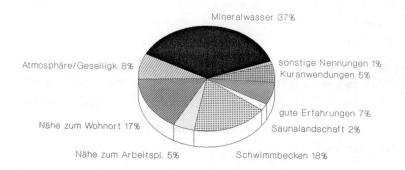

Vorzüge des Mineralbades

Mineralwasser 37%

Atmosphäre/Geselligk 8%

sonstige Nennungen 1%
Kuranwendungen 5%

Nähe zum Wohnort 17%

gute Erfahrungen 7%
Saunalandschaft 2%

Nähe zum Arbeitspl. 5%   Schwimmbecken 18%

502 Befragte; 1316 Nennungen

Quelle: eigene Erhebungen 1993

4.5.2 Sehenswürdigkeiten in Bad Cannstatt

Daimlers Gewächshaus: Gottlieb-Daimler-Gedächtnisstätte. Am Rande des Kurparks steht das "Gewächshaus", die Werkstatt, in der der aus Schorndorf stammende Gottlieb Daimler (1834-1900) den ersten schnellaufenden Verbrennungsmotor gebaut hat und somit der späteren hochentwickelten Automobilproduktion in Stuttgart den entscheidenden Impuls gegeben hat.

Das Zentrum von Bad Cannstatt bietet mit dem **Bezirksrathaus** und einigen Bauten in der Marktstraße (z.B. Marktstr. Nr. 71) Beispiele spätmittelalterlicher Baukonstruktion.

Ein geschichtsträchtiger Ort "Stuttgarts" ist der **Cannstatter Bahnhof**: von hier aus trat die erste württembergische Eisenbahn ihre Jungfernfahrt (damals bis nach Untertürkheim) an und verschaffte der Region um Stuttgart entscheidende Vorteile im Zuge der Industrialisierung - bei gleichzeitiger Benachteiligung des Kurlebens in Cannstatt.

Uffkirche mit Uffkirchhof (Wildunger Straße 59): Als Mutterkirche mehrer Kirchen der Umgebung und als Mittelpunkt des in Cannstatt aufgegangenen Ortes Uffkirchen reicht ihre Geschichte bis in das frühe Mittelalter zurück. Das heutige Gebäude stammt aus dem 15. Jahrhundert, wobei im Mauerwerk ältere Reste enthalten sind.

Wilhelma, zoologisch-botanischer Garten: Mit der "Wilhelma" (benannt nach König Wilhelm I) befindet sich in Bad Cannstatt einer der schönsten und größten zoologisch-botanischen Gärten Europas (REGION STUTTGART 1992). Die Lage im Rosensteinpark und damit die direkte Nachbarschaft zu den Mineralbädern und -quellen kann für kompensatorische Werbemaßnahmen und Angebotspakete für Stuttgart-Besucher von großem Vorteil sein. Die Bedeutung des Tierparks wird auch durch die hohen jährlichen Besucherzahlen dokumentiert (vgl. WIRTZ 1993).

Sportzentrum Cannstatter Wasen: Der Sport- und Freizeitkomplex Cannstatter Wasen umfaßt neben dem großen Festplatzgelände zwischen Mercedes-Straße und Neckar, wo alljährlich das Cannstatter Volksfest stattfindet (1992: nach Mitteilung des Marktamtes Stuttgart 6,5 Mio. Besucher), international bekannte und bedeutende Sporteinrichtungen "Hans-Martin-Schleyer-Halle, Daimler-Stadion (ehem. Neckarstadion), einen Reitturnierplatz sowie einen großen Campingplatz. Das Gottlieb-Daimler-Stadion, in der Regel Austragungsort des Lokalen Fußballbundesligisten VfB Stuttgart, wird mit der Hans-Martin-Schleyer-Halle im Jahre 1993 Austragungsort der 4. Leichtathletik-Weltmeisterschaft sein, zu der neben vielen Besuchern auch eine große Zahl von Vertretern internationaler Medien erwartet wird, die zur Vermarktung der Standortvorzüge Stuttgarts einen entscheidenden Beitrag leisten werden.

In Verbindung mit dem Cannstatter Wasen steht auch der Beginn der **Luftfahrtgeschichte** Stuttgarts: 1921 startete von hier aus das erste Flugzeug, bevor der Flugplatz nach Böblingen und später nach Echterdingen verlegt wurde.

Die IGA Stuttgart - Expo 93: Vorläufer dieser internationalen Gartenbauausstellung waren Landes- und Bundesgartenschauen, die den Bekanntheitsgrad der Parks der Innenstadt sowie des Höhenparks Killesberg auch außerhalb Stuttgarts und der Region steigerten. Die IGA 93 erwartet über 7 Mio. Besucher. Mit der Einbeziehung des Rosensteinparkes in das Ausstellungsgelände wird die direkte Nachbarschaft der Mineralquellen und -bäder betroffen. Doch diesem Großstadtangebot kommt im Werbe- und Gestaltungsmodus der Organisatoren keine Bedeutung zu. Dabei kommt die Verwendung natürlicher Mineralwässer als Heil- und Entspannungsmittel sowie als hochwertiges Freizeitpotential im Angebot der Bäder dem naturnahen Charakter der Gartenbauausstellung nahe.

Die bedeutendsten internationalen Veranstaltungen, die 1993 in Cannstatt und somit in unmittelbarer Nachbarschaft zu den Mineralbädern stattfinden, sollen hier nur aufgezählt werden:

- Tennisturnier Stuttgart Classics in der H.-M.-Schleyer-Halle;
- Leichtathletik-Weltmeisterschaft: G.-Daimler-Stadion und H.-M.-Schleyer-Halle;
- Internationales Reit- und Springturnier: Reitturnierplatz Cannstatter Wasen;
- Fußballspiel-Austragungen im G.-Daimler-Stadion.

Außerdem finden auf dem Cannstatter Wasen Volksfeste von überregionaler Bedeutung statt: das Stuttgarter Frühlingsfest und das Cannstatter Volksfest.

Diese Kurzaufzählung der bedeutendsten Merkmale Bad Cannstatts, in der Nachbarschaft der Mineralquellen und -bäder, soll die Vielfalt des Angebotes auf engstem Raum belegen und die großen Möglichkeiten der zielgruppengerechten Werbung hervorheben.

4.5.3 Die Schwächen des Angebotes "Mineralquellen und -bäder"

Die Nachteile, mit denen die Mineralbäder behaftet sind, sind größtenteils auf historisch gewachsene Infrastrukturprobleme zurückzuführen. Die sozio-ökonomischen und demographischen Veränderungen und Entwicklungen im Zuge der Industrialisierung haben aus der Kurstadt Cannstatt einen bevorzugten Wirtschaftsstandort gemacht.

Die Lage der Bäder am Schnittpunkt verkehrsreicher Straßen wirkt sich zwar positiv auf die Erreichbarkeit aus, jedoch in zunehmendem Maße negativ auf die Umweltqualität. Das Problem der Mineralwasserbeeinträchtigung durch CKW-Belastungen sowie durch industrielle Wasserentnahmen bzw. Bauprojekte kommt erschwerend hinzu. Zukunftsorientierter Planung und Kontrolle kommt hierbei eine Hauptaufgabe zu.

Eine Unzulänglichkeit besteht darin, daß die Mineralbäder nicht in einem zusammenhängenden größeren Komplex mit Anschluß an die großen Parks der Innenstadt (z.B. Rosensteinpark) liegen und somit viel von ihrem Erholungswert und ehemaligem Kurstadtflair eingebüßt haben.

Eine weitere Schwachstelle liegt im Stellenwert der Mineralbäder und -quellen im Konzept städtischer und der Stadt angeschlossener Werbeträger. Das Amt für Touristik bzw. die Marketing GmbH räumen dem Bädersektor eine untergeordnete Bedeutung ein. Zwar werden die Mineralwässer und die daran gebundenen Einrichtungen in einzelnen Werbeprospekten der Stadt erwähnt, jedoch weit unter ihrer zentralen Bedeutung für die Stadt, für die Feizeitgestaltung im Wohnumfeld sowie als zusätzliches Stuttgart-charakteristisches Angebot für Stuttgart-Besucher. Im Werbekonzept anderer städtischer und privater Leistungträger (z.B. der Messe- und Kongreß-GmbH) finden die Mineralbäder und -quellen keine Erwähnung.

Den untergeordneten Stellenwert, den Stuttgarter Leistungs- uns Entscheidungsträger den Mineralbädern und -quellen beimessen, belegen auch die Ergebnisse der Expertenbefragung im Rahmen des Forschungsprojektes "Städtetourismus Stuttgart" (vgl. JENTSCH u.a. 1993, Abb. 42 in Kap. IV, S. 127).

4.6 Vorschläge zur Situationsverbesserung

Vorschläge und Empfehlungen beziehen sich auf folgende Aspekte:

- Ausrichtung der Werbung auf das Spezifische, auf die Stärken des Angebotes Mineralquellen und -bäder;
- Hervorhebung der Bedeutung der Mineralbäder für den Freizeitverkehr im Wohnumfeld;
- Informationsverbesserungen an Stuttgart-Besucher über dieses hochwertige Freizeit- und Erholungspotential als Ergänzung zu den bekannten Stuttgarter Merkmalen;
- Vor dem Hintergrund der überregional und international bedeutenden Ereignisse in Stuttgart, von denen viele ihren Austragungs- oder Ausgangspunkt in unmittelbarer Nähe zu den Mineralbädern haben, Verbesserungen der Werbemaßnahmen durch Ausarbeitung von Angebotspaketen durch Kooperation der Leistungsträger (Zielgruppen sind neben den Besuchern v.a. die Medienvertreter und die Entscheidungsträger);
- Sanierung, Minimierung und Kontrolle der Umweltbelastung;
- Kooperation der Leistungsträger;
- Marktbeobachtung; kontinuierliche Nachfrager- und Angebotsuntersuchungen, um auf sich ändernde Gewohnheiten und Bedürfnisse der Nachfragerseite besser reagieren zu können.

Die Prüfung der Durchführbarkeit dieser Vorschläge, bzw. die Behebung der Schwächen dieses Großstadtpotentials, liegt in der Entscheidung und den Möglichkeiten der lokalen Leistungsträger. Es ist auch nicht Aufgabe dieser Arbeit und des Forschungsprojektes zum "Städtetourismus Stuttgart", die Durchführbarkeit zu überprüfen. Der weitere Stellenwert dieses zentralen und hochwertigen Angebotes hängt von der Haltung und den Entscheidungen **aller** Leistungs- und Entscheidungsträger ab.

5. Zusammenfassung

Die Lage Stuttgarts in einer vom Nesenbach und seinen Seitenbächen geschaffenen Stufenrandbucht im Gebiet der Keuperwaldberge, zu Füßen der steil zur Ebene der Filder ansteigenden Hänge, war zu keiner Zeit ein besonderer Gunstfaktor. Die alten Handelswege bevorzugten andere Routen, so daß sich zuerst andere Ortschaften entwickelten, wie Cannstatt, Esslingen, Freudenstadt oder Calw und Ulm. Den ersten großen Aufschwung brachte die Verlegung des Residenzsitzes nach Stuttgart. Aus dem Schatten der wirtschaftlich stärker entwickelten Umlandgemeinden trat die bisher ländliche und später von Verwaltungs- und Repräsentativfunktionen geprägte Stadt erst mit der einsetzenden Industrialisierung und Verbesserung der Verkehrswege ab Mitte des 19. Jahrhunderts hervor.

Mit der Industrialisierung und der Vermehrung der Arbeitsplätze ging auch eine Bevölkerungsanstieg einher. Die an Bedeutung gewinnenden industrialisierten Umlandgemeinden wurden im Zuge der Standortstrukturverbesserungen in der ersten Hälfte des 20. Jahrhunderts eingemeindet. Als raumwirksames Phänomen neben der Industrialisierung und Siedlungsvergrößerung entstand zu Beginn unseres Jahrhunderts auch die Pendlerbewegung. Das Flair einer Residenzstadt mit Kur- und Mineralbädern von überregionaler Anziehungskraft im heutigen Vorort Cannstatt ging aufgrund der politischen und ökonomischen Veränderungen seit der Jahrhundertwende verloren.

Verstärkt in den Jahren nach dem Zweiten Weltkrieg begünstigte der schnelle wirtschaftliche Aufschwung, ein Zustrom von Menschen und eine rasch einsetzende individuelle Motorisierung die Expansion der Stadt und die Herausbildung einer breiten verstädterten Zone um die Kernstadt Stuttgart. Verdichtungsprozesse sind auch aus anderen Stadtregionen bekannt. Das Charakteristische des Verdichtungsraumes Stuttgart ist dessen hohe Konzentration im relativ monostrukturierten Produktionssektor mit starken Tertiärisierungserscheinungen, einer vergleichsweise geringeren Bedeutung des Dienstleistungssektors sowie einer funktionalen und strukturellen Besonderheit in der Entwicklung: aus einer wirtschaftlich eher unbedeutenden Residenzstadt entwickelte sich binnen 150 Jahren der drittgrößte Verdichtungsraum der Bundesrepublik und innerhalb Baden-Württembergs der bedeutendste Standort. Aus der ehemaligen Residenzstadt mit gehobenem Kunst- und Kultur- sowie einem bedeutenden Kur- und Bäderangebot entwickelte sich die "Großstadt zwischen Wald und Reben" (ehem. Werbeslogan der Stadt) zu einer bedeutenden "Stadt der Autos und Motoren" (JENTSCH u.a. 1992).

Stuttgart hat Westeuropas größtes Mineralwasservorkommen. Aus 19 Quellen fließen täglich über 22 Millionen Liter Mineralwasser. 11 der Mineralwasserquellen haben das Prädikat "Heilquelle". Aufgrund dieses Reichtums haben die Orte Bad Cannstatt und Berg das staatliche Prädikat "Ort mit Heilquellenkurbetrieb" erhalten. Im Standortwettbewerb der Städte und Regionen ist die gezielte Werbung mit lokalen Charakteristika für den Erfolg ausschlaggebend - und Stuttgart verfügt mit den Mineralquellen über ein Angebot, mit dem nur vergleichsweise wenige Großstädte werben können. Außerdem liegt dieses gesundheitsorientierte Angebot "voll im Trend", so daß nicht zuerst Interesse geweckt bzw. eine Zielgruppe gesucht werden muß. Daher sollte von den kommunalen Entscheidungsträgern und Touristikplanern im Sinne einer gezielten Werbung und Öffentlichkeitsarbeit dem Großstadtangebot Mineralquellen und -bäder mehr Aufmerksamkeit geschenkt werden. Der Werbung städtischer und privater Leistungsträger kommt eine große Aufgabe zu, sowohl durch die gezielte Werbung nach innen, als auch durch Werbemaßnahmen nach außen hin, um potentielle Stuttgart-Besucher auf das Großstadtangebot Mineralwässer und -bäder aufmerksam zu machen. Eine auf Kooperation beruhende und koordinierte Marketingstrategie, die das besondere Angebot "Mineralquellen und -bäder" berücksichtigt, kann dazu beitragen, die Standortvorteile Stuttgarts auch im Bereich Städtetourismus anderen Anbietern gegenüber hervorzuheben. In diesem Zusammenhang spielt eine vielseitige Öffentlichkeitsarbeit eine große Rolle.

Die Mineralbäder stellen im Werbekonzept der Stadt nur eines von vielen Themen dar. Von großem Vorteil sollte es sein, daß gerade der Standort Bad Cannstatt sowohl Mittelpunkt und Ausgangspunkt vieler bedeutender lokaler, regionaler und internationaler Ereignisse ist, als auch über den natürlichen Reichtum "Mineralquellen" verfügt. Die zunehmende Sensibilisierung unserer Gesellschaft für naturnahe Produkte sowie das Bestreben, die Freizeit möglichst in einem naturnahen Bereich zu verbringen, kann in Bad Cannstatt mit den Mineralquellen und -bädern als vorhandenes Großstadtangebot nicht nur präsentiert werden, sondern auch als Bereicherung und zusätzlichen Anziehungspunkt auch für Besucher von Großveranstaltungen dienen. Vor allem bei publikumswirksamen Großveranstaltungen, wie sie 1993 mit der Internationalen Gartenschau IGA EXPO 93 und der Leichtatlethik-WM in Stuttgart vertreten waren, können gezielte Werbemaßnahmen den Bekanntheitsgrad der Mineralbäder Stuttgarts erhöhen. Obwohl sich z.B. das neugestaltete IGA-Gelände im Bereich des Rosensteinparkes in direkter Nachbarschaft zu den Mineralquellen und -bädern befindet, werden diese im Rahmen der Werbemaßnahmen (Prospekte, Hinweis- und Informationstafeln) nicht erwähnt. Die am Geographischen Institut der Universität Mannheim durchgeführte Stuttgart-Imageanalyse (JENTSCH u.a. 1992) belegt den sehr geringen Bekanntheitsgrad der Stuttgarter Mineralwässer. So verbinden die Befragten aller Befragungsgebiete Stuttgart in erster Linie mit der "Stadt der Autos und Motoren" auf der Skala von 12 möglichen Nennungen und zuletzt mit einer "Kur- und Bäderstadt".

Die Mineralbäder haben hauptsächlich für den Erholungs- und Freizeitverkehr im Wohnumfeld eine große Bedeutung. Für den Fremdenverkehr - den Aufenthalt Ortsfremder in der Stadt - sind die Mineralbäder unbedeutend. Die Stärken der Mineralbäder liegen vor allem im Angebot naturbelassenen, kohlensäurehaltigen Mineralwassers, in der zentralen Lage in der Stadt und somit guter Erreichbarkeit für die Stuttgarter Bevölkerung, für die Bewohner der Region (Pendlerverflechtungen) und für die Touristen und Dienstreisenden in Stuttgart. In der zentralen Lage und somit guten Erreichbarkeit für die zuletzt genannte Gruppe liegt auch ein besonders wichtiger Aspekt für Werbemaßnahmen im Bereich Fremdenverkehr. Die Integration der Mineralquellen und -bäder als gleichwertiges Angebot neben den bekannten Innenstadt-Zielen für Stuttgart-Besucher stellt eine Bereicherung der angebotenen Möglichkeiten dar - zumal das bekannteste Freizeitziel Stuttgarts eigentlich ein Cannstatter Angebot ist und in unmittelbarer Nähe zu den Mineralquellen und -bädern liegt: der zoologisch-botanische Garten Wilhelma.

Als Schwächen sind in diesem Zusammenhang das aufgrund der beschriebenen Infrastrukturentwicklung fehlende Kurstadtflair zu nennen. Zu den Schwachpunkten zählt der geringe Beitrag der Stadt, das Ansehen und den Bekanntheitsgrad der Mineralquellen und -bäder zu steigern. Zukunftsorientiert sind die steigenden Umweltbelastungen aufzuführen, die sich auch auf die Qualität des Mineralwassers auswirken. Die Lage der Mineralbäder an der Kreuzung überregionaler Straßen beeinträchtigt sowohl die für einen Kurbetrieb notwendige intakte Umweltqualität als auch den allgemeinen Erholungswert der Bäder.

Die Einbindung der Mineralbadwerbung in die städtische Werbung über das bisherige Amt für Touristik bzw. die jetzige Marketing-GmbH erweist sich ebenfalls als Schwachpunkt in der Vertretung des Angebotes Mineralquellen und -bäder. Sicherlich besteht die primäre Aufgabe dieser Werbeträger nicht darin, Mineralquellen-Werbung zu betreiben. Die Informationsmöglichkeiten der städtischen zentralen Tourismusauskunftsstelle ("I-Punkt") sind im Verhältnis zu der Besonderheit dieses Großstadtangebotes jedoch sehr gering. Dieses schlägt sich auch in der Beurteilung der Mineralbadbesucher nieder (Frage: "Woher holen Sie sich Ratschläge, Empfehlungen ..."). Eigenständige und kooperative Werbung des Kur- und Bäderamtes (unter Idealvorstellung das private Mineral-Bad Berg miteinbeziehend) wäre in diesem Zusammenhang ein sehr dienlicher Weg. Dabei könnten auch die guten Kontakte dieses Amtes zu den Großstädten mit Kur- und Badetradition (Wiesbaden, Aachen und Budapest) inwert gesetzt werden.

Die engen Verflechtungen Stuttgarts mit der Region zeigen sich auch bei der Wahl der Urlaubs- und Ausflugsziele. Über die Hälfte der Befragten bevorzugen lokale oder regionale Ausflugsziele (Entfernungsbereich ca. 30 km von Stuttgart), wobei neben den Möglichkeiten, "die Natur und Landschaft zu erleben", dem Besuch von Bädern - v.a. von Mineral- und Thermalbädern wie auch Erlebnisbädern - eine große Bedeutung zukommt. Bei qualitativ hochwertigem Angebot steigt auch die Bereitschaft, längere Anfahrtswege in Kauf zu nehmen.

Bei der Vielfalt der Angebote in der Region Stuttgart kommt einer zielgruppenorientierten Hervorhebung des bedeutenden Potentials "Mineralwasser und Mineralbäder" sowohl für den Erholungs- und Freizeitverkehr im Wohnumfeld, als auch für den ambulanten Kurverkehr sowie für den Städtetourismus eine übergeordnete Bedeutung zu. Eine Aufwertung der Mineralbäder könnte durch Kooperationsmaßnahmen der kommunalen freizeit- und fremdenverkehrsrelevanten Leistungsträger mit Multiplikatoren und Leistungsträgern aus der Wirtschaft und den Medienanstalten zu einer Imageverbesserung des Standortes Stuttgart führen. Die Hervorhebung Stuttgarter Charakteristika - somit auch der Mineralquellen und -bäder - könnte ebenfalls über die angestrebten Einrichtungen des "Incentive-Pool" und des "Promotion-Pool" möglich werden. Diese Einrichtungen - deren Vorreiter in anderen Städten bereits zu Erfolgen geführt haben - sollen bedeutende und touristisch relevante Gruppen nach Stuttgart bringen und hier betreuen. Der Erfolg dieses Vorhabens hängt von der Kooperation der betroffenen Leistungsträger und der Inwertsetzung Stuttgarter Besonderheiten ab.

Kapitel IX
SCHLUSSBETRACHTUNGEN

M. Herber-Dieterle - A. Vomend - H. Wirtz

In den letzten Jahren kommt dem Städtetourismus im Rahmen des Gesamtreiseaufkommens auch in wirtschaftlicher Hinsicht eine immer größere Wichtigkeit zu. Neueste Untersuchungen der FORSCHUNGSGEMEINSCHAFT URLAUB UND REISEN (F.U.R.) haben ergeben, daß sich 39,5 % der Bundesbürger für Städtereisen interessieren; damit steht dieses Reisesegment an zweiter Stelle der "Ferienhits" nach 'Sonne, Sand und Meer' mit 56,5 %.[1]

Zusätzliche Freizeit durch Verkürzung und Flexibilisierung der Arbeitszeit begünstigt verlängerte Wochenenden, nicht aber einen verlängerten Jahresurlaub und macht Kurzreisen attraktiver. Wachsendes Einkommen ermöglicht steigende Ausgaben für die Freizeitgestaltung vor allem bei Einpersonen- und Kleinhaushalten bzw. bei den Besserverdienenden. Die Schaffung einer freizeitorientierten Infrastruktur der Städte und des Erholungsraumes sorgt für die entsprechenden nutzbaren Angebote.

Aber auch aus der Altersstruktur der Städtereisenden lassen sich positive Perspektiven ableiten. Prinzipiell beteiligen sich zwar alle Altersgruppen am Städtetourismus, zunehmend sind unter den Besuchern jedoch auch Rentner zu finden. Wird davon ausgegangen, daß die Zahl der Ruheständler in den folgenden Jahren steit, wachsen gerade in diese Altersklasse besonders reisefreudige und reiseerfahrene Bevölkerungsschichten hinein. Doppelverdienste und Zusatzversorgung bei Rentnern und Pensionären erhöhen vielfach deren finanziellen Spielraum. Während bei den jüngeren Stadtbesuchern erlebnisorientierte Motive überwiegen, dominieren bei den älteren insbesondere Konsummotive. Außerdem zeichnet sich die zuletzt genannte Zielgruppe durch eine deutlich höhere Bereitschaft aus, das großstädtische Preisgefüge zu akzeptieren.

Konsum- und Erlebnisorientierung bestimmen also die Trends im privat motivierten Städtetourismus. "In zehn Jahren wird der Anteil der Bundesbürger, die Einkaufsbummel und Shopping zu ihren regelmäßigen Freizeitbeschäftigungen zählen, um ein Drittel zunehmen" (OPASCHOWSKI 1991, S. 7). Diese Prognose wird sich zumindest teilweise auch auf das Verhalten der Städtereisenden auswirken. Erlebnisorientierte Einkäufe und Konsumaspekte werden als Motive im Städtetourismus erheblich an Bedeutung gewinnen. Zu dem heute be-

---

[1] FORSCHUNGSGEMEINSCHAFT URLAUB UND REISEN (F.U.R.): Reiseanalyse 1994; zitiert in: SONNTAG AKTUELL, Nr. 47 R/U, 19. November 1995, S. 33. Die F.U.R. übernimmt mit ihren Untersuchungen zum Reiseverhalten faktisch die Aufgaben des 1993 aufgelösten Studienkreises für Tourismus e.V. Starnberg.

reits stattfindenden Kulturwettbewerb zwischen den Metropolen wird sich ein Kampf um die Spitzenposition als attraktivste Einkaufsstadt gesellen.

Im Zuge des sich steigernden Wohlstandes und der zunehmenden Freizeit wird auch der "Außer-Haus-Konsum" eine Steigerung erfahren. Nach OPASCHOWSKI (1991, S. 7) wird die Zahl der Restaurant- und Kneipenbesuche in den nächsten zehn Jahren um die Hälfte zunehmen. Für das Gastgewerbe würde dann gelten, rechtzeitig neue Unternehmenskonzepte vorzulegen, denn mit der traditionellen Gastronomie sind diese Steigerungsraten kaum zu bewerkstelligen.

Darüberhinaus wird auch wachsendes Bildungsinteresse in der Bevölkerung wird auch zu einer Steigerung des Kulturtourismus beitragen. OPASCHOWSKI spricht in diesem Zusammenhang von einer "Interessenverlagerung vom Sport zur Kultur" (1991, S. 12). Größter Beliebtheit erfreut sich hierbei neben den etablierten Theater- und Konzertangeboten die immer vielfältiger werdende Palette der Musical-Landschaft. Ob "Cats" oder "Phantom der Oper" in Hamburg, "Starlight Express" in Bochum oder "Miss Saigon" in Stuttgart, immer handelt es sich um ausgesprochene Besuchermagnete, die die Gästezahlen in die Höhe schnellen lassen. Inwieweit der Städtetourismus im eigentlichen Sinne davon profitiert, wäre im Einzelfall noch empirisch zu prüfen.

Weitere gravierende Umwälzungen lassen sich in der Kinolandschaft ausmachen. Vielfach totgesagt, erleben Kinos durch den Bau aufwendiger Mega-Kino-Center (Multiplexe) zur Zeit eine echte Renaissance. Diese Großeinrichtungen verzeichnen z.B. in Köln, Gelsenkirchen und Bochum Besucherrekorde und haben Ausstrahlungseffekte in das Umland (BÄHR 1993, S. 3).[2]

Zusammenfassend läßt sich festhalten, daß der Konsum-Dreiklang von "Shopping, Kino, Essen gehen" (oder statt Kino: Theater-/Musical-Besuch) in der Zukunft zur liebsten und teuersten Freizeitbeschäftigung werden wird. Für die Stadt Stuttgart würde dies bedeuten, daß zusätzlich zu wachsenden Besucherzahlen durch wachsende Pro-Kopf-Ausgaben eine deutliche Steigerung des ökonomischen Stellenwertes des Städtetourismus erfolgen könnte.

Zu einem gelungenen (Kurz-)Urlaubserlebnis gehören jedoch nicht nur kulturelle und gastronomische Highlights; wichtig sind auch eine ansprechende Atmosphäre, Stimmung, Harmo-

---

[2] Nach den großen Erfolgen von "Miss Saigon" im ersten Aufführungsjahr plant der Medienunternehmer Rolf Deyhle nun ein zweites Musical-Theater in Stuttgart-Möhringen. Die Premiere von "Die Schöne und das Biest" ist für Ende 1997 vorgesehen (SPEYERER TAGESPOST, Nr. 300, 29.12.95, S. 1). Das zweite Musical-Center soll ergänzt werden durch ein modernes Großkino und weitere Freizeiteinrichtungen, so daß dieser neue "Freizeit-Industrie-Park" Besucherzahlen erreichen könnte, die mit denen von Euro-Disney (Paris) vergleichbar sind (1993 ca. 12,9 Mio., nach SPEYERER TAGESPOST, Nr. 138, 18./19.06.1994, S. SP 9).

nie und Geborgenheit. Urlaub ist nicht mehr nur Erholung von der Arbeit, sondern Steigerung der Lebensqualität. Hochwertige Angebote sind gefragt, Transport und Unterkunft reichen nicht mehr aus. Genuß und Erleben stehen im Mittelpunkt, eine neue Romantik bestimmt das Konsumverhalten. Konsum orientiert sich nicht nur am Notwendigen, auch das Bedürfnis nach emotionalen Erlebnissen soll befriedigt werden. Für die Gastronomie bedeutet dies, daß Flair und Service (Qualifikation des Personals) eines Restaurants unter Umständen wichtiger sind als nur gutes Essen. Und Flair kennt keine Rezession. Die Gäste suchen positive Eindrücke, wollen die Zeit vergessen, Erlebnisvielfalt ist gefragt. Da jedoch ein allgemeiner Trend zu mehr Privatreisen und weniger Geschäftsreisen zu verzeichnen ist, muß auch die Zielgruppe 'Familie' wiederentdeckt werden. Das heißt, Urlaubsqualitäten dürfen weder selbstverständlich noch unbezahlbar sein. (OPASCHOWSKI 1995[3])

Da der bestehende Weltmarkt nicht nur ein Weltmarkt des Verkaufens ist, sondern auch ein Weltmarkt des Produzierens, werden weitere Rationalisierungsmaßnahmen notwendig sein, um konkurrenzfähig zu bleiben. Das heißt, eine Konjunktursteigerung wird nicht mit mehr, sondern eher mit weniger Arbeitskräften stattfinden. Da ein Arbeitsloser aber kein Nachfrager für die Fremdenverkehrs-Branche ist, darf die Kaufkraft nicht weiter minimiert werden. Zur Unterstützung des Tourismus ist es daher wichtig, auch andere Wirtschaftszweige zu stärken.

Und es ist nicht zuletzt Aufgabe der Politik als Daseinsvorsorge für den Bürger, die richtigen Rahmenbedingungen für die Lebensqualität in der Freizeit zu schaffen. Aus diesem Grund stellt OPASCHOWSKI folgende Forderungen auf:

1. Freizeit muß bezahlbar bleiben. Das große Angebot in Ballungszentren ist meist zu teuer, 51 % der Bewohner Stuttgarts können das Freizeitangebot (vom Stadion zum Musical) kaum noch bezahlen.

2. Angebote müssen bequem erreichbar sein, um die Belastung der Umwelt möglichst gering zu halten. D.h. es muß auch mehr Angebote im Wohnumfeld geben.

3. Mehr Sicherheit vor Kriminalität muß gewährt werden.

4. Angebote müssen ankommen. Für viele Nachfrager ist das Freizeitangebot kaum noch überschaubar; schlechte Informationen und mangelnde Konsumorientierung erschweren daher den Absatz.

5. Verbesserung des ÖPNV ist insbesondere für Tagesausflüge und Wochenend-Naherholer notwendig.

6. Längere Ladenöffnungszeiten sind wünschenswert für die Bevölkerungsschicht der Jung-Urban-Bessergebildeten, bei der Shopping, Aus- und Essengehen zur Freizeitgestaltung gehört, und für berufstätige Frauen. (OPASCHOWSKI 1995)

---

3 Prof. Dr. Horst Opaschowski, Universität Hamburg, B.A.T. Freizeitforschungsinstitut, in seinem Vortrag zum Thema "Freizeit und Urlaub mit Qualität: Was heißt das eigentlich? Perspektiven für eine zukunfts-orientierte Freizeit- und Tourismuspolitik" anläßlich des Fremdenverkehrstages Baden-Württemberg 1995, am 24. Januar 1995 in Stuttgart.

Tourismuspolitik und Marketingstrategien im Städtetourismus müssen daher versuchen, eine Brücke zu schlagen zwischen den Konsumwünschen höherer Einkommensschichten und den finanziellen Möglichkeiten breiter Bevölkerungsgruppen. Man braucht attraktive Angebote im kulturellen, gastronomischen und Einkaufsbereich, ohne jedoch z.B. aufgrund geänderter Öffnungszeiten den Verdrängungsprozeß aus den Innenstädten zu Gunsten der "grünen Wiese" zu verstärken.

OPASCHOWSKI (1995) faßt die Wünsche der Urlauber als die "5 S" zusammen: Schöne Landschaft, Sehenswürdigkeiten, Sauberkeit, Sicherheit und Schutz vor Belästigung.

Der Städtetourismus in Stuttgart hat gute Zukunftschancen, diesen Bedürfnissen zu entsprechen. Die Stadt liegt eingebettet in eine Schöne Landschaft. Der Stellenwert der reizvollen Umgebung für die Beurteilung des Stuttgarter Images wird nicht zuletzt auch in den hier dargestellten Untersuchungen zum Forschungsprojekt "Städtetourismus Stuttgart" vielfach bestätigt. Stuttgart ist reich an Sehenswürdigkeiten. Es ist nur eine Frage der richtigen Vermarktung, diesen Reichtum den potentiellen Besuchern bewußt zu machen. Was Sauberkeit, Sicherheit und Schutz vor Belästigung betrifft - Mängel in diesen Bereichen wurden in den vorliegenden Analysen ebenfalls genannt - so ist es, und zwar nicht nur im Interesse ihrer Gäste sondern auch ihrer Bürger, Aufgabe der Kommunalverwaltung, die bestehenden Mißstände zu beseitigen.

Ein negatives Stadt- und Erscheinungsbild zerstört die Atmosphäre eines Reiseziels. Um eine ansprechende Atmosphäre zu schaffen und zu vermarkten, muß Marketing sich daher auch als Angewandte Psychologie verstehen. (OPASCHOWSKI 1995)

Dem Besucher präsentiert sich die Stadt zwar in ihrem Gesamterscheinungsbild, eine herausragende Plazierung auf dem touristischen Markt kann jedoch erst dann erreicht werden, wenn im Rahmen dieses Gesamtbildes die lokalen Besonderheiten hervorgehoben werden.

Die Besonderheiten im Rahmen des touristischen Gesamterscheinungsbildes der Stadt sollten sich auch in einer zielgruppenorientierten Werbung widerspiegeln: Werbegestaltung mit "Postkarten-Motiven", wie sie z.B. aus dem Landschaftstourismus bekannt sind, spricht im Städtetourismus nicht die maßgeblichen Besuchergruppen an. Daher sind Kenntnisse über Reisemotive, Reisedauer, Reiseaktivitäten, Reisemittel, sowie die soziodemographische Struktur der Reisenden im Städtetourismus wichtig.

Um die vorhandene Angebots- und Nachfrage-Struktur des Städtetourismus der baden-württembergischen Landeshauptstadt Stuttgart genauer zu erfassen, wurde von 1991 bis 1993 im Auftrag des damaligen Amtes für Touristik (heute: Stuttgart Marketing GmbH) das Forschungsprojekt "Städtetourismus Stuttgart" durchgeführt. Der ganzheitliche Ansatz der Analyse versucht, möglichst alle Aspekte des Stuttgarter Städtebesuchsverkehrs zu erfassen, den jeweiligen Handlungsbedarf darzustellen und in einem Maßnahmenkatalog mögliche Perspektiven zukünftiger Tourismuspolitik aufzuzeigen.

Wie die Ergebnisse der **Akzeptanzanalyse** zeigen, steht dem Ausbau des Städtetourismus in Stuttgart von Seiten der Bevölkerung nichts entgegen, weil fast 90 % der hierbei Befragten der Meinung sind, daß die Vorteile, die der Tourismus der Stadt bringt, die entsprechenden Nachteile überwiegen. Gewarnt werden muß jedoch vor einem Ausbau unter Inkaufnahme der Nachteile, weil diese die Akzeptanz der Bevölkerung und die Qualität des Fremdenverkehrs selbst gefährden. Bei der Vermeidung von Nachteilen muß vor allem der Verkehrsproblematik Aufmerksamkeit geschenkt werden, da diese von der Bevölkerung als am dringlichsten eingeschätzt wurde. In der Bevölkerung wird derzeit das touristische Angebot schlechter eingeschätzt, als die Qualität der Freizeiteinrichtungen, die auch die Einheimischen nutzen. Daher muß bei den Stuttgartern selbst vor allem die Qualität als Tourismusziel stärker propagiert werden, da die Bewohner einerseits von den Investitionen im Tourismussektor profitieren, wie die Überschneidungen der Themenbereiche 'touristische Nutzung' und 'Freizeitnutzung' zeigen, und andererseits als Multiplikatoren für eine größere Zielgruppe fungieren.

Die **Imageanalyse** zeigt, daß Stuttgart sich bezüglich der Grunddaseinsfunktionen "Arbeiten", "Wohnen" und "Freizeit verbringen" sehr wohl mit den größten und beliebtesten deutschen Städten (Berlin, Hamburg, München) messen kann. Allgemein ist die Bewertung im Nahbereich (Befragungsgebiete Region und Stuttgart), d.h. bei objektiver Kenntnis der Qualitäten Stuttgarts, besser als im Fernbereich. Da die Informationen zur Beurteilung einer Stadt häufig auf persönlichen Kontakten basieren, wird die Bedeutung positiver Erlebnisse - sei es bei einem eigenen Aufenthalt in Stuttgart und Umgebung, oder vermittelt durch die Berichte von Bekannten, Freunden, Verwandten - betont. Ein ansprechendes Erscheinungsbild und angenehme Atmosphäre über Multiplikatoren nach außen getragen fördern daher ein positives Stadt-Image. Die in der Befragung spontan mit Stuttgart assoziierten Merkmale zeigen, daß die bekanntesten Sehenswürdigkeiten (Wilhelma, Fernsehturm usw.) sowie Stuttgarts Bedeutung als wirtschaftliches, politisches und kulturelles Zentrum Südwestdeutschlands sehr wohl im Bewußtsein der Bundesbürger verankert sind. Dennoch haftet Stuttgart immer noch ein eher provinzielles Image an. In der Stuttgart-Werbung muß es daher zunächst darum gehen, der Öffentlichkeit ein positiveres Vorstellungsbild von der Stadt zu vermitteln. Durch eine gezielte Imagewerbung muß ein ansprechenderes Meinungsbild über Stuttgart verbreitet werden, denn nur über die Schaffung eines in touristischer Hinsicht positiven Images besteht die Möglichkeit, bei den potentiellen Touristen, die Stuttgart selbst noch nicht kennen, Präferenzen zu bilden. Hierfür müssen insbesondere die Stärken Stuttgarts herausgestellt werden:

- "Grüne Stadt" mit vielen Park- und Grünanlagen in landschaftlich reizvoller Umgebung;
- Stadt mit herausragenden Baudenkmälern und einmaligen Museen (z.B. Schloß, Fernsehturm, Staatsgalerie, Lindenmuseum);
- Stadt mit vielfältigem Kulturleben (z.B. Staatstheater, Kleinkunstbühnen, seit 1994 auch Musical-Stadt);
- Stadt mit modernen Kongreßeinrichtungen (z.B. KKL);
- Stadt mit herausragendem Sportangebot (v.a. internationale Großereignisse).

Neben der ereignisbezogenen Stadtwerbung (z.B. Volksfeste) könnten in Katalogen und Prospekten der Stadt (z.B. Sales Guide) insbesondere diese Stärken dargestellt werden. Eine intensivere Werbung in Tageszeitungen und regionalen Medien (z.B. Radio, Kabelfernsehen) sollte gezielt in den Regionen betrieben werden, die die geringsten Anteile am Stuttgarter Tagestourismus aufweisen.

Die Ergebnisse der **Expertenbefragung** betonen mehrfach die Bedeutung des Städtetourismus in Stuttgart. Ein Ausbau des Fremdenverkehrs sei wünschenswert, jedoch nur durch eine professionellere Vermarktung der Stadt zu erreichen. Das Angebot für den privaten und auch den beruflich bedingten Reiseverkehr sei vielfältig, doch es mangele an Kooperation verschiedener Institutionen bzw. Ebenen in bezug auf Imagepflege und Förderung des Städtetourismus.

Eine Verbesserung der Öffentlichkeitsarbeit zur Erzielung einer höheren Publizität könnte insbesondere durch vermehrte Pressemitteilungen sowie speziell für Reisejournalisten durchgeführte Pressefahrten erreicht werden. Angesichts der Bedeutung, die dieser Pressearbeit zukommt, muß die Öffentlichkeitsarbeit systematischer betrieben werden.

Für eine effektivere Koordinierung der Aktivitäten aller am Fremdenverkehr beteiligten Institutionen sollte eine Koordinierungsstelle z.B. in Form eines "City-Managers" eingerichtet werden. Die Aufgabe der Koordinierung der Aktivitäten - bis zu gemeinsam durchgeführten Aktionen - könnte die neugegründete "Stuttgart Marketing GmbH" (ehemals AfT) übernehmen. Der positive Begleiteffekt der Kostenaufteilung solcher Aktionen sei hier nur am Rande erwähnt. Eine engere Kooperation mit Tourismusorganisationen und Fremdenverkehrsverbänden (z.B. DZT, GCB, LFV Baden-Württemberg), Reisevermittlern, Busunternehmen oder der Deutschen Bundesbahn könnte zu einer Nachfragesteigerung im Stuttgarter Städtetourismus führen. Dazu müßten den Reisevermittlern (z.B. Reisebüros), Fremdenverkehrsverbänden usw. umfangreiches Prospekt- bzw. Informationsmaterial zur Verfügung gestellt werden. In verstärktem Maße sollte die Stadt auch mit Busunternehmen in Verbindung treten, um über diese Absatzmittler vor allem die Zielgruppe der älteren und weniger mobilen

Personen besser ansprechen zu können. Dabei sind den Busunternehmen Angebote mit Sonderpreisen über Stuttgart-Programme vorzulegen, aus denen die Unternehmen Fahrten nach eigenen Vorstellungen zusammenstellen können.

Auch mit der Deutschen Bundesbahn könnte beispielsweise ein gemeinsames Programm erarbeitet werden, wobei Angebote Stuttgarts (z.B. Kultur- und Sportveranstaltungen) mit Fahrpreisvergünstigungen der Deutschen Bundesbahn zu kombinieren sind. Die Deutsche Bundesbahn mit ihrem weitverzweigten Verkaufsnetz könnte dabei zusätzlich ländlich geprägte Regionen umwerben, in denen keine Reisebüros existieren.

Aus Sicht der **Tagestouristen** läßt sich ein weiterer Maßnahmenkatalog erstellen, der geeignet erscheint, die Attraktivität Stuttgarts zu erhöhen. Bei den beschriebenen Maßnahmen kann keine Rücksicht auf Sachzwänge (z.B. politische Vorgaben) genommen werden. Primäres Ziel ist es, Optionen aufzuführen, deren (politische) Durchführbarkeit jedoch nicht den Verfassern obliegt.

Subjektiv empfundene und objektiv feststellbare Belastungen betreffen auch hier häufig die Verkehrssituation, Staus auf innerstädtischen Straßen und Parkplatznot. Eine Verbesserung erscheint erreichbar, wenn es gelingt, Kombinationslösungen zu finden. Das Angebot des "Park & Ride" muß verbessert werden. Hierzu bedarf es nicht nur großer Sammelstellen entlang der Einfallstraßen, sondern auch eines Marketing-Konzeptes. Nicht der bloße Zwang, sondern die Einsicht bei den Gästen, durch die Benutzung des Systems Vorteile zu erzielen, wird den gewünschten Erfolg bringen. So könnten beispielsweise Serviceleistungen (wie etwa Gepäckservice), die nur für den Park & Ride-Benutzer kostenlos zur Verfügung stehen, Wirkung erzielen. Zudem könnte dadurch eine Reduzierung der Umweltbelastung (z.B. durch Abgase) der Innenstadt erreicht werden.

Aber auch für den organisierten Tagestourismus müssen weitere, geeignete Busparkplätze zur Verfügung gestellt werden. Hierbei ist besonders auf eine ausreichende Ausschilderung der Busparkplätze zu achten. Zudem könnten den Bus- und Reiseunternehmen, die bereits Fahrten nach Stuttgart anbieten bzw. durchführen, Stadtpläne zur Verfügung gestellt werden, in denen die Busparkplätze ausgewiesen sind.

Ein leistungsfähiges ÖPNV-Netz fördert den Städtetourismus, insbesondere den Kongreß- und Tagungsreiseverkehr. Eine Akzeptanz der Gäste wird nur zu erreichen sein, wenn auf seiten der öffentlichen Verkehrsmittel Verbesserungen in qualitativer Hinsicht vorgenommen werden. Neben der Verbesserung der Sauberkeit und Sicherheit in den Verkehrsmitteln sollte der VVS - nicht zuletzt durch die von den Gästen geübte Kritik an Taktzeiten und Preisen - seine Marketing-Konzeption überdenken. Niedrigere Preise könnten zu einer vermehrten Nutzung der öffentlichen Verkehrsmittel beitragen. In diesem Zusammenhang sollte auch über die Einführung eines verbilligten "Touristen-Tickets" - möglicherweise auch in Kombination mit Übernachtungsangeboten (Hotelpreis incl. ÖPNV-Karte) - nachgedacht werden, um den Bedürfnissen des Umweltschutzes und der Mobilität der Gäste gerecht zu werden. Eine bessere Anbindung der Messe Stuttgart an die Innenstadt wurde bereits durch die Eröffnung der Messelinie der Stuttgarter S-Bahn erreicht und kann zukünftig dazu beitragen, daß für Messe- und Kongreßbesucher am Killesberg die touristischen Angebote der Innenstadt (z.B. Museen, Gastronomie) leichter erreichbar sind.

Das Ziel, die Individualreisenden stärker an die öffentlichen Verkehrsmittel zu binden, könnte auch durch ein "Besucher-Leitsystem" erreicht werden (vgl. SCHREIBER 1990, S. 168). Hierzu müßten die touristischen Sehenswürdigkeiten im Umfeld einzelner Bus- und Straßenbahnhaltestellen erfaßt und in speziellen Linienplänen ausgewiesen werden. Darüber hinaus fördert ein solches Leitsystem auch die bessere Erschließung der außerhalb des Citybereichs gelegenen Sehenswürdigkeiten (z.B. Bärensee, Schloß Solitude, Grabkapelle auf dem Württemberg usw.).

Kritikpunkte, die in der Gastronomie seitens der Gäste immer wieder zum Ausdruck gebracht wurden, betrafen insbesondere die Öffnungszeiten - v.a. an den Wochenenden - und die Preisgestaltung der gastronomischen Betriebe. Angesichts der Gestaltungsfreiheit der Betriebe (bei Preisen und Öffnungszeiten) kann der Weg nur über weitere Appelle zum Erfolg führen. Zusätzliche gastronomische Einrichtungen im Innenstadtbereich (z.B. Cafés, Biergärten usw.) könnten zu einer Steigerung der Attraktivität und Belebung der City beitragen.

Auf die Bedeutung des Einkaufsreiseverkehrs für Stuttgart wurde bereits mehrfach hingewiesen. Der erkennbare Trend zu erlebnisorientierten Einkaufsreisen wird die Bedeutung des Einkaufsreiseverkehrs innerhalb des Städtetourismus weiterhin verstärken. Durch eine Verflechtung des Einkaufsreiseverkehrs mit anderen Freizeit- und Erlebnisbesuchen in exklusiven Einkaufszentren (z.B. in einer "Shopping Mall" nach amerikanischem Vorbild) könnte eine ganz neue Qualität des Angebotes geschaffen werden. Stuttgart sollte versuchen, eine auf seine Verhältnisse zugeschnittene Variante des Shoppingtourismus zu finden. Ob die geplante Erweiterung der Freizeiteinrichtungen in Stuttgart-Möhringen dem entspricht, muß abgewartet werden.

Die Kritik seitens der Tagesgäste am Stadtbild (Erscheinungsbild) und an der Sauberkeit der Stadt birgt die Gefahr in sich, daß eines der wichtigsten "absatzfördernden Instrumente", die Mund-zu-Mund-Propaganda (Empfehlungen von Bekannten/Verwandten und Freunden), Schaden nimmt (vgl. LAW 1992b, S. 10). Das Negativimage (z.B. mangelnde Sauberkeit) kann durch gemeinsam getragene Aktionen aller Interessenvertreter abgebaut werden. Dies könnte einerseits durch den erhöhten Einsatz von Reinigungspersonal, andererseits durch Anreize für Geschäftsleute oder Privatpersonen, mehr für die Sauberkeit ihrer Stadt zu tun, erreicht werden. Die Gegenwart von "Pennern" und "Drogensüchtigen" im Innenstadtbereich gab den Gästen weiteren Anlaß zur Kritik am Stadtbild. Die Stadt Stuttgart ist daher gefordert, Strategiepläne zur Lösung dieser Probleme zu entwickeln.

Die **Beherbergungsanalyse** des Forschungsprojektes "Städtetourismus Stuttgart" gliederte sich in eine Untersuchung der Anbietersituation und eine Gästebefragung.

Zusammenfassend kann man für die Anbieterbefragung sagen, daß Stuttgart ein Beherbergungswesen mit langer Standorttradition aufweisen kann, das einerseits geprägt ist von kleineren bis mittleren Betriebsgrößen, andererseits von größeren oder Großbetrieben. Die kleineren Betriebe, in denen ein nennenswerter Anteil von Familienangehörigen beschäftigt ist, sind technischen Neuerungen gegenüber zurückhaltender und nutzen die betrieblichen Werbungs- und Vermarktungsstrategien - wohl aus wirtschaftlichen Gründen - nicht aus. Trotzdem zeigen sie Investitionsbereitschaft und das Bestreben, ihre Wettbewerbsfähigkeit zu erhalten und zu steigern. Die größeren und großen Beherbergungsunternehmen werden nach modernen betriebswirtschaftlichen Gesichtspunkten geführt, bieten verstärkt Pauschalen an und entfalten z.T. erhebliche Marketingaktivitäten, wodurch sie sicherlich dem Bekanntheitsgrad der Stadt und ihrem Image besser dienen als die kleinen Betriebe. Trotzdem sollte die Tourismuspolitik der Stadt die Hotels mit kleineren Kapazitäten nicht aus den Augen verlieren, zumal sie sowohl eine große Bereitschaft als auch ein großes Potential zeigen, Stuttgart städtetouristisch unverwechselbar zu präsentieren.

Die Gästebefragung ergab, daß bei ca. 80 % der Stuttgarter Übernachtungsgäste geschäftliche Motive für die Reise ausschlaggebend sind. Dies schließt jedoch nicht aus, daß private oder freizeitliche Unternehmungen den Aufenthalt aller Stuttgartbesucher in erheblichem Maße prägen. Als Freizeitunternehmungen sind vor allem "Essen gehen", "Freunde besuchen", "einen Stadtbummel machen" und "Einkaufen" zu nennen.

Der berufliche Reiseanlaß bestimmt auch das Buchungsverhalten: die Unterkunft wird meist über den Arbeitgeber gebucht und ist häufig das Stammhotel der Firma. Die Mehrzahl der Übernachtungen kamen in direkter Absprache mit dem Hotel zustande. Daraus läßt sich schlußfolgern, daß es nur ein kleines Spektrum von Gästen gibt, die in ihrem Verhalten hinsichtlich der Wahl der Unterkunft beeinflußbar sind, da sie ihre Informationen über Medien oder Institutionen beziehen, auf die sie auch zur Buchung zurückgreifen. Das Gros der Gäste gestaltet seinen Aufenthalt, indem es auf eigene persönliche oder auf Erfahrungen von Bekannten bzw. der Firma zurückgreift. Dies bedeutet für das Beherbergungsgewerbe zwar einerseits, daß zufriedene Kunden nicht erneut beworben werden müssen, da sie ohnehin wiederkommen, verheißt allerdings wenig Einflußmöglichkeiten auf den Markt. Diese würden jedoch darin bestehen, gezielt Geschäftsreisende anzusprechen, und sei es über die entsprechenden Firmen selbst.

Dabei wäre es eine beachtliche Chance, die vorhandenen Geschäftsreisenden zu einer Verlängerung ihres Aufenthaltes zu bewegen, zum Beispiel über das Wochenende. Daß die Befragten dazu am ehesten bereit wären, wenn sie zu einer solchen Gelegenheit zu günstigen Bedingungen ihre Partnerin/ihren Partner mitbringen könnte, ergab die Studie ebenso wie die Tatsache, daß Pauschalarrangements bzw. günstigere Übernachtungsangebote die Gäste dazu bewegen könnten.

Es darf hierbei jedoch nicht vergessen werden, daß auch noch ein privat motiviertes Marktsegment vorhanden ist, das seinen Aufenthalt aufgrund von Informationen aus Reiseführern oder Hotelverzeichnissen gestaltet. Diese Gäste wären im Hinblick auf die Auswahl ihres Hotels sowie auf die allgemeine Gestaltung des Aufenthalts sicherlich leichter ansprechbar als die doch relativ festgelegten Geschäftsreisenden.

In bezug auf die Zielgruppe der Geschäftsreisenden wäre jedoch eine andere Strategie denkbar, die nicht daran ansetzt, die Hotelauswahl zu beeinflussen, sondern daran, das Freizeitverhalten während einer Geschäftsreise zu verändern, um die beruflich motivierten Reisenden aktiver am städtetouristischen Angebot teilnehmen zu lassen. Auf die Frage, wie den Übernachtungsgästen Stuttgart denn gefallen habe, antworteten viele der Befragten, daß sie zu wenig Gelegenheit hätten, die Stadt und ihre touristischen Angebote kennenzulernen.

Daher scheint es sinnvoll, nach Wegen zu suchen, wie die Geschäftsreisenden nach Ende ihrer Tätigkeit die Stadt und ihre Sehenswürdigkeiten kennenlernen können, ohne daß dies mit einem großen organisatorischen Aufwand verbunden wäre. Interessant ist überdies, daß diejenigen Befragten, die sich über die Stadt durch in den Hotels ausliegendes Informationsmaterial ausreichend informiert fühlten, die Stadt auch besser beurteilten als diejenigen, die das Informationsmaterial als ungenügend beschrieben. Zwei Schlußfolgerungen wären daraus zu ziehen. Erstens sollte angestrebt werden, die Besucher - und besonders auch die Geschäftsreisenden - besser über die Highlights der Stadt zu informieren und zweitens sollte ihnen das Kennenlernen der Stadt erleichtert werden. Könnte man dies verknüpfen mit einer Aufenthaltsverlängerung mancher Geschäftsreisender, so wären wichtige Schritte auf dem richtigen Weg gegangen.

Zum **Messetourismus** in Stuttgart läßt sich sagen, daß trotz aller Bemühungen um Internationalität und einer großen Anzahl an renommierten Fachmessen der Einzugsbereich der Stuttgarter Messe doch stark auf die Region Stuttgart und das Land Baden-Württemberg begrenzt ist. Daher sind auch der Anteil an Übernachtungsgästen unter den Messebesuchern sowie ty-

pisch "städtetouristische" Unternehmungen vergleichsweise gering. Die Lage des Messegeländes am Killesberg bietet zwar einerseits den Vorteil der relativ guten Erreichbarkeit, die
Topographie vor Ort erschwert jedoch dem Besucher die Orientierung und macht eine Erweiterung der Messekapazitäten unmöglich. Aufgrund der Nähe zu beliebten Stuttgarter
Wohngebieten stellt der Besucherandrang der Stuttgarter Messe häufig eine Belastung für die
Bewohner dar. Eine Vergrößerung und Verlagerung der Messe außerhalb der Stadtgrenzen
auf die Filderhochebene, die derzeit in der Planung ist, würde zwar eine Profilierung Stuttgarts als Messestandort gegenüber der deutschen und europäischen Konkurrenz unterstützen,
daß dies jedoch eine Förderung des Städtetourismus in Stuttgart bedeuten würde, ist wenig
wahrscheinlich. Es ist zu befürchten, daß bei einem solchen Messezentrum für den Besucher
der Bezug zur Stadt, die regionale Identität und lokale Besonderheit des Standortes verloren-
geht und ein Gewinn an quantitativen Besucherzahlen mit einem Qualitätsverlust des Be-
suches einhergeht.

Die Analyse des **Kur- und Bäderwesens** bescheinigt dem Städtetourismus in Stuttgart auch
gute Möglichkeiten, die balneologischen Besonderheiten des Stadtteils Bad Cannstatt für die
Tourismuswerbung zu nutzen. Im Standortwettbewerb der Städte und Regionen ist die gezielte Werbung mit lokalen Charakteristika für den Erfolg ausschlaggebend und Stuttgart verfügt mit den Mineralquellen über ein Angebot, mit dem nur vergleichsweise wenige Großstädte werben können. Außerdem liegt dieses gesundheitsorientierte Angebot "voll im
Trend", so daß nicht zuerst Interesse geweckt bzw. eine Zielgruppe gesucht werden muß.
Daher sollte von den kommunalen Entscheidungsträgern und Touristikplanern im Sinne einer
gezielten Werbung und Öffentlichkeitsarbeit dem Großstadtangebot Mineralquellen und
-bäder mehr Aufmerksamkeit geschenkt werden. Eine auf Kooperation beruhende und koordinierte Marketingstrategie, die das besondere Angebot "Mineralquellen und -bäder"
berücksichtigt, kann dazu beitragen, die Standortvorteile Stuttgarts auch im Bereich
Städtetourismus anderen Anbietern gegenüber hervorzuheben.

Die Integration der Mineralquellen und -bäder als gleichwertiges Angebot neben den bekannten Innenstadt-Zielen für Stuttgart-Besucher stellt eine Bereicherung der angebotenen
Möglichkeiten dar - zumal eines der bekanntesten Freizeitziele Stuttgarts eigentlich ein Cannstatter Angebot ist und in unmittelbarer Nähe zu den Mineralquellen und -bädern liegt: der
zoologisch-botanische Garten Wilhelma. Bei der Vielfalt der Angebote in der Region Stuttgart kommt einer zielgruppenorientierten Hervorhebung des bedeutenden Potentials
"Mineralwasser und Mineralbäder" sowohl für den Erholungs- und Freizeitverkehr im
Wohnumfeld, als auch für den ambulanten Kurverkehr sowie für den Städtetourismus eine
übergeordnete Bedeutung zu. Eine Aufwertung der Mineralbäder könnte durch Kooperationsmaßnahmen der kommunalen freizeit- und fremdenverkehrsrelevanten Leistungsträger

mit Multiplikatoren und Leistungsträgern aus der Wirtschaft und den Medienanstalten zu einer Imageverbesserung des Standortes Stuttgart führen.

In Anbetracht der niedrigen Bewertung von Stuttgart als "Messe- und Kongreßstadt" sowie "Kur- und Bäderstadt" im Rahmen der Imageanalyse kommt der Imagepolitik Stuttgarts in diesen Bereichen eine besonders große Bedeutung zu.

Der Wachstumsmarkt Städtetourismus bietet nicht nur eine wirtschaftliche Chance für das städtische (Tourismus-)Gewerbe, sondern auch die Möglichkeit, den Gästen aus nah und fern die eigene Kultur zu präsentieren, den Bekanntheitsgrad der Stadt sowie die Kenntnisse über die Stadt in der gesamten Bevölkerung zu erweitern. Im HInblick auf ausländische Besucher ist auch der Beitrag zur Völkerverständigung, der hierbei geleistet werden kann, zu erwähnen.

Die Herausforderungen aus der Fremdenverkehrsentwicklung gelten allen Akteuren der am Tourismus beteiligten Branchen. Sie betreffen viele Bereiche des öffentlichen Lebens als politische Herausforderungen (Ausarbeitung von Rahmenbedingungen zur Förderung des Fremdenverkehrs, lokal sowie regional und überregional); wirtschaftliche Herausforderungen an die Anbieter (Qualität, Preise): Bei Hotellerie, Gastronomie, Touristik- und Verkehrsämtern, Einzelhandel sowie Transport und Verkehr an Arbeitgeber und Staat (Zunahme des Realeinkommens, Sicherung des Wohlstandes); ökologische Herausforderungen (Sicherung der Umwelt- aber auch der Sozialverträglichkeit tourismusrelevanter Maßnahmen).

Schließlich muß noch die bedeutende Rolle der Touristik-, Kur- oder Verkehrsamtsdirektoren betont werden, die durch einen sich rasch entwickelnden und verändernden Markt immer größeren Herausforderungen gegenüberstehen. Dabei ist die Marktforschung oder Tourismusanalyse ein unerläßliches Planungs- und Informationsinstrument.

Die dynamische Entwicklung des Stuttgarter Städtetourismus in der jüngsten Vergangenheit läßt eine Ergänzung der hier präsentierten Ergebnisse sinnvoll erscheinen. Es ist vorgesehen, die vorliegende Veröffentlichung durch einen Band mit aktuellen Daten zur Situation des Städtetourismus Stuttgart zu ergänzen. Beides zusammen, der Ergebnisbericht des Forschungsprojektes als Grundlagenstudie und das komplettierende Beiheft, werden zeigen, welche Entwicklungsmöglichkeiten im Städtetourismus allgemein und speziell für die Landeshauptstadt Stuttgart gegeben sind. Dies bietet wertvolle Anregungen, die nicht nur für die Tourismusplanung und -politik von Großstädten von Bedeutung sind.

Literaturangaben

ADERHOLD, P.: Das Marketing von Städtekurzreisen, Rahmenbedingungen und Ansatzpunkte einer marktorientierten Fremdenverkehrspolitik unter beispielhafter Berücksichtigung der Verhältnisse in Kopenhagen. Kopenhagen 1976.

AMT FÜR TOURISTIK DER LANDESHAUPTSTADT STUTTGART (AfT) (Hrsg.): Sales Guide '91. Touristik-Handbuch. Stuttgart 1990.

AMT FÜR TOURISTIK DER LANDESHAUPTSTADT STUTTGART (AfT) (Hrsg.): Sales Guide '92. Touristik-Handbuch. Stuttgart 1991.

AMT FÜR TOURISTIK DER LANDESHAUPTSTADT STUTTGART (AfT) (Hrsg.): Sales Guide '93. Touristik-Handbuch. Stuttgart 1992.

AUMA-Infoblätter. Kennzahlen der deutschen Messen und Ausstellungen. Berichte über die Veranstaltungen des Auslandsmesseprogramms der Bundesrepublik Deutschland. Hrsg. vom Ausstellungs- und Messeausschuß der Deutschen Wirtschaft e.V. Köln. Februar 1992-Juni 1993.

BECKER, H.-A.: Städtetourismus in Idar-Oberstein, Entwicklung, Bedeutung und wirtschaftliche Auswirkungen. - Materialien zur Fremdenverkehrsgeographie H. 11, Trier 1984.

BECKER, Chr. u. K. KLEMM: Raumwirksame Instrumente des Bundes im Bereich der Freizeit. - Schriftenreihe Raumordnung des Bundesministers für Raumordnung, Bauwesen und Städtebau 06.028, Bonn 1978.

BECKER, W.: Messen und Ausstellungen - eine sozialgeographische Untersuchung am Beispiel München. - Münchner Studien zur Sozial- und Wirtschaftsggeographie 31, Kallmünz/Regensburg 1986

BLEILE, G.: Touristen schnuppern gerne Stadtluft. In: Touristik Management, H. 4, 1983, S. 82-87.

BORCHERDT, Ch. und K. KULINAT: Der Mittlere Neckarraum. In: BORCHERDT, Ch. (Hrsg.): Geographische Landeskunde von Baden-Württemberg. 2. Aufl., Stuttgart u.a. 1986, S. 256-280.

BORCHERDT, Chr. (1991): Baden-Württemberg. Eine geographische Landeskunde (Wissenschaftliche Länderkunden. Band 8: Bundesrepublik Deutschland: V. Baden Württemberg). Darmstadt.

BORCHERDT, Chr. (Hrsg.)(1983): Geographische Landeskunde von Baden-Württemberg. Schriften zur politischen Landeskunde Baden-Württembergs. Band 8. Stuttgart; Berlin; Köln; Mainz.

BORTZ, J.: Lehrbuch der empirischen Forschung. Berlin u.a. 1984.

BRUHN, M.: Regionen- und Städtemarketing als Profilierungsinstrument. Vortrag im Rahmen eines Kongresses zum Thema "Stadtmarketing" in Frankfurt am 08.02.1993. (Manuskript)

BUNDESBAHNDIREKTION STUTTGART, Fahrplan 1992.

BUNDESMINISTER FÜR RAUMORDNUNG, BAUWESEN UND STÄDTEBAU (Hrsg.): Raumordnungsbericht 1986. - Schriftenreihe Raumordnung, H. 06.061, Bonn-Bad Godesberg 1986.

BÜSCHER, K.: Stadtmarketing. Managen statt verwalten. Arbeiten unsere Städte noch zeitgemäß? Vortrag im Rahmen eines Kongresses zum Thema "Stadtmarketing" in Frankfurt am 08.02.1993. (Manuskript)

336

CARLÉ, W.: Salinenversuche an den Mineralquellen von Cannstatt. In: KOMMISSION FÜR GESCHICHTLICHE LANDESKUNDE IN BADEN-WÜRTTEMBERG; WÜRTTEM-BERGISCHER GESCHICHTS-UND ALTERTUMSVEREIN (Hrsg.): Zeitschrift für Württembergische Landesgeschichte (Sonderdruck) Jg. XX, 1961. Stuttgart. S. 199-221.

CITY-MARKETING. EIN WEG ZUR PROFILIERUNG. Tagungsdokumentation hrsg. v. Landesgewerbeamt Baden-Württemberg, Einzelhandelsverbände Baden-Württemberg e.V., Hotel- und Gaststättenverband Baden-Württemberg e.V., Stuttgart 1992. (Als Manuskript vervielfältigt.)

DEUTSCHER BÄDERVERBAND E.V. (Hrsg.): Deutscher Bäderkalender. Gütersloh 1989.

DEUTSCHER STÄDTETAG KÖLN (Hrsg.): Statistisches Jahrbuch Deutscher Gemeinden. Jahrgänge: 77/1990; 78/1991; 79/1992. Köln.

DEUTSCHES WIRTSCHAFTSWISSENSCHAFTLICHES INSTITUT FÜR FREMDEN-VERKEHR (DWIF) (Hrsg.): Die ökonomische Bedeutung des Ausflugs- und Geschäfts-reiseverkehrs (ohne Übernachtung) in der Bundesrepublik Deutschland. München, 1987.

DEUTSCHES WIRTSCHAFTSWISSENSCHAFTLICHES INSTITUT FÜR FREMDEN-VERKEHR (DWIF) (Hrsg.): Untersuchung zur gegenwärtigen und künftigen Bedeutung des Fremdenverkehrs für München. München 1989. (unveröffent. Manuskript)

DEUTSCHES WIRTSCHAFTSWISSENSCHAFTLICHES INSTITUT FÜR FREMDEN-VERKEHR (DWIF) (Hrsg.): Die qualitative und quantitative Bedeutung des Fremden-verkehrs für Hamburg. München 1992.

EBERHARD, R.: Die große Säule des Städtetourismus. In: Der Fremdenverkehr, H. 47, 1974, S. 20-28.

EMNID-INSTITUT GMBH & CO. (Hrsg.): Geschäftsreisen 1987. Bielefeld 1988.

EMNID-INSTITUT GMBH & CO. (Hrsg.): Deutscher Reisemonitor 1990. Bielefeld 1990.

EMNID-INSTITUT GMBH & CO. (Hrsg.): Deutscher Reisemonitor. Zwischenbericht I/1991 (Jan.-Juni). Bielefeld 1991.

ENTENMANN, U.: Panorama. In: Stuttgart. Merian - das Monatsheft der Städte und Land-schaften, 45. Jg., Heft 1, 1992, S. 162-169

FORSCHUNGSGEMEINSCHAFT URLAUB UND REISEN (F.U.R.): Reiseanalyse 1994. Hamburg 1995

FLUGHAFEN STUTTGART GMBH (Hrsg.): Bericht über das 66. Geschäftsjahr. Stuttgart 1989.

FRANK, M., W. STRÖBEL u. V. ALDINGER: Die Mineralquellen von Stuttgart - Bad Cannstadt - Berg. Geschichte, Hydrographie und Chemismus. In: STATISTISCHES LANDESAMT BADEN-WÜRTTEMBERG (Hrsg.): Jahrbücher für Statistik und Lan-deskunde von Baden-Württemberg. Jg. 12, 1968. Stuttgart.

FREYER, W.: Tourismus. Einführung in die Fremdenverkehrsökonomie. 3. Aufl., München u.a. 1991

GAEBE, W.: Verdichtungsräume: Strukturen und Prozesse in weltweiten Vergleichen. Stutt-gart 1987.

GEYER, O. u. M. GWINNER: Geologie von Baden-Württemberg. Stuttgart 1986, S. 295-299.

G + J-BRANCHENBILD Messen, Ausstellungen und Kongresse, Gruner + Jahr Markt-analyse. Hrsg. v. Gruner + Jahr AG & Co. Druck und Verlagshaus Hamburg. Hamburg 1991-1995

HÄFNER, T.: Auswirkungen neuer Informationstechnologien auf die Marktbearbeitung in der Tourismusbranche. (Diplomarbeit), Bayreuth 1988

HÄFNER, T.: Marktanalyse des Städtetourismus in Bayreuth als Grundlage eines Tourismus-konzepts. In: Arbeitsmaterialien zur Raumordnung und Raumplanung, Bayreuth 1989

HAGEL, J.: Die Siedlungsentwicklung im Stuttgarter Raum. In: SCHLEUNING, H. (Hrsg.): Stuttgart Handbuch. Stuttgart 1985, S. 189-219.

HÄNSSLER, K.H.: Standort-Kooperation - Voraussetzung für erfolgreiches City-Marketing. In: CITY-MARKETING. EIN WEG ZUR PROFILIERUNG. Stuttgart 1992, S. 53-65.

HESS, R.: Praxisbeispiel Pfullingen. In: CITY-MARKETING. EIN WEG ZUR PROFILIE-RUNG. Stuttgart 1992, S. 41-52

IGA 1993 STUTTGART GmbH (Hrsg.): Das Natur Schau Spiel - IGA Stuttgart Expo 93. Stuttgart 1992

INMA - INSTITUT FÜR MARKTFORSCHUNG GMBH (Hrsg.): City-Check. Stuttgart 1992.

JENTSCH, Ch. u.a.: Forschungsprojekt "Städtetourismus Stuttgart". Akzeptanzanalyse. Mannheim 1991. (unveröff.)

JENTSCH, Ch. u.a.: Forschungsprojekt "Städtetourismus Stuttgart". Imageanalyse. Mannheim 1992. (unveröff.)

JENTSCH, Ch. u.a.: Forschungsprojekt "Städtetourismus Stuttgart". Expertenbefragung. Mannheim 1993. (unveröff.)

JUNGBLUT, M.: Wirtschaft. Nach wie vor rollt der Rubel am Neckar. In: Stuttgart. Merian - das Monatsheft der Städte und Landschaften, 45. Jg., Heft 1, 1992, S. 152-154

KIRCHNER, H.: Die Region Mittlerer Neckar. In: STREIT, M.E. und H.-A. HAASIS (Hrsg.): Verdichtungsregionen im Umbruch. Baden-Baden 1990, S. 189-232.

KOCH, A.: Die gegenwärtige wirtschaftliche Bedeutung des Fremdenverkehrs unter besonderer Berücksichtigung der im Fremdenverkehr erzielten Umsätze und der Wertschöpfung. In: Jahrbuch für Fremdenverkehr Bd. 14, 1966, S. 22-34.

KOCH, A.: Die Ausgaben im Fremdenverkehr in der Bundesrepublik Deutschland. - Schriftenreihe des Deutschen Wirtschaftswissenschaftlichen Instituts für Fremdenverkehr an der Universität München H. 35, München 1980.

KOPITZSCH, F.: Geschichte. Aufstieg vom Gestüt zur Hauptstadt. In: Stuttgart. Merian - das Monatsheft der Städte und Landschaften, 45. Jg., Heft 1, 1992, S. 150f.

KROESEN, N.: Nationale und internationale Imagewerbung der Stadt - auch unter touristischen Aspekten. In: CITY-MARKETING. EIN WEG ZUR PROFILIERUNG. Stuttgart 1992, S. 77-83

KULLEN, S.: Baden-Württemberg. 3. Aufl., Stuttgart 1989.

LANDESHAUPTSTADT STUTTGART, AMT FÜR TOURISTIK, PRESSE- UND INFORMATIONSAMT (Hrsg.) (1992): Fremdenverkehrsstatistik Stuttgart. 1. Tourismus-Halbjahr 1992. Stuttgart.

LANDESHAUPTSTADT STUTTGART, STATISTISCHES AMT (Hrsg.): Arbeitsstätten-zählung 25. Mai 1987. Stuttgart 1988.

LANDESHAUPTSTADT STUTTGART, STATISTISCHES AMT (Hrsg.): Statistische Blätter, Jahresübersicht 1990, Heft 47. Stuttgart 1990.

LANDESHAUPTSTADT STUTTGART, STATISTISCHES AMT (Hrsg.): Statistische Blätter, Jahresübersicht 1991, Heft 48. Stuttgart 1991.

LANDESHAUPTSTADT STUTTGART, STATISTISCHES AMT (Hrsg.): Statistische Blätter, Jahresübersicht 1992, Heft 49. Stuttgart 1992.

338

LANDESHAUPTSTADT STUTTGART, STATISTISCHES AMT (Hrsg.): Statistische Blätter, Jahresübersicht 1993, Heft 50. Stuttgart 1993.

LANDESHAUPTSTADT STUTTGART, STATISTISCHES AMT (Hrsg.): Statistischer Informationsdienst, Monatshefte. H. 4, 1994.

LANDESHAUPTSTADT STUTTGART, VERKEHRSAMT (Hrsg.): Monatsspiegel 1/91. Stuttgart 1991.

LAW, Ch.: Urban Tourism and its Contribution to Economic Regeneration, in: Urban Studies, 1992a, Vol. 29, Nos. 3/4, S. 599-618.

LAW, Ch.: Urban Tourism - The experience of Britisch Regional Cities, in: Planologisch Nieuws, 1992b, 12. Jhrg., H. 1/92, S. 5-13.

LOHMANN, M.: Städtereisen und Städtereisende. - Marktforschung im Städtetourismus. Deutsches Seminar für Fremdenverkehr Berlin, 2. Oktober 1989.

MAIER, J.: Die Sitzplätze in Gaststätten. Ein Indikator auf der Angebotsseite für Freizeit und Erholung. In: Informationen des Institutes für Raumordnung, 23. Jg., 1973, Nr. 9, S. 179-192.

MAIER, J.: Geographie der Freizeitstandorte und des Freizeitverhaltens. In: HARMS Handbuch der Geographie. Sozial- und Wirtschaftsgeographie 2. 1. Aufl., München 1982, S. 160-276.

MERTEN, K. u. H. SCHUKRAFT: Schlösser und Gärten. In: SCHLEUNING, H. (Hrsg.): Stuttgart-Handbuch. Stuttgart 1985, S. 327-352.

MESSE STUTTGART GMBH (Hrsg.): Kongreß- und Tagungsstätten in Stuttgart. Stuttgart 1990.

MESSE STUTTGART GMBH (Hrsg.): Kongreß- und Tagungsstätten Stuttgart. Stuttgart 1990.

MEYER-SCHWICKERATH, M.: Perspektiven des Tourismus in der Bundesrepublik Deutschland. Zur Notwendigkeit eines wirtschaftspolitischen Konzepts. - Beiträge aus dem Institut für Verkehrswissenschaft an der Universität Münster H. 121, Göttingen 1990.

MÖLLER, H.: Das deutsche Messe- und Ausstellungswesen. Standortstruktur und räumliche Entwicklung seit dem 19. Jahrhundert. - Forschungen zur deutschen Landeskunde, Bd. 231, Trier 1989.

OECHSSLER, F.: Der Stuttgarter Wald. In: SCHLEUNING, H. (Hrsg.): Stuttgart-Handbuch. Stuttgart 1985, S. 74-113.

OPASCHOWSKI, H.: Tourismus und Freizeit 2000. Wohin die Reise geht, schriftliche Fassung des Vortrags auf dem Wirtschaftstag Tourismus und Freizeit am 24. April 1991 in Bad Dürrheim.

OPASCHOWSKI, H.: Freizeit und Urlaub mit Qualität: Was heißt das eigentlich? Perspektiven für eine zukunftsorientierte Freizeit- und Tourismuspolitik. Vortrag anläßlich des Fremdenverkehrstages Baden-Württemberg 1995, am 24. Januar 1995 in Stuttgart.

OSTERMANN, M.: Die Imagepolitik von Städten dargestellt am Beispiel der Stadt Köln. (Diplomarbeit), Köln 1989.

PLÜMACHER; J.: Erkundungen der regionalen Grundwasserströmungen im Festgesteinsaquifer des Oberen Muschelkalks (mittlerer Neckarraum) mittels numerischer Modelle. (Diplomarbeit), Aachen 1993.

REGION STUTTGART - TOURISTIK-ARBEITSGEMEINSCHAFT (Hrsg.): Touristikgemeinschaft Region Stuttgart 1992. Stuttgart 1992.

REIFF, A. u. P. WURM: Klima. In: SCHLEUNING, H. (Hrsg.): Stuttgart-Handbuch. Stuttgart 1985, S. 13f.

ROEDER, B. von u. F. BREINERSDORFER (Hrsg.): Stuttgarter Verhältnisse. Stadt & Region. 2., erw. u. überarb. Aufl., Stuttgart 1989

SAMUELSON, P.: Volkswirtschaftslehre. Köln 1964.

SCHLEUNING, H.: Stuttgart-Handbuch. Stuttgart 1985.

SCHMID, M.: 250 000 Jahre Cannstatter Geschichte (Hrsg.: LANDESHAUPTSTADT STUTTGART, STADTARCHIV IN VERBINDUNG MIT D. PRESSE- UND INFORMATIONSAMT). Stuttgart 1989.

SCHREIBER, M.: Großstadttourismus in der Bundesrepublik Deutschland am Beispiel einer segmentorientierten Untersuchung der Stadt Mainz. - Mainzer Geographische Studien, H. 35, Mainz 1990.

STOBBE, A.: Volkswirtschaftliches Rechnungswesen. Berlin 1976.

STATISTISCHES BUNDESAMT (Hrsg.): Statistisches Jahrbuch 1991. Wiesbaden 1991.

STATISTISCHES LANDESAMT BADEN-WÜRTTEMBERG (Hrsg.): Tourismus in Zahlen 1949-1988. - Statistik von Baden-Württemberg, Bd. 416. Stuttgart 1990.

STUDIENKREIS FÜR TOURISMUS e.V.: Reiseanalyse 1989. Erste Ergebnisse. Starnberg 1989.

STUDIENKREIS FÜR TOURISMUS e.V. (StfT) (Hrsg.): Städtereiseziel Stuttgart. Dokumentation auf der Basis der Konti RA 89/Städtereisen für die IHK der Region Stuttgart. Starnberg 1989.

STUDIENKREIS FÜR TOURISMUS e.V. (StfT) (Hrsg.): Reiseanalyse 1989. Starnberg 1990.

STUDIENKREIS FÜR TOURISMUS e.V. (StfT) (Hrsg.): Reiseanalyse 1991. Erste Ergebnisse. Starnberg 1991.

STUDIENKREIS FÜR TOURISMUS e.V. (StfT) (Hrsg.): Reiseanalyse 1992. Erste Ergebnisse. Starnberg 1992.

STUDIENKREIS FÜR TOURISMUS e.V. (StfT) (Hrsg.): Reiseanalyse 1992. Starnberg 1993.

UFRECHT, W.: Erfahrungen mit der Erkundung und Sanierung von CKW-Verunreinigungen in einem wasserwirtschaftlichensensiblen Großstadtgebiet (am Beispiel der Stadt Stuttgart) (IWS-Schriftenreihe: Wasser [im Druck]). Stuttgart 1993.

VERKEHRS- und TARIFVERBUND STUTTGART GMBH (VVS) (Hrsg.): Zum Einkauf am Samstag. Der ADAC empfiehlt: Park and Ride. (Faltblatt) Stuttgart 1990

VERKEHRS- und TARIFVERBUND STUTTGART GMBH (VVS) (Hrsg.): Verbundschienennetz für die Region Stuttgart. Tips fürs Bus- und Bahnfahren. (Faltblatt) Stuttgart 1994

VOGELS, P.: City-Marketing in der Praxis - eine kritische Zwischenbilanz. In: CITY-MARKETING. EIN WEG ZUR PROFILIERUNG. Stuttgart 1992, S. 29-40.

WIRTZ, H.: Die wirtschaftliche Bedeutung des Tagestourismus in Großstädten - dargestellt am Beispiel der Stadt Stuttgart. (Diplomarbeit), Mannheim 1993.

ZIMMERMANN, K.: Zur Imageplanung von Städten. - Kölner Wirtschafts- und Sozialwissenschaftliche Abhandlungen, Bd. 5, Köln 1975.

Zeitungen und Zeitschriften

Speyerer Tagespost
Sonntag aktuell

Stuttgarter Nachrichten
Stuttgarter Wochenblatt
Stuttgarter Zeitung

Anhang

Guten Tag, mein Name ist N.N. von der Universität Mannheim. Sie haben vielleicht in der Zeitung gelesen, daß wir im Auftrag der Stadt Stuttgart eine Untersuchung des Tourismus in Stuttgart durchführen.

Hierzu möchte ich Ihnen einige Fragen stellen.

Der Datenschutz ist selbstverständlich gewährleistet.

Frage 1: Bitte bewerten Sie zunächst das *Freizeitangebot* in Stuttgart anhand von Schulnoten. Die Note 1 bedeutet 'sehr gut', die Note 5 'mangelhaft'; mit den Noten dazwischen können Sie Ihre Meinung abstufen. Welche Note würden Sie geben?

Antwort 1: _____(Keine Mittelwerte zulassen! Nachfragen!)

(0) Weiß nicht   (9) Keine Angaben

Frage 2: Welche Freizeiteinrichtungen und Veranstaltungen in Stuttgart nutzen Sie?

(Woran denken Sie genau? falls nur 'Kultur' u. 'Sport' genannt werden.)

(Mehrfachnennungen möglich.)

Antwort 2: _____

(0) Weiß nicht   (8) Nutzt keine   (9) Keine Angaben

Frage 3a: Woher beziehen Sie Ihre Informationen über Freizeiteinrichtungen und Veranstaltungen in Stuttgart?

(Nicht vorlesen! Mehrfachnennungen möglich.)

Antwort 3a:

(1) Tageszeitung (Stuttg. Nachr./Stuttg. Zeitung)	(2) Wochenblatt, andere Anzeigenblätter
(3) Bekannte, Verwandte, Freunde	(4) Rundfunk, TV
(5) Amtsblatt	(6) Plakate, Anschläge, Litfaßsäule
(7) Stadtillustrierte (Prinz/Life/Ketchup/Stuttg. Illustr./Stuttg. Journ.)	
(8) Vereine, Verbände	(9) Stuttg. Monatsspiegel/Wochenspiegel
(10) Veranstalter	(11) Veranstaltungskalender
(12) Sonstige	(13) i-Punkt
(0) Weiß nicht	(99) Keine Angaben

(Falls der Stuttgarter Monatsspiegel nicht ganannt wird: Frage 3b !)

Frage 3b: Kennen Sie den Stuttgarter Monatsspiegel?

Antwort 3b: _____(1) Ja_____(2) Nein

Frage 4: Bitte bewerten Sie nun - wieder anhand von Schulnoten - das touristische Angebot in Stuttgart. Welche Note von 1 (sehr gut) bis 5 (mangelhaft) würden Sie dem touristischen Angebot geben?

Antwort 4: _____(Keine Mittelwerte zulassen! Nachfragen!)

(0) Weiß nicht   (9) Keine Angaben

Frage 5: Welche Freizeiteinrichtungen und Veranstaltungen in Stuttgart sind Ihrer Meinung nach auch für Touristen wichtig?

(Woran denken Sie genau? falls nur 'Kultur' u. 'Sport' genannt werden.)

(Mehrfachnennungen möglich.)

Antwort 5: _____

_____

(0) Weiß nicht   (8) Keine   (9) Keine Angaben

Frage 6:   Welche Freizeiteinrichtungen und Veranstaltungen fehlen Ihrer Meinung nach in Stuttgart?
(Mehrfachnennungen möglich.)

Antwort 6:   _____

_____

(0) Weiß nicht   (8) Nichts fehlt   (9) Keine Angaben

Frage 7:   Und was sollte verbessert werden?
(Mehrfachnennungen möglich.)

Antwort 7:   _____

_____

(0) Weiß nicht   (8) Nichts   (9) Keine Angaben

Frage 8:   Wie stehen Sie selbst den Touristen in Ihrer Stadt gegenüber; eher positiv oder eher negativ?

Antwort 8:   (0) Weiß nicht   (1) eher positiv   (2) weder noch   (3) eher negativ   (9) Keine Angaben

Frage 9:   Glauben Sie, daß der Tourismus für Stuttgart eher *Vorteile* oder eher *Nachteile* bringt? (Filter!)

Antwort 9a: (1) eher Vorteile	**Antwort 9b:** (3) eher Nachteile	**Antwort 9c:** (2) weder noch
		(0) Weiß nicht
		(9) Keine Angaben
(weiter mit Frage 10/11)	(weiter mit Frage 12/13)	(weiter mit Frage 14/15)
Frage 10: Welche Vorteile sind das?	**Frage 12:** Welche Nachteile sind das?	**Frage 14:** Welche Vorteile bringt der Tourismus Ihrer Meinung nach für Stuttgart?
Antwort 10:	**Antwort 12:**	**Antwort 14:**
_____	_____	_____
_____	_____	_____
_____	_____	_____
_____	_____	_____
(0) Weiß nicht	(0) Weiß nicht	(0)Weiß nicht
(9) Keine Angaben	(9) Keine Angaben	(9)Keine Angaben
Frage 11: Glauben Sie, daß der Tourismus für Stuttgart auch Nachteile bringt?	**Frage 13:** Glauben Sie, daß der Tourismus für Stuttgart auch Vorteile bringt?	**Frage 15:** Welche Nachteile bringt der Tourismus Ihrer Meinung nach für Stuttgart?
Antwort 11: Ja Nein	**Antwort 13:** Ja Nein	**Antwort 15:**
Wenn ja: Welche Nachteile sind das?	Wenn ja: Welche Vorteile sind das?	_____
_____	_____	_____
_____	_____	_____
_____	_____	_____
(0) Weiß nicht	(0) Weiß nicht	(0)Weiß nicht
(9) Keine Angaben	(9) Keine Angaben	(9)Keine Angaben

Frage 16:   Sollte Ihrer Meinung nach der Tourismus in Stuttgart stärker *ausgebaut* werden oder denken Sie, daß der jetzige Umfang ausreicht?

Antwort 16:   (1) stärker ausbauen   (2) ausreichend   (3) reduzieren

                   (0) Weiß nicht   (9) Keine Angaben

Frage 17:   Sollte die Stadt Stuttgart in der Tourismuswerbung mit anderern Städten der Region zusammenarbeiten oder sollte Stuttgart alleine auftreten?

Antwort 17: (1) alleine   (2) zusammen

                   (0) Weiß nicht   (9) Keine Angaben

Frage 18:   Bitte bewerten Sie nun - wieder anhand von Schulnoten - das Erscheinungsbild der Stadt Stuttgart nach außen.

Antwort 18:   (Keine Mittelwerte zulassen! Nachfragen!)

                  (0) Weiß nicht   (9) Keine Angaben

Frage 19:   Im folgenden nenne ich Ihnen verschiedene Besuchergruppen; würden Sie bitte jeweils mit *Ja* oder *Nein* beurteilen, ob ein größeres Aufkommen dieser Besucher für Stuttgart wünschenswert ist.

Antwort 19:

                                                   Bemerkungen

Tagestouristen	Ja	Nein	w.n.	k.A.
Besucher von Volksfesten oder Weihnachtsmarkt	Ja	Nein	w.n.	k.A.
Einkaufsreisende	Ja	Nein	w.n.	k.A.
Abendbesucher	Ja	Nein	w.n.	k.A.
Urlaubsreisende	Ja	Nein	w.n.	k.A.
Messe- und Kongreßreisende	Ja	Nein	w.n.	k.A.
Bäder- und Kurtouristen	Ja	Nein	w.n.	k.A.
Geschäftsreisende	Ja	Nein	w.n.	k.A.
Gruppenreisende (organisiert)	Ja	Nein	w.n.	k.A.
Individualreisende ('auf eigene Faust')	Ja	Nein	w.n.	k.A.
Deutsche Touristen	Ja	Nein	w.n.	k.A.
Ausländische Touristen	Ja	Nein	w.n.	k.A.

Zum Schluß möchte ich Sie noch nach einigen Angaben zu Ihrer Person befragen:

Alter:_____   Geschlecht: (m) männlich_____ (w) weiblich

Familienstand: (1) ledig_____ (2) verheiratet_____ (3) geschieden, getr. lebend_____ (4) verwitwet_____

(9) Keine Angaben

Haushaltsgröße:_____   (99) Keine Angaben

davon Kinder < 16 Jahre:__   (99) Keine Angaben

Staatsangehörigkeit: (1) deutsch_____ (2) andere_____ (9) Keine Angaben

Schulabschluß: (Volks-)Hauptschule_____ Mittl. Reife_____ (Berufs-)Fachschule_____

(Fach-)Hochschulreife_____ (Fach-)Hochschulabschluß

Berufstätigkeit: (11)Selbständige/r_____ (12)__ Beamter/in_____ (13)__ Angestellte/r_____ (14)__ Arbeiter/in___

(15)__ Auszubildende/r_____ (16)__ Schüler/Student/in_____ (17)_____ Rentner/in__

(18)__ Hausfrau/-mann_____ (19)__ Arbeitslose/r_____ (20)__ Zivil-/Wehrdienstleistende_

(0)__ Weiß nicht_____ (9)__ Keine Angaben

Berufssparte: (1) Presse, Rundfunk, Kunst   (0) kein Beruf

(2) Öffentlicher Dienst (Bahn, Post)   (9) Keine Angabe

(3) Fertigungsberufe (Industrie)

(4) Bank- / Versicherungswesen

(5) Forschung, Entwicklung, Planung

(6) Freie Akademische Berufe (Arzt, Anwalt, etc.)

(7) Technische Berufe (Ingenieur, EDV-Personal)

(8) Dienstleisungsberufe (Kaufleute, Büroberufe)

Stadtbezirk: (1) Nord   (2) Ost   (3) Süd

(4) West   (5) Mitte

(6) Bad Cannstatt   (7) Birkach   (8) Botnang

(9) Degerloch   (10) Feuerbach   (11) Hedelfingen

(12) Möhringen   (13) Mühlhausen   (14) Münster

(15) Obertürkheim   (16) Plieningen   (17) Sillenbuch

(18) Stammheim   (19) Untertürkheim   (20) Vaihingen

(21) Wangen   (22) Weilimdorf   (23) Zuffenhausen

Ich danke Ihnen herzlich für dieses Gespräch.

Frage 1

Im folgenden finden Sie eine Liste der 15 größten Städte der Bundesrepublik Deutschland.
Bitte wählen Sie **jeweils 5 dieser Städte** aus, in denen Sie gerne

a) Ihre *Freizeit* verbringen würden,　　　b)　*wohnen* würden,　　　c)　*arbeiten* würden.

Markieren Sie bitte diejenigen Städte, die Sie ausgewählt haben mit einem Kreuz (X) in der jeweiligen Spalte.

Stadt	a) Freizeit	b) Wohnen	c) Arbeiten
Berlin	( )	( )	( )
Hamburg	( )	( )	( )
München	( )	( )	( )
Köln	( )	( )	( )
Frankfurt	( )	( )	( )
Essen	( )	( )	( )
Dortmund	( )	( )	( )
Düsseldorf	( )	( )	( )
Stuttgart	( )	( )	( )
Bremen	( )	( )	( )
Duisburg	( )	( )	( )
Dresden	( )	( )	( )
Hannover	( )	( )	( )
Leipzig	( )	( )	( )
Nürnberg	( )	( )	( )

Bitte wählen Sie nun aus der Liste der Städte in Frage 1 jeweils die Stadt aus, in der Sie am liebsten
a) Ihre *Freizeit* verbringen würden, b) *wohnen* würden und c) *arbeiten* würden.

Tragen Sie die Namen der Städte in den vorgesehenen Kästchen ein.

Meine "Lieblingsstadt" in bezug auf	a) Freizeit	b) Wohnen	c) Arbeiten
ist	_____	_____	_____

Frage 2

Wodurch sind Sie auf ihre **jeweilige Lieblingsstadt** aufmerksam geworden?

Bitte kreuzen Sie die zutreffenden Antworten in der nachfolgenden Liste an. Sie können gegebenenfalls auch **mehrere**
Kreuze pro Spalte machen.

Auf meine "Lieblingsstadt" in bezug auf bin ich aufmerksam geworden durch	a) Freizeit	b) Wohnen	c) Arbeiten
Freunde/Bekannte/Verwandte	( )	( )	( )
Rundfunk/Fernsehen	( )	( )	( )
Zeitung/Zeitschrift	( )	( )	( )
Kataloge/Prospekte	( )	( )	( )
Reiseveranstalter	( )	( )	( )
Messen	( )	( )	( )
Durchfahrt	( )	( )	( )
Urlaub/Aufenthalt in der Nähe	( )	( )	( )
Geschäftsreise	( )	( )	( )
Zufall	( )	( )	( )
Wohnort/ehemaliger Wohnort	( )	( )	( )
Sonstiges/Weiß nicht(mehr)	( )	( )	( )

Im folgenden möchten wir Ihnen einige Fragen zur Stadt *Stuttgart* stellen.

Frage 3

Was fällt Ihnen spontan ein, wenn Sie an *Stuttgart* denken?

Bitte tragen Sie Ihre Antwort in das folgende Kästchen ein.

```
. . . . . . . . . . . . . . . . . . . . . . . . .        . . . . . . . . . . . . . . . . . . . . . . . . .
. . . . . . . . . . . . . . . . . . . . . . . . .        . . . . . . . . . . . . . . . . . . . . . . . . .
. . . . . . . . . . . . . . . . . . . . . . . . .        . . . . . . . . . . . . . . . . . . . . . . . . .
```

Frage 4

Welche *Symbole*, *Wahrzeichen* oder *Wappen* Stuttgarts kennen Sie?

Bitte tragen Sie Ihre Antwort in das folgende Kästchen ein.

```
. . . . . . . . . . . . . . . . . . . . . . . . .        . . . . . . . . . . . . . . . . . . . . . . . . .
. . . . . . . . . . . . . . . . . . . . . . . . .        . . . . . . . . . . . . . . . . . . . . . . . . .
. . . . . . . . . . . . . . . . . . . . . . . . .        . . . . . . . . . . . . . . . . . . . . . . . . .
```

Frage 5

Welche *Persönlichkeiten* (historisch oder lebend) bringen Sie mit Stuttgart in Verbindung?

Bitte tragen Sie Ihre Antwort in das folgende Kästchen ein.

```
. . . . . . . . . . . . . . . . . . . . . . . . .        . . . . . . . . . . . . . . . . . . . . . . . . .
. . . . . . . . . . . . . . . . . . . . . . . . .        . . . . . . . . . . . . . . . . . . . . . . . . .
. . . . . . . . . . . . . . . . . . . . . . . . .        . . . . . . . . . . . . . . . . . . . . . . . . .
```

Frage 6

Welche in Stuttgart hergestellten *Produkte* fallen Ihnen ein?

Bitte tragen Sie Ihre Antwort in das folgende Kästchen ein.

```
. . . . . . . . . . . . . . . . . . . . . . . . .        . . . . . . . . . . . . . . . . . . . . . . . . .
. . . . . . . . . . . . . . . . . . . . . . . . .        . . . . . . . . . . . . . . . . . . . . . . . . .
. . . . . . . . . . . . . . . . . . . . . . . . .        . . . . . . . . . . . . . . . . . . . . . . . . .
```

Frage 7

Im folgenden finden Sie jeweils 2 gegensätzliche Begriffe. Bitte beurteilen Sie, wie gut die Begriffe Ihrer Meinung nach zur *Stadt Stuttgart* oder ihren *Bewohnern* passen.

Wenn Sie z.B. der Ansicht sind, daß Stuttgart "**sehr** gepflegt" ist, kreuzen Sie links das Kästchen mit dem Wert 3 an.
Wenn Sie der Meinung sind, daß Stuttgart "**sehr** ungepflegt" ist, kreuzen Sie rechts das Kästchen mit dem Wert 3 an.
Mit den Kästchen dazwischen können Sie Ihre Meinung abstufen.
Vergeben Sie bitte **nur ein Kreuz pro Begriffspaar**.

	3	2	1	0	1	2	3	
gepflegt								ungepflegt
schlechte Luft								gute Luft
preiswert								teuer
klein								groß
modern								unmodern
hektisch								ruhig
gemütlich								ungemütlich
neblig								sonnig
freundlich								unfreundlich
rückständig								fortschrittlich
offen								verschlossen
ungesellig								gesellig
fleißig								faul
großzügig								sparsam
interessant								uninteressant

Frage 8

Waren Sie schon einmal in Stuttgart?

Zutreffendes bitte ankreuzen.

Ja	( )	Weiter mit Frage 9!
Nein	( )	Weiter mit Frage 16!

Frage 9

Wie oft waren Sie schon in Stuttgart? Zutreffendes bitte ankreuzen.

einmal	( )
zweimal	( )
drei- bis fünfmal	( )
sechs- bis zehnmal	( )
mehr als zehnmal	( )

Frage 10

Wann waren sie zuletzt in Stuttgart? Tragen Sie Ihre Antwort bitte in das Kästchen ein.

Monat: .... **Jahr:**...............

Frage 11

Falls Ihr letzter Aufenthalt in Stuttgart länger als einen Tag gedauert hat, wo haben Sie übernachtet?

Bitte machen Sie hier **jeweils ein Kreuz** in der oberen **und** in der unteren Rubrik, also sowohl bei "Stuttgart" oder "Region" als auch bei den vorgegebenen Unterkünften.

in Stuttgart selbst	( )
in der Region Stuttgart	( )
Hotel	( )
Gasthof	( )
Gästehaus/Pension	( )
Jugendherberge	( )
Campingplatz	( )
Freunde/Bekannte/Verwandte	( )
Sonstiges	( )

Frage 12

Was war der Grund Ihres Aufenthaltes in Stuttgart?

Falls Sie Stuttgart schon mehrfach oder aus verschiedenen Gründen besucht haben, können Sie hier **auch mehrere Kreuze** machen.

Tagesausflug	( )
Kurzurlaub	( )
Besuch bei Freunden/Verwandten/Bekannten	( )
Kuraufenthalt	( )
Besuch von Sportveranstaltungen	( )
Besuch kultureller Einrichtungen und/oder Veranstaltungen	( )
Geschäftsreise	( )
Einkaufen	( )
Tagungs-/Messebesuch	( )
Durchreise	( )
Sonstiges, und zwar:	( )

Frage 13

Mit welchem Verkehrsmittel sind Sie nach Stuttgart gekommen? Zutreffendes bitte ankreuzen.

PKW	( )
Bus	( )
Flugzeug	( )
Bahn	( )
Sonstiges,	( )
und zwar:	

Frage 14

Was hat Ihnen in Stuttgart *gut* gefallen? Tragen Sie Ihre Antwort bitte in das Kästchen ein.

Frage 15

Was hat Ihnen in Stuttgart *nicht* gefallen? Tragen Sie Ihre Antwort bitte in das Kästchen ein.

Frage 16

Im folgenden haben wir einige *Aspekte der Stadt Stuttgart* aufgelistet. Bitte bewerten Sie die genannten Gesichtspunkte anhand von Noten zwischen 1 und 5.

Die Note 1 bedeutet 'sehr gut', die Note 2 'gut', die Note 3 'befriedigend', die Note 4 'ausreichend', die Note 5 'mangelhaft'. Bitte kreuzen Sie **für jeden** der aufgelisteten Gesichtspunkte die Note an, die Ihrer Meinung nach zutreffend ist.

Bitte beantworten Sie diese Frage auch dann, wenn Sie noch nicht in Stuttgart waren.

Welche Note würden Sie also den folgenden Aspekten geben?

	sehr gut	gut	befrie-digend	aus-reichend	mangel-haft	weiß nicht
Kulturelles Angebot	(1)	(2)	(3)	(4)	(5)	( )
Sportliches Angebot	(1)	(2)	(3)	(4)	(5)	( )
Gastronomisches Angebot	(1)	(2)	(3)	(4)	(5)	( )
Einkaufsmöglichkeiten	(1)	(2)	(3)	(4)	(5)	( )
Übernachtungsmöglichkeiten	(1)	(2)	(3)	(4)	(5)	( )
Preisniveau	(1)	(2)	(3)	(4)	(5)	( )
Stadtbild	(1)	(2)	(3)	(4)	(5)	( )
Landschaftliche Umgebung	(1)	(2)	(3)	(4)	(5)	( )
Erreichbarkeit	(1)	(2)	(3)	(4)	(5)	( )
Umweltqualität	(1)	(2)	(3)	(4)	(5)	( )
Freizeit- und Erholungsmöglichkeiten	(1)	(2)	(3)	(4)	(5)	( )
Verkehrssituation	(1)	(2)	(3)	(4)	(5)	( )
Atmosphäre	(1)	(2)	(3)	(4)	(5)	( )
Wohnqualität	(1)	(2)	(3)	(4)	(5)	( )
Berufliche Chancen	(1)	(2)	(3)	(4)	(5)	( )

Frage 17

Nun finden sie eine Liste von *Bezeichnungen*, die auf die Stadt Stuttgart zutreffen könnten.

Kreuzen Sie bitte für jeden dieser Begriffe an, wie gut er Ihrer Meinung nach auf die Stadt Stuttgart zutrifft. Wenn Sie z.B. der Ansicht sind, eine Bezeichnung für Stuttgart "trifft **ganz genau** zu", dann **kreuzen Sie die (1)** in der entsprechenden Zeile an; denken Sie jedoch , der Begriff "trifft **gar nicht** zu", dann **kreuzen Sie die (5)** an. Mit den anderen Ziffern können Sie Ihre Meinung abstufen.

	trifft ganz genau zu				trifft gar nicht zu
Wirtschaftszentrum	(1)	(2)	(3)	(4)	(5)
Großstadt zwischen Wald und Reben	(1)	(2)	(3)	(4)	(5)
Universitätsstadt	(1)	(2)	(3)	(4)	(5)
Industriestadt	(1)	(2)	(3)	(4)	(5)
Theaterstadt	(1)	(2)	(3)	(4)	(5)
Sportstadt	(1)	(2)	(3)	(4)	(5)
Medienstadt	(1)	(2)	(3)	(4)	(5)
Stadt der Autos und Motoren	(1)	(2)	(3)	(4)	(5)
Kunst- und Kulturstadt	(1)	(2)	(3)	(4)	(5)
Bäder- und Kurstadt	(1)	(2)	(3)	(4)	(5)
Messe- und Kongreßstadt	(1)	(2)	(3)	(4)	(5)
High-Tech-Stadt	(1)	(2)	(3)	(4)	(5)

Frage 18

Welche Note zwischen 1 und 5 würden Sie dem *Image* der folgenden Städte geben, d.h. dem Erscheinungsbild, das von diesen Städten z.B. in den Medien vermittelt wird?

Bitte **kreuzen Sie für jede Stadt** diejenige Note an, die Ihrer Meinung nach zutrifft.

	sehr gut	gut	befrie- digend	aus- reichend	mangel- haft	weiß nicht
Berlin	(1)	(2)	(3)	(4)	(5)	( )
Hamburg	(1)	(2)	(3)	(4)	(5)	( )
München	(1)	(2)	(3)	(4)	(5)	( )
Köln	(1)	(2)	(3)	(4)	(5)	( )
Frankfurt	(1)	(2)	(3)	(4)	(5)	( )
Essen	(1)	(2)	(3)	(4)	(5)	( )
Dortmund	(1)	(2)	(3)	(4)	(5)	( )
Düsseldorf	(1)	(2)	(3)	(4)	(5)	( )
Stuttgart	(1)	(2)	(3)	(4)	(5)	( )
Bremen	(1)	(2)	(3)	(4)	(5)	( )
Duisburg	(1)	(2)	(3)	(4)	(5)	( )
Dresden	(1)	(2)	(3)	(4)	(5)	( )
Hannover	(1)	(2)	(3)	(4)	(5)	( )
Leipzig	(1)	(2)	(3)	(4)	(5)	( )
Nürnberg	(1)	(2)	(3)	(4)	(5)	( )

Zum Schluß möchten wir Sie bitten, noch einige Angaben zu Ihrer Person zu machen.

Geschlecht	weiblich ( )	männlich ( )

Altersgruppe

		Familienstand	
unter 18 Jahre	( )	ledig	( )
18-24 Jahre	( )		
25-34 Jahre	( )	verheiratet	( )
35-44 Jahre	( )		
45-54 Jahre	( )	geschieden	( )
55-64 Jahre	( )		
65-74 Jahre	( )	verwitwet	( )
75 Jahre und älter	( )		
		getrennt lebend	( )

Anzahl der **Personen** in Ihrem Haushalt:	Anzahl der **Kinder** unter 16 Jahre im Haushalt: . . . .

Staatsangehörigkeit:	deutsch ( )	andere ( )

Schulabschluß

		Berufstätigkeit	
Volks-/Hauptschulabschluß	( )	Selbständige(r)	( )
		Beamter(in)	( )
Mittlere Reife	( )	Angestellte(r)	( )
		Arbeiter(in)	( )
Berufs-/Fachschule	( )	Auszubildende(r)	( )
		Schüler(in)/Student(in)	( )
Fach-/Hochschulreife/Abitur	( )	Rentner(in)	( )
		Hausfrau(-mann)	( )
Fach-/Hochschulabschluß	( )	Arbeitslose(r)	( )
		Zivil-/Wehrdienstleistender	( )

Nun möchten wir uns ganz herzlich bei Ihnen dafür bedanken, daß Sie unseren Fragebogen beantwortet haben. Sie haben uns dadurch bei unserer Arbeit eine große Hilfe geleistet. Wenn Sie Fragen oder Anregungen haben, oder Bemerkungen machen wollen, so steht Ihnen der folgende Raum dafür zur Verfügung.

Publikationsverzeichnis

GEOGRAPHISCHES INSTITUT DER UNIVERSITÄT MANNHEIM

und

INSTITUT FÜR LANDESKUNDE UND REGIONALFORSCHUNG

MANNHEIMER GEOGRAPHISCHE ARBEITEN

Heft 1: CHRISTOPH JENTSCH (Hrsg.): Beiträge zur geographischen Landeskunde. DM 27.-
Festgabe für Gudrun Höhl. - 473 S., 44 Abb., 1977 (vergriffen)

Heft 2: JÜRGEN BÄHR/GUDRUN HÖHL/CHRISTOPH JENTSCH (Hrsg.): Beiträge zur DM 19.50
Landeskunde des Rhein-Neckar-Raumes I. - 197 S., 36 Tab., 25 Abb., 4 Fotos,
1979

Heft 3: INGRID DÖRRER: Morphologische Untersuchungen zum zentralen Limousin DM 30.-
(Französisches Zentralmassiv). Ein Beitrag zur Reliefentwicklung einer
Rumpfflächenlandschaft durch tertiäre, periglazial-glaziale und rezente
Formungsvorgänge. - 342 S., 11 Karten, 50 Abb., 1980

Heft 4: JÜRGEN BÄHR: Santiago de Chile. Eine faktorenanalytische Untersuchung zur DM 12.50
inneren Differenzierung einer lateinamerikanischen Millionenstadt. - 100 S.,
20 Abb., 1978

Heft 5: RAINER JOHA BENDER: Wasgau/Pfalz. Untersuchungen zum wirtschaftlichen DM 29.-
und sozialen Wandel eines verkehrsfernen Raumes monoindustrieller Prägung. - (vergriffen)
312 S., 32 Abb., 20 Fotos, 1979

Heft 6: CHRISTOPH JENTSCH/RAINER LOOSE: Ländliche Siedlungen in Afghanistan. DM 16.50
- 130 S., 2 Abb., 70 Fotos, 2 Farbkarten, 1980

Heft 7: WOLF GAEBE/KARL-HEINZ HOTTES (Hrsg.): Methoden und Feldforschung in DM 20.-
der Industriegeographie. - 212 S., 53 Abb., 1980

Heft 8: KARL F. GLENZ: Binnen-Nachbarhäfen als geographisch-ökonomisches DM 25.-
Phänomen. Versuch einer funktionell-genetischen Typisierung am Beispiel von
Mannheim und Ludwigshafen sowie Mainz und Wiesbaden.
205 S., 24 Tab., 21 Abb., 1 Farbkarte, 1981

Heft 9: Exkursionen zum 43. Deutschen Geographentag Mannheim 1981. DM 20.-
236 S., 32 Abb.,1981 (vergriffen)

Heft 10: INGRID DÖRRER (Hrsg.): Mannheim und der Rhein-Neckar-Raum. Festschrift DM 40.-
zum 43. Deutschen Geographentag Mannheim 1981. (vergriffen)
434 S., 48 Tab., 73 Abb., 11 Karten, 9 Farbkarten, 6 Fotos, 1981

Heft 11: VOLKER KAMINSKE: Der Naherholungsraum im Raum Nordschleswig. DM 26.-
Wahrnehmungs- und entscheidungstheoretische Ansätze.
210 S., 63 Tab., 18 Abb., 1981

Heft 29:	KARLHEINZ BOISELLE: Fremdenverkehrsentwicklung und sozio-ökonomischer Wandel an der Riviera di Ponente. - 360 S., 97 Abb., 2 Beilagekarten, 1990	DM 34.-
Heft 30:	PETER FRANKENBERG/MARTIN KAPPAS: Temperatur- und Wetterlagentrends in Westdeutschland. - 185 S., 56 Abb., 2 Tab., 1991	DM 23.-
Heft 31:	RAINER JOHA BENDER: Sozialer Wohnungsbau und Stadtentwicklung in Dublin 1886-1986. - 363 S., 43 Abb., 22 Fotos, 1991	DM 34.-
Heft 32:	PETER FRANKENBERG/MANFRED SPITZ (Hrsg.): Zu Stadtklima und Lufthygiene in Mannheim. - 120 S., 62 Abb., 9 Tab., 1991	DM 15.-
Heft 33:	HENNY ROSE: Der KÖP-Wert in der ökologisch orientierten Stadtplanung. - 184 S., 20 Abb., 3 Tab., 8 Beilagekarten, 1991	DM 25.-
Heft 34:	RAINER JOHA BENDER (Hrsg.): Studien zur Bevölkerungs- und Sozialgeographie. - 191 S., 1991	DM 23.-
Heft 35:	RALF SCHEFFEL: Kennziffern im Tourismus am Beispiel der Deutschen Weinstraße. - 222 S., 50 Abb., 29 Tab., 1993	DM 29.-
Heft 36:	INGO-HANS HOLZ: Stadtentwicklungs- und Standorttheorien unter Einbeziehung des Immobilienmarktes. - 216 S., 22 Abb., 12 Tab., 1994	DM 29.-
Heft 37:	JÜRGEN SCHÜTZ: Tonminerale und Bodenmechanik im Gunzesrieder Achtal. - 135 S., 37 Abb., 21 Tab.,1994	DM 20.-
Heft 38:	ANDREAS DROSTEN: Innovationsmöglichkeiten in der Abfallwirtschaft der metallverarbeitenden Industrie. - 213 S., 66 Abb., 3 Tab.,1994	DM 29.-
Heft 39:	PETER FRANKENBERG, HEIKO HIMMLER, MARTIN KAPPAS: Zur Vegetationsgeographie des Haardtrandes. - 367 S., 30 Abb., 50 Tab.,1994	DM 40.-
Heft 40:	MARTIN KAPPAS: Zur Geländeklimatologie eines alpinen Talsystems. - 250 S., 204 Abb., 27 Tab., 1995	DM 35.-
Heft 41:	ELISABETH PROSWITZ, RÜTGER T. ROLLENBECK, STEPHAN SEELING: Hydrologische Beiträge zur Erosionsforschung im Allgäu. -150 S., 71 Abb., 15 Tab., 1995	DM 24.-

SÜDWESTDEUTSCHE SCHRIFTEN

Heft 1:	Rhein-Neckar-Raum an der Schwelle des Industrie-Zeitalters. - 348 S., 3 Abb., 1984	DM 32.-
Heft 2:	IRMTRAUT GENSEWICH: Die Tabakarbeiterin in Baden - 1870-1914. 497 S., 1 Abb., 1986	DM 34.-
Heft 3:	BARBARA HAHN: Der geförderte Wohnungsbau in Mannheim 1850-1985. - 238 S., 33 Abb., 16 Fotos, 1986	DM 27.-
Heft 4:	DOROTHEA HAALAND: Der Luftschiffbau Schütte-Lanz - Mannheim-Rheinau (1909-1925). - 237 S., 15 Abb., 3 Tab., 13 Fotos, 4 Karten, überarbeitete und aufwendig ausgestattete Neuauflage, 1996	DM 32.-

Heft 5:	RAINER JOHA BENDER (Hrsg.): Pfälzische Juden und ihre Kultuseinrichtungen. - 165 S., 13 Abb., 20 Fotos, 1988	DM 20.-
Heft 6:	THOMAS WIRTH: Adelbert Düringer - Jurist zwischen Kaiserreich und Republik. - 259 S., 3 Fotos, 1989	DM 27.-
Heft 7:	KURT BECKER-MARX/GOTTFRIED SCHMITZ: Raumplanung im Dienst neuer gesellschaftspolitischer Aufgaben. - 74 S., 3 Abb., 1989	DM 10.-
Heft 8:	GÜNTHER SEEBER: Kommunale Sozialpolitik in Mannheim 1888-1914. 210 S., 6 Abb., 1989	DM 26.-
Heft 9:	WOLFRAM FÖRSTER: Wirtschaft, Gesellschaft und Verkehr in Nordostbaden 1806-1914. - 372 S., 70 Abb., 18 Fotos, 1990	DM 35.-
Heft 10:	PETER NEUMANN: Der Gründungsvertrag der Parkbrauerei AG Pirmasens / Zweibrücken. - 210 S., 1 Abb., 11 Fotos, 1992	DM 26.-
Heft 11:	CHRISTOPH JENTSCH (Hg.): Europäische Region Oberrhein. Kooperation an einer historischen Grenze. - 80 S., 14 Abb., 1992	DM 12.- (vergriffen)
Heft 12:	PIRMIN SPIESS (Hg.): Mannheim im Umbruch. Die frühe badische Zeit. - 120 S., 15 Abb., 1992	DM 15.-
Heft 13:	BARBARA HAHN (Hg.): Mannheim - Analyse einer Stadt. - 133 S., 27 Abb., 19 Tab., 1992	DM 17.-
Heft 14:	C. GROSSER/T. GROSSER/R. MÜLLER/S. SCHRAUT: Flüchtlingsfrage - das Zeitproblem. Amerikanische Besatzungspolitik, deutsche Verwaltung und die Flüchtlinge in Württemberg-Baden 1945-1949. - 271 S., 1993	DM 32.-
Heft 15:	KLAUS MEISTER: Wanderbettelei im Großherzogum Baden 1877 - 1913. - 187 S., 22 Abb., 1994	DM 28.-
Heft 16:	WOLFGANG V. HIPPEL: Maß und Gewicht in der bayerischen Pfalz und in Rheinhessen um 1800. - 132 S., 1 Abb., 7 Tab., 1994	DM 30.-
Heft 17:	VERA STÜRMER/RALF HUNDINGER: „Wir kommen wieder!" - Ende und Wiederaufbau der pfälzischen SPD 1929-1933 und 1945-1947. - 279 S., 6 Abb., 19 Tab., 1995	DM 39.-
Heft 18:	CHRISTOPH JENTSCH (Hg.): Städtetourismus Stuttgart. Ergebnisse eines Forschungsprojekts des Geographischen Instituts der Universität Mannheim. - 353 S., 83 Abb., 38 Tab., 1996	DM 35.–

MATERIALIEN ZUR GEOGRAPHIE

Heft 1:	RAINER JOHA BENDER/MANFRED KOLLHOFF: Stadtsanierung Freinsheim. - 72 S., 10 Abb., 14 Fotos, 1985	DM 8.- (vergriffen)
Heft 2:	FINNLAND-EXKURSION des Geographischen Instituts der Universität Mannheim 13.07 - 04.08.1984. - 287 S., 1985.	DM 20.- (vergriffen)

Heft 3:	TUNESIEN-EXKURSION des Geographischen Instituts der Universität Mannheim 10.04 - 22.04.1985 - 232 S., 1985	DM 20.- (vergriffen)
Heft 4:	GABRIELE HANSTEIN: Das Programm DIGIT zur Digitalisierung von geographischen Karten. - 159 S., 41 Abb., 1986	DM 15.-
Heft 5:	RUTHILD KLEINHANS: Das Programm PASTRI zur Schraffur von thematischen Karten. - 214 S., 50 Abb., 1986	DM 20.-
Heft 6:	MANFRED KOLLHOFF: Stadtkernerneuerung in Neustadt/Weinstraße. 157 S., 36 Abb., 1986	DM 15.- (vergriffen)
Heft 7:	MATTHIAS WERNER: Bau- und Nutzflächenentwicklung in Heidelberg-Nord. - 171 S., 45 Abb., 1986	DM 15.-
Heft 8:	POLEN-EXKURSION des Geographischen Instituts der Universität Mannheim 21.07 - 08.08.1986. - 396 S., 96 Abb., 1987	DM 25.- (vergriffen)
Heft 9:	HANS SKARKE: Die Entwicklung des Industriestandortes Mannheim. 114 S., 13 Abb., 1987	DM 15.-
Heft 10:	INDIEN-EXKURSION des Geographischen Instituts der Universität Mannheim 08.02. - 08.03.1987. - 300 S., 86 Abb., 32 Fotos, 1987	DM 25.-
Heft 11:	BARBARA HAHN/ANDREAS KÖNNECKE: Wohnanlage Mannheim-Herzogenried. - 67 S., 2 Abb., 14 Fotos, 1987	DM 8.-
Heft 12:	JAN PHILIPP BÖHMER: Die »new town Crawley«. - 111 S., 17 Abb., 14 Fotos, 1988	DM 15.-
Heft 13:	BIRGIT RAUPP: Mannheim Schönau-Nord. Freiflächen im Geschoßwohnungsbau der 50er Jahre. - 148 S., 12 Abb., 15 Fotos, 1988	DM 15.-
Heft 14:	JÜRGEN MÜNCH: Industrie- und Gewerbebrachen in Mannheim - Bestandsanalyse und Reaktivierungsmöglichkeiten. - 117 S., 14 S. Anhang, 12 Tab., 14 Abb., 5 Fotos, 1990	DM 15.-
Heft 15:	REINHARD MUSSEHL: Wirtschaftlicher Strukturwandel im Raum Lübeck. 147 S., 27 Abb., 16 Tab., 1990	DM 15.-
Heft 16:	HANS-PETER KAUTH: Alpine Landwirtschaft und Tourismus am Beispiel von Dorfgastein. - 149 S., 22 Abb., 25 Tab., 1991	DM 15.-
Heft 17:	CLAUDIA HOPPE: Gewerbemüllaufkommen und Entsorgungswege im Landkreis Bergstraße. - 142 S., 32 Abb., 23 Tab., 1991	DM 15.-
Heft 18:	JÜRGEN SCHÜTZ: Mineralspektren von Molasse und Flysch im Gunzesrieder Achtal. - 109 S., 40 Abb., 11 Tab., 1991	DM 15.-
Heft 19:	JOACHIM RADTKE: Das Dienstleistungsangebot in der Mannheimer Oststadt. - 159 S., 44 Abb., 19 Tab., 1991	DM 15.-
Heft 20:	JOACHIM ROESNER: Schwermetallmigration nach Klärschlammgaben auf Ackerflächen im Raum Neustadt/Wstr. - 110 S., 20 Tab., 2 Abb., 1992	DM 15.-

| Heft 21: | RONALD WELLENREUTHER: Siedlungsentwicklung und Siedlungsstrukturen im ländlichen Raum der Türkischen Republik Nordzypern. - 213 S., 37 Tab., 41 Abb., 1993 | DM 20.- |

Heft 21:   RONALD WELLENREUTHER: Siedlungsentwicklung und Siedlungsstrukturen   DM 20.-
           im ländlichen Raum der Türkischen Republik Nordzypern. - 213 S., 37 Tab.,
           41 Abb., 1993

Heft 22:   THOMAS OTT: GIS in der Anthropogeographie. Regionale Disparitäten und   DM 15.-
           Städtesystem in Europa. - 162 S., 15 Tab., 43 Abb., 1993

Heft 23:   MATTHIAS FISCHER: Die Bedeutung des Tourismus für die Gemeinden des   DM 16.-
           Lermooser Beckens (Tirol). Eine vergleichende Analyse. - 180 S., 28 Tab.,
           29 Abb., 6 Fotos, 1994

Heft 24:   WERNER APPEL: Möglichkeiten der Innenentwicklung in ausgewählten   DM 15.-
           Gemeinden des Nachbarschaftsverbandes Heidelberg-Mannheim. - 157 S.,
           27 Tab., 30 Abb., 1994

Heft 25:   CLAUDIA WOERNER: Vermeidung, Entsorgung und Wiederverwertung von   DM 15,-
           Hausmüll und hausmüllähnlichen Abfällen. - 98 S., 20 Tab., 13 Abb., 1995

Heft 26:   INGRID FRÜHAUF: Auenrelikte im Verdichtungsraum - Bestandsaufnahme und   DM 15,-
           Perspektiven, dargestellt am Beispiel des Altriper Rheinbogens. - 138 S., 3 Tab.,
           20 Abb., 10 Karten im Anhang, 1995

Heft 27:   CHRISTOPHE NEFF: Waldbrandrisiken in den Garrigues de Nîmes (Südfrank-   DM 16.-
           reich) - eine geographische Analyse. - 177 S., 2 Tab., 26 Abb., 1995

Heft 28:   ALEXANDER SIEGMUND: Die Klimatypen der Erde – Ein computergestützter   DM 19.-
           Klassifikationsentwurf unter besonderer Berücksichtigung didaktischer Aspekte. –
           226 S, 1 Tab., 42, teils farbige Abbildungen, 1995

ARBEITSBERICHTE
DES GEOGRAPHISCHEN INSTITUTS DER UNIVERSITÄT MANNHEIM

Heft 1:   Maxdorf - Sonderkulturanbau, Geländepraktikum SS 1987 (hrsg. von R.J. Bender).   DM 9.-
          - 92 S., 7 Abb., 17 Tab., 1988

Heft 2:   SPANIEN-PORTUGAL-EXKURSION des Geographischen Instituts der   DM 20.-
          Universität Mannheim 1988. - 258 S., 48 Abb., 1989   (vergriffen)

Heft 3:   IRLAND-EXKURSION des Geographischen Instituts der Universität Mannheim   DM 20.-
          1990. - 203 S., 53 Abb., 6 Tab., 1991

Heft 4:   SÜDALPEN-EXKURSION des Geographischen Instituts der Universität   DM 15.-
          Mannheim 1989. - 133 S., 23 Abb., 8 Tab., 1991   (vergriffen)

Heft 5:   NIEDERLANDE-EXKURSION des Geographischen Instituts der Universität   DM 15.-
          Mannheim 1991. - 120 S., 32 Abb., 5 Tab., 1992   (vergriffen)

Heft 6:   WOHNUNGSMÄRKTE UND STADTERNEUERUNG (hrsg. von R.J. Bender). -   DM 15.-
          137 S., 10 Abb., 19 Tab., 1992

Heft 7:   SARDINIEN-EXKURSION des Geographischen Instituts der Universität   DM 25.-
          Mannheim 1992. - 246 S., 86 Abb., 21 Tab., 1994

SONDERVERÖFFENTLICHUNGEN

Bezug aller Schriften über:
Mannheimer Geographische Arbeiten,
Geographisches Institut der Universität Mannheim,
68131 MANNHEIM (Telefax: 0621/292-3321)

Das Institut für Landeskunde und Regionalforschung

der Universität Mannheim

Das Institut für Landeskunde und Regionalforschung ist als Forschungsinstitut eine zentrale Einrichtung der Universität Mannheim. Es wurde im Frühjahr 1983 gegründet, um die interdisziplinäre Forschung im südwestdeutschen Raum zu fördern. Das Institut gibt die Reihe *Südwestdeutsche Schriften* heraus und publiziert darin in loser Folge die Ergebnisse seiner regionalwissenschaftlichen Forschungen.

Das Institut gliedert sich in die Arbeitsbereiche für geschichtliche Landeskunde, für geographische und sozialwissenschaftliche Regionalforschung und für Regionalpolitik, Recht und Verwaltung.

Hauptaufgabe des Instituts ist die interdisziplinäre regionalwissenschaftliche Forschung im südwestdeutschen Raum, wobei die wissenschaftlichen Ergebnisse der Praxis zur Verfügung gestellt werden sollen. Dazu wird eine enge Zusammenarbeit mit allen Institutionen des südwestdeutschen Raumes gepflegt. Um die Regionalforschung zu fördern, ist eine Sammlung von Statistiken, Kartenmaterial und "grauer" Literatur eingerichtet worden.

Kontaktadresse: Institut für Landeskunde und Regionalforschung
der Universität Mannheim
Schloß
68131 MANNHEIM